U0889065

家谱图

临床应用与案例手册

[美] 莫妮卡·麦戈德里克 著
（Monica McGoldrick）

谢中垚 译

THE GENOGRAM CASEBOOK

A CLINICAL COMPANION TO *GENOGRAMS: ASSESSMENT AND INTERVENTION*

当代中国出版社
Contemporary China Publishing House

THE GENOGRAM CASEBOOK
Copyright © 2016 by Monica McGoldrick
Simplified Chinese edition copyright © 2023 by Contemporary China Publishing House Co., Ltd.
This edition published by arrangement with W. W. Norton & Company, Inc. through
Bardon-Chinese Media Agency
All rights reserved

© 2023 中文简体字版由 W. W. Norton & Company, Inc. 通过博达著作权代理有限公司授权当代中国出版社有限责任公司出版发行。未经版权所有者书面同意，不得以任何手段复制本书任何部分。

版权合同登记号　图字：01-2023-2254

图书在版编目（CIP）数据

家谱图．临床应用与案例手册 / (美) 莫妮卡・麦戈德里克 (Monica McGoldrick) 著；谢中垚译．-- 北京：当代中国出版社，2023.6

书名原文：The Genogram Casebook:A Clinical Companion to GENOGRAMS: ASSESSMENT AND INTERVENTION

ISBN 978-7-5154-1179-8

Ⅰ．①家… Ⅱ．①莫… ②谢… Ⅲ．①家庭学—研究 Ⅳ．① C913.11

中国版本图书馆 CIP 数据核字（2022）第 086266 号

出 版 人　冀祥德
责任编辑　焦晓萍
责任校对　贾云华
印刷监制　刘艳平
封面设计　鲁　娟
出版发行　当代中国出版社
地　　址　北京市地安门西大街旌勇里 8 号
网　　址　http://www.ddzg.net
邮政编码　100009
编 辑 部　（010）66572264
市 场 部　（010）66572281　66572157
印　　刷　北京润田金辉印刷有限公司
开　　本　787 毫米 × 1092 毫米　1/16
印　　张　19.5 印张　2 插页　331 千字
版　　次　2023 年 6 月第 1 版
印　　次　2023 年 6 月第 1 次印刷
定　　价　78.00 元

版权所有，翻版必究；如有印装质量问题，请拨打（010）66572159 联系出版部调换。

家谱图的标准化符号

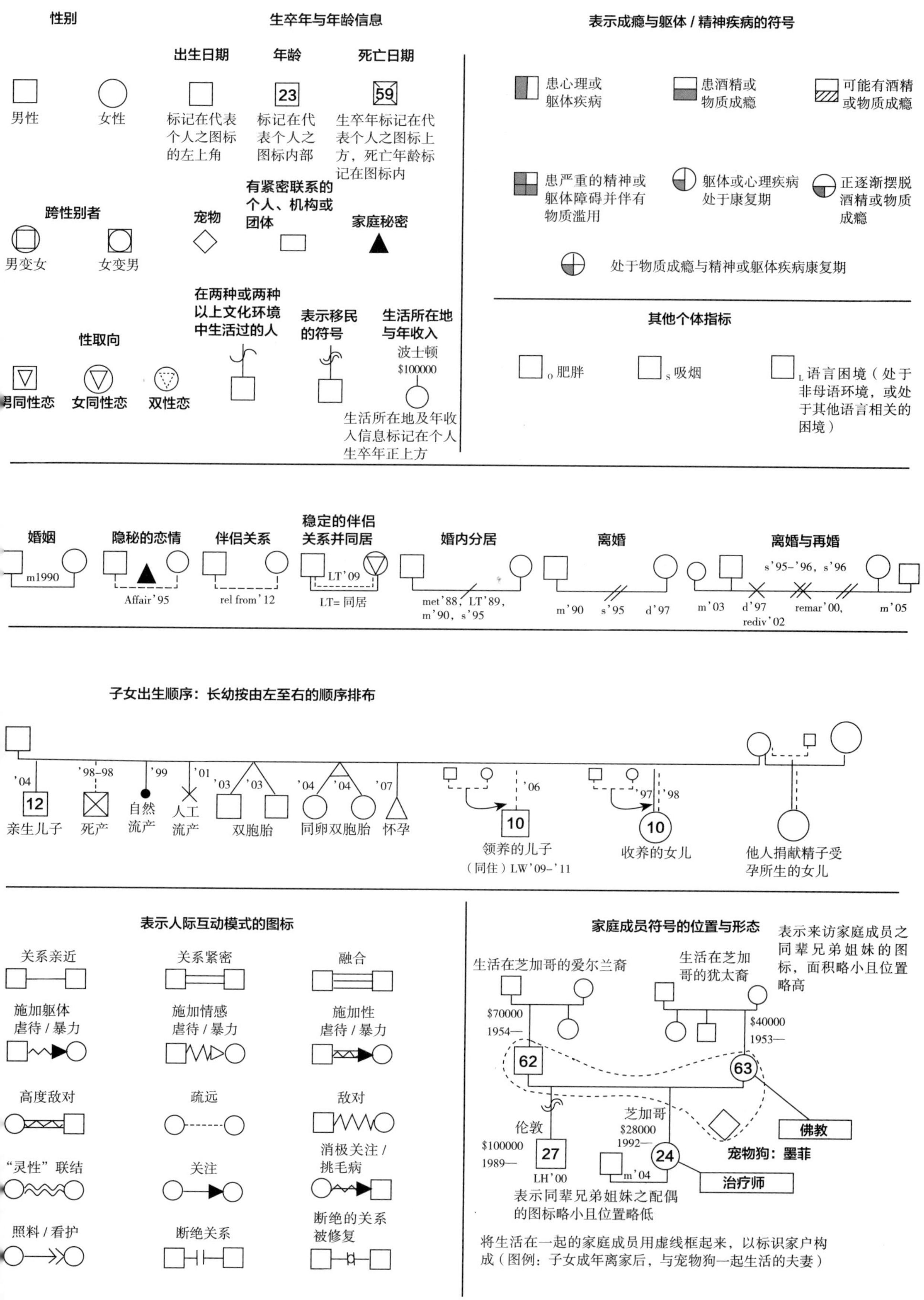
性别
男性
女性
生卒年与年龄信息
出生日期
年龄
死亡日期
23
59
标记在代表个人之图标的左上角
标记在代表个人之图标内部
生卒年标记在代表个人之图标上方，死亡年龄标记在图标内
跨性别者
男变女
女变男
宠物
有紧密联系的个人、机构或团体
家庭秘密
性取向
男同性恋
女同性恋
双性恋
在两种或两种以上文化环境中生活过的人
表示移民的符号
生活所在地与年收入
波士顿
$100000
生活所在地及年收入信息标记在个人生卒年正上方
表示成瘾与躯体/精神疾病的符号
患心理或躯体疾病
患酒精或物质成瘾
可能有酒精或物质成瘾
患严重的精神或躯体障碍并伴有物质滥用
躯体或心理疾病处于康复期
正逐渐摆脱酒精或物质成瘾
处于物质成瘾与精神或躯体疾病康复期
其他个体指标
o 肥胖
s 吸烟
L 语言困境（处于非母语环境，或处于其他语言相关的困境）
婚姻
m1990
隐秘的恋情
Affair'95
伴侣关系
rel from'12
稳定的伴侣关系并同居
LT'09
LT= 同居
婚内分居
met'88, LT'89, m'90, s'95
离婚
m'90
s'95
d'97
离婚与再婚
m'03
d'97
rediv'02
s'95-'96, s'96
remar'00,
m'05
子女出生顺序：长幼按由左至右的顺序排布
'04
12
亲生儿子
'98-98
死产
'99
自然流产
'01
人工流产
'03
'03
双胞胎
'04
'04
同卵双胞胎
'07
怀孕
'06
10
领养的儿子
（同住）LW'09-'11
'97
'98
10
收养的女儿
他人捐献精子受孕所生的女儿
表示人际互动模式的图标
关系亲近
关系紧密
融合
施加躯体虐待/暴力
施加情感虐待/暴力
施加性虐待/暴力
高度敌对
疏远
敌对
"灵性"联结
关注
消极关注/挑毛病
照料/看护
断绝关系
断绝的关系被修复
家庭成员符号的位置与形态
表示来访家庭成员之同辈兄弟姐妹的图标，面积略小且位置略高
生活在芝加哥的爱尔兰裔
生活在芝加哥的犹太裔
$70000
1954—
$40000
1953—
62
63
佛教
伦敦
$100000
1989—
27
LH'00
芝加哥
$28000
1992—
24
m'04
宠物狗：墨菲
治疗师
表示同辈兄弟姐妹之配偶的图标略小且位置略低
将生活在一起的家庭成员用虚线框起来，以标识家户构成（图例：子女成年离家后，与宠物狗一起生活的夫妻）

献给默里·鲍恩，

他的理念指引我如何去爱我的家人，以及如何

投身于我最珍视的价值和事业

目 录

CONTENTS

插图目录 001
致谢 001
序言 001

第1章 家谱图在临床实践中的应用 001

治疗的目标及家谱图如何发挥作用 002
赋予家庭新视角：家庭生命周期 007
关注家庭的背景与文化 007
用家谱图分析“家”的重要性 009

第2章 开始工作：向来访者介绍家谱图 013

创设安全的治疗情境 013
开始提问：将当前困境与家谱图关联 015
初始访谈 021
如何在治疗初始阶段绘制家谱图：以约翰·弗里曼为例 033

第3章 治疗中的临床评估与建立关系 041

家庭关系指导方针 042
第一步：了解家庭历史并建立工作联盟 047
启动治疗：评估家庭文化背景、建立关系和初始步骤 049
第二节治疗 051
第三节治疗 052
促进来访者投入治疗 071

第4章 家谱图临床实践中的阻抗 075

帮助来访者探寻家庭历史 075
处理对家谱图的阻抗：未尽的伤逝 078
应对阻抗的临床提问 095

第5章 融合与关系断绝 097

探索“融合”、“断绝”以及“无形的忠诚”等家庭模式 097
“有毒的”父母以及其他不可理喻的家庭成员 101
信件、电子邮件、短信、电话与面对面沟通 108
将家庭成员带入治疗 111
“反转”技术 113
“疏远你的人” 114
修复断绝的关系 116
有关情感融合与关系断绝的临床提问 120

第6章 三角关系与去三角化 121

两人关系、三人关系与三角关系 121
去三角化 129
与姻亲及圈外人构成的三角关系 133
处理家庭互动中的恐吓与威胁 140
围绕罹患精神疾病或染有毒瘾之家庭成员的三角关系 141
与上帝或宗教信仰的三角关系 142
家庭秘密 142
指导来访者去三角化 146
关于三角关系与去三角化的临床提问 155

第7章 未尽的伤逝：帮助家庭哀悼丧亲 157

性别与哀悼 159
赡养关系家谱图 161
对丧亲的不良适应 162
使用否认或逃避等防御机制的家庭 165
帮助家庭保持控制感 167
组织治疗架构：同时或单独与家庭成员工作 168
与丧亲相关的临床提问 169
帮助家属处理尚未完成的哀悼 170
揭开深藏的丧亲之痛 175
处理新近发生的丧亲 177
直面冲突的家庭关系 179
确证对治愈仪式的需要 182
对将有亲人离世的家庭开展治疗 182
有关遗嘱和遗产的治疗 188

第 8 章 与情侣、夫妻、离婚家庭和再婚家庭工作 191

原生家庭如何影响我们的夫妻关系 197
被重复的三角关系 197
在夫妻治疗中应用家谱图：尼克与阿琳 198
退步与向前发展 204
离婚和再婚：三角关系、断绝关系与关系重建 207
再婚家庭中常见的三角关系 212
有关夫妻议题的临床提问 225

第 9 章 包含儿童的来访家庭：如何使用游戏家谱图 227

探究三角关系 230
童年和青春期的兄弟姐妹：结盟、三角关系与不睦 236
评估与建立关系 240
游戏家谱图：游戏与谈话 240
针对儿童案例的临床提问 247

第 10 章 应用家谱图理解成年来访者的兄弟姐妹冲突 249

影响兄弟姐妹关系的因素 251
贯穿生命周期及离世后的关系 252
有残疾兄弟姐妹的家庭生命周期议题 258
兄弟姐妹关系与夫妻关系 260
兄弟姐妹关系对养育子女的重要性 263
父母去世后的兄弟姐妹关系 264
同父异母 / 同母异父的兄弟姐妹和继兄弟姐妹 270
关于兄弟姐妹家庭模式的临床提问 271

第 11 章 治疗师自己的家庭 273

治疗师家庭与来访家庭之间的共性 277

治疗师探索自身家庭的原则 278

关于治疗师自己家庭的临床提问 283

参考文献 284

插图目录

ILLUSTRATIONS

图 1.1　个体所属的系统　003
图 1.2　家庭大事年表或时间线　006
图 1.3　“家”的含义　010
图 2.1　玛莎和保罗　023
图 2.2　治疗起始时约翰·弗里曼的家谱图框架　033
图 2.3　第一节治疗结束时弗里曼的家谱图　039
图 3.1　家庭关系指导方针　045
图 3.2　萨帕塔一家的家谱图　049
图 4.1　罗杰斯一家开始治疗时的家庭信息　078
图 4.2　罗杰斯一家第一节治疗的成果　079
图 4.3　在对罗杰斯一家的首节治疗中获得的大家庭信息　083
图 4.4　罗杰斯一家的第二节治疗　088
图 4.5　罗杰斯一家的第三节治疗　090
图 4.6　罗杰斯一家的第四节治疗　091
图 4.7　罗杰斯一家对困境和解决方案的初步看法　092
图 4.8　罗杰斯一家的家庭大事年表　094
图 4.9　罗杰斯一家治疗结束时的家谱图　095
图 5.1　维塔莱一家的家谱图　102
图 5.2　布朗一家的家谱图　105
图 5.3　医学生的家谱图　117
图 6.1　贝茨家庭中的三角关系　124
图 6.2　三角关系和去三角化　131
图 6.3　迈克和丹·斯坎伦　131
图 6.4　圈内人—圈外人之间的三角关系　134

图 6.5　佩鲁奇一家的家谱图　136
图 6.6　西比尔及其家庭中的秘密　143
图 6.7　艾丽莎·巴尔一家的家谱图　147
图 6.8　艾丽莎·巴尔家庭中的三角关系　149
图 6.9　艾丽莎重建家庭关系的主要行动　152
图 7.1　唐纳德·贝尔的家谱图　163
图 7.2　考克斯一家的家谱图　173
图 7.3　格雷斯特一家的家谱图　175
图 7.4　帕帕斯一家的家谱图　178
图 7.5　迈克尼尔一家的家谱图　180
图 7.6　利维一家的家谱图　184
图 7.7　施泰因一家的家谱图　188
图 8.1　亲密关系的特征　194
图 8.2　考虑离婚的先决条件清单　194
图 8.3　是否继续婚姻关系的决策原则　195
图 8.4　与夫妻工作的经验法则　196
图 8.5　尼克和阿琳的家谱图　199
图 8.6　斯特吉奥斯一家的家谱图　209
图 8.7　布朗森的家谱图　213
图 8.8　拉斯科一家的家谱图　215
图 8.9　查普曼一家的家谱图　217
图 8.10　巴托斯一家的家谱图　219
图 8.11　格林一家的家谱图　221
图 8.12　本迪克斯一家的家谱图　223
图 9.1　家长未参与治疗时易形成的三角关系　228
图 9.2　儿童的需求　229
图 9.3　向心型三角关系　231
图 9.4　离心型三角关系　232
图 9.5　亲子三角关系　233
图 9.6　利维一家中的三角关系　235
图 9.7　常见的兄弟姐妹间的三角关系　236

图 9.8　影响兄弟姐妹关系的议题　237
图 9.9　哈珀斯 - 格雷厄姆一家的家谱图　244
图 10.1　马丁一家的家谱图　254
图 10.2　布莱克一家的家谱图　262
图 10.3　肖一家的家谱图　266
图 11.1　治疗师的“焦虑触发器”　275
图 11.2　麦戈德里克·库萨克的家谱图　281

致 谢 ACKNOWLEDGEMENTS

系统式家庭治疗理论由默里·鲍恩（Murray Bowen）博士提出，之后的50年间被许多家庭治疗师继承和发展，包括埃德温·弗里德曼（Edwin Friedman）、菲利普·盖林（Philip Guerin）、汤姆·福格蒂（Tom Fogarty）、贝蒂·卡特（Betty Carter）、哈丽特·勒纳（Harriet Lerner）、卡罗琳·莫伊尼汉·布拉特（Carolyn Moynihan Bradt）、乔安妮·吉勒斯·多诺万（Joanne Gilles Donovan）、宝琳娜·麦卡洛（Paulina McCullough）、尼迪亚·加西亚·普雷托（Nydia Garcia Preto）、弗洛玛·沃尔什（Froma Walsh）和伊莱恩·平德休斯（Elaine Pinderhughes）等都对这一领域做出了诸多贡献，他们是我认识或合作过的治疗师。此外，来自乔治敦家庭中心（Georgetown Family Center）的临床工作者以及全美国各地的系统式家庭理论追随者都对鲍恩的理论做出了诸多有益补充和拓展。正是这些丰富的思想赋予我力量，让我在临床工作与生活中应对各种挑战。因此，我要向所有致力于推广系统家庭治疗理论的同仁致以最真挚、深切的感谢，并将此书献给默里·鲍恩以及所有为系统家庭理论添砖加瓦的专业人员。

本书借鉴了上述治疗师们极富创造性的工作，也汇总了我个人多年的临床工作经验，它们不仅是我写作灵感的来源，还为我指引临床反思的方向。我尤其要感谢我的密友兼同事贝蒂·卡特，30余年来我们一同写作、教学与工作，并共度了许多美妙的生活时光，我希望本书能够充分汲取并呈现她深刻的见解与临床创造力。我还要感谢与贝蒂共事多年的约翰·雅各布斯（John Jacobs）博士，他和我分享了他对贝蒂之工作与思想的见解以及大量笔记，特别是围绕贝蒂对鲍恩理论的创见，我和约翰做了大量深入的探讨。本书也借鉴了30多年来我自己与贝蒂一起工作和研讨案例的笔记。我也非常感谢我的挚友卡罗尔·安德森（Carol Anderson），多年来我有幸与她探讨了许多临床话题；我们曾希望针对“如何建立治疗关系”这个主题合作一本专著，但遗憾未能完成。不过，和卡罗尔的探讨大大深化了我对临床工作的反思，我相信这些工作也一定极大地丰富了本书内容。

我还要将最深挚的感谢致以我的同事和朋友们，他们是尼迪娅·加西亚·普雷托、芭芭拉·佩特科夫（Barbara Petkov）、苏埃莉·佩特里（Sueli Petry）、罗伯托·丰特（Roberto Font）、诺莱格·伯恩（Nollaig Byrne）、伊梅尔达·麦卡锡（Imelda McCarthy）、弗洛玛·沃尔什、杰恩·马波比（Jayne Mahboubi）、利兹·尼科莱（Liz Nicolai）、罗伯特·杰伊·格林（Robert Jay Green）、卡罗琳·莫伊尼汉·布拉特和约翰·伏沃斯基（John Folwarski）。我深深地感激能有机会与他们共事、探讨和写作，并向他们学习。我们一起研讨案例已有多年，这些经历和思想碰撞帮助我拓展临床思维的疆界，梳理理论观念的框架。

感谢我们机构的行政主管乔治安·索伦森（Georgeann Sorensen），是她的细致工作让我能集中精力完成本书。感谢本·福雷斯特（Ben Forest）提供的支持，让我的电脑在写作中全程运行良好。在过去的30余年里，我在诺顿出版集团（W. W. Norton）出版了包括本书在内的多本专著。我要感谢与我合作多年的编辑安德莉亚·科斯泰拉·道森（Andrea Costella Dawson），她不仅激励我写成了本书，也为打磨本书付出了大量心血。之后本·雅林（Ben Yarling）接手了安德莉亚的工作，他非常和善、专业并富有责任心，为我的写作提供了巨大的支持，也让本书的质量更上一层楼。感谢黛博拉·马尔穆特（Deborah Malmud），自从我们相识之后，她就一直是我在诺顿出版集团的坚实后援。拜瑟韦出版服务公司（Bytheway Publishing Services）的雪莉·罗（Sheryl Rowe）与诺顿出版集团的约翰·奥斯兰（John Ausland）和克里斯·克瑞特里（Chris Critelli）极其认真细致，为本书的终审出版立下了汗马功劳。我代表本书所有作者向诺顿出版集团以及该集团中为本书的出版辛勤操劳的幕后工作者们致以最真挚的谢意。

我还要感谢我的父母，他们充满智慧、渴求新知又善解人意，一直无私地支持着我，随着岁月流逝，我对他们的感恩愈加浓烈。我还要感谢玛格丽特·布什（Margaret Bush），从我出生的那一周起，她就给予我无微不至的关爱，直到我成年离家一年后她去世。她和我的父母以及养育了我们家五代人的玛米姨妈（Aunt Mamie），永远活在我的心中，依然保护、激励着我。我也要感谢我的祖父母和其他先人们，遗憾的是我无法像我希望的那样去深入地了解他们每个人。我知道他们也一直在支持和鼓励着我。此时此刻，我们是他们生命的延续，而子孙后代也将成为我们生命的延续。

我的姐妹茂娜·利文斯顿（Morna Livingston）和妮尔·麦戈德里克（Neale

McGoldrick）一直以来都是我极其重要的后援，她们对我的信任也激励着我勇往直前。还有我的侄子休·利文斯顿（Hugh Livingston）和盖伊·利文斯顿（Guy Livingston），以及盖伊的妻子玛丽亚·斯佩林（Maria Sperling），他（她）们是我们大家庭下一代的第一批家庭成员，不仅是我的挚友，也给予了我许多灵感。我要衷心地感谢已陪伴我 46 年的丈夫索福克勒斯·奥尔法尼迪斯（Sophocles Orfanidis），即使在我们意见相左时，他对我的豁达、忠诚与支持都从未改变。

最后，非常感谢我的下一代，他们是我们一家未来的希望。我为能够拥有约翰（John）这样的儿子而倍感幸福，感恩他为我所做的一切。现在，他可爱的妻子安娜（Anna）也加入了我们的大家庭。安娜和她充满爱心的父母比尔·德·帕尔玛（Bill De Palma）、蕾妮·赛雅基斯（Renee Psiakis）让我们的家庭生活更加丰富多彩。

我也非常欣喜地迎来了第一位孙辈家庭成员——伦佐·罗伯特·利文斯顿（Renzo Robert Livingston），他在我创作本书的过程中出生和长大，现在已至学龄。

我还要感谢索福克勒斯的堂兄弟托利斯（Tolis）、克里斯托斯·塔诺斯（Christos Thanos）及其家人，他们大大地丰富了我们的家庭生活。我要将我所有美好的期望和祝福献给这些家庭的教子及其家人：克里斯蒂安娜（Christiana）、帕蒂（Patti）、吉娜（Gina）、瑞安（Ryan）和特里（Terry），以及我的教子阿里安·哈珀（Ariane Harper）、娜塔莉·贡德（Natalie Gond）、斯特凡·贝尔（Stefan Baer）、伊里尼·西尔科斯（Irini Syrkos）、克莱尔·惠特尼（Claire Whitney）、艾娃·格林·李（Ava Green-Lee）和他们的家人。

序 言 PREFACE

当今，家谱图在社会工作、临床医疗、心理学、护理工作、心理咨询以及教育等领域中的应用日益增多，有鉴于此，亟须一部详细阐明家谱图临床使用方法的入门读物。我们假设本书的读者已熟知《家谱图：评估与干预》（*Genograms：Assessment and Intervention*，2008）中讲授的家谱图画法，以及各种家谱图结构所反映的家庭模式，并可以如《家谱图之旅：重塑家庭联结》（*The Genogram Journey：Reconnecting with Your Family*，2011）所述，通过探索自己的家谱图与原生家庭建立更深刻的情感联结。本书中，我们将探讨如何使用家谱图与来访者建立关系、开展临床工作。本书虽然是《家谱图：评估与干预》和《家谱图之旅：重塑家庭联结》的姊妹篇，但更加聚焦于讲解如何应用家谱图处理各种临床实践议题：建立关系、应对阻抗、去三角化、处理冲突，以及帮助来访家庭修复断绝的关系。

本书亦是我制作的几部影像教材的最佳学习伴侣。它们是：《调动家谱图的力量》（*Harnessing the Power of Genograms*，2012）——一位男性来访者对妻子情感隔离严重，并否认家庭历史与其当下的困境存在关联，我在这部视频中示范了面对这种情况如何开展第一节治疗，破解临床困局；《未尽的伤逝——家庭系统理论解决之道》（*The Legacy of Unresolved Loss：A Family Systems Approach*，1996）是家谱图临床应用的另一个实例：来访家庭仅聚焦于女儿当前的行为问题，而无意去理解其家庭历史。实际上，家谱图在帮助来访家庭理解、处理当前困境，指导未来生活的过程中都可以发挥关键性作用。此外，本书也是视频《开启家庭治疗》（*Getting started in Family Therapy*）的指导参考书，该视频演示了与拉丁裔移民家庭开展初始治疗的过程。①

① 本书包含对上述视频片段的文字讲解，在线观看这些视频请访问 www.psychotherapy.net/McGoldrick。

《家谱图：临床应用与案例手册》（*The Genogram Casebook: A Clinical Companion to Genograms: Assessment and Intervention*）通过展示家谱图的临床应用，阐释如何以系统化观点开展家庭治疗。系统化观点认为：人们生活中的所有部分都相互联系、相互影响，而非独立割裂的。系统式家庭治疗理论基于默里·鲍恩（Murray Bowen，1978）博士提出的概念，在过去50年间被埃德温·弗里德曼、菲利普·盖林、汤姆·福格蒂、贝蒂·卡特、哈丽特·勒纳、卡罗琳·莫伊尼汉·布拉特、乔安妮·吉勒斯-多诺万、尼迪亚·加西亚·普雷托、弗洛玛·沃尔什、罗伯托·丰特和约翰·雅各布斯等人不断发展完善。我借鉴上述理论家、临床治疗师极富创造性的洞察与指导，并结合个人多年来的系统式家庭治疗临床经验完成了本书的写作。

家谱图可以帮助治疗师更有效地记忆来访者的家庭历史、家庭模式和家庭事件等复杂的家庭背景信息，这不仅有助于我们理解来访者，对推动他们获得治愈或发生改变也具有持久的积极作用。正如开口说出所思所想能让我们梳理思绪，绘制家谱图的过程可以梳理来访者的人口统计学信息、家庭功能，以及家庭文化历史中暗含的关系与模式，帮助治疗师系统化地思考来访者生活中的事件、人际关系与其健康模式、疾病模式和抗逆力（resilience）之间所存在的内在联系。

收集家谱图信息应作为所有临床综合评估的必要组成部分。治疗师在应用家谱图时，并不存在按图索骥即可做出临床预测的量化尺度。相反，家谱图是基于事实的解释性工具，帮助治疗师形成初步的个案概念化假设，以便做出更深入的家庭评估。通常情况下，我们根据首节治疗收集的信息构建家谱图，并随着新信息的浮现而随时加以修订。由此，初始评估构成了治疗的基础。当然，我们不应将评估与治疗截然分开。治疗师与来访家庭的每一次互动都会为评估提供新信息，进而影响之后的干预。

绘制家谱图不仅可以帮助治疗师了解来访家庭，还是建立咨访关系的重要方式。构建系统化的视角有助于治疗师跨越时间与空间追踪来访者主诉的问题，有效地重构、解读和正常化那些充满情绪的家庭议题，以更具灵活性的视角审视来访者的生活世界。不仅如此，家谱图还是系统化临床提问的现成工具，可以有效地培养来访者的系统化思维。因此，家谱图有助于治疗师和来访者以更大的格局审视更广泛的图景，将来访者家庭的当前境况与其历史联系起来，分析其面临的困境。家谱图既可以横向展示家庭当前的背景信息，也可以纵向反映多代人的家庭历史，将家庭的结构、关系和功能等信息直观呈现。通过广泛检视来访家庭当前的背景信息，治疗师不仅可以评估家庭困境中各直接参与者间的情感联结，还可以评估他们与家庭系统的情感联结，了解家庭的优势、抗逆力和弱点。

家谱图中包含来访者的核心家庭成员（nuclear family members）、大家庭成员（extended family members）、重要的非血缘亲属，以及融入家庭生活的宠物。我们可以将重大家庭事件和家庭困境也记录在图中。利用家谱图，治疗师能够从多个角度追溯家庭成员当前的行为和困境——将“表现出症状或行为问题的人”，也被称为“索引人物”（index person）或“标定患者”（identified patient），置于各个子系统（subsystem）之中审视；这些子系统包括：兄弟姐妹关系、三角关系（triangle）、近期压力源、互惠关系、多代传递的家庭模式、生命周期阶段（life cycle stages）和生命周期过渡（life cycle transitions），以及更广泛的社群、社会机构（工作单位、学校、法院）和更大的社会文化背景。

利用家谱图，我们浏览来访者家庭系统的文化与历史，评估他们之前的生命周期过渡，将其当前困境置于家庭长期演变的背景中思考。因此，绘制家谱图时应至少包括来访者三代家庭成员的文化与人口统计学信息，以及家庭历史中的关键节点和重大事件，特别是与家庭变化（移民、丧亲和生命周期）有关的事件。我们向来访家庭成员提问，了解前几代人的家庭主题、家庭秘密、家庭规则和负载了巨大情绪的各种议题，并将这些内容与其主诉的困境关联起来分析，在此过程中，那些不断重复的家庭模式往往就会显现出来。借助家谱图，治疗师指出来访家庭过去曾经发生与当下正在发生的家庭事件之间暗含的联系，达到“让历史说话”的效果。过往的因家庭结构改变或重大变故导致的家庭关系变化或病理性家庭模式，都可以通过家谱图被发掘，进而为理解来访家庭当前的困境提供个案概念化假设框架。结合家谱图，我们还可创建家庭大事年表或时间线，按时间发展顺序记录个人和家庭的发展史，这部分是家谱图不易承载的信息。

收集家庭信息的过程就像播撒一张捕捉信息的网，随着播撒范围不断扩大，覆盖的家庭背景信息越来越广泛。这张大网可以向多个方向展开：

▲ 从来访者当前的困境到该困境的大背景；

▲ 从直系亲属到大家庭以及更广泛的社会系统；

▲ 从家庭当前境况到家庭过往事件以及来访者的未来愿景；

▲ 从轻松的、不具威胁性的提问到困难的、可能引发焦虑的提问；

▲ 从显而易见的事实到对家庭功能和家庭关系的判断，再到针对家庭模式的假设。

临床工作中，我们将家谱图作为承载时间、空间和家庭关系信息的背景框架，对来访者或来访家庭开展评估和治疗。家谱图是系统化思维的关键参照点，帮助我们探索来访者的问题和困境，推动我们理解来访者在其特定的生命周期、人际关系和个人家庭功能等背景中的个人经验。本书将对如何把家谱图整合进临床治疗的各个部分做详细的展示。

家谱图在临床实践中的应用

简单来说，家谱图（genogram）是标示出你所属家庭之情况的图谱。对于采用系统化视角的治疗师，家谱图是引导开展临床治疗的“基本地形图”。来访者是谁、来自哪里、生活中都有哪些重要人物……家谱图可以将这些信息直观地呈现在我们眼前。它还为临床工作者提供思考架构，帮助我们理解来访者当前面临的压力、过去经历的苦难，以及治疗中可以调动的资源。家谱图也是收集、组织临床信息的工具，既有助于治疗师了解来访者，也可帮助来访者对其困境及过往经历有更深刻的理解。若没有家谱图的助力，追溯来访者的家庭过往、帮助他们了解其僵化的家庭模式都将举步维艰。

家谱图可以标定个人的血缘与法定亲属关系，也能厘清并呈现来访者非正式的社会关系网络，如好友、同事、宠物等。家谱图与附带的家庭时间线或家庭大事年表也可以作为治疗师评估与治疗的基本指南，把握来访者复杂的人生经历、个性特征、价值观以及社会关系网。

家谱图还能记述家庭关系的发展演变过程，标定出家庭历史中的重要人物，以及可能再度上演的早期家庭模式。尽管家谱图本身就能追溯、记录个人及其家庭的历史，但我们通常还会另外制作一个记录家庭演变的时间表，用于突出展示各个家庭事件发生的时间。

厘清来访者的家庭归属关系是治疗的重要环节，而家谱图可对此提供有效的帮助。临床工作中，帮助来访者认清他/她所属的家庭，了解更多的家庭渊源和故事，可以从中汲取更多改变的勇气。人们身处困境时常常会感到孤立无援，以至于忘记了自己归属的家庭背景。但即便感到孤立无援，实际上每个人的家庭背景中都蕴含丰富的资源。正如保罗·弗雷勒（Paulo Freire，1994）在《希望教育学》（*Pedagogy of Hope*）一书中所说：

> 没有谁会独自到来……即便他只是只身抵达，不见家人、配偶、子女、父母或兄弟姐妹的陪伴。也没有谁会独自离开，我们心中都有各自的根，灵魂也绝不会空空如也。我们的记忆中交织了许许多多，自我浸润在个人的过往与文化传统之中；记忆——时而破碎，时而清晰，时而难忘，有关我们童年走过的街巷；遥远的过去可能突然复现在面前——可能是一个微笑，一丝羞赧，一双大手……也可能是一句不知是何人说过的话。[①]

治疗的目标及家谱图如何发挥作用

默里·鲍恩认为，最理想的家庭关系是"分化"（differentiation）的家庭关系，即来访者与每位家庭成员都有着个人对个人式的关系（person-to-person relationship）。系统化观点认为，治疗的基本目标在于帮助来访者做出最佳抉择。若想达成这个目标，我们不仅需要在思想上领会"人与人彼此关联、人与自然息息相关"的观念，还应在行动上与他人和大自然建立积极的情感联系。因此，治疗的目标在于帮助来访者最大限度地提升自我效能。

临床实践中，评估、建立关系和干预——各步骤工作不同，但背后有着统一的主旨，即帮助来访者找到处理具体困境与人际问题的最佳方案。而家谱图是帮助他们发现困境原因、挖掘应对资源的首选向导工具。通过了解生活、家庭背景信息，治疗师可以支持来访者确定真正需要修正的家庭关系，并在此过程中帮助他们积累处理困境所必需的信心和勇气。

人们若想做出最佳抉择，首先要以自己为原点，看清自己身处的位置，厘清自己的重要关系。如果缺乏这种原点意识，则难以在复杂的生活与纷繁的人际关

① ［巴西］保罗·弗雷勒：《希望教育学：重现〈受压迫者教育学〉》（*Pedagogy of Hope: Reliving Pedagogy of the Oppressed*），"国立编译馆"主译，方永泉、洪雯柔、杨洲松译，（台北）巨流图书股份有限公司 2011 年版。——译者注

系中确定前进的方向。通过引导来访者观察家谱图，治疗师可以帮助他们找到与他人、环境和谐相处的方法，发展出关怀他人与被人关怀的人际关系，而不再做出忽视环境、贻害后代的选择。

这一目标需要来访者在人际联结中培养稳固的心理、精神和文化认同感。也需要我们能认识到，自己的生活永远是嵌入在更广泛系统中的一部分。用博尔赫斯的话来说，“我们是过去已逝先人在这个时代的延续，而我们的后人也将成为我们在这个世界上永生的延续”（Borges，1972，p. 21）。

一个人由其过去与未来构成，是否能清晰地意识到这一点对生活抉择有着至关重要的影响。因此，这也是心理治疗的核心，关系到个人的伦理道德和生活抉择。

个人身处的环境，即个体所属的系统（见图 1.1），横向上包括我们当下所处的家庭与社群，纵向上包括我们的过去、现在与未来。家庭系统裹挟着我们从婴儿到儿童，而后迈向成人直到迎来死亡，并定义了我们留给下一代的遗产。治疗师在临床实践中应秉持“从来访者所处的环境入手思考问题”的思维方式，这一点至关重要。

除非将整个家庭系统纳入分析范畴，否则很难透彻理解来访者当前的困境。这恰

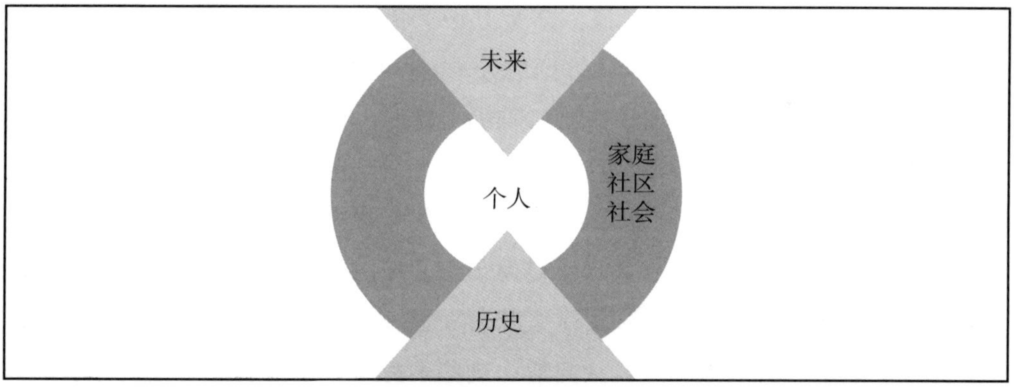

图 1.1　个体所属的系统

如欣赏乐曲时只听到某个瞬间，却不得闻前后音调。若不见时间流逝，音符便失去意义。我们亦然，每个人都行走在从过去到未来的路途中，时时刻刻与他人彼此联结。

家谱图可以帮助我们聚焦来访者的背景环境（context），随着治疗的开展，让来访者看清他们应对谁担负责任，又是谁给予他们战胜困难的力量。家谱图将那些对来访者过去和当下造成影响的人物显明出来。

许多前来寻求治疗的人对自身及其所处时空或生活环境缺乏清晰的认识。他们主诉的来诊原因，大多是深受焦虑或抑郁等情绪困扰，或与家人、他人的关系陷入困境。根据我们的经验，这些困难通常都紧随着丧失（loss）而来，如疾病、死亡、关系破裂、失业、孩子或亲人致残，等等。此外，来访者认为自己不被理解而对他人充满失望、愤怒或怨恨也是常见的主诉。他们认为他人或生活对其不公，因而不断诘问“为什么是我？”或“凭什么让我承受这些？”，抑或感到自己不配接受前人传续给他们的遗产。来访者常常认为自己是家庭的牺牲品或生活中的受害者，并深陷这一角色无法自拔。走进治疗室时，他们大多对他人满腹抱怨。然而，在首节治疗结束时，来访者将意识到：能解决问题的唯一的办法是改变自己。正如欧文·亚隆（Irvin Yalom）在《爱情刽子手》（*Love's Executioner and Other Tales of Psychotherapy*，2012）一书中所说：“治疗起始的关键在于让来访者认识到其自身对当下困境负有不可推卸的责任。因为如果一个人总把遇到的问题归咎于外因，治疗将徒劳无功。”（p.xvi）治疗师的职责就是帮助来访者做好自身定位，在其特定的环境中主导自己的人生，并找到未来的方向。

在西方主流的个体心理治疗中，干预方法大多涉及“言说出内心的冲突”；此外，相对于情感联结（connectedness），西方主流个体心理治疗更强调保密性（confidentiality）。而纵观历史，在大多数其他文化中，人们认为疗愈的关键在于重建社会支持系统以及修复人与人之间的关系——积极投身于生活中的关系系统；遇到困难时，人们常常以作曲、绘画、歌唱、舞蹈、讲故事、协调身心，以及融入大自然等方式获得支持、治愈与战胜困难的力量。这些富有文化特性的表达根植于来访者社会背景的方方面面。换言之，这些疗愈方法既依托于关系系统，也在关系系统中运作。之所以有效，正是由于它们可以深化人们对社群、历史、家庭和集体的未来的归属感，加强了个人与所在家庭、文化等关系系统的共鸣。音乐、舞蹈、艺术、讲故事和融入大自然，这些治愈方式也是我们与他人分享个人经验的过程。尽管人生而孤独，但通过关注自己与所属系统的关系，我们可以与所有风月同天的人们建立心灵联结。分享个人经验也是疗愈的一部分。而只有在人与人非常隔绝、割裂的西方，才会出现关注个人隐私与保密性胜于关注人际情感联结的情况。其实，从来访者所属家庭系统的视角考察其问题是一种更自然的思维方式。

在临床实践中应用家谱图可以激发来访者的兴趣，使其成为自己家庭历史的研究者，系统化地思考其家庭关系，并意识到自己在家庭模式中扮演的角色和发挥的作用。实际上，所有的系统都是相互关联的。因此，认识到自己的行为与他人的行为之间存在关联之后，来访者在与他人的互动中就可以有更多选择，更主动地把握关系发展的方向。这有助于他们重拾自主自决的信念：在人际互动中忠于自己的价值观，而非任由家人或自己并不认同的文化规则左右。

最终，我们希望来访者能够积极自主地构建人际关系，而非任性、冲动地疏远他人、断绝关系。这也是我们在治疗中为来访者设定的目标，即期望他们有能力做真实的自己，同时可以建立丰富的人际关系。这需要来访者能够坚持自己的价值观，即使这些价值观或许不被他人认可。

学会“系统化思考”（think systemically）意味着学会观察自己在家庭系统中参与了哪些家庭模式、扮演了什么角色，以及起到了什么作用。治疗师协助来访者创建和运用家谱图的过程本身，就可以改变他们“只关注系统中其他人”这一僵化的思维模式，转而关注自身的作用，由此才能使来访者对自己的生活负责而不被他人左右。

尽管我们在治疗中有时会调解夫妻或家庭冲突，但前提是各方都相信从长远来看解决冲突是有益的，进而有配合的意愿。如果某方无动于衷，我们建议参考鲍恩的做法——先和那些最有意愿做出改变的人开展工作。当某个家庭成员做出切实的改变，系统中的其他人必然会受到影响，相应地发生改变。但需注意的是，个人做出改变的直接目标绝不应是试图改变其他人。

当来访者希望治疗师改变其家庭成员——如孩子、配偶或姻亲时，依据系统化原则，治疗师应引导来访者关注自身在家庭模式中的作用，而非专注于他人的行为。有时，家庭系统中的某个人会不惜一切代价制造痛苦、冲突或忽视另一人。对于此类问题，应指导来访者控制其自身对“问题制造者”的情感与行为反应，并学会在这种情境下做出自己的决定。这可能意味着，来访者要在配偶故意忽视或责骂孩子时自主地承担起关照孩子的责任，或在兄弟姐妹冷眼旁观时承担起照顾父母的责任。

家谱图可以让来访者更好地理解自己，并帮助他们坚定改变自身现状的决心。当人们对自己与他人的情感联结方式有了更多了解，往往就更有信心去解决当前的困境。通常人们在走进治疗室时都会对改变自己抱有一种矛盾心态——深陷痛苦的境地难以自拔，同时认为只要眼前的问题能被解决就会万事大吉。治疗师可以利用家谱图帮助来访者讲述他们自己的故事，进而从系统化的视角审视其困境，并帮助他们明确希望做出哪些改变。

这就好比一个人因疼痛去求医，可他只想消除疼痛，却不着手改变饮食习惯、增加运动量以减重，或降低胆固醇水平。实际上，如果病人只考虑自己，他可能就不会想去改变饮食习惯，但如果能使其注意到这也会影响到他的配偶、子女、孙辈，甚至使其回忆起他 14 岁时就被迫面对父亲因过度吸烟和暴饮暴食而过世的事实，或许此人就会改变自己看待健康问题的态度，并做出完全不同的决定。当一个人能顾及其所属的家庭系统，即考虑到家谱图中的所有人物时，他或许就会认识到自己当下的行为会对长远的未来造成不可忽视的影响。

只有在了解来访者的人生经历后，治疗师才能帮助他们确认希望做出什么样的改变。此处我们应注意，治疗师或许可以帮助来访者厘清生活中的种种选项，以及生活目标背后隐藏的无限种可能，但决不可替代来访者做出改变。唯有深入了解个人历史，才能真正理解其所处的困境。在临床工作中，治疗师扮演的是提问者的角色——通过提问帮助来访者探索、理解自我，必须由来访者自己掌握改变的决定权。

由此，作为临床评估的"导航图"，家谱图可以将治疗师和来访者带入家庭历史和环境背景中更好地审视当前的困境。家谱图能够追踪来访者的家庭关系、有谁知晓当前的困境、有谁曾经历或解决过类似的问题，以及来访家庭所处的家庭生命周期阶段（stage of family's life cycle）。例如，来访者的主诉是婚姻问题，如果大家庭中其他人的婚姻相对圆满，那么我们倾向于假设问题源于夫妻关系之外的压力源；如果大家庭中所有其他的婚姻都存在重大问题，那么治疗师更倾向于假设问题出在夫妻关系上，那么我们会努力帮助来访者成为大家庭中圆满婚姻的开创者，建设出不同于家人以往形态的婚姻。

我们用家庭大事年表（family chronology）标识和记录家庭经历的重大事件与变故（见图 1.2），指导治疗师和来访者识别在特定家庭生命周期中出现的家庭模

家庭大事年表或时间线

人口统计学信息：出生日期、婚姻状况、分居、离婚、意外事故、疾病、死亡、违法、诉讼、收入增减。

移民或迁居：移民或迁居到新地区、进入新家庭。

关系变化：新的关系，关系断绝或冲突。

家庭功能：发病或病情恶化，法律问题，创伤——失业，学校或工作等方面出现问题或问题恶化。

周年纪念日：上一次经历创伤或丧亲的年份。

图 1.2　家庭大事年表或时间线

式；或回顾家庭历史，发现固着的家庭模式；关注重要关系变化，包括：关系破裂、关系错位、加入或退出家庭、结交新朋友或与朋友断交，以及积极的改变，如找到新工作、购置房产——若仅仅着眼处理当前的困境，则可能遗漏上述这些隐形的压力源。

赋予家庭新视角：家庭生命周期

家谱图可以推动来访者从生命周期（life cycle）的角度思考问题，即关注人生的各个发展阶段，从成年早期（通常被认为是形成新家庭的起点）为起点，经历求偶、结婚、生育、子女青少年叛逆期、子女离家、步入中年，直到衰老和死亡。对于那些没有伴侣或子女的人，作为家庭中的同代成员之一，依然会被卷入同辈关系、指导下一代和照顾上一代，直到他们在下一代人的看护下度过生命中最后的时光。

家庭生命周期的进程关系到家庭整体、同辈关系、代际关系等多个方面。离开这些彼此联结的关系和相互依存的网络，我们这个物种就难以生息繁衍。个人的生命意义总是建立在与他人相联结的基础上，正如人类必然立足于大地。家谱图可以帮助我们探索家庭模式，确认来访者当前身处的家庭生命周期阶段，并就来访者前几代家人如何应对这一阶段的困境提问。如果前几代人都曾在青春期苦苦挣扎，那么新生代家庭也因相同阶段的困境前来寻求治疗就不足为奇了。如果家庭的前几代人都难以处理丧亲议题，那么我们可以推测其后代也会陷入相似的困境。

关注家庭的背景与文化

如果细心观察，我们会发现其实美国是“大杂烩”。绝大部分美国人都是移民，各种文化在此交融；人们从祖先的故土迁移至此，而我们的后人也将继续在这片土地上繁衍生息。身处本族群之中与迁居到族群之外——这两种情况下人们的族群身份认同存在巨大差异。许多美国人有着复杂的族群身份背景，却又对这些信息知之甚少。我们的临床工作需要帮助来访者了解其文化背景，从而克服当前美国社会中因缺乏文化归属感而引发的迷茫、无力感和疏离感。了解自己的身份背景意味着了解并承认我们所有的祖先——无论他们是压迫者还是被压迫者，是被铭记的英雄还是被遗忘的家人。

代代相传的民族文化在很大程度上塑造了人们的性格，因此帮助来访者探究其文化背景也是带领他们认识其家谱图的重要一环。临床实践中，我们应激发来访者的好奇心，推动他们去了解祖先的作为、信仰、家庭关系和愿景。每个人都承载着前辈的文化遗产，即便继承者在意识上或许并不知晓。构建与分析家谱图的过程中，我们帮助来访者识别和欣赏由复杂关系网络塑造而成的文化身份，认识到文化身份可以帮助他们应对生活压力，也必将影响下一代人。

每个家庭都是多种文化交织的产物。所有婚姻在某种程度上都是两种家庭文化的联姻。没有哪两个家庭拥有完全相同的文化根源。族群在不断地发展和演变。我们在与家人、外人的复杂互动中内化了祖先的文化遗产，同时也改造着它，逐渐塑造出自己新的群体身份认同。我们一生中拥有许多不同的身份。如果轻率地把自己定义为某一特定族群，如“爱尔兰裔”“英国裔”“非洲裔美国人”，则很可能是在过度简化问题。说出这样一个自身所属群体的名字或许能给人带来权力感和归属感——你属于某个享有共同价值观或文化传统的群体；然而实际上，我们的文化遗产往往是错综复杂的，难以用某一特定群体的特征完全涵盖。将复杂的事物一言以蔽之有大题小做之嫌；但如果不使用这种凝练的语言，可能根本无法表述我们错综复杂的身份背景（McGoldrick，Giordano，& Garcia Preto，2005）。因此，虽然我们以询问来访者的文化传承作为起点，帮助他们厘清复杂的家族文化，但过程中我们也会对这个议题做适当简化。如果我希望称自己为“爱尔兰裔”，那么我需要去了解祖先在爱尔兰的历史、他们移民到美国的时间、在美国哪里落脚、遇到了哪些其他群体，以及随着时间推移他们为什么再次迁居，等等具体细节。这些历史事实有助于我建立文化上的自我认同、群体归属感或“客居者”的感受。这一切都可能影响着我与他人的交往方式。此外，另一个需要面对的重大文化议题是跨族群联姻。尽管我的祖父母、外祖父母都是爱尔兰裔，但我的丈夫是希腊裔，而他的祖先在现今土耳其境内生活长达几个世纪；我的儿子娶了一位意大利、希腊两国混血的妻子；我的兄弟姐妹的婚姻也是跨族群、跨文化的；我的侄子娶了一位南非裔妻子，我家的文化背景因此迅速复杂化。其实正如前文所说，所有（美国的）家庭都是如此。家人之间越来越复杂的种族成分、庞杂且不断变化的宗教和信仰背景、各不相同且不断变动的社会地位，都应纳入临床思考范畴并加以重视。

面对不同族群的来访者，我们当然无法期望所有临床治疗师都成为文化人类学家。然而，治疗师对自身和来访者所属文化中的家庭模式保持开放的态度有助于高效地建立咨访关系。大多数来访者的背景——人种、民族、阶层、社会地位、家乡、性别、性取向、宗教、地域，以及所处的生命周期阶段，可能都与治疗师不尽相同。因此，治疗师需要在临床工作中跳出自身文化价值观的局限。此外，我们应形成一套关于文化开放程度的衡量标准，用于考察自己所参加的各种专业培训，了解各主流心理治疗流派及治疗师本人所属流派的基本文化构想，掌握美国《精神疾病诊断与统计手册》（*Diagnostic and Statistical Manual of Mental Disorders, DSM*）以及其他任何对心理健康服务有重大影响的经济、政治、金融等实体的文化向度。

作为一名临床治疗师，你致力于在来访者与你所属机构以及支付治疗费的保险公司之间架设桥梁，协调各方的价值取向。通常，强烈的好奇心、丰富的幽默感和高度的文化谦逊（cultural humility）是建立良好咨访关系的要素。其中，文化谦逊是指治疗师能够意识到，对于不同文化并不存在绝对唯一的“真理”。也就是说，我们必须承认并接受来访者的家图谱的真实性，无论它多么复杂，都应真诚以待。

用家谱图分析“家”的重要性

关注来访者的“家的感觉”（sense of home）是分析家谱图和探索来访者生命叙事的关键点之一（见图 1.3）。有“家的感觉”的地方，是指那些让来访者感到放松舒适且有归属感的地方。忽视来访者生活环境中具有“家的感觉”的各种关系结构是临床工作的一大误区。来访者是否真的可以从父母、兄弟姐妹、配偶、孩子那里获得“家的感觉”？是否有某个特定的空间、地点让来访者感到放松舒适、具有强烈的归属感？去学校或公司是否带给来访者回家的感觉，抑或感到格格不入、遭到孤立？家谱图中有谁最让来访者感到温暖、放松、被爱、被欣赏？

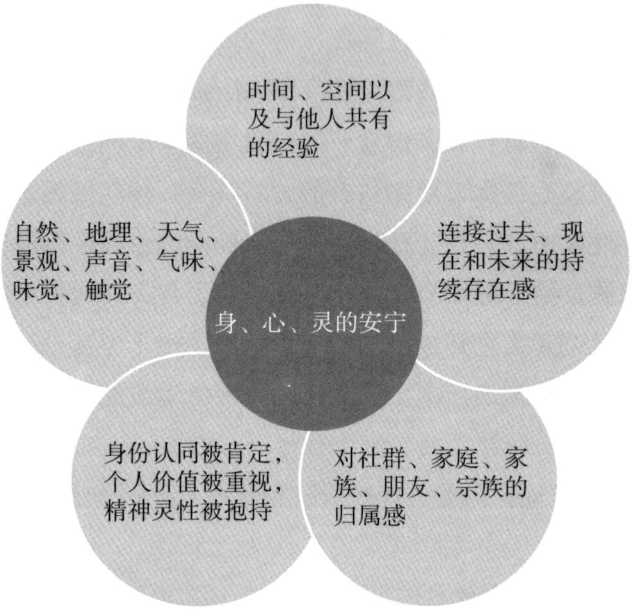

图 1.3 “家”的含义

做自己生活的主人需要人们对自身有系统全面的认识，这意味着无论是独处还是与他人相处都能保持明确的自我身份认同。而在生活中生成归属感和体验“有家”的感觉是形成明确、稳固的自我身份认同的必要条件。许多关于非洲裔美国人及其他被美国社会边缘化的群体的研究结论都印证了这一点——他们苦苦寻找自己的“家园”，是为了寻求归属感、为自己寻根，与故乡和亲人之间的联结是他们社会身份、文化身份认同的根基（Hooks，1999）。“家”既是一个物理空间，也是一个心理空间，其中积淀了种种细腻微妙、层层叠叠的人生经历与家庭历程。这种“家的感觉”赋予人们力量感、归属感、承诺感、归根感、获得感、安全感和焕新感，塑造了坚实的社会与文化认同，使人们能积极地自我发展并投入到各种人际关系之中。正如琳达·伯顿（Linda Burton）及其同事所做的实证研究结论所述：“家”是贯穿人们一生的关键概念，是所有个人与家庭生活历程的基石（Burton，Hurt，Eline，& Matthews，2001；Burton，Winn，Stevenson，& Clark，2004；Stevenson，Winn，Coard，& Walker-Barnes，2003）。

虽然家庭的具体含义可能会随着家庭生命周期演变而发生变化，但无论在人生的哪个阶段，归属感始终都是幸福感的重要基础。“生活中哪些方面或部分给来访者带来家的感觉，又有哪些方面让来访者没有家的感觉”是我们必须关注的家谱图临床提问之一。这对于被主流文化剥夺归属感的社会边缘群体和移民群体来说尤为重要——他们不得不竭力在新的文化环境中重建社群之感，找寻那带来归属感和安全感的一隅之地。在美国，许多人似乎并不觉得自己是社群的一分子，或不认为自己是推动国家、世界发展的参与者，而是感到与社会脱节或被边缘化。因此，治疗干预应关注来访者的归属感，让他们通过获得或重拾归属感而达到内心安宁，鼓励人们主动寻求“家的感觉”，去体验其中的安全感。

“家”带来的确信感和安全感可以促进自尊和政治意识的发展，并给予我们反抗社会压迫的力量（Burton et al.，2004）。男同性恋、女同性恋、双性恋或跨性别者可能需要一些特定的适应性策略才能找到一个感觉像“家”的地方，因为其他人可以依赖的家对他们来说反而可能充满伤害；对于那些家中有精神疾病、暴力倾向、成瘾行为和其他负面破坏性力量的孩子来说也同样如此。

“家”既是人们物理位置上紧密共处的场所，也是一处精神家园。伯顿及其同事的研究通过分析临床案例报告，深刻、生动地揭示出“家园”观念所带来的归属感和存在感，以及来访者对“家园”的渴望（Burton et al.，2004）。这启示我们，如果将来访者转介给新的治疗师或迁居到新的住处，以至于远离重要的家人或亲友，很可能会加重其功能障碍与主观痛苦。

任何有成效的临床工作都围绕归属感、家园归宿与人际联结展开。考察来访者心中的“家”所处何方，应作为任何临床评估的重要部分，并将这些信息反映在家谱图中。归属感和生命延续感是我们的深层需求，特别是当来访者历经创伤性打击或人生转折时，这些需求显得尤为重要；若临床治疗师和政策制定者忽视了这个方面，则很可能会忽视心灵联结对来访者的重要意义，无疑将扩大原有创伤经历造成的伤害。家谱图是一份反映家庭历史中个人心理、法律和人身归属关系以及这些方面所受创伤的全景图。通过临床工作，我们可以确认、激励和强化家庭、社区，以及家庭与社区之间的纽带；如果我们忽视这些方面，让鼓吹个人主义、自恋妄为、竞争搏杀和物欲至上的价值观胜过对人际情感联结的追求，胜过人与人之间历史与未来的连续性，那么我们社会中的无力感、混乱感和人与人之间的撕裂将会蔓延不绝。

GENOGRAM CASEBOOK

第2章

开始工作：向来访者介绍家谱图

我向内心深处探寻痛苦的缘由，经此一路让我寻获希望。

——［巴西］保罗·弗雷勒

创设安全的治疗情境

治疗伊始，我们的首要任务是创设良好的治疗情境，让来访者在尚未了解或信任治疗师的情况下仍愿意分享他们生活中富有意义的各种细节。绘制家谱图是引导来访者讲述其生活故事的绝佳方式；这个过程中，通过专注倾听，治疗师可以迅速获得来访者的信任。正如保罗·弗雷勒所说，我们帮助来访者探寻痛苦的渊源，同时也让他们看到疗愈的希望。家谱图中不仅包含过去的痛苦，还包含坚韧奋斗、不畏逆境和满怀希望的经验。我们在治疗中与来访者建立紧密的协作关系，通过探索家谱图帮助他们发现家庭历史与当下困境之间的联系。在此过程中，治疗师应全神贯注地倾听，挖掘来访者所述故事中的主题（theme）以及过去、当下和未来之间的关联。只有来访者将他们人生叙事的重要部分带入治疗室，治疗师才能相应地确定如何开展治疗；实现这一切的基础，是建立协作性的治疗关系——让来访者感到安全、被倾听和被支持。治疗师首先应以真诚、尊重的态度会见来访者、做临床提问，引导他们参与到协作性的治疗中，然后带着好奇、专注和共情与来访者一同探索家谱图。带着好奇与共情去倾听，要求治疗师重视来访者所述的每段故事，并尝试从这些故事中找到他们的归属感、他们所爱的和爱他们的人、他们在生活中曾面临的困难以及克服困难的经历、他们的核心价值观及其成型历程，以及他们的价值观在家庭和更广泛的背景环境中如何与他人的价值观相协调、互动。

治疗初期，围绕来访者生活中重要的人物提问并绘制家谱图，可解除来访者对治疗的防御，让他们更放松地对尚未熟悉的治疗师讲述人生故事。将来访者熟悉的人物引入讨论有诸多好处，例如，与治疗师谈论密友轶事或许是让青少年对治疗感到安全的最佳途径。朋友往往是青少年生命中不可或缺的重要组成。当他们发现治疗师对其朋友的事迹很感兴趣并一一记录这些名字时，通常会变得更为放松。同时，收集到的信息也可为治疗师提供进一步提问的参照点：“你和丹特也讨论过你现在的困境吗？他怎么看？”

有些来访者会由于创伤经历或惧怕某个家庭成员而不愿暴露自己的感受或想法，所以直接讨论家庭关系会让他们感到危险或受威胁。因此，治疗师在提问时应保持谨慎。治疗初始阶段的核心任务在于协助来访者作出是否进入治疗的决策以及确定治疗目标，也就是说，如果来访者愿意继续参与治疗，治疗师即可着手制订具体的治疗协议。这需要治疗师结合各种线索，推断出来访者在治疗起始阶段可接受的问题探讨的深度。此外还有一点非常重要，即向来访者说明为何治疗师需要收集某些特定信息。我们每个人在谈论个人内在感受和私密信息时都可能倍感压力、难以启齿，此乃人之常情；因而，治疗师应该对这些提问做好铺垫。如果来访者在初次见面时对治疗师这个陌生人显得迟疑犹豫，那么治疗师一方面应理解和接纳这种因吐露私人信息而带来的困窘，另一方面应明确地传达出：我们愿意伸出援手和来访者一同破解其生活困境。这些都对治疗有积极的推进作用。

对于身体健康问题，医生会根据体征和症状做出诊断，并提供从手术到药物等一系列物理干预措施。但对于心理健康问题，首要的干预必然是通过谈话了解来访者的经历，而后为其提供新的视角重新审视他们的处境，并探索各种改变的可能。深陷困境的来访者可能并不了解心理治疗的工作方式，因此治疗师需要做一些心理健康教育，帮助来访者了解治疗如何开展以及他们可以合理预期的结果。

大多数来访者前来寻求治疗时并不确定如何解决问题，否则他们也不会来了。因此，询问来访者对治疗本身有哪些期望和担忧非常重要。

▲ 来访者的期望是什么？

▲ 来访者对治疗有哪些顾虑？

为了有效建立治疗联盟，有必要询问来访者上述问题。如果家庭中存在关系断绝或激烈冲突，那么在针对这些方面提问时应格外谨慎。

基于这些原因，一方面我们应对治疗抱有信心，相信治疗能够帮助来访者解决问题；但另一方面，治疗师必须切忌因个人期望而操之过急，或为了避免在治疗中承担过多责任而难以与来访者建立协作性的治疗关系。鲍恩曾说，他在治疗中只有一半时间帮助来访者解决问题，而另一半时间是在竭力避免自己替代来访者解决问题。

有些来访者进入治疗时正沉浸在愤怒或沮丧中，以至很难平静下来聆听和关注他人所说的内容。的确，一个人正怒火中烧、一门心思追究他人过错时，往往很难认清和承担自己在家庭系统中的责任。只有当来访者可以承认“矛盾、冲突的发生与加剧都有我的参与——即便我只起了 20% 的作用”，他们才能真正投入治疗。例如，某位来访者喋喋不休地向治疗师唠叨妻子是多么糟糕，直到治疗师指出：“或许你的妻子并不像你说的那样是个泼妇，但她的做法让你本来就不好的情绪变得更差。”来访者此刻停下抱怨，并告诉治疗师：他完全没听到在刚过去的半小时里治疗师都说了什么。在此，能够承认和直面他的情绪问题正是来访者萌发治疗动机的关键指征。在接下来的几个月里，他成功地学会倾听并让家庭关系有了许多积极的改变。

通常，只有当来访者能足够冷静并站在其他家庭成员的角度看待问题时，当前的危机才会开始缓解。对此我们经常开玩笑说，治疗师可以问来访者：“我们是来谈一谈你的丈夫或母亲（姐妹、老板、孩子）呢？还是你干脆杀了他 / 她了事？”治疗初始阶段的首要任务，通常是帮助来访者减轻因当前困境而引发的焦虑，并将这些困境置于更广泛的人际、家庭系统中审视。

开始提问：将当前困境与家谱图关联

在治疗起始时，我通常会问：“请告诉我是什么让你来到这里，接下来我会问一些有关背景情况的问题，以便我了解情况。”

我会请来访者简要介绍他们当前的困境以及来诊的过程。而后，我会围绕该困境的发展历程提问，了解来龙去脉。通常，我不会在来访者主诉的困境本身耽搁太多时间，而是几分钟内就将提问转入困境的发生背景或家谱图信息，因为这是我理解来访者困境的唯一方法。我会以这样的方式引导话题转换：“接下来我想问一些关于你家庭和家庭背景的问题，这样我能了解你刚才所谈到的人都是谁。”然后我会针对来访者的家庭成员提问，收集他们的信息。

通常，我不会直言我将绘制家谱图，但我会在预设的家谱图框架中将来访者所讲的相关信息都记录下来——实际临床工作中，我一般都会预先准备好笔记表格、家谱图框架和家庭大事年表。我会在家庭大事年表上专门记录困境发生的时间，以及来访者提到的任何重大家庭议题，如重大压力源或婚姻、出生、死亡、疾病等重大事件的日期。

咨询开始前，我会询问来访者是否介意我在电脑上做笔记。即使一开始或许有些不自在，但他们通常都能配合得很好，甚至会因我专注地倾听与记录而对治疗充满热情。偶尔也会有人提出不允许记笔记。遇到这种情况，我会先配合来访者的要求进行一段时间的治疗，但由于记忆力有限，通常我会很快指出我难以将他们所说的一切都清楚地记住，因而在治疗中我需要做一些笔记。

我会记录来访者对以下提问的回应：

▲ 他们有配偶或伴侣吗？

▲ 他们有几个孩子，每个孩子的另一位家长分别是谁？

▲ 他们的父母还健在吗？如果健在，他们年纪多大？住在哪里？健康状况如何？

▲ 来访者有几个兄弟姐妹？他们做什么工作？他们的受教育程度、婚姻状况和家庭状况如何？他们分别住在哪里？

▲ 来访者与兄弟姐妹以及父母的关系如何？

我通常会提问关于来访者姑妈 / 姨妈、叔叔 / 舅舅与兄弟姐妹及其他重要人物的基本信息。“还有谁知道你的困境？”如果来访者就此谈到其他亲朋好友，我也会将这些人的相关信息记录在家谱图中。我还会询问来访者的工作情况，是否面临工作压力或事业变动。此外，我会问他们是否养宠物，并把宠物信息记录在家谱图中，因为通常宠物是人们重要的支持资源，能在压力情境下带来特别的安慰。

换言之，我会尝试获取关系系统中所有成员的基本信息，即出生顺序、生活区域、亲密关系、直系亲属和其他关键人物的功能水平。同时，我会特别留意个人偏离正常生命周期发展的各种迹象，例如有违发展阶段特征的功能障碍或突发创伤——这些信息能同时反映出压力源及个人应对策略，都是可以为我们所用的信息。除了询问知情者的信息，我还希望了解来访者在寻求帮助过程中得到过哪些建议。这其中或许包含反映家庭系统三角关系的重要指征。例如，来访者的祖母曾反对他寻求治疗，或来访家庭的密友认为他们应该让孩子接受个体心理治疗而非家庭治疗，这些都可能影响来访者的治疗参与度。

和来访者工作时我会在电脑上做笔记，这样可随时调用已有的家谱图文档，并补充家庭时间线；在每节治疗中追踪来访家庭的大事件，完善家庭大事年表；借助这些方法收集信息，我可以发现和识别那些随治疗开展而逐渐浮现的家庭模式，并始终提醒自己：应从更广泛的视角——参照来访者的生活背景思考所有问题。

我认为首节治疗是协商性的会谈，其内容应包括：

▲ 与来访者建立一定的治疗关系；

▲ 了解来访者当前面临的困境；

▲ 了解来访者的家庭环境、个人背景和生命周期模式（life cycle pattern）；

▲ 留出一些时间与来访者讨论治疗师对其困境的初步想法；

▲ 制订治疗计划，抑或转介。

一旦掌握了组成家庭系统的各成员基本信息，包括姓名、年龄、居住地，以及来访者与他们的情感状态，结合大家庭和来访者当前所处的家庭生命周期阶段，我就可以开始着手分析他们当前困境的成因和发展轨迹。而后，我会追溯来访者家中前几代人及其兄弟姐妹的生命周期阶段发展情况。

相对于正常的家庭生命周期阶段，如果来访者早婚，我会特别关注其父母、兄弟姐妹、祖父母和主要朋友是否也有早婚的情况。如果来访者当前的问题是青春期逆反，我们会考察其父母和其他家庭成员（兄弟姐妹、姑姑、叔叔、堂兄弟姐妹、祖父母）青春期的情况。正如贝蒂·卡特所说：“来访者在青春期与父母的关系如何——这永远都是一个值得去问的好问题，因为它往往能将来访者与父母的核心三角关系以及来访家庭的关键议题最直白地呈现出来。”即便在来访者成年后，这种与父母的三角关系可能仍然运作，不过是以压抑或休眠的方式存在，而不是像青春期那样堂而皇之地上演（Carter，未发表的手稿）。

这个提问也可以帮助我们了解来访者及其兄弟姐妹的“离家故事”：是对父母的叛逆抗争，还是“听家长话的乖孩子”的故事？这有助于治疗师了解个人与家庭系统的关系，以及家庭系统对个人行为的反应。“离家故事”中暗含着家庭系统运作模式的线索。“离家独立”这一生命周期阶段是出现症状的常见时间点。举例来说，如果最年长的孩子在这个阶段出现心理障碍、难以调整适应，有可能缘于家庭对他 / 她抱有过高的期望。开放的家庭系统通常容许各个家庭成员发声、表达不同的看法；而封闭的关系系统中人际压力更为微妙，父母可能只愿意听孩子说他们想听的话。

与来访者建立关系时，我们需要传达这样一种理念，即理解和解决他们的困境需要实践，需要他们与治疗师配合，一起讨论他们的人际关系、家庭关系、个人和家庭历史，以及他们经历过的其他议题。

如果来访者和我达成一致——认为治疗有意义，可以继续，那么在第一节治疗临近结束时我会传达以下观点：“你（们）正因一些困难备受煎熬，能主动前来治疗对你（们）是有益的，而我也希望能在治疗中帮到你（们）。”不过为了以防万一，我还会特意对我的临床工作取向做补充声明：“你因母亲引发的困境前来求助，好消息是，我认为你会在这个问题上有所突破。坏消息是，可能未来某个时候我会要求你邀请母亲加入治疗。”这样说是出于以下两点考虑：我想传达一个基本理念，即家庭成员往往与来访者的治疗息息相关；以及我认为了解整个家庭对治疗非常重要。如果来访者对是否继续参与治疗举棋不定，我通常会给他们留一些时间仔细考虑，可以几天后再回复我，而不必当场就预约下一节治疗。在来访者真正深度投入治疗之前，治疗师须做好只探讨表层问题的准备。如果在来访者尚未准备好之前就催促他们做决定，则可能即刻激起阻抗而无法将其引向与治疗师协作探索困境的方向。有时，来访者特别急切地前来寻求帮助（通常是“代表”其家庭成员）。这种情况下，制订治疗协议时应特别谨慎。我宁愿让来访者多花一些时间思考治疗的动机，等他们真正准备好投入治疗再签署协议。

处理难言之隐

针对来访者难以启齿的部分，我常用以下几句话打开局面：

▲“我想或许你需要一些时间来确定对我的信任，所以我建议，如果有什么事情你觉得还不适合讨论，请告诉我……”

▲“你看起来有些不愿谈论这个问题，这合情合理，因为你还不了解我；但请让我做一些解释，说明我为什么要问这个问题，这样你就能明白我提问的出发点是……”

▲“我们需要一些时间了解彼此，但请让我对治疗的基本观念做一些说明。总的来说，我们任何人唯一能改变的人就是自己。因此我觉得，治疗的关键在于尝试去理解和改变我们自己——也许我们也希望身边其他人能做出改变，但相比改变自己，改变别人的把握可要小得多。你觉得呢？”

▲“因为这是你第一次做心理治疗，请让我告诉你我们一般会怎么工作。通常情况下，治疗会进行若干次，每次约一个小时。在治疗中我们会讨论一些议题，并思考那些已发生的事和生活中你希望发生的改变，然后我们的治疗可能会拉长间隔时间，这样你就有更多的时间去尝试我们所讨论的改变。大多数人都是在参加若干节治疗之后，才对治疗是否有帮助作出判断。对你来说，这可能将是一笔很大的时间投入。你怎么看？”

▲“我能感觉到，你可能觉得谈论祖母与你当前的困境不相干。但我的看法是，前人的经历往往都有助于我们理解当前的处境。我希望你也能想一想、谈一谈这些内容，当然，如果你仍然觉得这些都无关紧要，那么我们来讨论讨论这个看法本身。可以吗？”

在处理来访者痛苦的过往时应格外谨慎，只有在确保能容纳、抱持这些痛苦的情况下才可以去触及它们。接触这些内容之前，治疗师应确定已经创设了足够安全的情境，让来访者在重述这些经历时不会被再次创伤。另外，极为重要的是，临床治疗师应特别关注来访者的支持资源和抗逆力；虽然探寻病理机制、功能障碍和既有创伤是当今大多数心理评估体系的主体，但我们不应只局限在这些方面。诚然，一般来说临床治疗师必须提供 *DSM* 诊断所需的症状或数据，否则我们得不到（由保险支付的）报酬。但从家庭系统的角度看，我们不应用这种贴标签式的诊断去定义人们真实的生活经验，否则我们将永远无法自由地与来访者的抗逆力以及求变的潜力相联结。

建立关系：探讨问题的时机与方式

治疗师应在受训过程中对一些临床基本问题有所梳理，即何时何处探讨某个具体问题是有益的，以及何时何处探讨有破坏性。再述创伤可能宣泄痛苦，也可能造成再创伤，这取决于具体情况。在与治疗师建立充分的信任之前谈论具体议题，也可能导致来访者在会谈结束后感到有损颜面、尴尬或羞耻。治疗师提问时必须谨慎，以免引出或触及那些尚未准备好帮来访者梳理的部分。相对于来访者，治疗师对治疗中所探讨的信息流负有更多责任。

在向来访者提问之前，应确保你已准备好如何处理来访者的回答。如果一开始就问来访者父母是否健在，你需要准备好应对其父母死于自杀或在精神病院过世的回应。此外，如果过早询问有关性侵或其他创伤经历的问题，来访者很可能无法坦言真相，甚至有损其参与治疗的积极性。如果在治疗最初的 30 分钟内就询问有关躯体暴力或性侵相关的问题，很可能得不到真实的回答。琳达·伯顿及其同事的多项研究表明，通常需要数年人们才能在治疗中坦然地说出此类经历（Burton，2010；Burton，Purvin，& Garnett-Peters，2009）。这就给临床治疗师提出了一个难题——他们所在的机构往往强制要求在首诊的前半小时内就对创伤性心理障碍做出鉴别诊断。实际上，这种设定无论对治疗师还是来访者来说都极不合理。临床治疗师应参加可以分享真相的同行群体，并对这种不合理的心理评估要求提出质疑。不过最关键的一点是，临床治疗师必须保持对自己坦诚，直面自己的有限性，承认自己不是无所不能的。

首节治疗中，如果时间已过半却发现来访者所说的全是消极内容，我会有意地询问一些积极的或能反映心理资源的问题，例如，你深爱过谁，谁曾给予你希望，以及谁是抗逆力的源泉。这些是我在所有治疗中都希望了解的部分。如果来访者面临极大的困难，那么了解抗逆力的具体来源有助于我在后续治疗中重构每个创伤事件的意义，阐明他们的经历发生了哪些蜕变。我们应在来访者所叙述的每个人生转折点寻找抗逆力的源泉，这一点非常重要。“或许你妈妈难以离开酗酒、暴虐的丈夫，但在几乎没有经济来源的情况下，她让八个孩子全都完成了高中学业，这无疑是她坚忍不拔品质的表现。她一定认为接受教育是拯救下一代的方法，并且坚定地付诸实践，而且她的孩子们的确都从教育中获益。”

初始访谈

当前困境与当事人

任何临床评估都始于对来访者当前困境的提问。这一步的重点是：确定家中有谁认定这是困境，以及来访者家中的其他人如何看待当前的境况。如果丈夫认为问题出在他身上，而妻子也明确地认同这个看法，那么在治疗初始阶段我们就可以接受这个“责任认定”；倘若夫妻中一方认为伴侣参加治疗是多此一举，那么治疗师就需要就这一点和他 / 她做详细讨论；而后再提出要求：有必要邀请来访者的配偶参加治疗。

在其他情况下，问题的认定方是将来访者转介至此的个人、机构、学校、医院或其他治疗师。此时你必须先与来访者就其当前困境达成共识，之后才能开始治疗。有时，家庭成员会将某位家人认定为“问题分子”。例如，妻子将丈夫送来治疗或父母认为孩子出了问题，而前者到场只是“为了帮助治疗师更好地修理后者”。对此，治疗师必须和到访的所有人协商，对当前的困境以及“谁是来访者”取得共识，即确定都有谁愿意为应对困境而参与治疗，从而让所有人都认识到治疗的价值。默里·鲍恩常常提道：“最重要的经验法则就是：家庭中谁有改变的动机，你就与谁合作！”这是一个行之有效的临床策略——尽管实际工作中治疗师可能需要先花一些时间帮助每个家庭成员挖掘自我改变的动机。应注意的是，我们不可能像照着菜谱烹饪一样按部就班地收集信息，而只能通过动态的交谈去了解来访者复杂的生活经历、人生故事。在访谈中我们需要根据情况随机应变地切换提问策略。由于家谱图是映射、组织来访者信息的框架，而每个人都有着不同的人生故事，所以在收集家谱图信息时并不存在统一、规程性的操作流程。当治疗师形成“每个人在生活中都是与他人、他物紧密相关联”（everyone is connected to everyone and everything else）的系统化思维框架，有关来访者“如何与过去的人、现在一起生活的人，以及未来要结识的人相处？”等提问就会随之而生。提问时机也是治疗技术的重要一环。治疗师应跟从直觉，对来访者提供的信息进行即时提问，对来访家庭形成系统化的认识。

虽然我的大部分治疗都是与单个来访者一起工作，但若来访者已婚，我更乐于邀请夫妻一起参加治疗，这可能是最有效的工作方式。但如果配偶的在场让来访者过度焦虑以至难以集中精力参与治疗，那么我更倾向于和他们单独工作。此外，我偶尔会邀请某位特定家庭成员或整个家庭加入。有些人认为家庭治疗是家庭成员同时一起参与的治疗模式。但我们认为，家庭治疗是一种将个人问题或困境置于家庭关系、人际网络和文化背景中考察的工作范式。从这个角度看，在某节治疗中邀请谁参与实际上是一个策略性问题。你可以邀请某位家庭成员的母亲加入会谈，或与夫妻二人一起工作，抑或在整节治疗中只关注某一位家庭成员。但无论哪种情况，你仍是依托系统化的方式开展工作——以家庭系统作为思考问题的基本框架，帮助来访者反思生活。

我们工作的大部分内容在于帮助来访者拓展心灵空间，即那些承载他 / 她对自己过去、当下和未来的家庭、社群及文化归属感的空间；利用来访者的抗逆力和支持性资源，帮助他们寻找希望，并将苦涩、愤怒和痛苦转化为和解、勇气和对自由的追求。这需要引导来访者关注其人际与家庭关系的更广泛背景，看到并理解其所有社会系统中暗含的关系动力。治疗的目标也在于帮助来访者厘清自己的价值观，并以符合自己价值观的方式参与其所属的关系系统。

这或许是临床工作的难点之一，因为我们既要帮助来访者认识到他们是如何被其他家庭成员或社会环境压垮，同时又要对他们的状态提出质疑，推动他们重新定义自我，进而在生活中无论遭遇何种不公，都能自主自决地积极应对。因此，治疗的一个方面是帮助来访者认识过去——他们曾置身于什么样的糟糕环境、受到了哪些影响；另一方面是帮助他们决策当下——可以自主地做出改变，积极采取行动应对困境。让来访者明白：既然过往已无法改变，那么可以且唯一能改变的就是当下的生活，努力做出和过去不一样的选择。

治疗的另一个基本现实是临床治疗师只能从侧面指导来访者改变，决不可成为其生活的主角。治疗师应且只应作为“受雇的帮手”。我们仅履行咨询工作，引导来访者向治疗目标持续积极发展。因此，无论谁来到治疗室，无论来访者认为问题出在自己还是家人，我们的临床工作应始终遵循系统化与关系化的框架开展。

让我们来看一个例子。玛莎·杰克逊（Martha Jackson）曾与前夫定期到我这里咨询如何与儿子相处的问题（见图 2.1）。玛莎提出，想让我见一见她已交往 10 年的未婚夫保罗（Paul）。这对情侣于前一年夏天开始同居，但现在两人冲突不断，或经常陷入冷战。然而玛莎把保罗带到治疗室后，保罗却声称他只旁观不参与。在他们相互埋怨了几分钟之后，保罗再次重申，他只会作为旁观者待在这里。面对这种局面，我觉得我必须先请玛莎离开，单独和保罗谈一谈，弄清他为何如此表现。

58 岁的保罗作为家中独子至今未婚。他以往的亲密关系大多非常短暂，用不了

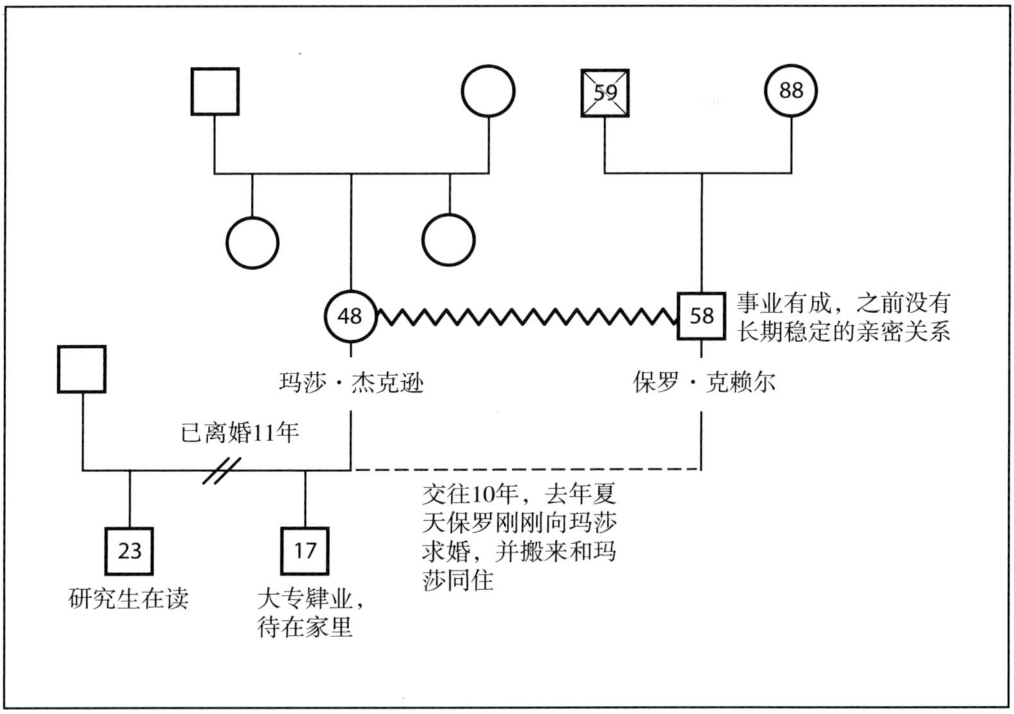

图 2.1　玛莎和保罗

多久就都无疾而终。和玛莎的恋爱是他迄今为止维持最久的一段亲密关系。他很有魅力，头脑机敏也事业有成，但他在恋爱方面屡遭败局着实令人费解。我询问他父母的事。20 多年前，保罗 59 岁的父亲死于中风，而他的母亲现年已 88 岁，依然健在。保罗对父母的描述都非常积极正面，但每当我问及是什么让他爱上玛莎并留在玛莎身边长达 10 年之久时，他就会闪烁其词、转移话题，抱怨玛莎这里不对、那里不好，或说一些贬损、讽刺玛莎的话，暗示他已想放弃这段感情。

终于，我决定直接向保罗提问，看看他是否愿意探讨他与玛莎的关系。一般来说，我不会直接向新加入者追问此类问题，但保罗坚称自己是旁观者，这使我感到必须抓住唯一的机会提问，引导他加入对亲密关系冲突的探讨。我重申了之前做出的评价——他和玛莎显然都对二人当前的关系感到失望和挫败。我对保罗说，他投入这段感情 10 年之久却落得如此境地，我认为有必要好好看看到底哪里出了问题；因为就在 8 个月前，保罗还觉得二人关系已格外稳固并向玛莎求婚；现在与治疗师一起探讨这个问题的机会就摆在面前，为什么不好好利用呢？我注意到，保罗在生活中的其他方面都很成功，无论是工作还是与朋友和父母的关系。

我继续说明，保罗现年 58 岁，而他的父亲只活到 59 岁，有鉴于此，他很可能希望能认真审视自己的生活，仔细研究一下问题出在哪里。因为我们很难预料自己还能在世多久，而与玛莎的关系是保罗有生以来最持久的亲密关系。

不仅如此，我还指出，尽管保罗非常聪明，却难以回答我一再提出的这个问题：究竟是什么吸引他和玛莎在一起？我直言不讳地说，考虑到他的年龄和情况，他应该仔细审视自己当下的处境，即使不愿跟我说，也应找其他人探讨这个话题，因为对此他似乎很难一个人仔细思考。我坦率地告诉保罗，他在治疗中没完没了地向玛莎和我指责玛莎破坏亲密关系其实是在浪费他的时间。

情绪逐渐缓和后，保罗坦言，的确应该分析分析他是如何走到现今这般境地的。我提醒他当天那节治疗所剩的时间仅有几分钟，并且告诉保罗，梳理他的情况可能至少需要三到四节治疗。他同意并表示愿意和玛莎一起讨论。然后我又询问玛莎是否愿意和保罗一起见我，看一看保罗的问题出在哪里。

即使玛莎在治疗中从没有和保罗对话，也不愿更多地讨论上述话题，但保罗能承认有必要探索他的境况让我信心倍增，我感到这是一个积极的迹象，表明他有意愿和玛莎对话，详细讨论他们的关系。

如何确定各个家庭成员面临的困境，其关键在于根据临床评估选定工作对象，并明确工作目标。治疗师有必要询问来访者还有谁是其当前困境的知情者；另一个相关的提问是，谁可能与困境有关却对此并不知情，此外还应讨论该困境可能造成了哪些影响。

保罗说，他生活中的所有人都不知道他与玛莎同居后两人的关系如此糟糕。我随即提议：在我看来至少能有一位可以倾诉困扰的亲友非常重要，所以保罗可以想一想谁能作为这个关键人选。

生命周期阶段以及与之相伴的压力

在任何临床评估中，治疗师始终需要了解的是：来访者生活中有哪些因素可能影响其当前困境。

▲ 他们正处于生命周期的哪个阶段，是否存在与该阶段相关但未被处理的压力？

▲ 是否存在可能加剧来访者和 / 或其家庭当前困境的并行压力（concurrent stress），例如工作问题、经济压力或债务、家庭成员的迁入或迁出、疾病或其他

困扰？

▲ 前几代人在与来访者相似的年龄或相同的生命周期阶段是否面临巨大压力或遭遇意外？

在保罗和玛莎的案例中，保罗当时的年龄只比其父亲去世时小一岁，我们应询问二人对此事的看法。

保罗会担心他的母亲吗？他的母亲虽然看起来身体硬朗，但也到了可能需要更多赡养照顾的年纪。由于保罗是独生子，母亲的情况或许需要他在生活上做出相应调整。

对于保罗来说，从情侣向夫妻关系过渡，此中是否有某些东西让他感到危险？对于进入夫妻关系，保罗显然滞后于常人。借助家谱图追踪前几代人的婚姻历程，以及保罗成年后各段亲密关系的发展，对理解及解决其当前的困境有巨大帮助。保罗很晚才第一次做出步入婚姻的决定，这可能与某些家庭成员“惧怕婚姻”的家庭关系模式有关。

此外，或许在玛莎的家庭中也存在一些压力，正不断触发着保罗与玛莎的对立。玛莎有两个学龄期的儿子。或许保罗感到，组建有青少年子女的再婚家庭会附带很多潜在问题，因此他推迟了婚期。或许是玛莎的儿子们在学业方面陷入困境让保罗退缩；抑或这些方面与保罗自己的某些家庭模式相关联，引发了他的不良情绪。

家庭历史

治疗师需要了解家庭的成员构成、所在地、功能水平（level of functioning），以及他们与来访者的关系。家谱图中的信息不仅能帮助治疗师了解当前困境，还可呈现家庭系统中的缺陷与资源。

▲ 来访者与关系网中的其他人关系如何？

▲ 历史中家庭成员曾处理过哪些意外或创伤性丧亲或困境？

▲ 家庭可用的财产和资源有哪些？

家谱图应包含来访者所在家庭的所有成员，并呈现关键的人口学信息和成员间的关系。

以保罗和玛莎为例，我们应询问各方家庭三代人的家谱图细节，并了解二人对彼此的关系网有什么感受。如果结婚，保罗必将和玛莎的父母、兄弟姐妹、孩子以及前夫确立一定的关系；玛莎也不得不与保罗的母亲打交道——这些年来保罗母亲一直把儿子“绑在”身边一起生活，儿子婚后她将必须适应新的亲子关系。在二人相处的很长时间里，保罗从未和玛莎的孩子们打过交道。而现在玛莎与保罗都需要重新调整他们的社交生活，放弃持续已久的婚前关系模式，更深地融入彼此的关系网。治疗师应探究未来的家庭关系对每位来访者及其家庭成员所造成的影响，以及双方是否对再婚后将面对的各种问题已有有效的处置经验。

解决家庭困境的经验

治疗师需要了解家庭过去如何解决各种问题或困境。

▲ 有没有人寻求过治疗师的帮助?

▲ 到家庭外寻求帮助是否会被认为是丢脸或羞耻的?

▲ 家庭成员是否会求助于家人或家庭外的支持?

▲ 如果当前困境涉及婚姻问题、抚养孩子，或孩子离家独立等议题，家中前几代人是如何应对类似情况的?

在保罗和玛莎的案例中，他们显然都不善应对婚姻相关的议题，因此探索来访家庭过去如何处理各种问题就显得非常有意义。通过提出诸如“在你的成长过程中，母亲如何处理父亲的反对意见？”“当积压的问题爆发时，你的父母和祖父母如何协调分歧？”等问题，有助于我们追溯二人的原生家庭分别是以什么样的方式解决问题的，以及每个人如何发展出其当前常用的问题解决策略。

来访者的家庭文化背景

治疗师需要了解产生和维持来访者当前困境的文化背景（cultural context）。家庭成员对这个困境赋予什么样的意义？当前困境与来访者的文化背景之间有怎样的关系?

在我询问来访者家中有哪些成员时，我会直接收集该成员的文化背景信息。我会做如下提问：

▲ 你在哪里长大?

▲ 你父母在哪里长大？

▲ 他们的父母（你的祖父母）在哪里长大？

▲ 你了解他们的祖父母吗？

▲ 你的家人在这个地方生活了多久？之前他们生活在哪里？

我会实事求是地询问有关跨文化、跨宗教通婚的问题，以及这些婚姻组合是否在几代人之间引发困境或冲突。我尝试帮助来访者识别、发现存在于家庭历史中的文化模式——有关教育、金钱、工作、宗教、家庭仪式、沟通等方面的价值观。

▲ 在文化传统层面，这不仅意味着努力以来访者的文化视角去了解他们如何看待当前困境，还要了解这些困境在文化传统层面对来访者有着什么样的意义。

▲ 他们认为可能是什么原因造成了这些困境？他们认为有什么可以帮助他们解决这些困境？

▲ 可能是哪些方面的压力引发了当前困境，有什么办法可以缓解它？

▲ 来访者通常定期与谁联系？

▲ 在来访者所属的文化中通常如何看待他们的困境？如果有其他知情者，来访者认为这些人会如何看待其困境？

▲ 来访者在当地社区有家人、朋友或其他社会支持资源吗？

▲ 家庭和社交网络对来访者解决问题带来帮助还是造成阻碍？

▲ 来访者认为自己的文化身份有哪些特征，这些方面对其身份有多重要？

▲ 来访者过去遇到困境时曾求助于哪些支持资源？其他家庭成员曾求助于哪些支持资源？

▲ 如果他们过去曾寻求过治疗，是否有效？

▲ 之前有哪些因素让他们或其家人很难得到有效的帮助？

▲ 来访者过去是否曾因种族、性别、性取向、民族或宗教等文化传统因素而难以获得帮助？

▲ 来访者是否在某种宗教环境下长大？

▲ 来访者改变过信仰吗？

▲ 来访者对人死后会发生什么持什么样的看法？

▲ 来访者是否恪守某些制度化宗教的习俗或传统？

治疗师的某些身份特征是否会让来访者感到有碍建立咨访关系，虽然这个问题通常难以直接询问——来访者可能会对此矢口否认或将之粉饰得无足轻重，然而我们必须对此有所掌握。如果在种族、性取向、性别、社会经济阶层或社会地位上存在较大差异，可能会让你难以启齿直接询问来访者是否愿意与你共事。我们应预设，讨论这些差异的确会给来访者带来压力或不适，因为在美国的社会生活中，人们通常不会在社交场合公开承认这些感受。治疗初期，来访者不大会说出他们的不适感。如果我是一位白人临床治疗师，接诊有色人种的来访者，我可以肯定他们在治疗初期会有一定程度的不适；但如果我直接对此提问，来访者可能会反复向我保证这不是一个令他困扰的议题。同样，如果我在寻求帮助时恰好遇到一位男性治疗师，他开门见山地问我是否会因他是异性感到不适，在我对他有足够了解之前我都不太可能诚实回答。随着关系发展，我会有意传达出自己对种族差异的态度，或我的治疗师传达出他的女性主义价值观，这或许是帮助我们对抗来访者最初的不适感或不信任感的最佳方式。

这里的关键在于，治疗师有意愿帮助来访者探索他们的文化与传统，并能自如地探讨这些话题，因为这些内容往往都不会出现在日常对话中。但这对于我们开展工作又非常重要，可以推动来访者探索其身份背景的各个维度，包括精神、社会、文化和心理等层面。在本书第 11 章中，我们将详细地探讨治疗师自己的家庭背景对其与来访者的工作会造成哪些影响。在与来访者的工作中，治疗师应始终关注自身的成长经历、家庭历史、文化背景、生命周期阶段以及当前压力，这些方面都可能对治疗造成影响。

询问来访者的财务状况

一旦确定将与来访者一起工作，我就需要了解他 / 她的财务状况。我将每位来访者的年收入写在表示个人出生与死亡日期的正上方，重大债务或财务继承也会在图中注明。财产对于许多来访者都是非常重要的议题，特别是对于男性——这源于社会期望对性别角色的设定，即认为男性应该成为“称职的家庭供养者”，虽然这通常很难实现，而难以供养家庭会让男人们背负极大的羞耻感。即便在供养家庭上非常称职，男性也倾向于回避谈论财务相关的话题。无论做得好还是不好，他们都不大愿意袒露财务状况，特别是不愿和女性治疗师分享这方面的信息。女性来访者也可能表现出类似的情况，但根据我的经验，若女性对财务状况难以启齿，往往是由于她们陷入了经济危机，或在刻意保护身边的男人。

通常，我会有意缓解来访者的这些焦虑，同时解释为何我需要了解他们的财务信息，如：“有个很有意思的现象，就是许多人宁可谈论他们的性生活，也不愿谈及他们的财务状况。的确，人们大多不喜欢谈论他们的财务或收入。不过，如果想深入分析让你来到这里的困境，我们就需要看看有哪些资源可以帮到你，以及哪些方面可能会阻碍你解决问题。就像我需要了解你的文化背景、健康状况、受教育经历和工作经历一样，我同样也需要对你的财务负担和可利用资源有大致了解，它们与你家中其他人的资源有哪些关联，以及你的家人如何处理这些问题，等等。这样我才能帮助你找出解决当前困境的方案。你可以理解吗？”

有时来访者仍会非常抵触，搪塞说他们没有保留，已经把治疗师该知道的都说了。对此，我会为收集经济、财务方面的信息做进一步解释，例如：“确实，大多数人都不喜欢谈论自己的财务情况，但它多多少少都会对你有所影响——不仅是你的存款或退休金，你的信用卡消费额度，甚至是你和兄弟姐妹经济上的差异，都可能对你当前的情况有所影响；还有就是，财务问题可能给家庭造成不小的压力，譬如大家庭中可能有人在未来几年需要你的援助或支持，那么我需要对你可能面临的情况有所了解。此外，无论是你还是和你关系紧密的家人，都可能受突发的灾病所困。如果你希望原生家庭能雪中送炭，抑或有朝一日他们需要你施以援手，有关财务的问题都非常重要。这些是我需要了解你大致的财务状况的原因。”

如果来访者的阻抗依然很强，我会暂时略过这个议题，等待后面的机会。在临床实践中，我秉持这样的构想，即如果来访者对讨论某个议题特别抗拒，通常都事出有因。我还认为，在夫妻一方非常富有而另一方来自穷苦家庭的情况中，若他们没有在婚前对此开诚布公地沟通过，那么婚后很可能在这一点上衍生出各种问题，未来的婚姻之路大多都会波折不断。例如，如果丈夫年收入 30 万美元，而 47 岁的妻子一直在家做全职太太，照顾孩子且没有任何收入来源，财务的不平衡很可能会影响夫妻间的沟通模式。而如果双方正考虑分居，妻子很难像丈夫那样可以随心所欲地离去。她将不得不面对财务困境，且未来的生活很可能捉襟见肘。与此相反，如果妻子从原生家庭获得了一大笔遗产，而丈夫正忙于照顾患阿尔茨海默病的母亲，且没有任何积蓄，则可能与前述情况大不相同。这里的关键点是：钱很重要。换而言之：钱不是万能的，但没有钱是万万不能的。因此，我会尽可能把来访者的基本财务状况（收入、储蓄、债务、预支）记录在家谱图中显眼的位置，紧挨着他们的姓名、地址和联系方式，这样我就不会遗漏来访者财务方面的潜在限制。

对来访者 / 来访家庭当前情况的评估

来访者或来访家庭面临什么样的困境？该困境都涉及谁？我们应做出什么样的评估？我们不仅应评估来访者的困境，还应对其家庭特有的优势及可利用资源加以评估。必须始终关注来访者主诉问题中暗含的社会权力动力，即有关性别、种族、性取向、社会阶层、残障、宗教等议题的社会压迫——这些社会权力结构的运作会增加误诊或误治的风险。例如，孩子通常是家庭的晴雨表，若家庭中有人功能失调，往往孩子就会出现症状；女性经常会认为自己是丈夫和孩子陷入困境的始作俑者，这是由于我们社会整体上的父权结构让女性感到自己对家人的幸福负有绝对责任；同性恋孩子可能会因公开自己的性取向而成为家人或学校的“替罪羊”。治疗师必须对上述背景信息进行全面评估，并思考主流文化观念与来访家庭或某位特定家庭成员的经历、价值观之间的关系，才能对来访者主诉的问题提出有意义的个案概念化假设。

推动成人对孩子负责

我始终秉持成人应对家庭困境负责的理念，将成人与儿童的责任区分开来。在第 9 章，我们将详细讨论如何引导儿童参与治疗。尽管与孩子们工作时我会鼓励他们对自己负责并有策略地表达自己的需要与愿望，但永远不应要求儿童承担家庭改变的责任是我所秉持的理念，对此我向来直言不讳。治疗起始时，我会开门见山地向来访夫妻传达我工作的第一信条，即无论在何种情况下我都会将保护儿童置于最高优先级，因为儿童需要成人的保护，且儿童难以在缺乏成人支持与保护的状态下独自生活。

对于那些围绕儿童的家庭困境，治疗通常都应聚焦于父母——推动父母发生改变从而解决问题。治疗师与儿童一起协作评估他们的处境，了解他们是否需要治疗之外的其他资源，如教育支持或医疗援助，并确认他们当前的处境是否安全。此外，治疗师应侧重于帮助父母给予孩子支持，而非治疗师亲自下场帮助孩子。因为如果治疗师直接帮助孩子，就无异于将一个局外人置于家庭互动的核心位置，喧宾夺主地破坏了家长的努力。更高效的路径是：向父母、大家庭、教师和其他成人提供帮助和支持，使他们在养育孩子方面更上一层楼。

和谁一起工作?

什么样的家庭系统需要临床干预？是否与标定患者单独工作，或与来访夫妻同时工作，抑或与大家庭的多代人一起见面，还是上述各种方式混搭？答案并无定式，具体取决于实际情况。来访者主诉的困境及其应对方式会引发治疗师一定的心理反应，这些反应受治疗师自身的文化背景影响，因而我们应始终觉察、审视自己的潜在偏见，是否有悖于来访者的需求。

明确治疗师的权力和引导力

对来访者的生活形成系统化的理解，不可能像按照菜谱烹饪一样——只需照本宣科就能达成。治疗师的每个提问都源于对来访者所述内容的细致倾听，以及用系统化视角审视收集到的信息。不过可以确定的是，若不从来访者的发展史中挖掘优势，而只是一味追究消极部分，不仅难以帮助他们鼓起勇气应对困境，反倒会使他们越来越沮丧。但是，挖掘优势并不意味着我们可以盲目乐观地开展治疗。我们应该谨记，曾经经历各种苦难创伤的来访者，现在之所以能出现在治疗室，一定是某些蜕变（transformation）让他 / 她挨过了逆境；没有人能独自扛下所有的伤痛，每位家庭成员都有各自的抗逆力和蜕变能力，否则他 / 她或许早已被打垮。作为治疗师，我们也应关注那些给人带来勇气与力量的部分，因为陷入困境中的来访者通常很难看到积极的一面。

治疗师的个人身份特征，如年龄、性别和种族，也可能成为优势或弱点，增加我们把握治疗导向的难度。举例来说，如果你是一位刚毕业的青年有色人种女性治疗师，将要为一对持保守价值观的白人老夫妇做治疗，那么你将如何确保自己对治疗走向的把控？在美国，具有优势社会权力属性（如男性、异性恋、白人、年长者）的治疗师在工作中往往自带更高的权力地位；治疗师与来访者社会权力属性的碰撞会在咨访关系中激起额外的动力。因而，一方面治疗师必须接纳自己的社会身份；另一方面，督导师则需要关注并及时指出这些由权力结构激发的动力。否则当新手治疗师需要与那些社会权力属性占优势的来访者讨论有关权力结构的议题时，可能会畏缩不前，担忧这样的谈话是“不礼貌”的。

对于社会权力地位处于相对弱势的治疗师，其身份特征也可能具有某些优势。例如，有研究表明，男性（或许还有女性）来访者更倾向于向女性治疗师吐露心声。因此，对于资历尚浅、声望未起的女性治疗师，依然可以通过保持敏感性、让来访者感到被关注和被接纳，来弥补治疗师在社会权力结构或身份上的弱势。反观身份地位较高的男性治疗师，来访者可能会刻意想在他们面前“证明”自己的“男子气概”，或怯于敞开分享自己的内在感受。

治疗师与来访者各自的社会身份与权力地位始终都是影响临床互动的因素。此外，我们从来不是孤身一人在工作，而是承载着先辈、师长、挚友和家人的智慧与关怀——由此而来的丰富生活感悟，都有助于我们更好地与来访者建立关系。此外，我们自己的治疗师和督导师也是我们临床工作的坚实后盾，他们以丰富的经验和智慧推动我们的知识与技能不断精进。

在治疗中，治疗师与来访者之间在权力地位上存在不平等，因此应对治疗关系做细致、周到的反思。治疗师是有偿服务的提供方，来访者（或资助来访者接受治疗的机构）需要为治疗师的时间付费，这种设置可能使来访者处于弱势地位，因此治疗师应注重挖掘来访者自我中最具自主性、协作性的部分。

临床治疗师的职责是向来访者提供有效的咨询，而是否投入时间、精力参与治疗则取决于来访者。因为我们期望引导来访者能尽可能开放地谈论他 / 她所遭遇的困境，同时又不使其因此而处于弱势位置，所以，治疗师应注重觉察并避免自己利用治疗中固有的权力结构差异。这也对治疗师提出了严格的要求：不仅需要专注地倾听，同时也要对来访者的反应保持敏感——在暴露自身脆弱性的单向对话中，来访者往往处于权力失衡中的弱势。对此，治疗师在保持求知欲的同时，切不可因“看到真相”“掌握真理”而自觉高高在上，这些方面在治疗中都非常重要。治疗师应牢记，自己只是在授予基本理念，而来访者本人才是研究和探索其生活的专家——这是保持协作性治疗关系有效运转的基础。一旦治疗师因自觉“看到真相”而变得傲慢，治疗中的权力平衡就会被打破，向伤害来访者的方向发展。

不过治疗师最重要的品质仍然是对来访者保持真诚和关注，且不做超出能力范围的承诺。临床工作初期，我们的任务是帮助来访者安心说出困扰他们的问题，并让他们感到治疗师致力于理解其生活过往。尽管针对来访者个人优势、家庭资源和抗逆力的临床提问能展现我们的好奇和关注，从而给予来访者希望；但在首节治疗中，除了给予来访者希望，说明治疗的价值与意义，并感谢来访者说出困扰他们的问题，我们可能没时间谈到太多其他信息。

我们还需要让来访者感受到：投入治疗将带来收获。也就是说，我们应向来访者传达：无论因何困境前来求助，借助治疗师的谈话或干预，他们可以脱离当前困境，并在未来陷入困境时可以寻求治疗的帮助。如果来访者还未准备好投入治疗，那么我们工作的理想目标就是：让来访者确信将来遇到困难时治疗师可以随时施以援手。此外，我们应让来访者对治疗能够带给他们的好处有符合现实的理解，而非期盼一个不切实际的解决方案。

如何在治疗初始阶段绘制家谱图：以约翰·弗里曼为例

图 2.2 是我在首诊中绘制的家谱图，展示了治疗起始时约翰·弗里曼（John Freeman）的家谱图框架。[①] 治疗开始时，我只知道约翰·弗里曼与妻子芭芭拉（Barbara）已婚两年，此外他希望独自参加治疗。我像往常一样，遵循以下几个方针开始了治疗：

1. 围绕来访者的困境与其建立关系；
2. 根据来访者的过往经历、当前境况和未来期望，构建协作性的咨访关系；
3. 绘制家谱图，其中包含来访者的家庭背景、家庭历史和家庭生命周期信息，而后制订协作性的治疗计划。

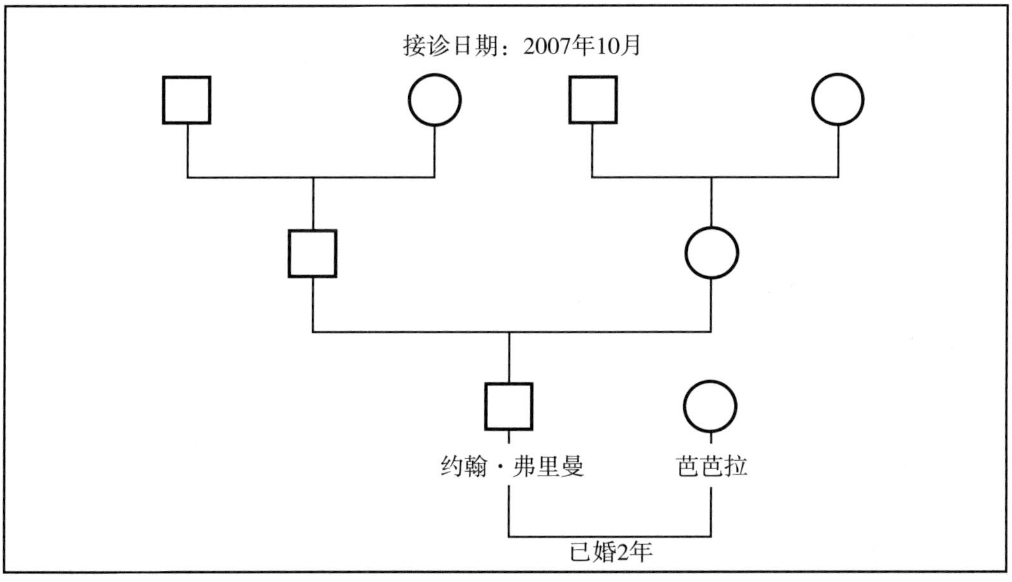

图 2.2 治疗起始时约翰·弗里曼的家谱图框架

39 岁的非洲裔美国人约翰·弗里曼是一位平面设计师，因婚姻陷入困局前来寻求帮助，但他坚持认为只是他自己出了问题。约翰找到我是因他的一位朋友推

① 观看约翰·弗里曼的临床示范视频，请访问 www.psychotherapy.net/McGoldrick。有关本案例的详细内容可参见视频《调动家谱图的力量》（*Harnessing the Power of Genograms*，McGoldrick，2012），部分内容可通过以下链接下载：www.psychotherapy.net/McGoldrick。

荐（这位朋友曾是我的来访者）。我首先征求约翰的意见：我是否可以在电脑上做笔记。他表示同意。在预约电话中约翰曾提到他的妻子芭芭拉是一位会计师。尽管妻子对他有许多不满，但目前约翰只想独自前来治疗，因为他觉得问题出在自己身上。约翰说自己最近开始疏远芭芭拉，会在外面待到很晚才回家，甚至通宵不归也不给妻子打个电话。这让芭芭拉非常恼火，约翰也很不解，对自己的所作所为非常困惑，并将此归结为“也许这就是常人所说的自暴自弃或自我迷失吧”。约翰说他其实很爱妻子，并不想让她难过。谈到他的困境时，约翰告诉我他和芭芭拉结婚已有两年，一直都处在“蜜月期”，然而最近出现了上述行为模式，且愈发频繁。约翰说好像有什么东西积郁在心里却又难以言表，同时他也说不清为什么自己不给妻子打电话说明去向。大多数时候，他下班后会和“狐朋狗友们”出去消遣到很晚，然后在这些人家里借宿；往往全程一个电话都不打给妻子。至于为何如此，他百思不得其解。他不明白自己为什么要和妻子拉开距离，但也承认自己的所作所为非常对不起妻子。约翰向我再三保证，他爱妻子，并且绝无外遇。我问他是否考虑过要孩子，他回答说妻子已怀孕六个月，这让我着实惊讶。

我发现这种“原来如此”的时刻在临床情境中非常多见。来访者经常对其困境的关键点视而不见，或许是因为他们陷在焦虑中以至难以注意到这些关键点。约翰坦言，妻子的怀孕让他感到“有些压力”，但他并没将此与他疏远妻子的行为联系到一起。于是，我开始对他的生活过往做更正式的调查——他来自什么样的家庭，他在兄弟姐妹中的排行和角色，以及他父母的家庭历史——在聆听约翰叙述家庭历史的同时，我特意关注其中“从夫妻生活向亲子生活过渡”的部分。

约翰告诉我，他是父母接连生养三个女孩后出生的第一个男孩，此外他还有一个弟弟布拉德（Brad）。兄弟俩都认为自己长大后不会结婚，但约翰说不清为什么他们会有这样的想法。布拉德虽然曾交往过许多女孩，但他似乎对现任女友非常认真。约翰的三个姐姐各有一个孩子，且她们三人的婚姻都不顺利。其中两位已经分居，而第三个姐姐的婚姻现在也出现了问题。约翰说他父母的关系很糟，并且他们在他很小的时候就离异了。约翰偶然间提到，大姐与他是同母异父，当时这件事还在母亲生活的小镇上沦为大众谈资，因为大姐的父亲是白人。显然，夫妻关系问题在约翰的原生家庭中比比皆是。我希望通过治疗帮他认识他自己的夫妻关系模式，以及他以何种方式适应家人的关系模式。

询问有关约翰父亲的信息尤为重要，因为约翰自己就要当父亲了。但当涉及父亲是否陪伴约翰长大这个话题时，咨访互动就变得困难起来。虽然不知道是什么引发了他的反应，但我觉得有必要暂停对这个话题的提问，将工作重点拉回到与约翰建立关系上。我共情了他的感受：与陌生人谈论个人议题的确并非易事。

治疗师：我在想，你谈到，这些天你发现自己在外面晃悠不回家，也不想给妻子打电话报告行踪，而她已怀孕 6 个月了，在这个时间点你却这么做让她格外地伤心难过。

约翰：是的，她是这么说的。

治疗师：而你之前提到过，其实你父亲在你很小的时候就离开了。联系到这一点，我想知道，当下你是否感到某种焦虑，关于“现在我该怎么做，没人给我做过示范”的焦虑?

约翰：我想说，我妈妈一直都在我身边。我父亲是家里的经济支柱，所以……他确实给我们打电话，很用心地和我们保持联络。父亲不常来看我们，因为他工作很忙。他……

治疗师：他是做什么工作的?

约翰：他开了家会计公司。他是个工作狂，没完没了地工作。这个我记得很清楚，我小时候没怎么见过他，不过我对他的印象非常清晰，因为虽然我没怎么见过他，但他在挣钱养家方面很称职，他非常投入工作。

治疗师：嗯。

约翰：他在工作上特别拼命。所以，我觉得，作为家庭经济支柱，他是个好榜样，尽职尽责。还有就是，我妈妈把我们拉扯大……

约翰又一次提到他认为父亲是个好榜样，这让我意识到需要放慢步伐，去看看约翰当前困境的背景及其相关议题。我的经验是，如果来访者对探究家庭议题表现出阻抗，那么将话题拉回到他 / 她当前的困境，并以此为落脚点对困境的背景和来龙去脉提问，通常都有助于打开僵局。此外，和陌生的治疗师谈论隐私议题会让来访者感到有压力——这是在治疗初期我们应着重共情的感受，涉及跨性别或种族界限等议题时尤为如此。治疗师应该在治疗中始终与来访者保持紧密的联结。

治疗师：我想看看能否从你的家庭背景中发现一些有价值的信息，这些信息或许能帮助你理解当前的苦恼。好，让我们还是回到刚才的议题。

请再跟我说一说正在发生的事，以及你对这些事怎么看？有何想法？

约翰：你是说目前的这些事吗？

治疗师：是什么促使你想来这里求助？

约翰：我似乎无法控制自己疏远妻子。我知道这样做是不对的，我确实知道。我知道这很不负责任。还有，妻子曾明确跟我说，她已怀孕6个月了，现在比任何时候都更需要我陪在她身边。虽然我觉得女性激素失调可能会让她脾气变差——这只是我的个人看法，但我知道我确实应该多陪陪她，我应该说到做到，可我就是办不到。平常生活里我一直很有责任心，工作认真，对朋友也是有求必应。对家人——我的兄弟姐妹和妈妈，我都很上心，我一向如此。但这次不一样。我不明白自己这是怎么了，我也担心这么下去我的婚姻会被毁掉；特别是现在，我经营的是自己的家庭啊。

治疗师：或许是，你很难按你的本意专心经营家庭，你在逃避？

约翰：是的。

治疗师：嗯。可能现在你对我还不是很了解，因而当说到你的私事，特别是一些比较深层的私事，或许会让你有些犯难、有些犹豫。另一方面，你刚才谈到的事与你当前困扰的核心问题是相关的，你在疏远你的亲密关系——尽管主观上不想逃开，但你的确是那样做的。是这样吗？

约翰：对的。

治疗师：但是我有一种感觉，刚才问到有关你原生家庭的问题时，你好像并不想说什么。

约翰：你指的是我不想谈我自己的家庭吗？还是……

治疗师：是的。我指的是……

约翰：我想我是希望弄明白为什么谈我的原生家庭和处理我当前的困境有关，因为我觉得现在我面对的是自己的问题，而不是他们的问题。

治疗师：嗯。

约翰：我可没疏远他们。

在此，约翰的直率让我觉得他已准备好探索相关议题了。他直截了当地告诉我他并没发现当前困境与其原生家庭之间存在关联。那么我首先需要做的便是澄清为什么探究家庭背景与处理当前境况密切相关。

治疗师： 你也知道，我对你的了解还非常有限。但我的感觉是，你说很多时候会突然发现自己在做一些不像是你能做出来的事，好像你已变得不像你自己……有时，我们的出身、背景和家庭过往可能会影响我们的行为。这就是为什么我也关注你的兄弟姐妹、你的父母，等等。我希望了解这些方面的信息，所以我会问，你父亲曾做过某某事吗？或你母亲曾经历过什么？家中还有谁曾为生儿育女感到焦虑？对我来说，这些问题都很有价值，有助于我们理解你当下所经历的事的意义。你明白我的意思吗？

约翰： 有道理。有可能是这样。

治疗师： 嗯……（笑）或许现在你还不想真正深入谈这些方面的话题。

约翰： 我……我也搞不清。

治疗师： 是的，谈这些话题的确不轻松。我并不想为难你，不过看起来，提到这些事似乎让你很难过。

约翰： 嗯，我觉得，如果你问具体的问题可能我回答起来会更轻松些。因为刚才你问的这些问题太泛泛了，确实难回答。所以，能否问一些具体的东西？比如……让我想想……比如我和我弟弟的关系怎么样，或者，我怎么看我弟弟之类。如果像前面提的那种宽泛的问题，我会觉得有点不自在，我感觉是这样的。

治疗师： 好。我了解你想说的了。我对你和你弟弟的关系很感兴趣，但是如果我们从你父母开始讨论呢？

约翰： 好的。

我试着放慢节奏，清楚地说明我为什么对了解他的家庭背景感兴趣。我希望传达的是：了解这些信息有助于我们理解他当前的困境。有意思的是，他的回答却是希望我能询问更具体的问题。其实我原以为我问得已经很具体了。但不管怎样，接下来不到一分钟约翰就提及了一些与他当前困境息息相关的内容：

治疗师： 嗯。你和父亲相处的时间不多，但你和他的关系怎么样？

约翰： 我觉得，没错，我们关系很好，不管我们交流的时间是长还是

> 短，都很好。我们每次打电话都聊得很愉快，并且我真的盼望能见到他。他在假期或圣诞节前后来看我。每次我都能收到各种礼物，总是让我很开心。以我的理解，我父亲……我觉得对我来说，他一直陪伴着我。我觉得我和他很亲近，因为他是我爸爸。另外，我想说，你可能不知道，我父亲曾经心脏病发作，大约就在我出生前的几个星期。

这些信息使我大为震动。我恰巧刚刚问过约翰：家中是否有人曾在孩子降生前后经历过压力事件。然而实际上，作为治疗师，我们并不知道具体应该提问哪些问题。我们所做的，只是在来访者的故事中“翻箱倒柜”，观察他/她对先前提问如何反馈，以及在询问家庭历史的过程中会浮现出什么样的关系模式。从这一刻起，约翰开始逐渐理解自己的焦虑，以及这些焦虑与他早期家庭经历的多重关联。

我并不清楚是什么让约翰在那一刻告诉我关于他父亲心脏病发作的事，或者是什么推动他开始反思当前困境与过往经历间的关联。在其他案例中，有时当我认为发现了一个关联时，来访者可能还意识不到，甚至很长时间都难以觉察到这个关联。或许，在某种程度上，我点出了提及父亲会激起他的不适感，这使他开始反思，并将注意力投向童年家庭经历与当前困境之间的关联。

图 2.3 展示了我在第一节治疗结束时收集到的信息，其中所包含的信息量是首诊后绘图的典型样貌，即向上至少追溯到祖辈，向下包含下一代家庭成员的信息。

家谱图是治疗师挖掘来访者家庭历史和家庭关系的导引图。我们收集来访者的家庭历史信息，了解重大事件（如迁居、工作变动、新成员加入或旧成员离去、疾病、学业或事业上的成功，等等）对家庭造成了什么样的影响，以及这些影响如何在家庭成员之间传导播散。家谱图作为整合这些信息的框架，让我们可以系统化地探索来访者当前困境的背景，考察他们从过去到当下的发展轨迹，并了解他们未来希望走向何方。

这个案例中，当下的关键点是约翰的婚姻关系及其即将为人父的身份变化。通过追踪他当下的境况与其兄弟姐妹、父母的生命周期过渡之间的关联，以及他们进入夫妻生活和为人父母的经历轨迹，我得以帮助约翰理解他的生活，尤其是理解他当前的困境。当约翰回想起父亲曾在他出生前心脏病发作，并反思家庭历史中浮现的兄弟姐妹关系模式和性别模式，他开始理解自己当前的焦虑，思考自己应如何与妻子、其他家庭成员相处。

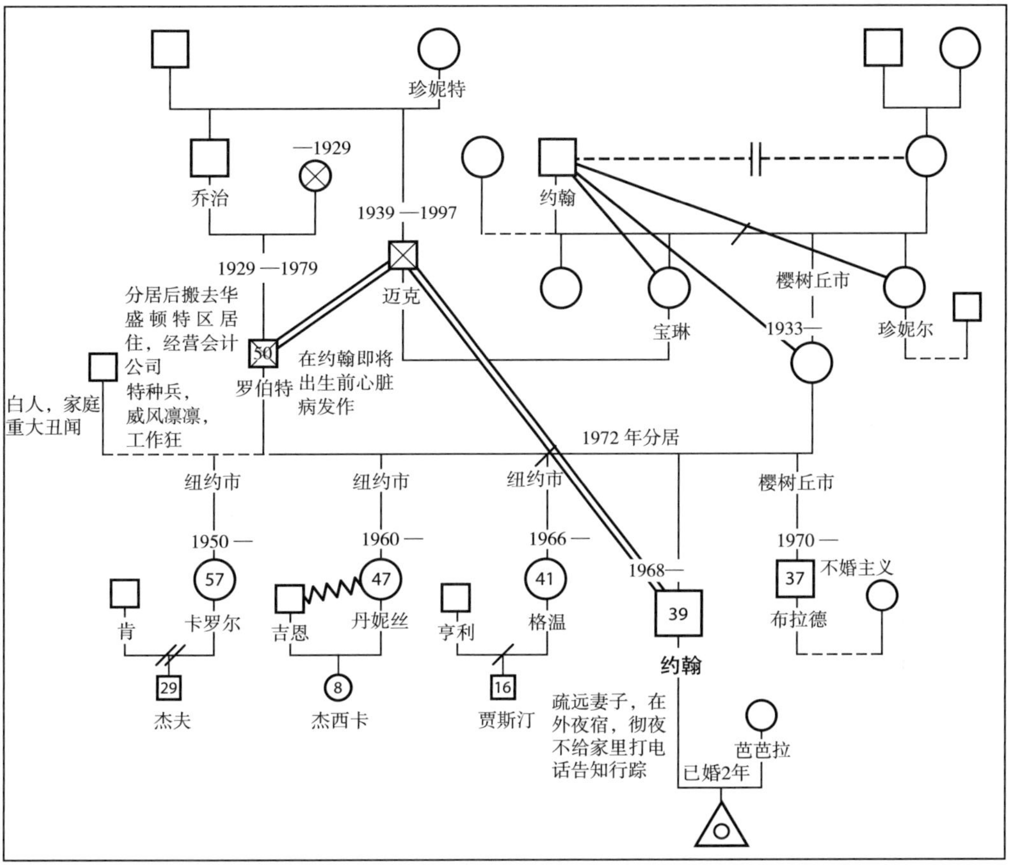

图 2.3　第一节治疗结束时弗里曼的家谱图

上述案例展示了治疗伊始如何与来访者建立关系并开展家谱图评估——治疗师致力于帮助来访者将家谱图作为探索其归属与家庭历史关系的导引图，从而理解其当前困境。任何困境都发生于他们所处的背景环境之中，并与个人发展史及家庭系统背景相关。因此，治疗师的提问应结合来访者的背景展开，帮助他们重新认识自己和过往经历，从而厘清当前困境的真相，并确定他们希望创造什么样的未来。

治疗中的临床评估与建立关系

临床评估、建立关系与干预治疗，这三者通常是无法截然分开的。与来访者建立关系是临床评估的先决条件；此外，来访者在治疗的某些阶段中会感到压力甚至灰心丧气，这就要求我们重新评估并巩固咨访关系，理解他们的真实状态与深层需求。建立关系的过程不仅可帮助来访者树立治疗信心、激起克服困难的斗志，还有助于治疗师更深入理解来访家庭的困境和症结所在。诚然，治疗中正在发生什么、反映出哪些问题、来访者愿意做出哪些改变、随着对来访者了解加深和治疗深入又浮现出哪些主诉之外的问题……这些都是我们需要不断评估的内容。

如我们所知，首节治疗中常见的初始议题当属来访者希望通过治疗让某位家庭成员发生改变。然而实际上，治疗的关键在于来访者自身发生改变。因此，在临床工作中我们必须反复提醒来访者这一点。特别是在评估与治疗的早期阶段，治疗师应着力推动来访者转变旧有观念，尽快进入系统化的思维模式。临床中我们经常会见到来访者固着、深陷在某种僵化的模式中，而家庭中的某个人成了“替罪羊”或怪罪对象，承受其他家庭成员的指责，或认为自己是家庭的牺牲品，感到无处可逃、痛苦不堪。

默里·鲍恩曾说：“如果不再执着于改变他人，可能你会迎来惊喜！”家庭成员常常绞尽脑汁，执迷于改变其他人。而我们临床工作的目标正是帮助来访者将焦点转向改变自身行为。即便并非向其原先希望的方向改变，这么做也常常可以增强来访者在家庭系统中的灵活性（flexibility），并对其他家庭成员产生影响。

提升家庭系统任何部分的灵活性都大有裨益。僵化、固着的关系模式犹如陷阱般危险重重，而灵活、开放、自如的变化向来是活力与生机的表征。

有时，深陷某些关系模式的来访者会在治疗中喋喋不休地抱怨家人如何糟糕。对此可以请他们列举曾经尝试的所有改变家人的办法（行为），这或许可以推动他们意识到“改变他人”的思路行不通。临床工作中，随着治疗逐渐深入，我会向来访者反复提出相同的问题：“听起来你的妈妈 / 女友 / 配偶的行为让你感到非常受伤和失望。然而现在，在治疗中我唯一能帮到的人就是你，那么，你觉得我可以在哪些方面帮助你更好地应对困难呢？”

许多中年或年长的来访者，依然执着于寻求父母的认可。正如贝蒂·卡特的名言：“在心底企盼父母的认可无可厚非，但如果外在行为表现得过于迫切，往往会显得不可理喻，甚至弄巧成拙；然而，我们每个人都免不了如此。”（Betty Carter, 1999）作为成年人，实际上我们真正需要的是自我接纳和自我认可。然而，面对来自配偶或父母的责备，来访者常常感到愤懑不已，怀有满腔辩解之词，急于为自己开脱，却忽略了自己真正的心灵所需。因此，治疗的目的在于帮助人们确立自身价值，并按照自己的价值判断生活；使人们在自我价值观与行为相冲突时能够有效地应对、修正和自我调节。

在治疗的初始阶段，治疗师可以围绕家庭中上几代人的情况提问，以此促进来访者再审视其当前困境，帮助他们拓展思维空间，同时也有助于他们对自身扮演的家庭角色有更明确的认识，发现改变的可能。通过家谱图让来访者看到长辈们的家庭模式，这样能够帮助他们更清晰地理解自身处境，并思考其父母是如何处理类似的困境的：

“你觉得你的妈妈（或最敬佩的那位家人）会如何应对此类打击？面对这个困境，家人中谁是你效仿的榜样？如果要做到你叔叔那样应对自如，你缺乏的是什么？”

家庭关系指导方针

来访者陷入互相伤害的境地、形成不良的关系模式，往往源于他们对自身内在观念与外在行为间的失调缺乏觉察。有的人会将自己的挫败或愤怒行动化（act out）；有的人会防御性地与那些被他 / 她认作施暴者的人形成联结；有的人在受到激惹时只会以沉默表达不满；有的人对别人笑脸相迎、格外友善，实际却是为了自我安抚、缓解心中的愧疚感。总而言之，我们之所以时时刻刻都尝试以某种特定的模式与他人交往、形成人际联结，是因为这种关系模式与你的价值体系相一致。而我（本书作者）所秉持的价值观念，也是我所致力达成的目标——与他人建立相互接纳、尊重、共情并保持心灵敞开的关系。这既是我的价值观，也是我对待来访者的态度，并且，我会邀请来访者反思他们自己的价值观和人际联结模式。

下面展示的“家庭关系指导方针”（见图 3.1）由贝蒂·卡特及其同事、来访者共同开发，多年的临床实践证明这是一套行之有效的方法。因此，我们将其呈现在本书的起始部分，作为临床干预的基本理论框架，为从事临床实践的读者们提供研修的落脚点；但需要注意的是，只有来访者真正参与并投入到治疗中，这些要点才会发挥和展现其巨大的价值和意义。我们基于鲍恩的系统家庭理论开发出这套指导方针，并在过去 40 余年的临床工作中不断改进（Carter & McGoldrick，1976，2001；Carter & Peters，1996；Lerner，1997，2002，2013，2014；McGoldrick，2011）。正如鲍恩所说，“理想的状态”是个体与家庭 / 亲缘系统中每一位成员都形成彼此分化的人际关系（person-to-person relationship）。在此理论框架下，临床工作的目标在于帮助来访者建立开放的关系系统（open system）——在这个系统中，来访者可以灵活地发展人际关系、建立富有意义的人际联结，并能游刃有余地自我调整和做出适当改变，以适应家庭系统的发展变动。我们在不断改进、修订指导方针的过程中参考了许多信息源，包括多年来与我们互动的学生、来访者和同事，当然还包括亚里士多德的哲学观甚至拉科塔印第安部落的道德准则（Lakota Code of Ethics）。

我们会在治疗初始阶段非正式地向来访者提及这些指导方针。之后随着治疗的推进，当来访者已做好准备——能够对其与家人的相处模式做系统化反思时，我们便可以就指导方针的各个条目展开详细讲解。如此而为旨在帮助来访者更好地聚焦当下的关系。

我们鼓励来访者依照这些指导方针改进其原有的价值体系，并与家人积极分享。这些富有教育意义的指导方针是我们治疗理念的整体反映，即临床工作中，治疗师作为咨询提供者，与来访者建立协作式的关系，一起探讨来访者在人际交往中所采取的观点。如果来访者与治疗师分享了某些他们认为有特别意义的内容，那么此处的关键并不在于这些观点本身是否意义重大，而在于它们能够被自由开放地表达、分享和探讨。

让我们从优化家庭关系的四项基本经验法则开始：

▲ 不攻击

▲ 不防御

▲ 不息事宁人

▲ 不封闭沉默

家庭关系指导方针

1. **解决家庭问题永远从改变自己入手，**绝不试图改变家庭中的其他人，尽管后者会不断引诱我们这样做。努力认识你自己。不要指望别人为你铺路。如果你尝试与配偶或最亲近的兄弟姐妹讨论如何改变既有的家庭模式，这不但会让他们感到焦虑，还会激起他们干扰、阻碍你的自我改变。应谨记，也许他人会伴你前行，但没人能替你走路（*Native American Indian Code of Ethics*，2012）。

2. **与他人建立关系的核心指导原则：不攻击，不防御，不息事宁人，不封闭沉默。**被你投射到外部的负能量，在返回你身上时一定会变本加厉（*Native American Indian Code of Ethics*，2012）。

3. **永远不要低估你在改变自己时家庭系统中可能出现的阻抗。**在你努力提升"自我分化"（differentiate）水平的同时，要对家庭系统中可能被激起的反应做好应对准备。鲍恩曾说，在你尝试改变时如果没有家人想要拿起砖头砸你的头，那可能意味着你改变得还不够。

4. **不必和家人共处太久，如果超出你的承受能力，就赶紧分开。**一旦感到不舒服，最好暂时先分开。

5. **把对对方的期望降到零，或许会有惊喜等着你。**

6. **永远不要去追逐那些疏离者。**对于对方的抗拒也切勿针锋相对，这会加剧对方的疏远。

7. **在情感关系系统里，不要指望能用逻辑沟通。**在冲突动荡的关系系统中，如果以"我想要 / 觉得 / 认为……"的角度展开对话（表明你的基本信念），往往会被他人感受为你在发动攻击，会进一步加剧冲突。

8. **保持沉默并不能糊弄家庭情感系统。**没有交流本身也是一种交流。

9. **幽默可能是化解紧张关系的最佳方式。**

10. **尝试发现你是否身处"求助者 / 施助者"或"功能过度者 / 功能匮乏者"的互补式角色中，并改变你"习惯"的位置。**

11. **如果没有人为你提供支持，就尝试去和最难相处的"敌人"建立关系。**当你开始这样做时，大部分问题可能已然迎刃而解。

12. **不要试图把控其他家庭成员之间的关系。**如果你发现自己已经为处理他人（例如你配偶的家庭成员间）的关系做了许多准备，那么停下来，先看一看你在逃避哪些自己的问题。

13. 在给他人反馈时，**永远以 4 ：1 的比例分配积极意见与消极意见。**

14. **陷入困境或心烦意乱时，将问题置于更大的格局去思考、理解和处理。**例如当你与母亲的关系难以调和时，思考一下她和她母亲的关系模式。

15. **如果有人阻碍了你和某位家庭成员的关系，那么就先去与阻碍者发展关系，**即便他 / 她看起来并非问题的关键。不要试图绕过阻碍。如果你的嫂子监视着你哥哥的每一位联络人，那就去和嫂子建立关系，由此取得和哥哥的联络。

16. 放下那些难解的矛盾，选择释怀可能会让你对家庭系统的僵化之处有更深刻的理解。你的强烈反应（愤怒或感到受伤）可能是重大矛盾被触及的信号。当你深信家庭成员都是施暴者或受害者，抑或感到自己是受害者时，这说明你可能已经“掉进了陷阱”。

17. 重大、严肃的问题应该与每位家庭成员单独讨论，而非在大型家庭聚会上集体商议。

18. 在关系中保持距离，有助你保有更多的时间和空间聚焦于自己的需求，进而可以让你在人际互动中注入更多幽默感，并寻回关系的平衡。**不过要当心，不要以保持距离为借口切断关系。**

19. 让关系具有“不确定性”（unpredictable）不等于让关系变得“不可靠”（unreliable）。不要对别人重复同样的观点超过 10 次。如果发生了这种情况，那么是时候改变你自己了。

20. 姻亲和继亲关系从来都不是最重要的，尽管这些关系可能很难理顺。也就是说，永远不要过度在意你与岳母、儿媳、嫂子、继父或继子之间的关系。如果一切安好，说明你非常幸运；但应谨记，不要在配偶的其他关系中展开竞争，比如和配偶的母亲、前任或孩子争夺对配偶的占有权。姻亲、继子女或继父母之所以存在，是基于你与配偶的关系，因此后者才是重点。应该把精力聚焦于你的核心家庭关系。

21. 不因退步而气馁。压力太大时我们都可能退回到旧有的模式。希望我们不要在其中驻足太久。

22. 不过度迷信任何经验法则。

图 3.1 家庭关系指导方针

在实际工作中，当我第一次向来访者提到这些要点时，有时他们会说：“好吧，那接下来我该怎么办？好像我什么也做不了！”对此我们可顺势引导他们进入“你期望如何与他人相处”，以及“如何忠于自己价值观地与他人相处”的讨论。治疗的绝大篇幅在于帮助人们“找回自身的力量”，这样他们就能根据自己选定的“恰当方式”与他人交往，而不再是被动地对他人的行为做出反应。通常人们都不希望自己以粗暴或充满敌意的方式对待家人。然而我们却经常见到来访者深陷于种种消极的关系模式中，甚至无暇思考自己的所作所为是否符合主观意愿。在临床治疗中，我们帮助来访者反思他们在家庭关系中真正想做什么，而不再仅仅对他人做出反应性的行为。在治疗的某些片段，我们会向来访者“传授”一些恰当的行为方式；但治疗的重点并非这些行为方式本身，而是为来访者提供支持——使他们最终能不被自己的情绪性反应裹挟，可以依自己的价值观自主自决地生活。

当我们着手帮助来访者结合家庭历史分析其当前困境并探索未来目标时，上述指导方针可以促进来访者改变当前的家庭角色。有时我们会把指导方针全文直接提供给来访者，但在更多的情况下，我们应根据来访者当前的困境，相应地聚焦于某条指导方针进行深入探讨。上述方针是对家庭关系规则的精炼和总结，临床工作中，我们还需对各个条目背后的理论做详细讲解。实际上，“家庭关系指导方针”的核心主旨适用于所有系统化治疗方法，即每个人都应做自己生活的主人。作为治疗师，我们的工作在于帮助来访者看到那些影响其抉择的背景性因素。

治疗师与来访者协同工作，拓展后者对生活经历与家庭模式的理解。在这个过程中，我们应着重关注来访者的家庭秘密、重大冲突、三角关系和关系断绝（cutoff），这些元素往往会导致家庭系统封闭僵化，因此应将其视为警示信号，着重聚焦探讨。在本书中，我们将利用上述指导方针阐明如何帮助来访者处理融合（fusion）和疏离（distance）、三角关系、家庭秘密、关系断绝以及其他可能导致系统封闭的关系模式。

“家庭关系指导方针”的核心宗旨是帮助来访者掌控自己的生活。作为治疗师，我们的工作只限于咨询本身，绝不可替代来访者做关乎其生活的重要决策。治疗中我经常对来访者们说：“一旦你能把权力收回，你就能成为自己生活的主角，依据自己的价值观处理家庭关系——除了你自己，没有任何人能替你做决定。任何对你的批评或责难都可以视为重要的参考意见，但对于你的生活和对你价值的判断，只有你自己说了算。”

针对家庭系统的治疗具有教育性质——我们辅助来访者探究、分析其生活经历与家庭历史，帮助他们与生活中的其他人积极建立情感联结，并强化来访者在这一过程中表现出的自我决策和自我导向能力。综合这些工作方向，我们将“家庭关系指导方针”列在本书靠前的章节，并作为临床专业人员对来访者开展工作的基本原则。此外，我们希望通过本书所提供的案例帮助您理解与掌握这些原则，并将它们应用到工作中去。

通过案例分析，本书聚焦并围绕家庭系统中每个成员身负的特定责任，详细阐述对家庭系统实施干预的基本原则。这些原则是大量临床经验的总结，可提升来访者的敏感性——让他们更敏锐地觉察到家庭模式中的失衡。应注意的是，这些原则主要针对成人设计，并不面向儿童或青少年——后者在成年之前不具备自立能力，我们认为他们尚无依照自己的价值观行事的自由。

家庭是奇妙的。总有更多未被意识到的部分有待我们去了解和挖掘，也总会带给我们惊喜。当你努力尝试改变，常会激起家人的各种反应；此时，上述处理家庭关系的方针都能派上用场。一旦治疗师本人经历并处理过这些家庭动力，在指导来访者应对类似家庭困境时就能更加游刃有余。

第一步：了解家庭历史并建立工作联盟

获取信息是临床工作的第一步，我们应从多个角度去了解家谱图呈现的家庭历史。通常，来访者缺乏“家庭历史与当下困境之间存在关联”的认识。如果来访者有意愿自主地探索，应鼓励他们向家庭中其他成员提问，收集更多的家庭信息。这有助于来访者发展出基于家庭历史背景的系统化视角，重新审视当前困境。例如，丈夫正为妻子的抑郁症而苦恼，此时如果他获悉过世的母亲在中年时也曾与抑郁症斗争，这个信息可以提示他向母亲的姐妹寻求更多有关历史过往的信息，帮助他更好地应对当前的难题。

从长辈那里可以获得丰富的家庭历史信息，此外，利用互联网，输入生卒日期、移民信息等线索，也能为来访者挖掘家庭历史、理解生活现状提供诸多帮助。如果来访者的童年经历已变得非常模糊，那么与亲戚聊天或慢慢回忆某些重大生活事件，都有助于唤醒其早年的记忆。[“我记得奈德叔叔在 1956 年去世。这发生在你从布鲁克林（Brooklyn）搬到巴约纳（Bayonne）之前还是之后？你是否能记起你和祖父的互动？我听说他去世时你 4 岁。”] 参观家族墓地对增进家人情感、获取家庭信息都有所帮助。探索家庭早期过往的细节（甚至是那些创伤性的历史），既是拼贴家庭历史全貌的过程，也是我们发现祖先的意志力、抗逆力和蜕变力的过程，一定会带来令人惊奇的效果，对于那些深陷自我虚无感的来访者更是如此。

尝试补全家谱图缺失信息的过程也能帮助来访者发现家庭中的断裂。家中竟无人知晓某某人的生日或下落？又有谁可能了解这些信息？

我们可以在第二节治疗中开始尝试与来访者建立工作联盟，回顾首节治疗中获得的信息，并了解各个家庭成员对其当前困境的归因。如果某些问题是你在第一节治疗中未能探究的，那么现在提出正是时候。大多数选择退出的个案首节治疗后就不会再来了，所以只要来访者能来参加第二节治疗就说明他们已经具有一定投入度，可以说治疗师成功通过了第一关。

随着治疗深入，我会继续推进我的策略：

▲ 以来访者当前的困境为切入点，建立咨访关系；

▲ 引导来访者以家庭历史为背景讲述其困境的起源、当前的境况，以及他们期望的发展方向；

▲ 与来访者共同制订协作式的问题解决方案。

我会与来访者详细讨论我们可以朝着哪些目标工作，以及需要提防哪些陷阱。如果在治疗中我发现来访家庭共同出席会让某位成员（如丈夫 / 妻子，或父母与青少年子女）陷入焦虑，或者导致某些关键信息被避而不谈，那么我会安排与他们单独会谈。

我在邀请来访家庭成员探讨各自对当前困境的归因时会格外小心。之所以强调“格外小心”，是因为让他们在治疗室里继续互相指责是毫无意义的。的确，治疗师需要了解每位家庭成员对当前困境的看法，但不应允许他们占用太多治疗时间互相指责，或一起责备某位“替罪羊”。如果某人对困境的归因带有指责性，治疗师应通过一些提问质疑其观点，并且就此展开讨论。我认为，如果家庭中的某人对另一成员反复多次表达同一个消极意见，想必后者对这个意见一定已经心知肚明，那么我会从这个积怨颇深的点入手，针对其谈话直截了当地提问：“我注意到刚才的对话中你反复提到，你觉得问题都出在妻子身上。你是不是担心我或她没有听清这一点？”

发现并挖掘家庭中自我改变与抗逆力的迹象也非常重要。我们之所以能促发来访家庭发生积极的改变，正是基于他们所具有的优点和长处，而不是弱点。因此，特别是在初始的几节治疗中，捕捉、关注来访者系统化理解困境的能力和自我改变的开放态度是治疗师的重要任务之一。此外，我们还应寻找贬损式归因中暗含的关系性归因，例如，当父母因孩子吸毒或行为问题大发雷霆时，可以挖掘家长批评中暗含的保护欲。

下面的案例展示了在临床实践中如何评估、建立关系和开展初始治疗，治疗师帮助各个家庭成员从僵化地聚焦于孩子转变为关注各自的家庭角色和家庭关系。我们以这个因青少年问题来诊的家庭为例，向读者呈现治疗初始阶段的评估、建立关系，以及咨访协作的过程；并讲解如何在这些过程中与来访者建立协作性治疗联盟。需特别说明的是，实际上本案例留给我在首诊中建立关系和了解家庭背景的时间要远少于其他案例，但由于我熟悉转介来访者前来就诊的学校，因而对这个家庭的大致背景我已有一定的了解。

启动治疗：评估家庭文化背景、建立关系和初始步骤

萨帕塔（Zapata）一家被女儿所在的高中转介前来治疗。15 岁的女儿玛丽亚（Maria）用刀片割伤了自己。高中老师发现她的自残行为后要求她接受心理治疗。[①] 首节治疗时这家人就迟到了很久，这导致我只有 45 分钟评估情况和制订治疗计划。那节会谈中，我与玛丽亚和她的父母一起绘制了一张简单的家谱图（见图 3.2）。我了解到，母亲罗莎（Rosa）是 X 光医务技师，她还有一位 19 岁的大女儿瓦妮莎（Vanessa）。瓦妮莎在波多黎各由外祖母养大，最近刚刚因上大学搬到新泽西和母亲一起生活。玛丽亚对此很生气，认为妈妈过去经常忙于工作、无暇顾家，现在反而“变出很多时间”和瓦妮莎相处。父亲罗伯托（Roberto）是厄瓜多尔裔移民，原来做建筑工，最近已失业 6 个月有余。1990 年，罗伯托从厄瓜多尔

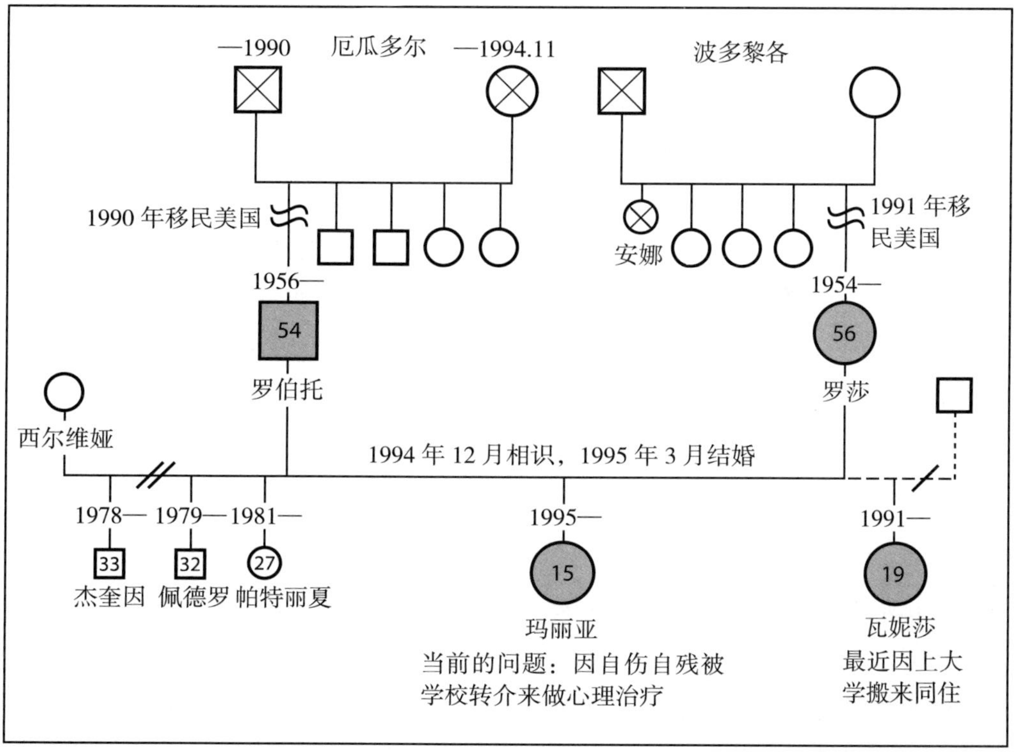

图 3.2 萨帕塔一家的家谱图

① 观看本节咨询的在线视频片段请访问 www.psychotherapy.net/McGoldrick。

移民到美国，把3个孩子留在厄瓜多尔，现在他们都已长大。罗伯托的父亲在罗伯托离开厄瓜多尔前不久去世，母亲则在他移民美国几年后去世；他没能赶回去参加母亲的葬礼。

母亲去世后不久，罗伯托和罗莎开始交往，这暗示罗伯托的婚姻中可能存在某些尚未处理的哀伤议题。两人在圣诞前夜的音乐会上相遇。那时罗莎是一位出色的歌手，罗伯托则是才华横溢的吉他手。3个月后他们步入了婚姻的殿堂。

第一节治疗中，我和玛丽亚做了短暂的单独会谈，尝试了解她的痛苦度和情感承受力。与大多数青少年一样，玛丽亚对被送来接受治疗非常恼火。但她似乎更担心父母，玛丽亚在情感方面并不脆弱，也不存在什么即刻的危机。这些发现让我将关注点转向了她的父母，他们现在都为玛丽亚的状态着急不已，然而我对他们的夫妻关系质量还一无所知。因此我决定在第二节治疗中只与这对夫妇会面，更多地了解他们，尝试建立协作关系，至少在帮助他们女儿的治疗方向上达成一致。

同时，我觉察到丈夫罗伯托当下正面临多个不利的境况。他刚丢了“饭碗”，而妻子却有一份收入可观又基本稳定的工作。此外，罗莎和大女儿最近刚刚团聚，而罗伯托与留在故乡的孩子们分别之后就再也没机会共处，当年他离开厄瓜多尔时，3个孩子分别是12岁、11岁和9岁。

即便孩子的父母并没有像本案例一样在治疗近期出现家庭功能失衡，但我们始终认为，与他们建立关系是治疗师的首要工作。每当遇到儿童或青少年陷入困境的案例，治疗师都必须与孩子的父母建立治疗联盟。如果没有这种工作联盟，不但对孩子的治疗很可能收效甚微，甚至反而会对家庭造成消极影响，因为治疗可能催生三角关系——孩子与治疗师结盟，排斥疏离父母。

萨帕塔一家的家谱图（见图3.2）中引起我担忧的第二个问题是：由于移民美国，父母双方都经历了与直系亲属的长期分离。夫妇二人多年来与玛丽亚以外的其他孩子分隔两地，而玛丽亚在整个童年期都作为他们身边唯一的孩子被抚养——这很容易导致父母对她过度关注。上述重大创伤（罗伯托丧亲）与长期的关系丧失交织在一起，此外，夫妻二人移民美国后在抚养孩子和应对生活压力上都无法获得各自父母和大家庭的支持。这些丧失对来访家庭造成的消极影响，都需要在治疗中被正视和讨论。这也正是家谱图如此重要的原因之一。如果在不了解家庭大背景的情况下试图处理女儿对父母的关系断绝，那么治疗师既无法理解父母因玛丽亚自残而引发的焦躁，也难以找到家庭可获取的、用于应对困境的资源。从家庭基本情况可以看出，玛丽亚的问题可能源于父亲近期失业以及母亲突然与分别多年的另一个女儿团聚造成的复杂压力。这些压力使家庭系统的诸多方面功能失衡，其中父亲所受影响最大：失业对他的自尊心造成了很大打击；此外，妻子与瓦妮莎的团聚也让罗伯托感到雪上加霜，在家中变得更加孤立——相对于瓦妮莎，他现在成了局外人。

我推测家庭中可能存在的三角关系包括：

▲ 父亲、母亲与女儿玛丽亚之间的三角关系；

▲ 父亲、他的妻子与继女之间的三角关系，父亲排斥继女，同时对妻子与继女之间的紧密关系心怀不满；

▲ 父亲、他在厄瓜多尔的孩子与继女之间的三角关系；

▲ 女儿、母亲与同母异父的姐姐之间的三角关系。

为了挖掘家庭的优势与韧性（strength），我们可在后续治疗中有针对性地提问。这些提问包括夫妻双方的原生家庭如何应对丧亲和分离，以及夫妻认为他们的父母和兄弟姐妹会期望他们如何应对当下困境。

第二节治疗

第二节治疗一开始我就邀请夫妻二人归纳之前谈到的家庭信息，并指出其中缺失的人物。我给他们每人一份家谱图复印件，让他们可以整体、系统地审视自己的家庭，并要求他们标识出可能成为资源、提供支持的人物——即使有的人身在远方或已经过世，但我也将这些重要人物引入到讨论中。我和夫妻二人一起分析了家谱图，确保我对他们所述内容的理解没有偏差。有趣的是，这一节治疗的整个过程中，他们从始至终都将家谱图放在膝上，这或许象征着他们想和各自的原生家庭都保有紧密的情感联结。

家谱图之所以能促进系统化思维，成为家庭治疗师得力的临床工具，主要是因为它能够以最小的幅面呈现来访家庭的大量信息。通过带领来访者审视家谱图，让治疗师有机会向他们强调一个理念，即来访者自己才是处理其家庭问题的专家，这是与家庭建立协作性咨访关系的重要一环。

唤起来访者对其他家庭成员的觉察与心灵联结，有助于他们发掘家庭历史中传承的力量与优势；还应特别提醒来访者，他们并非单枪匹马地与困境搏斗。对大家庭的觉察和情感联结越清晰，往往越能让来访者做出更优的人生抉择。临床工作中，我常常通过强调来访者与其家庭成员的情感联结，将这些重要人物也“请进”治疗室。

第二节治疗中，父亲一再将玛丽亚的问题归咎于妻子，先是抱怨她经常出差，而后责备她花太多时间照顾刚到美国的大女儿。这证实了我对家中三角关系的假设。主要的三角关系之一发生在父母与女儿玛丽亚之间，另一个则发生在父母与继女瓦妮莎之间。

我在治疗即将结束时抓住机会，给罗伯托和罗莎留了一个家庭作业：为玛丽亚创作一首歌。这在一定程度上是为了提醒这对夫妻，他们通过音乐走到一起，而音乐往往是疗愈和凝聚家庭亲情的重要资源（除非曾有重大创伤使其成为创伤性经历）。我还希望以此能让这对夫妻共同做一些与女儿相关的事，看看他们是否愿意合作，而非执着于当前的困境。不仅如此，作为治疗的附加提议，这个家庭作业可以探查他们是否愿意打开自我同时为女儿做一些事。然而当时我并不确定他们是否真的会完成这个作业。

第三节治疗

与女儿的会谈

第三节治疗的前半部分由我和女儿玛丽亚单独进行。她告诉我，因为过去的朋友都远离了她，她正和一些新朋友交往：“他们虽有些另类，但人很好。”她说现在她觉得姐姐瓦妮莎很“酷”，很高兴姐姐能来和全家人一起生活。玛丽亚还说，她对母亲的工作有了更多了解。不过她对“疏远”父亲感到有些内疚，她认为父亲很烦闷，因为现在家里是“阴盛阳衰”的局面，父亲成了孤家寡人，成了被孤立的对象。我向玛丽亚保证，这个困境并不是她必须去应对的，治疗师会处理。与此同时，这些信息也提示我，应将玛丽亚的父母作为重点工作对象。而后，我建议她可以继续与那些“虽另类但人很好”的朋友们随心交往。此外，我还告诉玛丽亚，只要她提出她担忧父亲状态，我就会围绕这个话题和她深入探讨；但如果她不特别提出，我将不会过多涉及这个话题。

与家长的会谈

接下来我和罗伯托与罗莎会谈。至此，我尚不清楚他们夫妻二人的关系有多牢固，也不清楚玛丽亚和他们形成的“三角关系”是否僵化。由于二人还没做好准备，我现在并不打算直截了当地指出他们之间的关系问题，而是选择和他们讨论家庭当前面临的危机——女儿的自残行为。我的首要目标是强化这对夫妻在抚养子女方面的协同性，因此应让父亲意识到他现在完全专注于责备妻子，而我希望帮助他将关注点转到自身，以防责备加剧。

治疗师：你们最近怎么样?

罗伯托：还行。

治疗师：嗯。

罗伯托：我们挺好的，（转向妻子）对不对?

在这里，我们看到丈夫可以代表夫妻二人表达意见，并征求妻子的反馈，这已反映出二人的关系有了一些改观。

治疗师：玛丽亚现在看起来状态也不错。

罗伯托：是的。

治疗师：这是我的看法。你也这么觉得吗?

罗伯托：没错，她现在更……怎么说呢，更开放、平和一些了。她和她的朋友们一起玩儿。

治疗师：这带给你什么感觉?

罗伯托：还是有一点点担心，只有一点点，不多。

治疗师：具体指的是?

罗伯托：我有一点……我想念她。

治疗师：是吗?

罗伯托：我怀念我们以前亲近的关系。

治疗师：是。

罗伯托：我觉得这一部分可能是因为她现在长大了吧，但是，嗯，所以……

治疗师：或许。

罗伯托：对。

治疗师：过去你和她很亲近，你俩之间有特别的亲近感。

罗伯托：是的，我和她之前非常亲近。没错。

治疗师：所以，现在的情况常常让你感到难过。

罗伯托：是的。

可以看到，在上述对话中罗伯托已经表现出多个改变的迹象。在谈论夫妻关系时，他会询问罗莎的看法，并且愿意谈论自己对曾经亲密的父女关系的怀念，这反映出家庭系统正变得更为开放，罗伯托开始关注自己以及自己的反应。他向妻子和治疗师分享了他对过去父女深刻亲情的怀念，这是女儿成长的自然历程之一。这些改变让我认为罗伯托可能已做好准备，去处理他与厄瓜多尔的家人们离别所造成的更深层影响。我决定试一试，直接提出他与其他孩子的问题。

治疗师：是的，而且你也想念你在老家的孩子们。

罗伯托：对。

治疗师：你怀念过去，你怀念和他们之间的亲密，并且怀念那种即使离开但还会团聚的感觉。

罗伯托：对，就是这样！玛丽亚现在的状态让这些感觉又回来了，在我的脑袋里打转。啊！我想念在厄瓜多尔的孩子们，我现在也想念玛丽亚，她在我身边生活，所以……

罗伯托可以即刻意识到他经历的各种关系丧失之间存在关联，这让我印象深刻。接下来我想做的是，强化罗伯托和妻子在协力抚养玛丽亚过程中的韧性，正是他们的付出赋予了玛丽亚现在积极自立的能力。此外我还想向他们指出，在处理夫妻关系问题的过程中他们应紧密协作，这样就能对玛丽亚明确传达出“照料父亲并不完全是女儿的责任”这个信号。我的目标是让一家三口在这个问题上尽可能协调一致。

治疗师：不过我真的认为，玛丽亚的独立对于你们来说是一件好事，很明显正是因为你们的支持，她现在可以在孩子们都会经历的成长阶段中表现得更主动。她一方面积极探索自己的生活，同时并没有切断和你们的情感联系。因为她对你很担心。我非常明确地告诉她，帮你调整好生活状态是我作为治疗师的工作，而不是她的责任。我希望我传达给她的信息没有错，对不对？这不是她应该操心费神的。所以，让我们谈谈你俩和……

罗伯托：嗯，是的，我想，上次咨询最后我说过，现在我也是这么想的——我会（和妻子）努力，一点点修复我们的关系。

看起来罗伯托很清楚，问题的关键在于巩固他和妻子的关系。罗伯托没了工作、不再外出，他在家中所有女性面前常会感到自己是个局外人，无法像在原生家庭里那样自在；但积极的方面是，即便置身如此境地，罗伯托依然可以直面当前婚姻中的问题，一直都在尝试解决首节治疗中我们谈到的帮助妻子渡过难关的话题。

治疗师：你都做了哪些尝试？

罗伯托：我努力了，我真的在努力。我花时间打理修缮房子，我努力理解罗莎，理解她的工作到底都做些什么，还有其他……但是不知道怎么回事，我总感觉哪里不对劲。

罗莎：你看，他又来了！

接下来，罗莎告诉我她最近升职了，她本以为罗伯托会为此高兴，然而丈夫却显得非常沮丧，因为罗莎以后会更晚下班，此外他似乎还怀疑罗莎和她的老板有不正当关系。

罗莎：我都跟你解释过了！

罗伯托：我真的在努力，我想搞明白发生了什么。这真的让我很心烦，因为，还是那个问题，还是我女儿，我知道她长大了。她需要……她需要自己的朋友。她现在和瓦妮莎相处得也不错，但是不知道怎么回事，总感觉好像她被从我身边抢走了一样……

显然，让这位父亲备受煎熬的困境是：如何接受妻子事业上的成功、放手让玛丽亚独立，以及接受玛丽亚与瓦妮莎的关系。

罗莎：（转向丈夫）为什么你就不能因为我开心也跟着欢欣鼓舞一次？为什么你就是没法为我高兴？

罗莎说出“欢欣鼓舞”（rejoice）这个词让我觉得有些反应过激。丈夫的责难与不解让罗莎非常沮丧，这是可以理解的，但我没能很好地帮她申明内心的失望。我希望当时我能这样说：“罗莎，你是说，你希望丈夫能为你的升职感到高兴。罗伯托，你能理解罗莎的感受吗？”这样一方面可以为罗莎提供心理支持，另一方面又可以对罗伯托施加压力，推动他关注家庭整体的需求，并处理他的个人内在议题。幸运的是，即便我没能即刻提供支持，罗伯托依然主动地将注意力转回到他自己的问题。

罗伯托：因为我对自己非常失望，所以我很难……

治疗师：好，现在，让我们仔细看看这个想法。你丢了工作，这本不是你的错，但这让你陷入困境，让你没法像自己期望的那样供养家庭，也没法回到以前生活的样子。我很欣赏你的顾家，这对全家来说都非常棒，但这也可能让你陷入痛苦，尤其是玛丽亚现在正进入青春期，开始追求自己独立的生活空间。所以现在她和朋友们走得更近一些，同时就会离家更远一些。这对你来说是一种分离……我们谈到过这一点。如何让自己回归正轨呢？我知道这很难，但我不希望看到你失去方向、灰心气馁。你明白我的意思吗？

罗伯托：我真的尽力了。我原以为能变好一些，但实际并没有。我还是很难过。没错，我也很想念老家的孩子们。

治疗师：嗯，是。

罗伯托：我现在没有家的感觉。是的，罗莎很能干，她加薪了，这非常棒，我的意思是，她可以为房贷或其他家庭开销做更多贡献。

治疗师：我也这么觉得。

我想鼓励罗伯托把妻子的晋升看作有益于家庭的进展，而不是有损于他的事。

当人们无法从更大的格局审视背景环境和体察身边亲人的感受时，以这种方式切入可以有效引导他们进入系统化思维模式思考问题。罗伯托说他“现在没有家的感觉”，这非常切中要害。即使罗莎在事业上有积极的发展，并且她的另一女儿也加入了他们的家庭，但此时他的感受是被孤立——罗伯托没有其他家人、没有工作，还不得不面对女儿寻求独立的现实。瓦妮莎对他来说是闯入家庭生活的陌生人。不仅如此，接下来罗伯托还回想起来，本来下周他打算去参加一个工作面试，但瓦妮莎刚在交通事故中撞坏了他的车，车被送修一时取不回来；这是他将消极情绪集中到瓦妮莎身上的另一原因。此时，夫妻矛盾已处在一发不可收拾的边缘。

罗伯托：现在玛丽亚和瓦妮莎玩到一起，罗莎加班，而我在家里做我该做的事。

罗莎：谢天谢地，（车祸后）瓦妮莎的命还在。这是关键。

罗伯托：是的，谢天谢地，她还活着。但事实是，好像你觉得出这事也不是什么大问题。你能告诉她让她好好反思一下为什么会出车祸吗?

罗莎：那是个意外。

罗伯托：哈，听到了吧。

罗莎：那是个意外。出车祸……任何人都可能意外出车祸的。

罗伯托：嗯，如果你开着车打电话或者发短信，当然会出车祸。

治疗师：她当时在打电话吗?

罗莎：我不知道她是不是当时在打电话。我不知道具体细节。你又在瞎猜！也可能肇事者是其他人？或者……也可能真是瓦妮莎搞的。

上面这段你来我往的交锋正是我想避开的夫妻冲突。在我看来，夫妻二人围绕瓦妮莎的互相指责一定不会有任何积极的结果。这种互相责备会使冲突迅速升级。

罗伯托：我得开车才能去面试。你知道的，没有任何公交车能到那个面试的地方。

罗莎：那天我可以不开车，这样你就可以用我的车了。我可以把车给你开，你开我的。

治疗师：罗伯托的车什么时候能修好?

罗莎：哦，那大概得两三个星期，因为我没有……

罗伯托：我猜，是因为我没钱付修理费。

罗莎：嗯，保险……

治疗师：但是，你是不是还可以看看有没有其他办法……

罗莎：你的意思是?

治疗师：你在工作时间上有没有弹性? 可以试着变通一下，这样他就可以用你的……

罗莎：这我得去和老板谈谈。你去面试是重要的大事。如果能告诉我你去面试的具体时间，我就可以告诉老板我能具体几点到班。我可以……我可以为你调整工作时间。我本来就是这么想的。但你从来不给我机会。所有的事你都挑毛病。关于你我之间，你的看法总是消极的。我永远没法跟你协调出个所以然来，因为你总是较劲。现在，我给了你一个解决问题的办法。你还要怎样?

罗伯托：问题是，好吧，得。你想和你老板谈谈。好！好！好！我用你的车。但事实就摆在那儿：老板、加薪，你和老板的关系很近呀。这里面是不是有什么事? 我可真是……

罗莎：跟老板的关系很近、跟老板的关系很近?！护士跟老板的关系也很近呀！医生和老板的关系也很近呀！

罗伯托：那他们也加薪 5000 美元了吗?

罗莎：罗伯托，这是信任的问题。你不信任我。

治疗师：但是，现在，如果我们，如果你，我不知道你是不是真的想朝着我们期望的方向工作，现在你只是沾火就着。你提到了一个问题，这是一个现实的问题，我很遗憾听到有关车祸的事。必须承认，去参加工作面试是非常重要的事。

罗莎：是的。

最终我尴尬地尝试将夫妻二人从相互责骂中切换出来。我努力让他们对不信任感的激烈表达降温，一方面阻止他们陷入无休止的争吵，另一方面尽可能找机会强化他们对家庭整体利益的共识。我希望帮助他们聚焦到个人需求和共同目标上，以及让这对夫妻看到他们为支持孩子而共同付出的努力。鼓励来访者在治疗中聚焦于有待解决的问题，而非指责对方无法满足自己的需求——这是治疗初始阶段的评估重点之一。本案例中的这个片段充分表明了治疗初期使用家谱图收集信息的重要性。人们经常会因纠结于细枝末节而无法关注大局。罗伯托一下子就陷入了他对瓦妮莎的埋怨——是她的粗心大意才造成了车祸，而这种态度会导致他和妻子爆发更多冲突，这样发展下去对夫妻二人都非常不利。他们本应作为彼此最佳的战友，共同面对压力。我需要帮助他们将焦点转向如何共同应对未来的困境，而非纠结于到底谁该为发生的事受责备。

治疗师： 你看，我们为什么不集中精力想想有什么解决问题的办法呢？现在什么最重要：想办法达成你的目标，不是吗？

罗伯托： 是的。没错。

治疗师： 好，让我们来看看有什么备选方案？你有没有朋友可以借到车，先借来用一用？街坊四邻有没有谁可以求助？如果你能想想这些办法，我认为，这可能对解决你的问题很有帮助。

罗伯托： 我可以打电话问问朋友。我是可以打，但问题是我不想那么做。我就是不愿意麻烦别人。我一般都自己解决问题。

治疗师： 我明白了。

罗伯托： 我从小到大都是这样。

治疗师： 我们可以谈谈这一点吗？因为我觉得这可能是一个常见的和性别相关的议题。

我认为，取得男性家庭成员的配合是所有治疗的关键。我会尝试抓住每个机会来达成这一点。有趣的是，你会发现在男性的叙述中，女性常被描绘成问题制造者或者差劲的一方。治疗师需要引导男性跳出刻板印象，聚焦于自身具体的感受从而理解自己。随着治疗推进，需要让男性来访者觉察和意识到他们原生家庭中的各种家庭模式，并确定哪些是希望继续维持的，哪些是需要着力改变的。治疗师应帮他们认识到拒绝求助造成的后果会影响到每一位家人；然而在治疗初始阶段，男性往往倾向于回避探究这些话题。本案例中，罗伯托愿意和我探讨这些方面，这实属罕见，同时也是取得良好进展的先兆。

罗伯托： 你是要说，这是“男子汉情结”，对吧？

治疗师： 的确，是“男子汉情结”。

罗伯托：又来了，老生常谈。

治疗师：你知道吗？我想说的是，我真心相信，最坚强、强大的人都有很强的协作能力，就像你一直努力与家人齐心协力一样。最坚强的人不会一个人扛着，也绝不拒绝求助或排斥接受帮助！你说对不对？

我在这里提到了一个更深层的问题——男人是否应该向他人求助？并借此提醒了罗伯托一下。这么做的前提是我认为自己已经和他建立了足够稳固的关系，否则我不会直接转到这一点。如果罗伯托此时不愿意讨论这个话题，我会把它先放一放。但此刻罗莎从另一个角度加入了讨论。

罗莎：有个顾家和真心在乎你的女人在你身边，你不该高兴吗？关心你和孩子们，这有什么错？你为什么反而要为这些责怪我？

罗伯托：问题不只是你和孩子们。问题在我，在玛丽亚，还有我的其他孩子。可是，我……

幸运的是，罗伯托没有防御，而是澄清问题在于他自己；同时，这也是我认为治疗师着手帮助他的最佳时机。我期望自己能调动足够的幽默感来指出他需要战胜“男人凡事靠自己”这个执念：

治疗师：来谈谈你的孩子们吧。我们一开始就谈到过你想和他们联系。但在详细讨论这个之前，我们能在“男子汉”这个话题上再多说一分钟吗？对于我刚才说的：最强大的人一定都善于合作，而不是一个人单打独斗、从不需要任何支持，这个说法，你怎么看？你觉得对吗？

罗伯托：我可以试着理解，但很难接受。

治疗师：试着理解？

罗伯托：对啊，我还是觉得我爸说的对。你是一家之主，你负有照顾好全家的责任。就是这样。

治疗师：他还说过什么……

罗伯托：告诉我应该怎么做。

治疗师：那他是怎么做到的呢？

罗伯托：我不知道，我觉得他尽了全力。他把我们拉扯大，尽他所能。

我认为，随着治疗推进，治疗师应不断回到来访者与其父母或其他原生家庭成员的关系上，从而厘清来访者持有的价值观。治疗开始时，来访者对家庭成员可能抱有各种各样的成见或刻板印象；随着治疗推进，他们的看法会变得更加切实、审慎，而对内在价值体系的澄清有助于他们重构理想的性别角色和关系模式。在治疗中，我会抓住一切机会推动来访者拓展其对自身价值观的认识。

治疗师：你多次说到你和妈妈更亲近。似乎你常常能感觉到，也许是因为那种“男子汉情结”，你的父亲没能放下架子，没能和你亲近。我知道在你还很需要他的时候他就去世了。对此我们无能为力。但我的想法是，所谓“做个男子汉”的准则看起来不仅存在很大问题，也没带来多少好处，比如，你不应去找别人求助或借车，否则就不像个男子汉了，在我看来这很不明智。我觉得，实际上你很棒，你把你的所有都奉献给了家庭。

罗莎：他是这样的。

治疗师：现在你需要借一辆车用。

罗莎：你开我的车吧。

罗伯托：我可以打电话问问朋友，借他的车，或者让他送我去。谢谢你的帮助，但你上班也需要用车啊。

罗莎：好，谢谢你为我着想。但如果你的朋友不能来，我随时都做你的后援。我会的。你不明白这是我一直都想做的吗?

罗伯托：你看，我都没有意识到这些，这本身也是一个问题，但我的感受也是真实的。我觉得玛丽亚……她现在长大了，所以她更多地和朋友们在一起，好吧，好吧，她和瓦妮莎也很亲近。

罗伯托再次提及瓦妮莎时，我能感到他还是不太舒服。失业和瓦妮莎加入家庭是罗伯托面临的直接压力，但更大的问题是，他自己的家人全在厄瓜多尔。我始终都将这一点视为罗伯托的长期压力源，长久以来，这个心结一直在那里，让他隐隐作痛。我认为直面并承认丧失虽然非常痛苦，但这对来访者理解生活的意义、把握前进的方向都至关重要。我相信家庭永远是最珍贵的，失去家庭也必定带来痛苦。如果家庭的重要部分不在了，将丧亲之痛整合到个人的生命叙事之中是个非常困难的过程。此外，每个孩子都是独一无二、无比珍贵的。

如果分别考察夫妻二人对“家”的感觉，显然罗莎比罗伯托体验到的归属感要更多。她有母亲陪伴，有自己的工作，并且近期又在事业上有积极的发展。现在不仅两个女儿都在身边，而且她的姐妹们要么就住在新泽西附近，要么生活在她经常到访的波多黎各。而罗伯托不仅失业，也缺乏外界支持——他的兄弟姐妹都远在厄瓜多尔。25 年来，他几乎没见过任何一位原生家庭的亲人。他长久以来都难归故土，甚至没能参加母亲的葬礼。他与家乡所有的孩子已分离多年；罗伯托离开时孩子们最大的 12 岁，最小的才 9 岁。他没能陪伴孩子们度过青春期。现在，他正为失去最小的孩子玛丽亚而痛苦不堪。这或许并不令人意外，因为玛丽亚时值青春期，正积极脱离家庭、探索自己的世界。这种境况下，即使在“新家”过得比较舒适，人们也常会萌生有关忠诚感的内心冲突——我到底应该忠于哪一边？每当思念故乡的孩子们时，罗伯托都伤心不已，这并不奇怪，因为孩子们和他相隔千里。这会使他联想起当前的困境——他正渐渐失去和玛丽亚的情感联结。之前他在故乡与孩子们越亲密，现在就越需要直面并接纳这些痛苦。

罗莎：我很开心（玛丽亚和瓦妮莎相处得很好）。

罗伯托：是呀，处得很好，每个人看起来都很开心，是这样的。

治疗师：除了你？

罗伯托：除了我？我啊，我知道罗莎为了这个家付出了很多。我都看在眼里。可是，我不知道。我只是……感觉缺了些什么。

治疗师：嗯，我敢肯定，你心里有个地方空落落的，这个空落落的地方和你的其他家人有关。

罗伯托：是的。

治疗师：嗯，说实话，即使现在不是经济上最宽裕的时期，或许你依然可以利用这段不用工作的空闲时间，策划策划回厄瓜多尔探亲的行程，也试一试和你的孩子们重新建立感情。

罗伯托：我是这么打算的。上帝啊！你说的这些都是我日思夜想很长时间的事。我很想去看他们，因为……是的……你说的没错。每当想起这些我都很伤心。这些念头在我脑子里挥之不去，甚至现在我都没法踏踏实实做家务，没法安心做我该做的事，也没有心情碰我的吉他……

治疗师：嗯，可以讲讲吗？你给他们打过电话吗？和我多讲一讲你和他们之间联系吧。

罗伯托：我可不喜欢现在和他们联络的方法，电话费太贵了，我必须隔三岔五地出门去买那种电话卡，然后打过去。我能听一听他们在那边都过得怎么样之类的，我们的对话也不怎么多。但是，我觉得……他们需要我。

治疗师：所以，在真正攒够钱去厄瓜多尔之前，你需要留出一笔钱——我们就暂且管它叫与老家孩子们保持联络的“思乡经费”吧？想想每周花这 5 到 10 美元是专门和孩子们通话的开销，那还是值得的。这或许能让你不再那么痛苦，因为你可以听到他们的声音，了解他们的近况。你知道吗？相比能和孩子们保持联络，这笔开销并不是什么大事。

罗莎：我可以问你一个问题吗？

罗伯托：当然。

罗莎：如果你去看望他们……

罗伯托：嗯？

罗莎：会让你不再痛苦吗？

罗伯托：会有用的。

罗莎：我是认真问的。

罗伯托：嗯，会的。这绝对会让我觉得，没错，我和他们又团聚了，我还是那个家庭的一部分，或者在他们的生命中很重要，无论如何，是的，这一定有用。

罗莎：如果你能开心……对，我现在就是这么想的……如果你能开心也安心……或许，只是或许，我就能看到我期待中你的样子了。你知道我在说什么吗？看看现在，我面对的都是什么呀？

罗莎觉得，如果丈夫不再感到与在厄瓜多尔的家庭隔绝，那么他与当前家人的关系可能会有积极改变，变得更为融洽——这是一个非常关键的领悟，即便她对罗伯托生活中各种复杂感受的理解还过于单薄。在后面的治疗中，我会鼓励这对夫妻彼此协作，发展出他们对各自大家庭的理想的情感联结方式。

罗伯托：哇。

罗莎：我觉得，我会攒钱，可以拿出一些钱支持你，需要我做任何事都可以，但这能让我找回我理想中的丈夫吗？那个积极快乐的男人，我能把他找回来吗?

罗伯托：我是觉得我应该去看一看他们。你的问题我目前还不能给出确定的答案。我需要去看看他们，也许这能达到你刚说的状态。

罗莎：对，这就是我想要的。

罗伯托：我知道你想要的那种状态。但问题是，我在和他们通话时会感到很难过。我确实想和他们联系，但另一方面，这又让我很伤心。我没法和他们谈太久，因为当我和他们说话的时候，我心里其实非常难过，我觉得我亏欠了他们太多。

治疗师：可以理解。

在这里，罗伯托暗指的是“分离”中最难处理的方面——物理与时间上的距离感，即那些未能相伴、逝去的岁月，让他感到失去了太多太多。我必须为罗伯托提供支持，让他能承受住伴随每次重新联结后继发的丧亲之苦。

罗莎：我感到很挫败。

罗莎专注于自己的感受，我们知道她会竭尽全力支持罗伯托与他在厄瓜多尔的家庭重建联系，但这肯定不是一个轻松的过程。

治疗师：嗯，我认为这其中有两点。一个是你们夫妻之间的关系，这是你特别希望处理的。

罗莎：没错。

治疗师：你们夫妻关系中存在问题，你似乎在回避这些问题。所以我想多谈谈你们二人之间的事。此外，还有你们孩子的问题。我理解你的感受，实际上，这些感受在其他男性那里也很常见。你们发自内心想和孩子一直保持紧密的情感联系，但在孩子追求独立时，这也会激起你们心里的离别之苦。我想帮助你们达到的状态是，即使和孩子们相隔很远，即使你不在他们身边，你也能体验你们彼此间情感联结的重要性。现在的情况是，夫妻间的情感波动会激起其他痛苦，所以你们彼此回避；然而同时这也切断了你们的夫妻情感本身。我的办法是，现在我们只有行动起来，才能获得积极的改变。所以我希望你们一方面能最大限度地修复夫妻关系，另一方面也努力抓住每个与孩子们建立情感联结的机会。可以理解吗？我们还需要处理因夫妻关系带来的痛苦的部分，因为这些感受是真实的。所以每次你挂电话的时候都感到很难过。（转向罗莎）你能理解我说的这些吗？

罗莎：我可以试着改变。

治疗师：你之前谈到过的那种感受，也就是，你说你的妻子现在有两个孩子陪在身边，另外玛丽亚和瓦妮莎相处得很好，然而在你心里却有一部分感到自己和这个家是分开的，你感到“我被孤立了”。你是否也能主动去和她们修复、发展感情，因为这些感情都是你的，是你家庭的一部分。

罗伯托：是的，这也是我的家，我会尽力和她们培养和修复感情，但对我来说这可不容易。我心里纠结是因为我看到她们相互之间都处得很好。我也想和她们亲近。我试着告诉自己：去吧！放手去做！靠近她们！可是我的心思却总飞回厄瓜多尔。你看，我在那里的孩子们一定错过了很多他们应有的东西，我……

治疗师：所以在和他们通话时，你会感到自己背叛了他们，对吗？

罗伯托：是的。我很不称职，我对他们特别愧疚。

治疗师：嗯。说到这儿，我们又回到了“人在曹营心在汉”的想法。有没有可能也尝试双方都兼顾呢？我觉得，如果你可以心无旁骛地和厄瓜多尔的孩子们建立情感联系，这同时也能让你和妻子以及这边孩子们相处得更融洽。你可以理解吗？如果在治疗中修复你与妻子、孩子们的关系，那么你心中空落落的那部分——也就是因为远离厄瓜多尔而在过去和现在你都没能办到的事——一定会有所改观。我真心相信，亲情能培育更多的亲情。

罗伯托：我明白你说的，让我想一想。

治疗师：嗯。

罗伯托：我想试着努力改变，但我觉得，我……我需要帮助……我确实需要帮助……我确实需要，天啊，我居然能说出“我需要帮助”这句话了。

罗莎：谢天谢地，你说出来了！

治疗师：（笑）也许正因为你是一个真正的男子汉和勇敢者，所以你能说出来！

罗莎： 能听到这些我非常开心。

治疗师： 是啊。

罗莎： 是的，以前我从没听他这么说过。

罗伯托： 也许我需要帮助，指导我怎么和孩子们更好地交流，就像你刚才提到的，拥有那种两全其美的关系，与这边、那边同时建立更深的情感联结。因为……没错，我就是在这两边左右为难，我想解决这个问题。

治疗师： 好，那我有个主意。下节治疗时，如果你能把孩子们的照片带来，也许我们可以做一些讨论和分析，因为可能有些部分我还不是完全理解，此外，有没有可能你给他们每人写一封信呢？

罗伯托： 嗯……

治疗师： 把你想要告诉他们的任何想法尽可能多地表达出来——关于你的遗憾、你的爱、你对他们的思念，所有这些，怎么样？也许我们能试着协助你将这些心里的感受表达出来，因为你错失了陪伴那一半家人的机会。是不是也会感到错失了玛丽亚，对瓦妮莎也是；其实你们都是彼此联结的。

罗莎： 太棒了。

治疗师： 也许我们可以每次进步一点点。你觉得尝试写信和下次带来一些照片怎么样？我们可以一起整理整理。也许我们能帮助你处理痛苦的部分，让情感联结胜过痛苦。你觉得怎么样？

罗伯托： 哇，我可以，我可以试试。

治疗师： 好。让我再提一件事，因为你也看到了……（罗莎在一旁抽泣）你还好吗？

罗莎： 他竟然这么说，我真是太高兴了。

治疗师： 是吗？

罗莎： 我以前从没听他这么说过。

治疗师： 是吗？你看，当你试图一个人扛下所有事的时候，你可能很难意识到这会让你妻子多么的孤立无援。你成了孤家寡人；她也成了一座孤岛——尽管她有女儿们在身边，尽管她们彼此联结，尽管你说她们看起来都无所谓。你的妻子思念你，因为你把自己隔绝在外，她也感到被孤立。我觉得，如果你不再像以前一样隔绝自己，情况会有很大不同。还有，我想到另一件事。第一次我们说到你女儿的时候，我们谈到过用诗歌、音乐来表达你对她的感情。你有没有想过也试试用音乐向厄瓜多尔的孩子们表达你的感情？你有尝试过吗？

罗伯托： 是这样的，自从有了隔绝感，我就再也没试过用音乐抒发自己了。我很自闭，现在对音乐完全没了热情。

罗莎： 他不再弹琴了。

治疗师： 真的吗？不过你看，我想音乐或许可以帮你克服隔离感，因为从之前你讲的生活故事里，我了解到音乐是你擅长的表达情感的方式。

罗伯托： 是。之前有次我已经拿起吉他弹了起来，但突然间我想到孩子们和眼前的困境，我就“砰、砰、砰”，把吉他给收起来了。我受不了。我……

我再次尝试鼓励罗伯托用音乐抒发他对孩子们的情感，尝试帮助他找到绕过痛苦的方法，而不是通过远离家人来逃避痛苦。

治疗师： 让我们看看有什么办法可以帮助你激发音乐抒情的动力？

罗伯托： 可能有，应该是有办法的，但天知道，我现在想不出来。我觉得……我没有创作动力。

罗莎： 为什么不能像以前那样，拿起吉他，敞开自己。你心里很清楚，你可是个很棒的乐手。

罗伯托： 我上次试着弹吉他……我想起来了，上次生气时我曾试着弹，但怎么也找不到感觉。

治疗师： 你知道我是怎么看的吗？你妻子说得很有道理。我相信随着时间流逝，你的心情会有很大波动起伏，对不对？你的心情有时好有时坏，对不对？

罗伯托： 是的。

治疗师： 我的想法是，如果你愿意，尝试弹一首你最喜欢的曲子，看看效果如何。的确，你想表达的可能有一些是愤怒，可能还包含一些其他的情感……这么做或许可以找到适合你的抒发情感的渠道；另外，我认为这对你的妻子也很重要，否则她就只能独自承受。你已体会到你是多么孤独，她也一样。不过，我相信这不是你期望的样子，对吗？

罗伯托：嗯，不是的，我不想让任何人陷入那种孤独。

治疗师：好，让我问你一个问题。即使可能还不是很确定这个方法是不是对你有效，但是为了罗莎，你是否愿意现在就试一试？你愿意为她试一试吗？因为她是爱你的，她希望和你保持情感上的联结。

罗莎：你愿意尝试一下吗？

罗伯托：嗯，我可以试试。

治疗师：你能亲口告诉她吗？

罗伯托：我可以试试。我保证不了是不是真的会有用，但我可以试试。

罗莎：只要你愿意试一试，这我就很知足了。我只是真的希望你能真心、真诚地听我对你说的话。

治疗师：我能和他单独谈谈吗？你介意离开一会儿吗？

罗莎：好的。

和丈夫单独会谈

我惊异于罗伯托在本节治疗期间与妻子疏远的微妙方式。至此，我觉得有必要单独和罗伯托谈一谈，我希望鼓励他对妻子更积极、开放的沟通，同时单独谈也不会让他感到难堪。这个操作是基于我的判断——我和他之间的治疗关系已经比较稳固，否则我不会轻举妄动。

通过总结多年的经验，我发现，治疗初始阶段当治疗师需要鼓励来访者做出改变时，最好将来访夫妻分开进行，这样可以有效降低他们对干预的防御和抵触。通过与罗伯托讨论他远在厄瓜多尔的家人，以及应如何理解其自身问题所继发的消极影响，我认为他应该能够承受我直接指出他与妻子的情感联结方式存在问题。在本节治疗中，罗伯托对妻子的回避已经相当明显，但我还不确定应如何做出诠释。

治疗师：我注意到，你很难和妻子有情感交流，甚至都不愿意和她有目光接触。我不觉得这是你希望传达的信息。她似乎非常非常想和你有情感互动，当你表达你的真实感受时，她特别特别开心。我觉得当你和厄瓜多尔的孩子们拉近关系时，你心中的一部分会变得左右为难。其实就像你觉得受到瓦妮莎的威胁一样，我相信罗莎也会有她自己的恐惧——她或许担忧你去了厄瓜多尔就可能留在那里；她或许担忧你更偏爱那边的孩子们；她或许担忧她在你心里并不重要，等等。但她看起来真的很想和你心心相连。我不希望在她面前让你感到难堪，但我的想法是，哪怕是给她一点点的回应……我想说的是，在治疗室里你从来没有牵过她的手，你从来没有碰过她，你从来没有让她看到你想要向她敞开自己、拉近情感的努力。回头看一下你刚才说的："嗯，我也保证不了是不是真的会有用，但是……好吧。"我希望你能尽量敞开一些。你并不是什么感受都没有；恰恰相反，我认为你有许多感受。但是你仍被那些"男子汉应该自己扛"的想法困住。那些想法让你很痛苦，但我认为你应该设法控制这些痛苦的感受。我觉得你不应该拿你的难处破罐子破摔，你说是不是？夫妻双方都需要彼此依靠。你现在做得非常好，你已经取得了很大的进步。我想说的是，今天我已经看到你尝试控制自己，当你马上要对她的老板或其他什么事发脾气的时候，你并没有放任自己发作！我的感觉是，其实你心里明白那些并不是什么真正的问题。你做得很好。但我觉得，如果你真的想接纳那些感受，就不必再惧怕它们。

罗伯托： 我明白了。听了你的看法。我有些茅塞顿开了，我觉得……我想我应该试一试。我想我可以的，我开始慢慢明白一些了，就像你刚说的，也许我可以在这些方面再多努力一点。也许我有些方面对她做得的确不好，所以……是的……

治疗师： 你爱她吗？

罗伯托： 我爱她，是的，我爱她。

治疗师： 我也认为你爱她，但是……

罗伯托： 我爱她，但是我心里有太多怒气。

治疗师： 没错。

罗伯托： 这感觉很不舒服。

治疗师： 你觉得如果咱们花些时间单独讨论讨论，试着厘清一下头绪会不会有帮助？

罗伯托： 我又一次对自己感到特别意外，我居然在求助！不过我相信这肯定能帮到我。好的，我愿意多讨论讨论。

治疗师： 好。

罗伯托： 如果这能帮到我和我的家人，我非常愿意讨论。

治疗师： 很好，因为我的感觉是，你封闭了很长时间，如果我们一起尝试看一看你心里的想法和感受，把它们整理清楚，再讨论如何处理它们，这一定有益处。就让我们从这节治疗开始吧。不过，你觉得是不是可以先让你妻子先回来，我们先跟她谈一谈，你同意吗？

与夫妻一起讨论

罗伯托在这段谈话中的反应给我留下了深刻印象。他在直面自己的困境和寻找出路的过程中显得很有主见。我希望在本节治疗的最后让夫妻二人共同参与，并强化他们的婚姻投入度，推动他们在面对未来困境时能够更加同心协力地解决问题。

罗伯托：嗯。我们刚刚谈了谈，她（治疗师）向我解释了一些事情，我和她说我想获得更多帮助，我会和你一起努力的，嗯。

罗莎：你真心这么想吗？

罗伯托：我……我是真心的。是的，我觉得我对你不够好。所以我要试着改变。

罗莎：谢谢，谢谢你。

罗伯托：嗯。不客气。

治疗师：好，下次请你们继续一起来，但下次我想请你（罗伯托）和我花一点时间单独谈一谈，也许我们（罗莎和我）也会单独谈一谈，因为……

罗莎：我非常愿意。

治疗师：我觉得这会有很多收获，对不？

罗伯托：对。

治疗师：好，我们暂时先不聚焦在玛丽亚身上，不过改天我也想见一见瓦妮莎，让我们看看会有什么新进展。另外，下次你会带来……

罗伯托：照片。

治疗师：照片、信……还有……对了！你能不能做一首诗或写一首歌？我很想听！怎么样？如果愿意分享的话，也可以带上你的吉他，怎么样？

罗伯托：好的。

罗莎：谢谢。

治疗师：好，保重，祝贺你获得晋升，换上新发型，你看起来很棒。

罗莎：谢谢，谢谢。

罗伯托：是的，她很开心。

治疗师：没错，很棒的。

罗莎：谢谢。

罗伯托：这是她第一次听我的夸奖。

治疗师：哈哈，好极了！

罗莎：是的，谢谢，谢谢。

这个案例展示了建立关系、评估与家庭治疗的初始阶段。作为治疗师，我们在分析来访家庭的材料时，既要向后回顾——帮助他们更透彻地理解当前困境，也要向前展望——帮助他们更好地构建未来。本章中的家庭个案向我们呈现了许多需要前瞻的问题：罗伯托作为“重归者”与厄瓜多尔的家庭联络时有可能陷入哪些困境？他会不会因为觉察到自己错过了许多亲情，或未能对所有孩子履行一个好父亲所应做的事等无法弥补的方面而消沉抑郁？罗莎将如何回应罗伯托的努力？也许她会感受到威胁——罗伯托可能离她而去；或感到怨恨不满——她的财产被用于抚养罗伯托的家庭，而她甚至根本不认识那些孩子。我们需要用心为所有上述复杂情况做好准备，并帮助全家人将彼此的心重新相连视为积极的变化且对未来有积极的影响。

促进来访者投入治疗

治疗师常常在来访者的家庭历史中“翻箱倒柜”，尝试理解其当前状态，确定适合首先建立关系的家庭成员，发现有助于来访家庭理解当前困境的过往历史，找到家庭抗逆力的源泉，推动他们厘清当前困境。那么对于未来，我们应如何帮助来访者前瞻积极的发展方向呢？

一旦来访家庭决定继续接受治疗，我们的工作重点就转变为帮助他们思考家庭关系，并决定下一步的发展方向。这需要治疗师帮助来访家庭审视当前困境背后的内容，弄清是什么在驱动着他们现在的行为模式。本章的案例向我们展示了治疗初始阶段的工作过程，罗伯托已开始直面并准备处理他与厄瓜多尔孩子们的议题，以及他与妻子之间的情感隔绝，此外也开始调整他与家中其他成员相处的理想模式。

具体来说，萨帕塔一家刚进入治疗时，丈夫的抱怨主要指向妻子。因而治疗的首要工作是帮助罗伯托将关注焦点转向他自己，使他认识到他与远在厄瓜多尔的家人长期分离对当前困境有重要影响。

对于一些来访者来说，常见的“拦路虎”是我们社会文化中广泛存在的一种情况，即有些家庭（特别是一些家长）的“毒性”（toxic）太重，以至于难以接受家庭治疗。具体情况包括精神疾病、性暴力、躯体暴力、物质成瘾以及其他可能导致家庭成员断绝关系的行为动力。这就要求我们在治疗中应关注每一位来访者的家庭背景，并对每个人的家谱图分别分析，这样才能帮助他们更好地了解其行为背后的动力，让他们在向其他家庭成员敞开心扉的同时，清晰地知道应如何保持自己的权力。当然，我们的工作目标绝不是放任暴力的发生，而是在其他家庭成员准备好时，鼓励来访家庭以新的方式建立富有意义的情感联结。

在治疗的初始阶段，当你感到触及来访者的关键议题时，更为明智的选择是暂时避开，而非单刀直入。来访者可能还不相信治疗师能很好地处理这些议题；同时对于治疗师来说，也不希望在建立好稳固的治疗联盟之前，即来访者相信治疗师可以帮助他们实现更好的家庭关系之前——就激起他们的抵触情绪。如果对复杂议题单刀直入，那么治疗师就很可能错失深入理解其内在意义的机会。应注意的是，物质滥用（substance abuse）不属于可暂时搁置的议题范畴——如果不先处理这个议题，你会很难将来访者的注意力聚焦到任何其他议题上；可暂时避开的议题也不应包括暴力或有自杀倾向等危及人身安全的情况——对于这些议题治疗师必须立即、直接展开干预。此外，治疗初始阶段还应暂时回避一类“有毒性”的议题，即那些阻碍来访者直面当前困境的原生家庭经历。在萨帕塔一家的案例中，需要夫妻二人齐心协力应对的当下议题——如何维护女儿的身心健康，却因源于夫妻原生家庭的冲突而变得困难重重。引导来访者面对和处理那些深埋于心底的原生家庭议题需要花费许多时间。

罗伯托·萨帕塔可能有许多有待处理的原生家庭议题：他已经很长时间没和孩子们见面了，母亲去世时他未能回去参加葬礼，以及他未能陪伴兄弟姐妹和孩子们一起生活成长。对他来说，需要许多时间才能真正触碰这些议题。而在当前危机得到控制之前，谈论上述议题还为时过早。尽管本章所述的指导方针是对萨帕塔一家治疗的基础框架，能够帮助他们深入探索自身所处的境况，但通常要到治疗的后期阶段，来访者才会对这些方针有更清晰明确的体悟。我想强调的是，我们应切实理解来访者与每位在场或有关但不在场的家庭成员之间的情感联结，并强化来访者的自我觉察，让他们聚焦于自身为改善处境所做的努力。当然，在治疗中我也致力于贯彻与他人相处的基本原则：不攻击、不防御、不息事宁人、不回避沉默。在最初的几节治疗中，我一直在评估他们的反应，在此过程中我始终在思考每位家庭成员对承担自身责任的看法，以及他们是否对其他人过度负责或不负责任。随着治疗的推进，我想罗莎和罗伯托在厘清彼此关系以及他们与其他亲人关系的同时，都必须努力关注自身，而非指责挑剔对方。对于罗莎来说，难点在于如何接纳罗伯托在厄瓜多尔的孩子们及其大家庭，并和他们建立关系，这些人与罗莎从未谋面，但对罗伯托如此重要。人们很难不把期望抬得过高，而后又跌入失望的谷底；人们也很难直面那些长期深藏于心的复杂感受。从目前的治疗进展来看，罗莎和罗伯托展现出诸多积极的能力——可以积极主动地觉察家庭背景给他们造成的种种影响。然而随着增进对家庭更广泛的了解，他们必将面对一些被长期掩藏的情感，面对两个原生家庭之间的竞争；这些很可能激起防御反应，夫妻二人必须设法从这些桎梏中挣脱出来。

通常，在治疗初始阶段，评估、建立关系和干预几乎完全交织在一起。对深层议题的评估应等到治疗局势稳定之后再行开展。我们必须评估每位家庭成员在应对、处理特定议题时的动机强度和准备情况，并随着评估的进展不断调整干预方式。建立关系的过程中，治疗师帮助来访者觉察其深层价值观，并激励他们积极投入治疗。需要注意的是，是否着手处理关键议题取决于来访者是否对此做好准备，所以应由来访者把握治疗的推进进度。因此，治疗师在处理评估过程中浮现的各种议题时应具有一定的灵活性，区分轻重缓急，并对来访者是否愿意深入探讨这些议题保持敏感；如果他们需要更多时间做准备，治疗师须相应地调整工作节奏。

当来访者愿意探讨深层议题，较为稳妥的方式是从“毒性”较小的入手，这样能让来访者体验到一些成就感，并为处理更棘手的关系议题积累资料。此外，还应从来访者最希望改变的家庭关系问题开始，同时保持各个议题切换的连续性。例如，罗伯托·萨帕塔更愿意从他与妻子的关系谈起，而有关他与孩子以及大家庭的关系，可能还需要一些时间他才愿意触碰。具体情况需要具体分析。

几年前我曾接诊过一对夫妇，治疗初始阶段丈夫唯一的兴趣点就是让夫妻关系回到正轨。而对于自己的家谱图，他连谈都不想谈，更不用说深入分析了。当时，他与女儿断绝关系已有多年，但几个月后，他们又修复了关系。从那时起，他开始强烈地希望解决他的个人议题，不再执着于修复夫妻关系。从长远来看，我非常确信这些转变挽救了他的婚姻。他对夫妻关系近乎绝望的关注实际上正是他个人问题的一部分。不过我对他的突然转变也感到非常惊讶。你永远都无法精准地预测什么时候会出现转折，不知道来访者会在什么时间、以什么样的方式找到敞开心扉处理人际关系的内在动力。

治疗过程中，从“来访者准备好处理某个特定议题”到“帮助来访者从更大的格局审视其生活”，会经历起起伏伏许多波折。正如格雷戈里·贝特森（Gregory Bateson）所说的，系统化地思考问题，要求我们既能拉近镜头、探索细节，同时也能抽身出来、俯瞰全局。例如，即使被全家当作关注焦点的孩子已经在治疗中解决了他的问题，父母也未必准备好面对和探讨更棘手的夫妻议题或原生家庭议题。萨帕塔夫妇似乎已经准备好探索他们各自的议题了，但我们依然无法确定接下来实际会发生什么。在人们真正投入治疗之前，很难确切地知道他们愿意走多远。这有时会超出你最初的预期。然而另一些时候，那些看起来希望继续深入探索的家庭却会在当前危机解除后就结束治疗离开了。但话又说回来，他们依然可能会带给你“惊喜”，并在你最意想不到的时候归来。

GENOGRAM CASEBOOK

第 4 章

家谱图临床实践中的阻抗

无论来访者在治疗初期对探索家庭历史多么兴致盎然，当其原生家庭中的冲突、秘密和三角关系被家谱图一一呈现时，他们往往都退避三舍、不愿直面。甚至许多来访者从治疗开始就对探讨家庭模式竭尽回避。他们只想让治疗师帮忙解决当前的现实困境，期望尽快回归原来的生活轨迹。

在美国，占主导地位的精神卫生权力部门通常也不支持家庭治疗这种关注家庭背景因素的治疗方法。它们不愿为这种复杂又极具难度的疗法报销费用，甚至会质疑是否有必要让其他家庭成员参与——是否有必要为了做出诊断而引入其他家庭成员参与对当前困境的讨论。对于治疗师可邀请谁加入治疗、参与多长时间等问题，存在颇多限制条款，其中大部分集中在鉴别诊断环节，而对深入了解来访者和探索更多解决问题的可能性并不在意。卫生健康组织和保险公司一般不愿为了解来访者的家庭结构、家庭背景压力和家庭历史花费多少时间，而这些都是家谱图的基本组成部分。因此，为了探寻这些方面的信息，家庭治疗师在临床实践中必须秉持系统化思维方式，始终关注个体与其所属群体的关系。

帮助来访者探寻家庭历史

对家庭历史提问很可能激起家庭成员的阻抗。我在第一次绘制自己的家谱图时曾向母亲询问家庭信息，但是她突然变得暴躁又抗拒。我的姑妈身体向来硬朗，很少听她抱怨身体有恙，但每当我试图问及家庭历史时她就说自己结肠炎犯了，不想多谈。后来，我的母亲总算改变了立场，但她说："至少莫妮卡现在不再烦扰我们了，而是转向关注那些已经过世的亲人们。"所以，我对绘制家谱图时所激起的巨大阻抗有切身的体会。我们必须尝试理解是什么阻塞了家庭成员——他们为何会表现出反应性的焦虑、恐惧或悲伤。只有在弄清这个问题之后，我们才能继续开展治疗。

如果针对大家庭（extended family）某段历史的提问激起了来访者的消极反应，或来访者声称谈论这部分内容毫无助益，此时我们应暂时将焦点拉回到来访者当前的困境。随着治疗的推进，直到来访者能够意识到被他们回避的家庭历史与其当前困境或重要家庭关系之间存在关联时，我们就可以再次回到那部分历史，展开提问并收集详细的相关信息。

如果来访者抱怨说谈论其家庭过往非常"无聊"或"有毒"，那么这一定事出有因。随着治疗开展，被阻抗防御的内容会慢慢显露出来。而后，治疗师需要寻找克服阻抗的方法，同时激励来访者着眼于家庭背景环境——从更大的格局审视、探索他们的生活。临床互动中，应使来访者感到治疗师真切地关注他们的家庭历史，并在分析当前困境的过程中帮助来访者看到这些困境与其家庭历史之间的关联，指出当前境况与旧有家庭模式的相似之处，推动来访者找出那些可以着手改变的情感关系。例如，治疗师在收集相关的家庭信息后指出"来访者的祖母是何等的坚韧刚毅——曾身处困顿绝境，但仍然克服了重重困难"，而后紧接着提问，希望"知道她是如何做到这些的"，进而可以引出"家中有谁对祖母有更多了解"这个提问。以此引导来访者思考如何处理其自身问题。让来访者意识到自己来自一个曾经战胜极大困境而非功能失常的家庭，从而增强他 / 她做出改变的动机。通常，随着治疗的推进，如果我们能做到温和但不失坚定地提问，就可以获得所需的家庭历史信息，并发现这些信息与家庭当前困境的关联。尽管最终我们会推动来访者将关注点转向某些重要的家庭信息，并意识到这些信息与其当前困境之间的紧密联系，但应谨记，治疗初始阶段必须稳健缓慢地推进，应涵容阻抗，而非直接挑战或质疑它的存在。

某些情况下，来访者对谈论家谱图信息充满敌意。前文提到的非洲裔美国人家庭，当丈夫看到我在家谱图上写下他前一段婚姻中孩子的信息时，他立刻变得充满敌意。他有一位现年 30 多岁的女儿，但父女二人已经多年没有见面。后续在妻子不在场的单独会谈中，他承认他对于我将其女儿画在家谱图上感到非常生气。

他说来这里只是为了改善他与妻子的关系，没有其他目的。而且他指出，他妻子对我将他与前妻的女儿画在图中也不太高兴。我回应道，之前几节治疗中我已经觉察到他非常不想和这个女儿打交道，并询问他能否告诉我其中的原因。他明确拒绝了，并表示有太多的思绪剪不断理还乱。我说，我猜他女儿可能对他十分思念，他的回避让女儿感到心痛，并问他觉得需要多久能准备好讨论和他女儿相关的话题。我本以为他会把这个话题再转回到我，譬如说："除非你说服我妻子让她不再生我的气。"然而，令我大为惊讶的是，他竟然回答："这得等到假期之后再说！"我抓住这个机会紧接着推进，提出或许他和女儿断绝关系让女儿感到很受伤。他则补充道："我知道她心里很受伤，这些我妈也转告过我。"原来他的母亲多年来一直试图撮合他与女儿修复关系。后来，当与女儿重新取得联络，并收获三个和他特别亲近的外孙之后，来访者开始认真投入地处理夫妻矛盾背后的议题，并有效改善了与妻子及其他家人的关系。

我认为，尽管我们不可忽视不良家庭关系对来访者造成的重要影响，但同时不必完全围绕这些议题长篇大论，以至顾此失彼。我们应尝试找到真正能进入他们内心的方法。这或许需要很长时间去了解那些最初让来访者自我封闭的原因，并推动他们思考打开心结和自我改变所能带来的益处，从而重新获得力量感。在这项工作中，我会积极利用家谱图呈现的广泛的家庭关系网络，鼓励来访者注意到断绝关系带来的情感伤害。如果你不了解你的同辈表亲——那些与你同根同源、相貌相近的亲人，你也就无法了解他们所知的那部分家庭历史。

鼓励来访者对家庭历史保持好奇心，是我们推动他们探索家庭系统的第一步。虽然他们可能实际上对某些家庭成员几乎一无所知，但常常却出乎意料地认为自己与那些人有着非同寻常的关联。来访者开始向家人收集家庭信息之前，首先需要对自己探寻家庭历史的动机有清晰的认识，即来访者本人应对了解更多家庭历史真正感兴趣，而不应是"我在接受治疗，我的治疗师要我来打听这些信息！"——这种说辞很容易让家人感到被冒犯。并且这么做会将治疗师拉入到"来访者—家人—治疗师"的三角关系之中。想更深入理解自己和家人才是来访者探寻家庭历史的最佳动力。

有关父母生活经历的提问包括：父母、姑姑、叔叔、祖父母的童年和青春期都发生过什么，以及他们如何离开原生家庭、组建自己的家庭？他们如何形成各自的言谈举止风格？他们为什么对内在感受避而不谈……他们的性格是如何塑造而成的？帮助来访者找到向家人询问的问题，绝佳的方法之一是请他们撰写一篇有关那些与他们存在冲突或留有心结的家庭成员的传记。写作家庭故事的过程可以帮助来访者意识到他们对这些家人有多少了解和未知。

处理对家谱图的阻抗：未尽的伤逝

下面的案例是治疗初始阶段在探索和绘制家谱图过程中处理来访者阻抗的示例。大卫·罗杰斯（David Rogers）和凯瑟琳·罗杰斯（Kathleen Rogers）是一对再婚夫妇，当前面临的困境是他们十几岁的女儿出现了品行问题。①

第一节治疗

在与罗杰斯一家的初次治疗中，我尝试厘清每位家庭成员各自的困境，每个人在新家庭中扮演什么样的角色，以及他们在之前的家庭中的过往经历。图 4.1

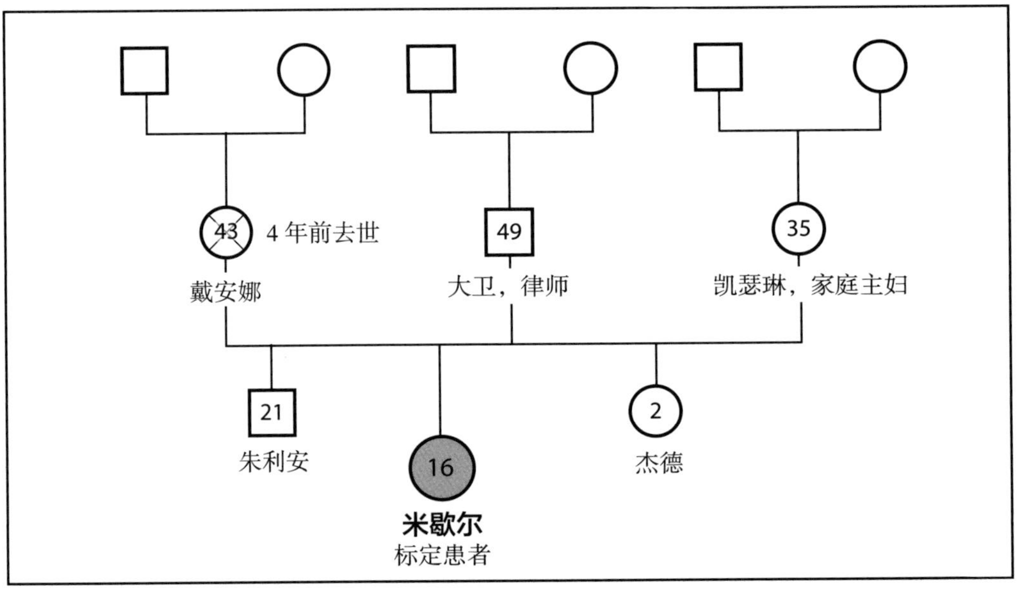

图 4.1 罗杰斯一家开始治疗时的家庭信息

① 观看本案例视频可登录 www.psychotherapy.net，标题为《未尽的伤逝》（*The Legacy of Unresolved Loss*，McGoldrick，1996）。观看视频片段请访问 www.psychotherapy.net/McGoldrick。

展示了治疗开始时我所掌握的家庭基本信息。已知的情况是，继母对女儿的品行失当非常苦恼，这是再婚家庭常见的“困境”之一。对此我们将在本书第 8 章详细讨论。

16 岁的标定患者米歇尔（Michelle）被学校转介至此接受治疗，她的成绩大幅下降，而且和几个朋友“拉帮结派”一起在课堂上制造麻烦。图 4.2 展示了我在第一节治疗中的初始工作。（A）我试着了解米歇尔本人以及她当前表现出的问题，主要对米歇尔的父亲提问并收集信息。（B）我尝试强调并鼓励父亲与女儿增进情感联结。（C）弱化继母在应对家庭困境中承担的责任。长久以来我始终秉持这样的预设，即当孩子出现问题时应由其亲生父母承担主要应对责任，而非继父母。因而在探索来访家庭的困境时，我试着让父亲发挥更关键的作用。在询问了女儿品行问题的情况之后，我尝试了解引发这一问题的家庭历史。我对这个家庭的提问包括：（D）米歇尔在外地上大学的哥哥朱利安（Julian）的情况；（E）已逝的第一任妻子的信息，她在何时去世，当前的家庭是何时组建的，他们的孩子杰德（Jade）何时出生，等等。此时，职业为律师的父亲大卫打断了我的问话。

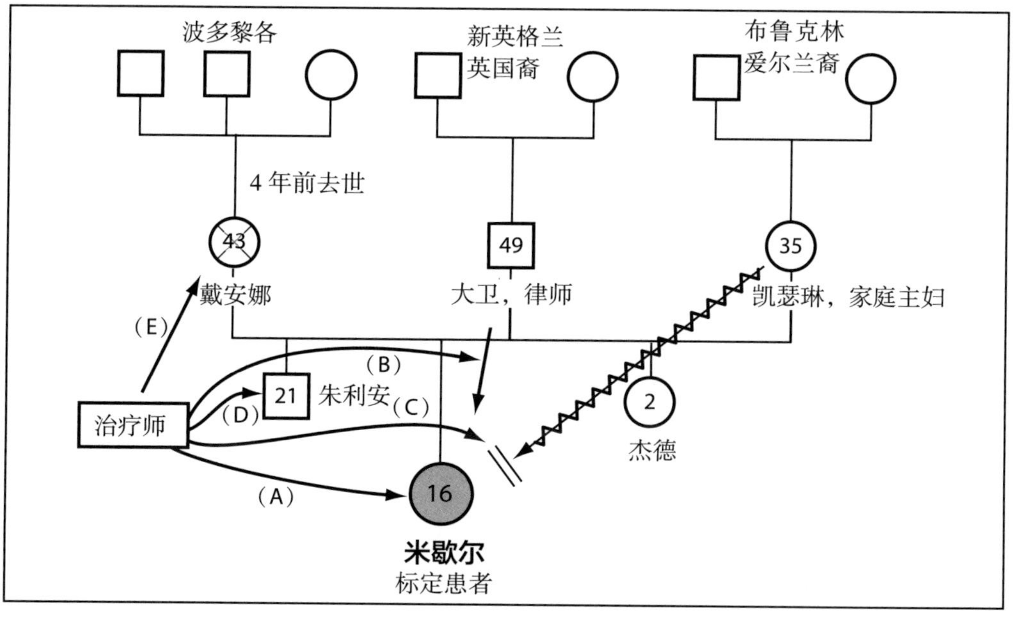

图 4.2　罗杰斯一家第一节治疗的成果

大卫：对不起，打断一下。我们真的有必要这么细致地讨论这些日期吗？我的意思是，我们来这里是为了解决米歇尔的问题，我只是想知道我们能不能利用好有限的时间。

根据我的经验，这种“应注重效率”的提议在男性来访者与女性治疗师之间屡见不鲜。这位父亲或许自己都没意识到他正用居高临下的姿态提醒治疗师应如何更好地工作。在治疗中遇到这种情况，我通常不会即刻做出反应。因为我认为，往往来访者是出于自身的某种焦虑才会如此强烈地想将治疗师推向防御状态。但如果是在督导新手治疗师（特别是女性治疗师），我会着力帮助她觉察来访者的这种挑衅行为，追溯来访者阻抗的来龙去脉，并在治疗过程中慢慢找到处理方法。

我回应了来访者的质疑，阐明使用当前方式开展治疗的理由。我努力向来访父亲澄清这些提问的必要性。

治疗师：嗯，我想说的是，在我看来，我们并不清楚家庭历史中哪一部分可能与当前困境有关。但具体来说，你女儿提到，自从杰德出生后她就一直很烦闷。目前，我还不清楚这到底是怎么回事，但可以肯定的是，看起来杰德降生的那段时间不同寻常，在那段时间想必你们全家的生活都做了很多调整，是不是？

接着，我询问了已大学毕业两年的大儿子朱利安的情况。此后，我询问这位父亲他自己的家庭背景。他告诉我，他曾经有一个同名的哥哥，但在婴儿期就夭折了，而后他作为家中独子被养大。我问他父亲是否还健在，他告诉我他的父亲已经去世了。当问到父亲的死因时，他答道是肝病。但当我询问其父是否喝酒时，他说：

大卫：嗯，他喜欢喝酒，但绝对算不上“酒鬼”。

讨论来访者的某些家庭历史可能会让他们感到不适、不愿面对或难以承受，治疗师在提问时应对此有所准备。因此，每段对话都可能是复杂而微妙的。特别是在本案例中，我已经可以清晰地感觉到大卫的不安和居高临下的态度。我谨慎地回应大卫在谈到父亲饮酒时表现出的抵触情绪。这条信息非常重要。在此我想额外补充一个知识点：物质滥用是青少年对抗其生活压力的常见方式之一。大卫提到的父亲患有肝病这个事实，引出了我对这方面的更多提问。

治疗师： 我知道有时谈论家事会让人难以启齿。但还有没有其他人认为你父亲有酗酒问题呢？

大卫只给了我非常有限的信息，包括他在所谓“只吃去皮白面包的 WASP[①]”的中上阶层家庭里度过了快乐的童年。随着对大卫这一支家谱图梗概的绘制成型，我将提问的焦点转向他的第一任妻子——米歇尔的生母。

大卫： 她在波多黎各长大。（米歇尔笑了）
治疗师： 看起来你也很喜欢波多黎各，是吗？
米歇尔： 是的。
治疗师： 你觉得自己也是半个波多黎各人？
米歇尔： 没错。我是啊，难道不是吗？

到目前为止，米歇尔的回应很少，但她似乎对这个提问显得比较积极。通常，由于青少年并不乐于接受治疗，因而治疗师需加以引导，通过转入他们感兴趣的话题使其加入讨论。有鉴于此，我继续问了她一些关于波多黎各的问题，如她多久去一次那里，等等。话题转向了来访家庭波多黎各分支的亲人们，而后引出了米歇尔母亲患病的问题。这使我了解到，在母亲生命的最后一年，米歇尔整个夏天都在波多黎各和外祖母待在一起。当我问到米歇尔和外祖母亲密的关系时，父亲大卫却突然打断了谈话，向我提出质疑，认为我把太多的治疗时间浪费在“这些无关紧要的陈芝麻烂谷子”上，并且讨论这些内容是在“为女儿的行为不端找托词”。大卫要求我说明治疗共需多长时间以及总共花费多少。

① 白人盎格鲁 – 撒克逊新教徒（White Anglo–Saxon Protestant, WASP）。本义指美国当权的英语系精英群体及其主流文化、习俗和道德行为标准，现在被用于泛指信奉基督新教、母语为英语的欧洲裔美国人。此群体拥有庞大的经济、政治势力，构成了美国上流社会和中上阶层的绝大部分。——译者注

治疗师：（对米歇尔说）听起来你和外祖母很亲近，对吗？

大卫：对不起，莫妮卡。我得再打断一下。刚才你问的这些问题有什么用？把这么多时间都浪费在回顾这些无关紧要的陈芝麻烂谷子上！我真正担心的是，现在到底有没有把重点放在我们来这儿想要解决的问题上，也就是米歇尔的品行问题。我非常担心她会把讨论这些事当作一种暗示，以为这些以前的家事可以成为她的借口……

治疗师：这里有什么问题吗？……我不太明白……

大卫：没必要多说这些，米歇尔和她外婆没那么亲近。事实就是那样。我只是担心，如果我们继续对这事喋喋不休，就没时间处理米歇尔在学校里做的事了。现在，我真的觉得如果这样继续下去，我需要知道到底要花多长时间才能搞定。你知道，我是个律师，每天都和合同打交道，有些事我们必须清楚地告知客户，必须告诉他们办完一件事要花多长时间，要花多少钱。

我的第一反应是想问他有什么事让他如此烦躁，但这么做无疑是错误的。如果真能顺畅地讨论让他烦躁的部分，或许就不会出现上面这段对话了。因此，当他以律师的身份发难时，我试着直截了当地回应他的质疑，说明治疗师与律师工作上的差异。我希望在这次被质疑中尽可能发挥自己的优势。因此，我尝试让他放心，承诺在治疗中对他认真负责，而且不会让治疗长期处于无成果的状态——这是非常重要的一环。我认为在与来访者建立关系的过程中，这种保证必不可少。任何人在看不到成果的情况下都不会给予你完全的信任。治疗是双方共有的契约，从这个角度来说，它的确与法律合同类似。但两者的不同之处在于，当前困境究竟因何而起、涉及哪些人，以及解决问题需要哪些人参与，这些部分在治疗初期总是模糊且无法预测的。

治疗师：嗯，在某些方面还是有一些不同的。我需要先对你们的家庭过往有大致了解，才会知道如何有效地帮助你们处理问题，否则我也无的放矢。

大卫：需要多少节治疗能解决问题，你能给我们一个大概的数字吗？

治疗师：当然。我一定会尽全力帮助你们。确保你对治疗过程满意。一般来说我们都需要多节治疗。我想说的是，如果在三四节治疗后你还有像现在“说这些陈年旧事有什么用？”这样的疑问，那么，我同意，我们的确应该看一看是否有必要谈这些内容。不过现在，我们对家庭过往与当下的困境、米歇尔在学校的品行问题之间的关系一无所知，所以我还是需要先了解一下。

大卫：好吧。我想我们得注意一下时间。

此时妻子要求丈夫继续参与治疗，这一点非常有益。至此，根据已有的评估我做出决定——对父亲大卫施压。我的判断如下：由于是校方将米歇尔转介至此，大卫可能并不想在校方面前出丑，也不想就这样贸然地离开我的办公室。若没有这些判断，我可能就不敢像这节治疗中这样强硬地要求大卫继续投入治疗。如果是另一种情况，我可能会转向收集更多细节信息——围绕米歇尔的品行问题给大卫带来了哪些烦恼等议题提问，而后我可能继续向大卫或妻子提问，询问他们自己在青春期是否也曾陷入与米歇尔类似的困境——如此便可将焦点再次拉回到家庭历史。

提问应始终根据治疗师的判断逐步推进，依照来访者困境的严重程度、来访者参与治疗的意愿，以及治疗师对来访者家庭背景信息的了解程度随机应变。图 4.3

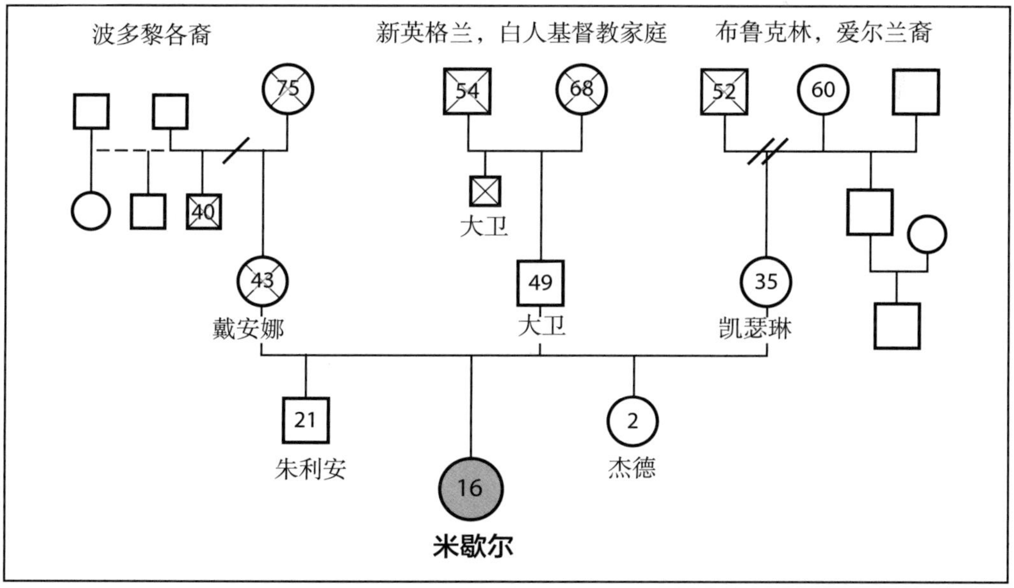

图 4.3　在对罗杰斯一家的首节治疗中获得的大家庭信息

展示了我在对罗杰斯一家的首节治疗中了解到的基本信息。这幅家谱图反映出我期望的工作方向，同时也是该家庭愿意和我一起探索的内容。

围绕家谱图的提问应根据治疗师的判断推进，具体取决于家庭成员对先前提问的回答。如你所见，我询问了大卫、凯瑟琳、已故第一任妻子戴安娜（Diane），以及米歇尔及其哥哥和妹妹的信息。我希望了解更多有关戴安娜家庭背景的信息，以及大卫和凯瑟琳的关系、他们的婚姻和有关抚养孩子方面的信息，但本节治疗的时间已所剩无几。

大卫夫妇同意继续参加治疗，我转向米歇尔，询问她有什么想法。米歇尔刚才一直都注视着父亲的一举一动。此时她给出了回答："来这儿可比被关在家里禁足好多了！"她见我并没有屈服于大卫的胁迫，并且看到继母要求父亲继续治疗，这些都让她安下心来。所有上述内容不仅对加强米歇尔与父亲的关系非常重要，而且对她自己的未来也很重要。

第二节治疗

因妻子非常希望参与治疗，大卫又回到了治疗室，但他的焦虑并未真正减轻。在第二节治疗中，他忍不住再次对我提出质疑：上节治疗浪费了太多时间，结果不仅没有处理他们当前的困境，反而只在一些无关紧要的问题上打转——特别是花了许多时间谈论米歇尔的外婆。此外，也许是为了证明我之前没有朝正确的方向工作，他说米歇尔的问题变得更严重了。

大卫：莫妮卡，上周回去后我想了很多，我还是觉得我们应该关注当前的问题，而不是过去的事。我的意思是，举个例子来说，我们上周花了很多时间谈论米歇尔的外婆，米歇尔这辈子总共就只和她相处过 4 个月！我真的认为我们应该聚焦当下，也就是米歇尔的品行问题，关注这些真正的难题。

治疗师：我必须和你说明，在我看来，过去的事对现在情况的影响非常重大，甚至你们对当前问题束手无策可能也是受过去经历的影响。不过，那就让我们讨论讨论当下的问题吧……我能看出，你觉得我对有些情况还不大了解，你很希望我能把它们搞清楚。好，请你具体说一说这些事吧。

我如此回应是为了应对大卫的阻抗，让他知道我不会忽视家庭历史，同时我也想了解他与妻子当前面临的困境。紧接着我的提问，凯瑟琳开始抱怨米歇尔听的说唱音乐太吵太躁，交的朋友也不三不四——他们都来自那些被凯瑟琳认为治安很差的街区。此时米歇尔插话说，父母之所以反对她和那些朋友来往其实是因为他们是黑人和波多黎各人。

这时我决定和米歇尔单独谈谈。第一节治疗由于时间有限我没能这么做，但临床实践中，我通常都会在治疗初期与孩子单独会谈，评估其痛苦程度，并听取他们对家庭困境和个人议题的看法——这些往往是青少年不愿当着全家的面公开讨论的。

我认为花时间与家庭成员单独交谈非常重要，因为通常人们总有一些不愿在家人面前公开表达的东西，而这些内容可能恰恰是帮助我们理解家庭困境的关键。对于家中权力地位较低的成员尤其如此，如儿童、青少年或女性家庭成员。此外，一些男性认为在家庭成员面前承认陷入困境是丢脸的事，所以也需要和他们单独交谈。

与米歇尔的单独谈话让我安心，她和朋友们并未误入歧途。他们是米歇尔在前一年夏季剧场演出时认识的朋友。我也确信米歇尔对学业仍有兴趣。她还告诉我，让她担心的其实是父亲没心思理解她的经历和感受。

治疗师：你在学校的咨询师很了解你，她认为你其实是个很棒的孩子，但过去几个月里你真的变了。这就是她转介你到这里来的原因。我不知道你对此怎么看。你觉得她对你的担忧有道理吗?

米歇尔：我没真正犯什么大错啊。没错，我确实逃过几次课……

治疗师：她告诉我的情况可不是这样。她说你一直都是个好学生，但最近你和一些老师吵架、打断他们讲课，你之前从来没这样过。学校的咨询师猜想可能是出了什么事让你变成这样。虽然说你父母的想象肯定有些过头了，但我想这是因为他们真的很在乎你。这一点你需要知道。

米歇尔表达了自己的看法，认为父母对她怒不可遏是因为她交的朋友是黑人和波多黎各人，父母对他们有不良的刻板印象。但米歇尔说，她的朋友们都是非常优秀、有想法的孩子，与他们相处带给自己许多前所未有的新体验。我向她提出质疑，让她了解，人们在高中年龄段的确很容易受不良群体影响，也很容易被同辈压力（peer pressure）左右。而她的回应让我安心。

米歇尔：但那不是我有意的！不是的！

治疗师：好，我问这些是因为我对你还不够了解，再加上听说最近你发生了一些变化。我想知道最近发生了什么？我的意思是，上次你说主要问题可能出在小杰德。但她已经 2 岁了，她的到来已不是新近的事了。你觉得现在是什么让你父母这么心烦意乱？

米歇尔：可能就是因为我和波多黎各孩子们一起玩儿的事吧。

治疗师：为什么？为什么这会让他们如此心烦？

米歇尔：我也不知道为什么这让他们这么暴躁。但你也看到了，当说到我外婆时，我爸是多么冷漠。

治疗师：他不知道你和外婆很亲近？

米歇尔：你听得出他知道吗？！

治疗师：确实。可是我真的还是不清楚这都是怎么回事。你跟他讲过你和外婆很亲近吗？

米歇尔：他不会明白的。他不会懂的。

治疗师：是吗？你很想念你的妈妈吗？

米歇尔：我想念我的妈妈吗？！！当然特别想！！

治疗师：外婆去世时，是不是激起了你藏在心底的一些东西？

米歇尔：我和外婆的感情对我特别重要，可我爸从来都不在乎我的这些感受。当得知妈妈将不久人世时，我正和外婆在一起。那段痛苦的时间里，陪在我身边的人是外婆，而不是我爸！那时陪我面对痛苦的人本应是我爸！

治疗师：这些感受你有和他谈过吗？

米歇尔：他根本不会……没谈过。

治疗师：他不会什么？

米歇尔：我觉得，他根本听不进去。

治疗师：好的。但也许这就是问题所在。我的意思是，或许你们需要用之前没有过的新方法尝试相互沟通、彼此理解。可能的确像你说的。他确实还没理解你的感受。

米歇尔：而且他也没花心思试着找出问题出在哪儿！那他怎么可能知

道呢？

治疗师： 我想也许我们需要具体谈谈这些。另外，我注意到，当谈到对你很珍贵的过往时，他显得非常抵触，你可以主动和他谈一谈这些事。你也看到了，他不听我的！但他会听你说，因为他知道这些很珍贵，这是你和他共同的经历。对不对？

米歇尔： 可他永远都不愿谈这些。

治疗师： 嗯，也许是时候谈谈了。

米歇尔： 上次他在这里的时候你也听到了，他居然还问为什么要谈过去的事。

治疗师： 嗯，不过你可以带动他去理解这些事情的重要性。我会帮你的。

这是我帮助父亲大卫理解家庭历史重要性的途径。在这次短暂的会面中，米歇尔非常清楚地表明了她的心结是什么，以及哪些部分出了问题。在临床工作中，虽然往往很难像本案例一样在治疗初期就能“幸运地”直接锁定核心议题，但治疗师可以通过时刻反思“来访者 / 家庭为什么在这个时间点陷入困境？”“到底发生了什么让此人或这个家庭脱离正轨？”以及“如何帮助家庭成员重建情感联结？”这些问题来寻找答案。在本案例中，至此我们已基本上理解了父亲只关注当前状况的意义。他试图避免直面孩子的丧母之痛，或许他自己也尚未完成哀悼。未解决的哀悼（unresolved mourning）给米歇尔带来了非常大的痛苦和疏离感。弄清这一点后，我现在就可以着手尝试帮助米歇尔和父亲建立联结了。

像本案例一样，对家谱图的阻抗几乎都与某些创伤有关。通常都涉及某些家庭成员竭力回避的伤痛。我们的工作是帮助他们直面并处理这些痛苦，从而卸下心中的重担、向前发展。[①]

正是因为家庭中的情感联结至关重要，我才聚焦于推动父亲大卫讨论家庭历史。我认为，来访者所深陷的困境通常与家庭关系和家庭历史有关；而理解他们困境的最佳方法就是将这些内容映射到家谱图上。因此，家谱图是追踪家庭发展历程的基本指南：

---

① 观看《直面未尽的伤逝：构建家庭中的抗逆力》（*Facing Unmourned Loss & Trauma: Building Resilience*）教学视频片段，请访问 www.psychotherapy.net/McGoldrick。获得完整视频，请访问我们的网站 www.family.org。

▲ 困境何时出现；

▲ 当时家里还发生了哪些其他压力事件；

▲ 家庭关系的发展史。

图 4.4 展示了我在第二节治疗中的工作。治疗以父亲指责我在家庭历史上浪费太多时间为开始，接下来是母亲抱怨米歇尔的品行问题和交友不慎。在重申了解家庭历史对治疗具有重大价值之后，我尝试（A）与米歇尔建立关系，首先评估她的身心健康状态，而后询问她对父母为何恼火的见解和看法，最后我与米歇尔一同从她的视角回顾了家庭历史，并发现家庭历史与当前困境之间的直接联系。米歇尔和我谈到了她的母亲，讲述了她和外祖母相处的经历——这些都是她非常珍视的家庭历史；同时，这些内容也解释了为什么大卫拒绝面对"和母亲、外婆的关系一直影响着米歇尔"的现实。我向米歇尔表明，我将帮助她处理父亲难以面对这些伤痛的问题。然后，我向她的父母说明，有必要（B）让父亲与女儿谈一谈家庭历史；（C）请继母凯瑟琳留在幕后，因为这个议题与她无关。

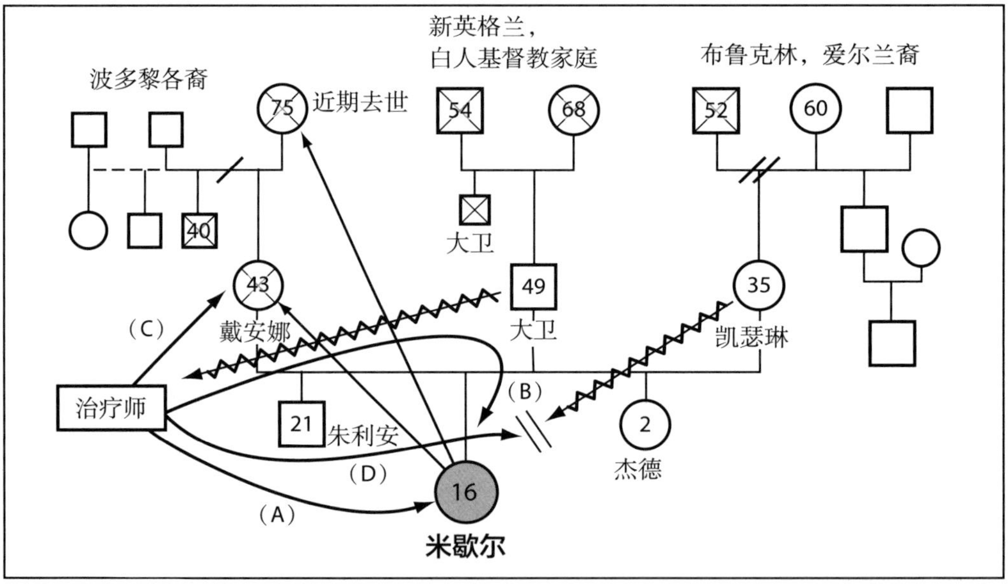

图 4.4　罗杰斯一家的第二节治疗

在这节治疗的后半部分，是我与孩子父母的单独会谈。

治疗师：（对大卫说）很明显，我觉得米歇尔和你的关系不太好……她现在无法敞开和你交流，似乎她也从未与你敞开交流过。她说她从没真正和你谈过她母亲去世的话题。之前你对我说："我们应该关注当前的问题，而不是过去的事"，不过我的感觉是，现在的问题确实与过去的事有关，而你和米歇尔无法真正交流家中过去发生的事。我想我们真的需要一起和她谈谈这些。

（对凯瑟琳说）我想，你们当下面临的问题与你加入这个家庭之前发生的事有关，对不对？有鉴于此，我觉得，即便你有超凡的能力，也很难跟米歇尔处得好；而只有当米歇尔与父亲的关系得到修复，才能更好地哀悼她母亲的过世。所以我认为，她让你恼火的那些事，其实是她在努力拼凑那段你到来之前的过往。有些方面的确只是青春期问题，让我们直接处理即可。但我认为有些问题并不在于你，而是需要米歇尔和她父亲一起去解决，你明白我的意思吗？

凯瑟琳：嗯。

第三节治疗

在接下来的第三节治疗中，我单独会见了米歇尔和她的父亲。

在母亲去世前几个月，米歇尔被送到外婆家暂住。第三节治疗我们主要讨论了米歇尔在那段时间的感受——那是一段她从未和父亲真正详谈过的感受。我尝试推动大卫说一说米歇尔母亲临终的细节，但他对此非常犹豫。而米歇尔详细讲述了她从外婆那里得知母亲去世消息的过程。她说父亲没有安排她回家参加葬礼。在治疗中，大卫认识到米歇尔是多么的依恋外婆，并为最近外婆去世但没有马上告知女儿这个消息而向米歇尔道歉。似乎正是这个未被直面的丧亲之痛引发了各种问题，让一家人不得不前来寻求治疗。当时米歇尔恰巧听到了姨妈提到外祖母去世的电话留言，但父亲在得知这个消息后的好几天都没有提起过这个话题。直到米歇尔特意向大卫询问时，他才终于提到此事，并且轻描淡写地说："你还记得卡门（Carmen）吧？嗯，她去世了。"我引导大卫讨论了这段父女间从未详谈的经历。然后我指出，米歇尔的哥哥朱利安似乎没有出现在这段家庭历史的叙述之中。我询问是否也能请他来参加一节治疗。父亲的回答是，办不到，因为朱利安在科罗拉多州上大学。但我仍强调有关朱利安的议题也很重要。

治疗师：你看，我觉得这里的道理是相通的，就像米歇尔需要你这个父亲一样，也许和妹妹的关系对朱利安也很重要。米歇尔需要哥哥，而朱利安也应该参与进来。毕竟戴安娜也是朱利安的妈妈。

大卫：我考虑一下。这个周末看来要花不少钱。

治疗师：但家庭更重要，不是吗？你心里的一部分知道这是非常重要的，我也觉得这非常重要，不是吗？

图 4.5 展示了我与这对父女谈话取得的成果。我尝试（A）帮助父亲立足于当下去了解（B）女儿失去母亲的那段经历。我希望帮助大卫（C）讲述他能够讲述的家庭过往，并支持米歇尔讲出她过去的记忆和感受。然后我想帮助这位父亲对自己的行为承担责任——他忽略了外祖母近期去世这一事件对米歇尔的重大影响。最后，我指出（D）米歇尔的哥哥朱利安在处理家庭当前困境中的重要性，对这两个孩子来说，父亲承认他们的丧母之痛，这一点非常重要。

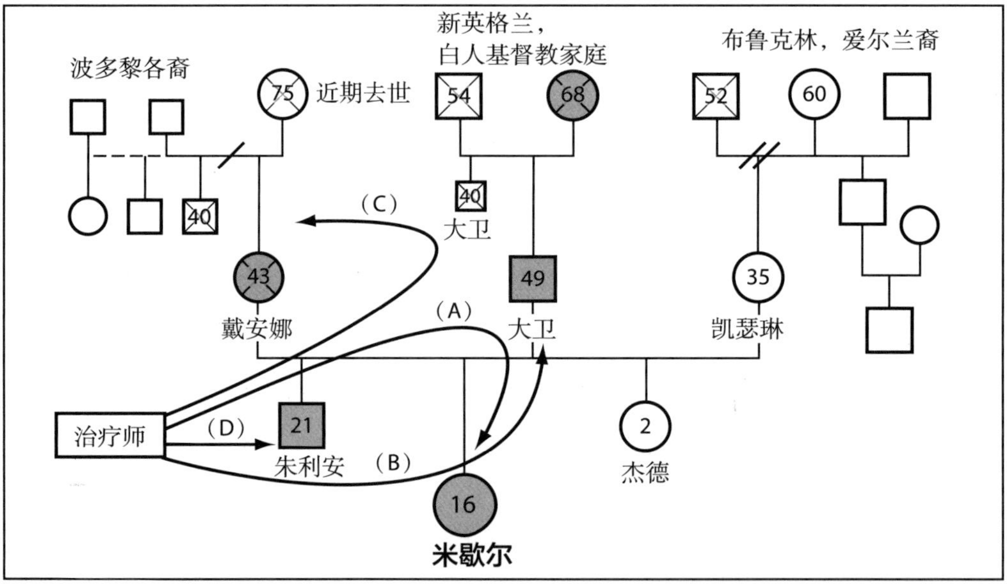

图 4.5　罗杰斯一家的第三节治疗

第四节治疗

在第三节治疗临近末尾时，大卫同意安排儿子前来参加治疗。接下来的第四节治疗可谓是暴风骤雨。妻子为米歇尔的晚归大发雷霆，而父亲大卫似乎对米歇尔没什么反应。实际上，凯瑟琳是在得知儿子也被邀请参加治疗后才变得敏感易怒的，这似乎激发了她内在的恐慌——担忧丈夫亲近之前的家庭多过亲近她，甚至对她和新生婴儿置之不理。

图 4.6 展示了我在第四节治疗中为了缓和紧张势态所做的工作：（A）稳住继母，使其保持待在幕后，而非成为当前困境的焦点。（B）防止父母或米歇尔本人再次让米歇尔成为标定患者或问题分子。我希望这个家庭能够（C）继续探索，直到父亲可以直面两个孩子的丧母之痛，并担起父亲的职责，接纳和满足孩子们的情感需要。由此，大卫就能腾出更多的内心空间，在心灵上真正和第二任妻子成婚，进而将精力投注在新的婚姻和孩子身上。顺便说一句，凯瑟琳作为继母认为丈夫并没有用心处理米歇尔的问题，这让她很失望——我认为这是一个积极的转变，即凯瑟琳已经意识到米歇尔非常需要大卫。尽管现在凯瑟琳还专注于设定家规，但她强调大卫应该主导处理女儿的问题，而非逃避责任，这一点非常好。

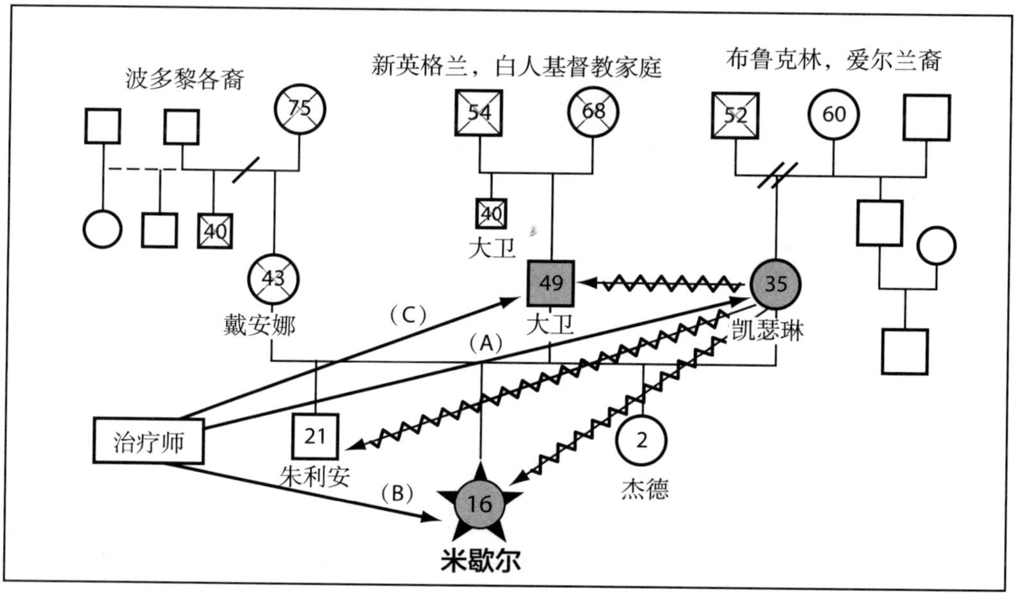

图 4.6　罗杰斯一家的第四节治疗

与再婚家庭工作，当治疗内容涉及新配偶未参与的先前的家庭历史时，经常会激起新配偶的嫉妒或应激反应，这是非常常见且必须处理的问题之一。即使来访者与前任配偶、孩子或其他家庭成员间还有尚未解决的议题，治疗师也需要同时关注其与现任伴侣的情感联结，从而避免现任配偶情绪反应的加剧。

因此，随着治疗的推进，我努力推动大卫为女儿挺身而出，同时也注重平衡他对其他孩子身负的责任，这些都是积极改变的重要组成部分。与再婚家庭工作的早期阶段，通常只有继父或继母在治疗中主导发声，正如本案例的情况一样，而这恰恰正是需要帮助他们改变的重要议题之一。

大卫将儿子从科罗拉多州接回来参加治疗，此时他开始意识到对于孩子们的情感需求，自己是如此缺乏回应；然而他依然抗拒谈论自己的家庭历史。后来，随着开始尝试探索其原生家庭，大卫逐渐意识到他在面对孩子们的情感需求时，选择逃避是他自幼习得的情感模式。大卫的父亲酗酒，母亲患有抑郁症，他们经常以逃避现实的方式来应对痛苦。此后，大卫经常满怀兴致地走进治疗室，相信治疗总能让他学到新视角、新内容，可以帮助他更好地理解自己，但却经常忘记他在前一节治疗中决定去做的事。不过一旦真正行动起来，大卫的努力投入消解了妻子的沮丧，因为他已经变成了一位更触手可及的伴侣。

如果根据治疗进展来考察这个家庭的变化，治疗初始阶段正如图 4.7 所示：父亲想让我出手帮忙“修理好”他那“行为失当”的女儿。全家都没有人意识到他们当前的困境与大家庭议题有关，也没有人关注家中的其他孩子。我工作的第一步是探究家谱图，询问有关其他孩子、过世的母亲以及所有三组大家庭成员的信息。第二节治疗，我们聚焦于米歇尔的问题、母亲的去世以及外祖母卡门在米

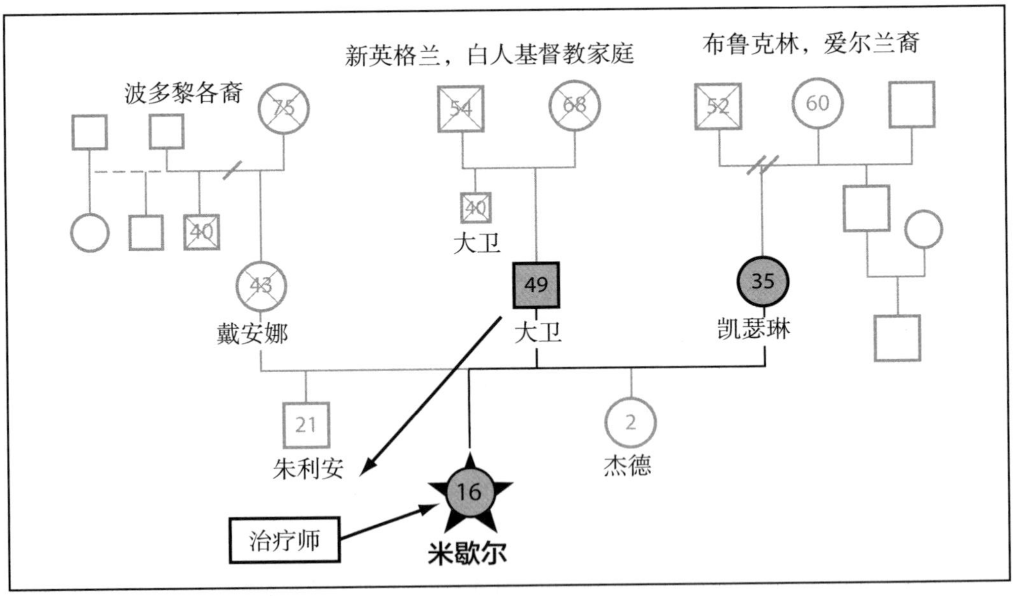

图 4.7　罗杰斯一家对困境和解决方案的初步看法

歇尔生活中的重要地位。接下来，我集中精力通过给继母“放假”来缓和她与米歇尔之间的敌意；我认为米歇尔的困境并不在于继母，而继母的困境也并不在于米歇尔，尽管她们当时都持有与我完全相反的看法。第三节治疗中，我尝试将焦点集中到父亲身上——围绕如何为女儿做一位好父亲展开讨论。

到了第四节治疗，大卫和凯瑟琳似乎再次退回到原点，这对夫妇又将关注点都集中到米歇尔的不良行为上，父亲催促我即刻矫正女儿，停止谈论其他家庭成员和那些已被遗忘许久的家庭历史。与之相反，我则尝试将重点放在“大卫如何成为米歇尔可以依靠的父亲”这个议题上——给予米歇尔恰当的关注并直面她的丧母之痛。

后续的治疗

在第五节治疗中，我见到了大卫、米歇尔和朱利安。我们重点讨论了戴安娜的去世和外祖母的家庭角色。

到第七节治疗时，我将大卫的关注点重新拉回到他的原生家庭，并探讨了个人经历如何影响他对孩子丧母之痛避而远之的态度。现在我们可以讨论那些他最初拒绝面对的家庭历史细节了。他开始探索早年间家庭中的丧失及其父母的生活。大卫已经敢于直面原生家庭历史，并萌生了好奇心，希望弄清父母的人生过往。我将关注焦点放在大卫而非他妻子身上，因为前者才是导致困局的关键，即由于缺乏处理自身内在感受的能力，导致他在孩子们丧母及随后的几年里（他们最需要作为父亲的大卫提供情感支持的时候）选择置之不理。

图 4.8 是罗杰斯一家的家庭大事年表缩略版，这可以让我们直观地看到梳理时间线在追踪家庭模式中的重要作用。随着治疗的推进，除了上文述及的材料，还浮现出许多家庭事件和过往经历。特别是大卫的家谱图信息，绘制家谱图帮助他了解了原生家庭历史及其自我封闭模式的由来，而这正是当前困境的关键部分。一个重大的转变发生在大卫拜访他母亲的同卵双胞胎妹妹，自 9 年前母亲葬礼后大卫就再也没见过她。这位姨妈告诉了他许多他从未知晓的家庭历史。姨妈将大卫母亲的日记送给他，这让他看到了许多童年时代未曾注意的事情。

图 4.9 展示了经过 17 节治疗，治疗结束时的家谱图。我们对家谱图上出现的所有家庭成员都做了讨论，并分析了他们各自的家庭角色。大卫在治疗中花了大量时间探索和理解他父母的经历如何影响和塑造了他的情感封闭，以及他对自己

罗杰斯一家的家庭大事年表

1943 年，大卫的父母结婚。
1944 年，长子大卫出生。
1944 年，长子大卫出生 1 个月后夭折。
1946 年，次子出生，也被取名为大卫。
1948 年，大卫未来的妻子戴安娜出生（她是母亲卡门最小的女儿）。
1954 年，大卫的母亲流产。
1956 年，大卫的母亲再次流产。
1956 年，大卫的母亲与丈夫最好的朋友鲍勃有染。（大卫 10 岁时才意识到父母在那段时间非常抑郁。大卫被送去参加童子军露营团并在那里度过了整个夏天，大卫还记得当时他非常想家。）
1973 年，大卫（27 岁）和戴安娜（25 岁）结婚。
1974 年，儿子朱利安出生。
1977 年，大卫的父亲因酗酒去世，年仅 54 岁。
1980 年，女儿米歇尔出生。
1987 年，大卫的母亲去世，享年 68 岁。
1988 年，戴安娜的哥哥死于车祸，年仅 40 岁。
1989 年，戴安娜被诊断出患白血病。
1991 年 8 月 18 日，戴安娜去世，年仅 43 岁。12 岁的米歇尔当时在波多黎各，未能参加母亲的葬礼。朱利安 17 岁。
1992 年 6 月 10 日，大卫（46 岁）与 32 岁的凯瑟琳结婚，凯瑟琳的父母在她 9 岁时离异。
1993 年 4 月 10 日，大卫和凯瑟琳生下杰德。
1993 年 9 月，朱利安去科罗拉多州上大学。
1995 年，戴安娜的母亲卡门在波多黎各去世。
1995 年，几周后，全家人因米歇尔在学校“品行不端”前来寻求治疗。
1996 年，大卫去看望他 79 岁的姨妈内尔（Nell），她是大卫母亲的同卵双胞胎妹妹，生活在康涅狄格州韦斯特波特（Westport Connecticut），自 1987 年以后大卫和姨妈就没再见过面，大卫从姨妈那里获得母亲的日记本和相册。

图 4.8　罗杰斯一家的家庭大事年表

家庭历史的消极态度。治疗结束时，他已改变了这种家庭情感模式，并努力与孩子们、妻子和其他家人建立情感联结。这对新婚夫妇的关系更加亲密；朱利安和米歇尔也开始了各自的新生活；大卫通过努力了解他的原生家庭，与姨妈建立了亲密的关系。凯瑟琳也与她的哥哥和哥哥的儿子修复了关系。而最令人惊喜的是，他们全家正在考虑一起去波多黎各度假。

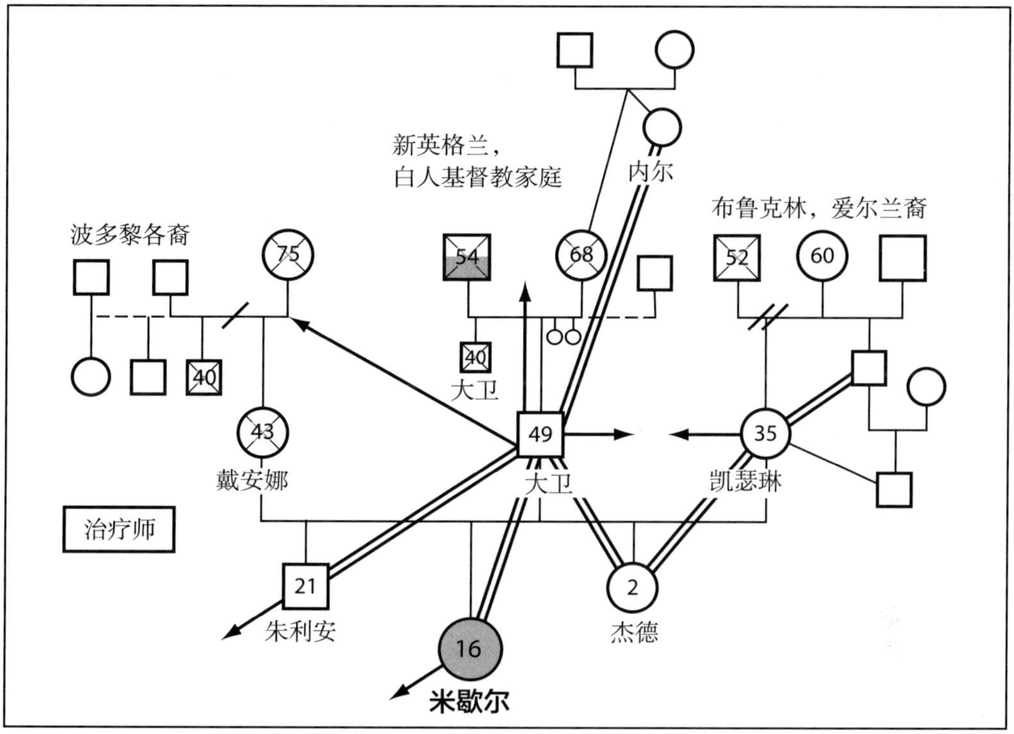

图 4.9　罗杰斯一家治疗结束时的家谱图

应对阻抗的临床提问

下面列出了一些提问，希望能帮助在制作家谱图过程中遇到阻抗的治疗师。然而更重要的是，治疗师在询问家谱图相关的信息时应懂得何时不去问得太多，以尊重来访者或来访家庭不愿分享某些信息或家庭历史的意愿。因此，下列提问只有在条件允许的情况下才可提出。同时这些提问也是值得治疗师在临床工作中不断内省的问题：

▲ 如果家庭不愿讨论其家谱图，背后的原因是什么？较为可能的答案是，来访者或其家庭对某些家庭历史感到羞耻。酗酒、自杀、精神分裂症、秘密的性关系或其他让家庭成员感到羞耻的议题，都可能是他们不愿讨论家谱图的动因。

▲ 将关注点从家庭当前的困境拓展到家谱图对于来访者或其家庭意味着什

么？多数情况下，家庭成员担心他们要对当前的困境负责，因此，治疗师应将提问聚焦于各个家庭成员自己的家庭故事之上，并指出家庭历史实际上与来访家庭当前的困境存在关联，这或许会使家庭成员不再指责或围攻标定患者，并对其心怀歉疚。

- ▲ 关于家庭的归属感与抗逆力，我们可能会对来访者提出以下问题：
  - 遇到困难时，是什么让你克服压力坚持下来的？
  - 有谁对你始终满怀信心？
  - 在你的生活中，何时或何地让你最有“回家”的感觉？
  - 有谁在你处理个人困境时提供过帮助或指导？
  - 畅想一下，你觉得你的孙辈或下一代子女会希望你现在做些什么？

融合与关系断绝

探索"融合"、"断绝"以及"无形的忠诚"等家庭模式

分析家谱图时，治疗师应特别关注家庭成员的亲疏远近及其中暗含的关系模式，如是否存在"融合"（fusion）或"缠结"（enmeshment），抑或是另一极端，即"疏离"（distance）和"断绝"（cutoff）。例如，较为极端的情况可能是一位45岁的成年人每天要给母亲打6次电话（融合），或正好相反——某人在过去一年中与兄弟姐妹或父母没有任何联系（断绝）。归根到底，融合与断绝是一体两面。在某些情况下，身陷融合模式的人可能会突然奋起反抗并断绝该关系。然而吊诡的是，融合与断绝在人际联结方面高度相关。当你在家谱图中看到断绝，你就很可能在它附近发现融合，反之亦然。隐秘或暗藏的融合与断绝让识别、澄清家庭模式困难重重，大大增加了破解家庭谜团的难度。

不同的文化背景对理想的人际交往程度有不同的认知和期许，而这可能会让融合与断绝等家庭模式难以被识别。例如，年轻人的婚后生活应与大家庭有多少交集；姻亲打电话给已婚子女的频率多少合适，或姻亲"突访"后者生活的限度在哪里。然而无论如何，融合与断绝都有损家庭功能，它们阻断了家庭系统中的沟通和关系。

情感成熟度（emotional maturity）是一种反映人际能力的度量，指个体向他人呈现情感时能够理性思考、计划、理解并遵循自身价值观，可以自我主导人生发展，而非生活在被动地对他人发出的信号做出反应之中。情感成熟度较高的成人

不会将生命力倾注于赢得他人认可、攻击他人、合理化自身行为、隔离自己情感，或为获得掌控感、情感慰藉而在关系中处心积虑、搬弄是非。

我们基本的系统化观点是，融合与断绝都不是最佳选择。与家庭系统断绝的那部分恰似凋亡的枯枝，丧失了生命力。从系统化的角度来看，所有家庭成员都在家庭系统中彼此联结，因而关系断绝总会关涉许多人。举例来说，如果某位男性与其姐姐绝交，进而也会导致他的孩子们失去一位姑妈，他的外甥失去一个舅舅，甚至导致家庭中下一代人关系断绝。

融合

融合是指一个人或两个人为了关系而放弃“自我”（self）的情况。他们成为另一个人的迎合者（placater）或功能不足者（underfunctioner），而另一个人则成为功能过度者（overfunctioner）。治疗师应始终关注家谱图反映出的高融合度的家庭模式，即某两个家庭成员总是犹如同一人——有一模一样的思想或行动，毫无独立性可言。他们的行为变得如此相互依赖，以至于绝不可能独立思考。但需要注意的是，尽管看护（caretaking）关系很可能看似非常“融合”，然而看护人和被看护人都是出于自主决策形成了前者照顾后者的关系，这一点是与“融合”完全不同的。

父权制（patriarchy）总是期望夫妻形成融合的关系模式。在这种观念下，妻子应为丈夫放弃自身需求，丈夫则应接受这种只关注男性需求的关系模式。在上述情况以及许多其他的融合关系中，都存在严重的权力失衡：一方的需求和感受占据主导地位，而另一方的需求则因专注于满足伴侣而被忽视。一般来说，在融合关系中处于强势地位的人常常对关系中的失衡毫无察觉，意识不到自己在满足自身需求方面享受着特权，也意识不到他们无形地依赖着伴侣。他们甚至很少注意到对方有哪些需求。

同样，种族主义也要求那些处于被征服地位的族群与之融合。白人至上主义基于这样的逻辑设定：只有白人拥有自觉自主的“自我”，而有色人种生来就应为白人服务。因此，白人至上主义者大多意识不到他们对其他族群的融合式关系有多严重；而在这种关系中，为了满足白人的需求其他族群的需求被完全牺牲掉了。白人至上主义者只在乎他们自己的需要和价值观。

家庭中的融合也很常见。通常是更强、更孔武有力或更有支配权的人会吸引系统中权力、地位上的弱势者加入融合关系。

融合关系的形成过程与应对焦虑有关。尤其是对关系中强势的一方而言，短期内发展融合关系通常具有降低焦虑的功能。尽管融合常以牺牲关系中另一方的真实自我为代价，但这种关系模式经常被视为“亲密无间”（togetherness）或“心心相连”（connection）。正如亚隆所说：“融合通过消除自我意识这种激烈的方式消除焦虑……因此，一个人虽然就此摆脱了焦虑，但也丧失了自我。”（Yalom，2012，p. xx）

疏离与断绝

相对于融合，关系紧密度的另一极端是疏离与断绝，它们也是临床治疗中应特别关注和追踪的家庭模式。例如，某位来访者多年来从不与兄弟姐妹见面，或几十年间都对父亲缄默不语，抑或从未真正向直系亲属表露内心感受。断绝并非“拒绝维持充满虐待、暴力的关系”，而是“泯灭施虐者改变的可能”。与某位家人断绝关系意味着认定其不可能发生改变。在关系中彼此联结是人类的天性，然而断绝关系破坏了人与人的情感联结以及发生改变的可能。实际上，即使在那些非常僵化、缺乏灵活性的家庭系统中依然存在改变的可能。任何人在经历悲惨境遇后都可能变得“有毒”（toxic）——他们会在所到之处制造各种破坏——尽管如此，以系统化视角来看，家庭系统总是存在改变的可能。我们的治疗应始终围绕促进来访者适应性与激发家庭系统改变的潜能而开展。

理解“关系断绝”（回避、远离家庭系统中的某位成员）会对家庭系统造成不利影响是形成系统化思维的要点之一。“断绝”破坏了我们与家人间的关系纽带。正如鲍恩所说的，如果你无法与母亲共处一室、难以自在轻松地交往，那么无论用什么借口粉饰，都抹杀不了你分化水平较低的现实。鲍恩的意思并非“即便母亲对你恶语相向、充满苛责、酗酒成性，或对你漠不关心、不闻不问，你都应该不遗余力地尝试与她拉近关系”；而是“无论你和母亲相处得如何，你都愿意时常与她联系，看一看她是否希望与你亲近，并对她保持宽容大度”。保持这种开放的态度和意愿是系统化思维的关键。

类似地，如果来访者被父母拉入三角关系，认为父亲是好爸爸（受迫害者、心善、温柔、有爱、随和、善良、大度）而母亲是个恶妇，并且来访者已经进入“母亲的冤家”“父亲的诉苦对象”这样的角色，那么她首先需要做的是转变自己的家庭角色与立场。这可以通过一些富有幽默感的方式来实现，比如对父亲说：“哦，得了吧爸爸，你心里清楚你根本离不开我妈！”总之，除非做出上述举动从而摆脱与父母的捆绑（entanglement），否则来访者永远无法从三角关系中脱身。三角关系将使来访者与母亲的关系越来越糟，与父亲愈加融合或承担过多家庭功能（overfunctioning），进而推动父母的关系愈加恶化。

许多来访者认为，与父母维持一种表浅的、“尽职的”关系就万事大吉了：到父母家稍作停留，对他们保持基本的礼貌。但这实际上是情感断绝的延续，因为他们从未想要与父母有真实的情感交流。来访者或许坚信，直言不讳地说出内心深处的想法可能会让父母“难以承受”。那么此处正是治疗师需要对关系界限开展工作的切入点，可以这样回应：“与家人真情相待，不正是我们在生活中所追求的吗？如果你不去尝试，这就不可能成真，你会继续承受。如果能主动尝试，即使没有成功，也证明你尽力了。如果是家人不接受你的尝试，那么责任就不在你。”

但是，要想与“有毒的”父母（或者说，所有的父母）分化，首先应尽可能多地理解他 / 她。这意味着来访者可以与兄弟姐妹、姨妈、叔叔、祖父母、父母的朋友——那些能够提供其他视角的人多多交流，将父母作为一个立体的人从多个角度去理解。

爱尔兰著名记者努阿拉·欧菲兰（Nuala O’Faolain）倾尽一生都在与酒精成瘾的父母以及父母带给她（和她兄弟姐妹们）的伤害抗争。然而她在自传中写道，当从图书管理员那里得知母亲是一位热忱的读者时，欧菲兰大为震惊，这打破了她对母亲的刻板印象——母亲不再是一位糟糕透顶、一无是处的妈妈，而是一个立体多面的人（O’Faolain，1998）。

正如前文所强调的（不攻击，不防御），我们一直建议来访者在与家人对话时避免带着愤怒的情绪或充满指责。如果沟通对象充满愤怒或指责，我们应鼓励来访者坚定目标，即找到与家庭成员发展情感关系的机会，而不是逃避、推迟对话。尝试在激动的情绪下解决问题是行不通的。正如默里·鲍恩所说的，在充满暴风骤雨的家庭里，以“我认为”的立场（I-position，即直白地申明自己的观念和对当前困境的看法）发言是难以解决问题的。

那么，有什么办法可以打开局面呢？第一步，探究来访者的家谱图——更多地了解家庭系统中的各个成员。贝蒂·卡特给出的建议是：治疗师可以围绕家庭中“最不可理喻”的那个人向家庭成员提问：“他 / 她是怎么变成这样的？”一旦来访者在你的帮助下可以开始思考家人令人讨厌的行为背后的动因，那么他 / 她就能逐渐掌握系统化思维，以系统化的视角理解整个家庭。

“有毒的”父母以及其他不可理喻的家庭成员

正如前文所述，基于系统化观点，我们不建议来访者与“有毒的”父母或“有毒的”家人断绝关系。这并不是说要容忍虐待。实际上，一方面，来访者保护自己不受任何暴力关系伤害是绝对必要的；而另一方面，也应保持开放的心态，接纳施虐者的改变意愿。家谱图干预初期的工作目标是帮助来访者转变看待困境的方式——将家庭成员视为有着各自特有经历的个体，不再标签化地将其视为“失败的母亲”、“不合格的父亲”或“糟糕的兄弟姐妹”。从系统化角度来看，任何一个人在种种生活环境、压力的推动下，都有可能成为施暴者或受害者。在现实生活中的某些时刻，大多数人可能同时扮演着“好人”和“坏人”两种角色，因而，通过尝试理解家庭系统中的那些“好人”和“坏人”可以帮助我们更好地理解自己。

若来访者曾遭受暴力或虐待，治疗师在临床工作中需要帮助他们处理被痛苦淹没的感觉，找回生活的力量，自己评判自己，而不再受困于别人所贴的标签。而后，来访者可以打开心门，以接纳和开放的态度，准备好与发生改变的家人建立富有积极意义的情感联结。

乔希·维塔莱（Josie Vitale）是一位 30 岁的社会工作者，她的家族从意大利西西里移民至美国纽约布鲁克林。乔希在同辈的三个孩子中排行老大。乔希先是与母亲安吉拉（Angela）爆发激烈争吵，又与父母断绝关系，此后前来寻求帮助（见图 5.1）。当时的情况是，安吉拉打电话给乔希询问她什么时候能回家，因为安吉拉的丈夫、乔希的父亲萨尔（Sal）刚刚又对安吉拉大吼大叫，还威胁要动手打她——此类恶言相向与恫吓对安吉拉来说已是家常便饭。家中激烈的冲突让乔希非常难过，她既改变不了母亲在家暴中的被动地位，也反感母亲遭受家暴后拿孩子们出气的做法，所以乔希决心离开这个家开始自己的生活。在家庭之外，父亲萨尔一直保持着非常正派的公众形象——他是一位成功的企业家，善于交际、人缘极佳，还富有幽默感。但是对家人来说，他回家后则完全是另一副样子。萨尔对 23 岁的次子约翰（John）的肢体暴力最多，以致约翰现在深陷毒品与赌博之中不能自拔，但到目前为止他躲掉了所有法律惩治，因为父亲萨尔会在最后关头为他收拾烂摊子。据乔希从同辈表亲那里了解到的信息，母亲是家中三姐妹中最小的一个，而这三姐妹显然都是家庭暴力的受害者。

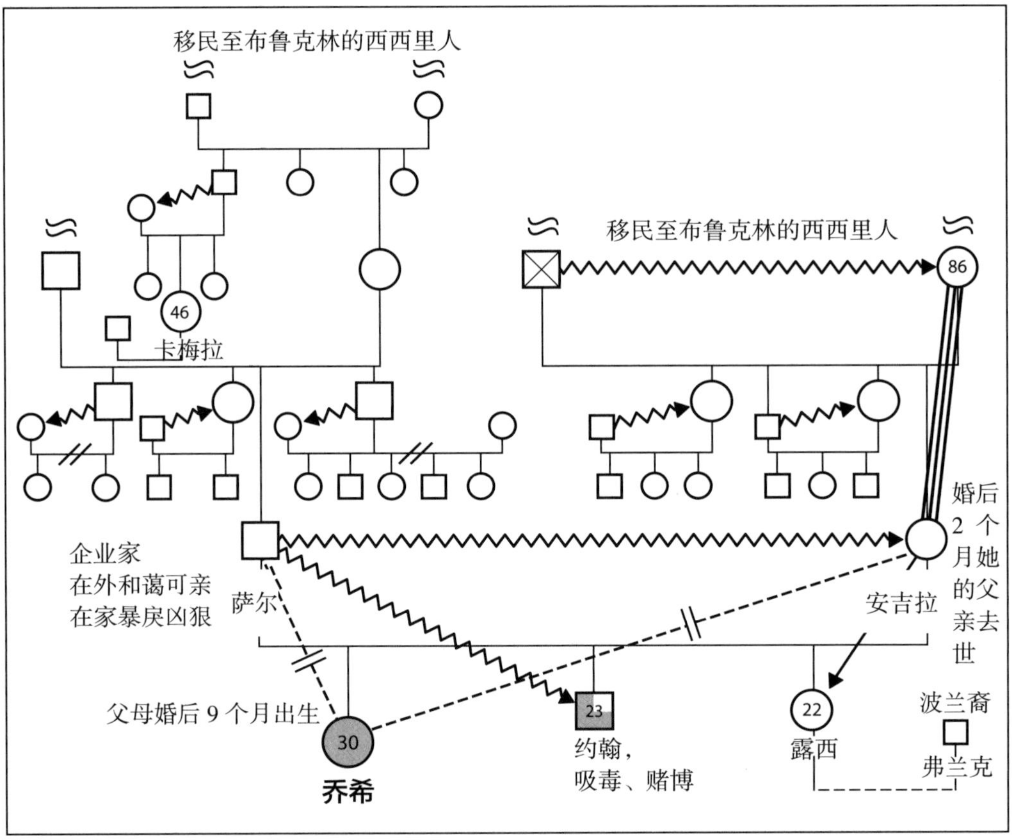

图 5.1　维塔莱一家的家谱图

乔希依然深爱着父母，她清楚自己无法承受与他们断绝关系，因而前来求诊。然而家中那种“扑面而来的情感暴力”已让她忍无可忍——自记事以来，这些暴力就一直是她家庭生活的一部分。正如乔希所说，在她家前几代人中都充斥着情感或躯体暴力。

安吉拉对其 86 岁的母亲非常依恋，她每天和母亲通话五六次。母亲总是鼓励安吉拉克制自己，不要对丈夫的攻击做出反应。

乔希确信父母一定会来和她一起接受治疗，并希望马上做一次全家人共同参与的面谈。我试着让她慢下来，建议她和我一起仔细思考家里发生的事，以及她期望的目标是什么。乔希详细地向我讲述她见证的各种家庭暴力，但渐渐把话题转向了讲述她的家谱图故事。我们回顾了她所有堂兄弟姐妹的名字和年龄，以及她的姑姑、叔叔和祖父母的婚姻。我试图了解他们从意大利迁居到美国的移民经历，然而乔希对这些方面知之甚少。不过有一点她非常肯定——尽管家中的大部分男性都享有良好的社会声誉，但实际上他们在生意中或多或少都做过非法或不诚信的勾当。

我提议在透彻厘清治疗目标之前先不邀请她的家人，而乔希却极力想让我立刻见她的父母。我提示乔希，刚刚提到的各种问题在她家中已经持续多年甚至几代人，而当前发生的最大变化在于乔希能够意识到自己不愿再以过去的方式参与其中了。觉察到这一点后乔希笑了。但她仍然觉得有必要尽快帮助家人。我告诉她，我知道她希望带父母来参加治疗的想法由来已久，或许她的弟弟妹妹亦有这样的念头，但现在我们在家谱图中看到，家中的每个人都陷入了我们所说的“融合”状态——被别人的情绪压力左右，同时难以秉持自己的意愿。在第二节治疗中，乔希告诉我原先父母非常迫切地要求她为全家找一位治疗师，以便家人一起参加治疗，然而现在他们却结对另找了一位治疗师，并表示不愿和乔希一起参加治疗了。我指导乔希，无论父母见哪一位治疗师，只要他们可以一起去寻求治疗就是好事。

无论如何，这些都明确地反映出乔希若想与父母改善关系还有大量的准备工作要做。

乔希开始和父系家族的一位姑姑卡梅拉（Carmella）交流。曾有家人说卡梅拉“疯疯癫癫”，但交往后乔希发现她其实是个很有趣的人，特别是在谈到家庭模式时卡梅拉出奇地直率。卡梅拉的父亲，即乔希奶奶的哥哥，也是个“两面派”——在外人面前魅力非凡、和蔼可亲，在家里却凶狠暴力。40 多岁的卡梅拉是一位平面设计师，离过一次婚，但对现在的婚姻非常满意。卡梅拉育有一女，女儿正在读大学。卡梅拉一直以来都在设法保护女儿远离自己父亲的暴力；工作之余，只有在卡梅拉确认自己和女儿的安全都能得到保障的情况下才会带女儿去拜访她的原生家庭。卡梅拉了解大家族从西西里移民到布鲁克林过程中的许多细节。在她听到的故事情节里，一家人移民美国之前在意大利的生活非常窘迫，几近饿死；此外，全家初到布鲁克林后，很多年都因语言不通而焦虑不安，不敢离开同族聚居地，依靠在布鲁克林建立的紧密关系网彼此保护和照应。

随着治疗推进，乔希也开始尝试与妹妹露西（Lucy）修复关系。露西曾因乔希“抛弃”家庭而对姐姐非常生气。露西在布鲁克林当地找了份很好的工作——在一家制药公司做文员。工作中露西认识了她的波兰裔男友弗兰克（Frank），自此她也开始回复乔希的电子邮件。之后露西偶尔会和乔希见面，姐妹俩都在努力修复亲情。当露西告诉父母她想离家搬出去住时，老两口大发雷霆。再后来，她表明自己要搬出去和男友同居，这引发了父亲无休止的诅咒和母亲的责骂。与此同时，弟弟约翰开始了第三次戒毒治疗，然而实际上他还是离不开毒品和赌博。尽管父母一直对约翰的不良行为喋喋不休，但从不对他真正设限。

开始治疗后，乔希就经常给父亲或母亲写信，述说对他们的关爱，希望调和亲子关系。不出所料，父母自己找的治疗没能持续多久；后来尽管乔希邀请他们参与我这边的治疗，但被他们拒绝了。此外，乔希积极联系母亲的两个姐姐和父亲的三个同辈，他们都住在布鲁克林；乔希特意与那些和父亲年龄相近的姑姑们增进感情，其中最小的姑姑一直是乔希最喜欢的亲戚。乔希在节假日会照例出席家庭聚餐，虽不会参与太久，但同时也不与任何家人完全隔绝。

最后，乔希决定去见母亲安吉拉。此前她想了很多，思量到底要和母亲谈些什么。乔希想告诉母亲，她理解母亲当前的难处和困境，以及 18 岁丧父给安吉拉造成的打击——父亲去世后不久安吉拉遇到萨尔并嫁给了他；她很快就有了孩子，此后因为在财务和情感上都依赖丈夫，使她在丈夫面前很难有任何地位。

对于与母亲谈心，乔希思考了很多应对母亲各种反应的方案。在过去，安吉拉会指责女儿抛弃家庭是多么的自私，因此二人的沟通到最后往往沦为不断升级的相互指责。我们花了很多时间详细讨论了乔希对上述情况可以做哪些回应。她决定要对母亲说：她理解母亲因痛失亲人而埋在心底的被抛弃感，她对此也很难过，但是，选择离开原生家庭独立生活是乔希让自己保持理智的唯一出路。乔希说，即便母亲发火，她也会平静地说出这些话，并努力维护与母亲之间的亲情。她提出与母亲约在一家安静的餐厅见面，因为安吉拉不大可能在那里失态。

乔希已给母亲写了好几封信，在信中她告诉母亲，自己已无法继续为她保守“父亲常年家暴妻儿”这个秘密。自乔希年幼时起，安吉拉就向女儿述说丈夫家暴她的细节，但她一直要求乔希对此保密。乔希在信中告诉母亲，她非常感恩两人的母女亲情，她知道母亲深爱着她和她的弟弟妹妹们，并且强调她一直都将这份亲情铭记在心。但是乔希说，她认为用保持沉默来掩护父亲是不好的，她不会再假装家里一派祥和了。

母女二人在餐厅约谈和用餐的全程，安吉拉出奇的平静，没有任何抱怨。最后，乔希提议之后再次约见，想谈一谈化解母女关系僵局的办法。安吉拉虽然没说什么，但几个月后便到朋友的婚庆用品店找了一份工作，用她的裁缝手艺裁改礼服，并且很快就把业务拓展到当地剧院，专门制作戏服。

与此同时，乔希开始给父亲写信，后来尽管乔希仍然回避出席大多数家庭聚会，但父女二人终于可以单独见面了。

我们在工作中经常需要帮助来访者处理源于家庭内的情感暴力以及曾被忽视或掩藏的各种问题，包括“有毒的”经历或关系、躯体或性暴力、物质成瘾和精神障碍，等等。来访者家庭中固着的否认、回避问题等模式，可能已持续数年甚至数代之久；虽然它们不可能一夜之间得以解决，但只要有一位家庭成员挺身而出，就可以改变这些病理性的家庭模式，并阻止它们延续到下一代。

卡西·布朗（Cassy Brown）在 2013 年犹太教节日前夕前来寻求帮助（见图 5.2）。她最小的妹妹格洛丽亚（Gloria）刚刚告诉她，自己从 7 岁开始就遭到当时 14 岁的哥哥肯（Ken）的性侵，持续达两年之久。肯的朋友们和弟弟马克（Mark）也牵涉其中——肯和朋友们轮流欺负格洛丽亚时让马克把门望风。格洛丽亚从未把这件事告诉过任何人。他们的父亲阿尔伯特（Albert）是当地犹太社群中非常有声望的律师，于几个月前去世了。肯的几个狐朋狗友出席了阿尔伯特的葬礼，然而其中一人居然调戏格洛丽亚说觉得她仍然很有吸引力。格洛丽亚对此非常震惊

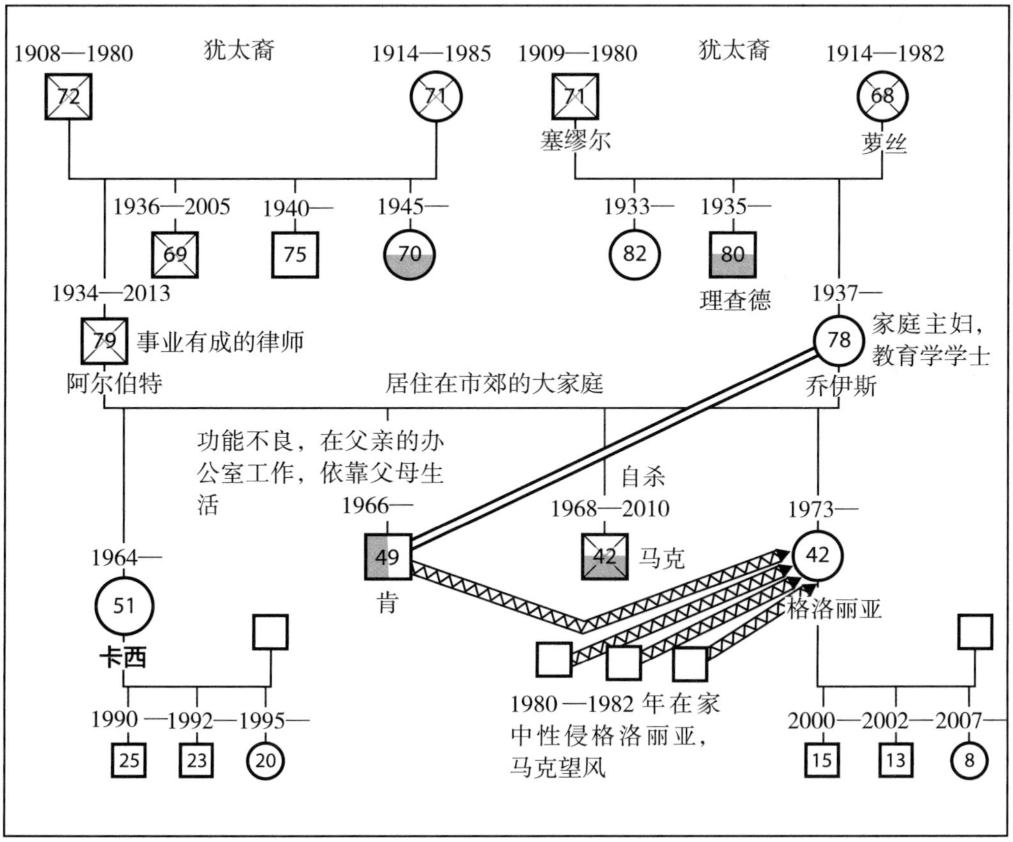

图 5.2　布朗一家的家谱图

和愤怒，没和任何人打招呼就匆匆离开了葬礼，甚至也没有和家人一起服丧。后来她把这些事告诉了母亲乔伊斯（Joyce），并直言她认为已经是时候和肯对质此事了。但母亲却说事情已经过去很久了，格洛丽亚应该“就让它过去吧”，另外母亲担心肯“承受不了”当面对质。格洛丽亚非常气愤，但没有告诉她同辈的任何亲人。直到犹太教节日来临，格洛里亚依然找借口不去母亲那儿聚会，卡西才终于向妹妹问起到底发生了什么。格洛丽亚把真相告诉了卡西，但要求姐姐不要和母亲谈这件事。卡西的第一个冲动是自己去找肯对质，但她担心整个家庭会因此而分崩离析，同时也觉得母亲年事已高，难以承受这样的波澜。然而她又觉得这个问题必须得处理，因此前来寻求帮助。

治疗的首要工作是缓和卡西激烈的情绪，这样她才能真正思考自己该如何面对妹妹遭受暴力这个骇人的消息，思考家人对此的反应，思考她还需要了解哪些信息才能理解事情的来龙去脉，以及为何时隔如此之久她才得知这些事。此时，治疗师开始围绕整体家庭的历史提问，协助卡西构建家谱图。

随着对前所未知的家庭信息有了更多的分析和理解，卡西逐渐意识到，当前让她陷入困境的重要因素是她的内疚感——她对自己未能及时发现并阻止家中发生如此令人发指的恶行而感到深深的内疚。她责备自己为何多年来对此毫无察觉。卡西开始反思家庭中的每个成员，从格洛丽亚开始，到肯、马克和他们的父母。对格洛丽亚的骚扰为何持续这么久却无人知晓？他们的父母为何没有察觉或干预？是什么使马克在妹妹受辱时“站岗放哨”？这个经历对他后来的酗酒、吸毒和糟糕的生活模式造成了什么样的影响？在马克最终自杀之前，这些影响已持续存在多年，但家人为何从来没有真正讨论过这个问题？以及卡西亲爱的父亲为何在家中扮演着“隐身人”的角色？

她开始阅读有关家庭暴力的书籍，并意识到肯一定是在经历过某些可怕的事之后才对妹妹施暴。他也遭受过暴力吗？如果有，是谁干的？肯又是如何与那些施暴者——那些至今仍认为其恶行无可指摘的施暴者做朋友的？

然后，卡西联想到最近发生在美国各大学中一系列年轻女性遭足球运动员性侵的事件，以及校方试图掩盖事实的各种操作。卡西通过坚持写日记来帮助自己整理思绪，思考家中可能发生过的事，以及如何理解这些事，还有当前能做些什么来改变现状。她担心自己的女儿被两个哥哥欺负，担心他们也卷入“被社会默许的”对女性的施暴。卡西也突然为侄子和侄女们担心起来，巧合的是，他们现在正好与当年出事时的肯和格洛丽亚年龄相仿。卡西创建了她家 1980 年的家谱图，并标示出每个人当时的年龄，帮助她思考彼时家中存在哪些可能的情况以致发生了如此可怕的性侵事件。在追溯父母上一辈人的家庭信息时，卡西意识到她对自己生活之外的东西知之甚少。1980 年，她的祖父和外祖父于两周内相继去世，这或许让卡西的父母都强烈地感到他们需要照顾好各自的母亲，因为两位母亲的健康状况更为脆弱。外祖母一直身体欠佳，而卡西怀疑她很早就因头痛而对止痛药成瘾。

卡西想到，母亲是否也可能曾遭受其哥哥理查德（Richard）的侵害？理查德是个沉默寡言、浑浑噩噩的酒鬼，总在最后一刻找各种借口逃避参加家庭活动。他有过四次短暂的婚姻，仰仗妻子们的收入过活，此后他在大家庭中一直处于边缘地位，几乎从不被提起。

每个家庭都可能深藏着许多久远但依然隐隐作痛的创伤。卡西开始相信，母亲的家庭在早年间一定经历过某些可怕的事，以至于家人甘愿掩盖发生在母亲这代人中的恶行，这也使母亲对发生在女儿身上的事避之不及。在治疗师的建议下，卡西开始和母亲讨论家谱图反映出的家庭模式，讨论的焦点并非格洛丽亚，而是卡西的外祖父母。

母亲自发地告诉卡西，她在童年时确实遭受过理查德的侵犯。当时的情况是，乔伊斯 7 岁时，她的母亲发现丈夫有外遇，而后一度陷入重度抑郁，几乎一整年完全丧失社会功能。在那段时间里，因为父母都没有精力照看孩子们，理查德经常对妹妹实施侵犯。围绕着为保守秘密和保持沉默所付出的代价，卡西和母亲做了很多深入的谈话。随着心结打开，当前的家庭关系模式也渐渐发生了改变。

治疗的目标在于帮助来访者解决困境或个人议题。在这个意义上，我们作为“教练”或治疗师应始终置身于见证者的位置：为来访者提供指导或意见，推动他们承担起自身的责任。同时治疗师绝不可越俎代庖，必须让来访者自己探索和理解其议题；否则，治疗师很可能与来访家庭融合，甚至在治疗中被推上核心位置，丧失了治疗师的作用。治疗师的任务在于帮助来访者探究各种可能性，推动他们提高关系中的灵活性。但应谨记，这些工作的前提是来访者在情感上已经做好处理各种关系的准备。因此，帮助来访者预演如何面对未来关系的改变是治疗的重要一环。我们希望来访者在与家人“敞开心扉”沟通之前，能对家人及其自身的反应做好充足准备。我们需要协助来访者避免在时机未到或准备不足的情况下即对父母直抒内心感受，这通常会引发家人的消极反应，进而导致冲突升级甚至拒绝沟通。

无论面对父母的任何反应都能保持聚焦当下、理性交流，在确保自己能做到这一点之前，来访者都不应与父母完全敞开心扉地进行对话。举例来说，如果想针对过去的躯体暴力或性暴力等议题向父母发问，来访者必须做好充足的准备——即使父母对这些事矢口否认，也有办法将对话继续下去。那么具体怎么做呢？或许来访者可以这样说："可能您还没准备好讨论这个问题，但我期望将来有一天您愿意和我谈一谈这些事，因为您是我的父亲，我特别看重我们之间的感情。如果能解决这个问题，一定对我们都很有意义。我暂时先不说这个了。"

指导来访者如何与父母直接对话是治疗中最有意义的部分之一。但直接对话的前提是来访者必须铭记：不可将直接沟通用于指责对方。尊重、宽容以及沟通的黄金比例（沟通中的积极与消极内容按 4：1 配比）皆适用于此（即便积极内容仅仅是来访者选择相信父母内心希望做正确的事，而他们的回避是出于应对曾经的伤痛，等等）。同时，来访者需要对父母的全然否认甚至倒打一耙做好充分准备："你这就是想毁了我的生活！"或者就像我的一位 19 岁来访者所经历的，当他尝试与父亲讨论过世的母亲时，父亲却说："你妈妈会原谅你所说的这些有关她的话。"来访者的母亲几年前因癌症去世，现在这位敏感的青年期望弄清母亲为何在弥留之际变得冷酷无情、难以亲近。尽管父亲的回应非常消极，幸运的是，这位来访者依然能维护好父子之情，同时表明他希望谈论这个话题并非意在伤害父母，而只是想理解其中的原委。

信件、电子邮件、短信、电话与面对面沟通

一旦来访者决定处理某个或某一组家庭关系，随之就会面临另一个议题，即如何与目标关系之外的其他家庭成员沟通。信件、电子邮件、短信、电话以及面对面交谈都各有利弊。来访者可以根据各关系的"毒性程度"和以往的沟通情况，通过写信、电话而非面谈的方式去揭开被隐藏的议题，从而对互动过程有更多可控感。如果需要处理的是乱伦或暴力虐待等严重议题，我们通常建议来访者先草拟一封信，并与治疗师讨论之后再将信发送给沟通对象。即便是再清醒的人，也常常难以充分觉察信中可能掺杂的怨恨、防御或敌意。

在处理家庭关系时，如果来访者被许多议题所困，那么我们通常会建议他们先写一封“倾诉所有”（tell-all）的信——在这封永不会寄出的信中，来访者可以尽可能详尽地列出所有议题，不加限制、完全自由地在信中陈述家庭关系的方方面面，阐明那些造成困扰与痛苦的经历，以及这些经历的意义。同时，在现实中如何有策略地与对方沟通，则是另一完全不同的议题。

埃文·因波·布莱克（Evan Imber Black）开发出一种极富创造力的方法：用仪式化的方式处理“倾诉所有”信件中的种种议题，例如将其冰封或烧掉，从而承认、接纳信中所承载的情感能量（Imber Black，2003）。然而改变家庭关系的要点在于，来访者不仅能够理解其议题在整个家庭系统中的广泛影响——上至祖先、下及后代，而且能够自主、自如地对家庭关系做出反应。

对于某个特定议题，只有当来访者做了透彻的探索与分析之后我们才会邀请他们向相关家人起草“策略性的”、可能真正会被发送的信件。如此为之，旨在确保信件是在清晰阐述某种个人立场，而非攻击、对抗、息事宁人或威胁断绝关系。

对于曾遭受暴力或虐待的案例，来访者应从最“安全的”互动方式开始，例如写信，而不是直接与相关家人面对面沟通。因为面对面更容易激起过去的痛苦感受，导致情绪失控。下面的示例取自卡特尚未发表的文献，是一位儿时曾被父亲暴力虐待的男性成年后写给父亲的一封信。卡特建议以一句表达家人情感联结的话作为信件的开场白，例如，“我最近总会想到你，因为我也即将为人父母”；或“我看了一部关于父子之情的电影，引发了一些感触”；或“前几天我读到一篇有关‘谁是你挂念的家人’的文章，它让我想到……”，等等。甚至可以向前或向后追溯几代人：“我想起了您的祖父，想象如果他还在世，现在可能会对我们说……”

亲爱的爸爸，

（开场白）：最近，有关父子之情的画面一直在我的脑海里闪现。……我开始回忆起小时候和您在一起的时光。

我发现自己过去一直都以为您并不爱我，因为您经常呵斥我、批评我。但现在我觉得，当时您那样做可能更多是源于生活给您的巨大压力，那时我还不懂这些，也许至今我依然也不能完全明白。

我不知道您是否意识到我对您作出的批评是多么在意，其实现在我依然非常在意。过去的岁月中我曾试图避开您，保护自己不被您的愤怒所伤。然而我并不想远离您。现在，我希望我们能跨过隔阂，以父子之情理解彼此。我想和您谈谈我们各自不同的观点，竭尽我所能去理解您，也让您更理解我。我希望我们能理解彼此。

爱您的，吉姆

向沟通对象直接表明这封信是来自治疗师的建议或源自治疗的需要，都是非常不明智的做法。如果父母在回信中只是敷衍地说他 / 她也看重亲子关系，但并没触及任何有待解决的议题，来访者可以这样回复："太好了，爸爸，我也想多和您联系。我希望也许将来有一天我们能谈谈心里纠结的那些疙瘩，但现在让我们从积极的事先开始吧！"

家人对信件的反应可能非常有限，让人大失所望。将这些失望的情绪限定在可控范围内非常重要，这样才能保证以"对方存在沟通意愿"为起点逐步建立关系。治疗的目标是让来访者本人发生改变，而非直接改变其父母。

有时，来访者会发现，邀请一位兄弟姐妹或父 / 母加入治疗对解决问题有很大的帮助。来访者必须自己决定采取什么样的方式处理议题。写信是与家庭成员沟通最能保持距离、最间接的方式，也是能确保自己的情绪在发信前可控的最佳方式。

越是"毒性大"的家庭关系，越适于用信件沟通，因为在写信回复对方之前有空间进行思考，可以放缓情绪反应的速度。此外，书信沟通还有助于让怨言留驻于过去的语境，例如："我曾经认为您打我是因为您讨厌我，但随着我长大，我渐渐意识到那是因为巨大的生活压力让您容易情绪失控。"

信中应避免指责，但重点也并非安抚。信中应清楚地说明过去发生的事实，且每封信只聚焦和处理单一议题。如果在一封信中同时提及多个议题，家长可能会选择性地回复最容易回答的那个，而忽略其他重要部分。另外来访者在寄出信件后应随时准备好对提出的议题做进一步深入讨论。同时也需要做好家长对该议题避而不谈的准备，若得不到回复可先暂时搁置。治疗师的工作重点应聚焦于来访者自身在沟通过程中的愿望和动力，而非沟通对象的回应。

如果担心对方直接否认提出的议题，来访者可以说："如果您觉得目前还没准备好谈这件事，您可以当作从未收到这封信，我就能知道您还没准备好处理我们之间的这段过往。我不会对此不满，但我希望将来有一天我们能敞开心扉地谈一谈。"

当今，相比写信，我们更多地使用电子邮件和短信沟通。但是应特别谨慎。正如哈丽特·勒纳在其《婚姻有道》（*Marriage Rules：A Manual for the Married and the Coupled Up*）一书中提到的第 106 条婚姻终极准则："不要轻易按下'发送'键！"（Lerner，2013）这则箴言提示我们，当感到被激惹时我们是多么容易反应性地向家人发火。然而，分化与成熟绝非自我放任、肆意而为，毫无顾忌地、刻薄地对待他人。修复因嗔怒造成的破坏要比沟通前慎思自己到底希望表达什么的难度大得多。所以，家庭治疗包含指导来访者认真思考他们的底线，为每次互动中他们所扮演的部分负责，并设法将幽默感注入交流与沟通之中。正如我的朋友罗基·罗宾斯（Rockey Robbins）所说："正确的对质方式是，确保明天你依然可以继续与对方对话。"（Robbins，2015）

将家庭成员带入治疗

当写信或打电话都行不通时，或许可以让来访者尝试邀请家人一起参加治疗。但发出邀请的客观前提是来访者能够以好奇、探究又不失尊重的态度与家人沟通。是否发出邀请也需根据治疗师的主观判断，具体取决于被邀请家庭成员的"毒性"及其对治疗的焦虑程度。很多人对参加心理治疗感到非常惧怕。这与他们的文化、社会地位、性别、性取向以及某些特定的家庭历史有关。此外，治疗师还应谨慎判断是否引入那些可能粗暴对待、贬损来访者的家庭成员。如果他们利用治疗作为进一步打击、贬损来访者的工具——例如，宣称寻求心理治疗就是懦弱的表现，那么邀请这些人会破坏来访者的主控感和自主性。这种情况下，更有意义的做法是指导来访者单独处理家庭关系，避免家庭成员们在治疗中一起羞辱来访者；来访者最好将自己参加家庭治疗的事对家人保密。

的确，邀请家庭成员加入需要注意避免来访者、家庭成员与治疗师构成三角关系。除非来访者希望引入某个家庭成员作为外部参照，促进治疗中的探讨。

来访者有时会问我们应该如何向父母提问才能收集到想要的信息。实际上提问的方式并无定式、多种多样。在我的《家谱图之旅》一书中，每章末尾都提供了一些广泛适用的提问样例，供读者们参考。然而在现实中每个家庭都是独一无二的，提问的关键在于无论具体问题是什么，都应传达出对家庭历史的真挚兴趣。

以我的一个个案为例。安迪·凯尼利（Andy Kenealy）与玛戈·凯尼利（Margo Kenealy）夫妇曾先后见过六七位治疗师，但都没能处理好他们非常糟糕的夫妻关系。最后二人来到我这里寻求帮助，声称我将是他们尝试的最后一位治疗师！治疗初期，当我提到我可能希望见一见他们的家人时，安迪对此断然拒绝；但与母亲融合的玛戈则欣然同意带她的姐姐来参加治疗。实际上治疗开始不久她就已萌生了这个想法。果然，姐姐到场的那节治疗对她非常有帮助。

两姐妹的父亲在她们十几岁时死于一场火灾。此后的成长过程中，她们被郁郁寡欢的母亲区别对待——玛戈被认为是"聪明、听话"的乖乖女，姐姐则是"笨手笨脚、惹是生非、不听话"的坏孩子。让我惊奇的是，即便母亲长期刻意制造对立，姐妹二人成年后依然相处得非常融洽。我认为，这反映出她们在童年时就创造性地发挥自身的力量，战胜了母亲将她们拉入病理性三角关系的图谋。

我与姐妹二人讨论她们的家庭关系时，丈夫安迪始终沉闷地坐在旁边，从治疗开始他就如此。安迪认为他的母亲是其现在困境的主因。在他的描述中，母亲脾气很差又自视甚高，同时对身边的家人充满指责和贬损，对安迪更是颐指气使、吹毛求疵、非常刻薄，实在难以相处。当被问及是否能请他母亲也来参与治疗时，安迪毫不犹豫地拒绝了。最终，由于无法打开局面，我转而问他："你更愿意让谁来参与我们的讨论？你的妈妈或任何其他兄弟姐妹都可以。"对此，他表示更愿意邀请他的哥哥乔治（George）出席。

在临床治疗、实践中，我发现邀请来访者的兄弟姐妹加入，一起回顾其家庭历史，对推进治疗大有裨益。不过，前文卡西的案例是个例外——同胞对来访者的努力持消极态度，并且认为寻求治疗是不可理喻的。不仅如此，我发现让兄弟姐妹加入治疗中的讨论，可以为来访者提供一个反思自己成长经历的机会，因为俗话说得好："虽在同一屋檐下长大，却有各自不同的看法。"（No two siblings ever grow up in the same family.）

乔治的加入确实很有帮助。他坦言自己成年离家后不久也曾受抑郁症困扰，那段经历让他下决心永远不去离家太远的地方生活。乔治一直恪守这个决定，至今依然如此。对于安迪所说的"母亲年纪太大、身体不好，不适合来参加治疗"，乔治表示认同；但他对母亲行为、性格的描述却与安迪大相径庭。大部分安迪对母亲耿耿于怀的事，乔治打趣地说他并不记得发生过。然而乔治说有一件事让他难以忘怀：儿时有次母亲驾车带他们外出，兄弟俩在车上嬉笑打闹惹火了母亲，她把安迪赶下车丢在了街边，然后踩一脚油门就开走了。乔治说这是让他特别难过的一段记忆。他感叹道："那是我做过最糟糕的事！"我问他因何责怪自己，他搪塞说"刚才只是个口误"。但我想，可能乔治认为是他挑衅了安迪，然后安迪的行为惹恼了母亲——他也许为后来安迪承受了所有责备而感到内疚。兄弟二人的对话打开了许多议题，使我逐渐有机会让安迪看到他与妻子之间的互动恰是在重复他原生家庭的行为模式。我又花了好几个月时间才说服他邀请母亲参加治疗。在那节治疗末尾，安迪表示下次愿意带母亲来，但想知道我会问她哪些问题。我回应说现在还无法确定具体讨论什么，安迪把手一甩，说既然如此，那么他也无法确定会不会带母亲来。

出乎意料的是，他确实在接下来的一周把母亲带进了治疗室，更让我惊讶的是，他承担了与母亲讨论家庭问题的主要角色。经验告诉我，来访者一旦明确了他们的议题所在，往往自然而然地知道在治疗中需要讨论些什么。安迪首先告诉母亲，他之所以来寻求治疗，是因为他想成为一个更好的丈夫、更优秀的父亲、更出色的老板；但一些过去的经历一直困扰着他，他希望和母亲谈谈这些压在心底的东西，化解深埋的心结。治疗中，安迪平静、柔和地向母亲提起那些长久以来徘徊在他脑海中的亲子冲突，还开玩笑说："我可真希望你当时没那样做！"母亲不仅善于倾听，而且回应也出人意料地温柔。最后安迪对母亲说："我知道谈一次虽不能完全改变，但我想从今天起我们的关系有了质的不同。"

事实上，那一节治疗后的几个月里，安迪对母亲的态度变得更加开放，主动提出帮助母亲照顾他残疾的弟弟，这是他在之前的治疗中从未提到的话题。安迪说，那次全家参与的治疗后不久，他突然意识到母亲深深地爱着他残疾的弟弟，以及自己居然对家中无人帮助母亲照顾弟弟的情况毫无察觉。(关于这个案例的进一步分析，请见本书第 10 章。)

"反转"技术

如果家庭系统内存在非常顽固的三角关系，调转其中的动力将有助于打开困局。对于那些有意改变自己在亲密关系、家庭系统中所处位置的来访者，治疗师可以用鲍恩所说的“反转”（reversal）技术助其修正冲突情境下的典型反应方式，扭转关系中的动力流向。如果来访者在家庭系统中一向处于封闭或防御的位置，那么在运用“反转”技术时可以尝试表达认可对方所说的有意义，并愿意了解更多对方的看法。例如，在政治问题上你不认同父亲的观点，对话时你可以先发制人地说：“我觉得您说得很有意义。”

通常情况下，当一方运用“反转”，另一方会对此不知所措。如果你已陷于某种重复的家庭模式很长时间，突然改变立场很可能会打破系统固有的平衡。

通常一开始对方会怀疑你这么说是不是真心实意，但同时他们也可能放下防御，做出你意想不到的回应。无论如何，只要你真切地改变立场，那么随着时间推移，系统中其他人的反应性（reactivity）就会逐渐减弱。他们一开始可能会怀疑，甚至会试探你，想搞清到底发生了什么。但如果你能保持这种与过去截然不同的互动模式，他们最终会冷静下来，对你的改变做出相应的回应。

“疏远你的人”

虽然我们的“家庭关系指导方针”之一是“永远不要去追逐那些疏离者”，但只要你不施加压力，不去强求他们提供信息或说出秘密，一些疏远的关系可以被慢慢拉近。来访者在探究家庭关系的起始阶段行之有效的做法是向家庭成员展示照片或告诉对方一些信息，而不是直接向对方索取信息。重新定义自己在家庭中的角色，其核心价值在于帮助来访者思考除了追逐之外还有什么其他更好的方式与疏离者建立关系。能否不附加任何要求而仅仅单纯地建立关系？能否给予而非直接向疏离者索取？能否在与疏离者的沟通中不加评判地倾听？

处理完全断绝的关系时，来访者可以参考“培植中间人”（wagon training）的方法，即接近那些与疏离者亲近的人，先与潜在的“中间人”培养好关系。也就是说，如果父亲因无法接受来访者的性取向而与其断绝关系，那么来访者可以先看一看母亲、兄弟姐妹、父亲的兄弟姐妹或父亲的双亲（如果还在世的话），以及父亲的好友或所属宗教社群对此事的立场。

这并不是说我们应鼓励来访者与那些和父亲关系紧密的人结盟，从而消除亲子间的疏离。与“中间人”发展关系的首要目标在于更好地理解父亲。“中间人”如果更了解父亲，那么请教“中间人”一定有助于来访者明确父亲心中最难越过的沟壑所在。

让我们来看一看“保持沉默并不能糊弄家庭情感系统”这一方针的具体体现。当一个人与某位家庭成员断绝关系，通常其他家庭成员会对此避而不谈，希望借此避免“被卷入”断绝关系的冲突之中。然而实际上，任何人都必然会被卷入，因为他们都是构成家庭结构的一部分。正如我们所说，虽然人们对家中的冲突保持沉默，但沉默并不能糊弄家庭情感系统。沉默即呐喊——在家庭中经历过躯体暴力、性暴力或忽视的人保持沉默，正是在向其他家庭成员呐喊他们的遭遇。若创伤从未被提及和处理，沉默就会持续。例如，曾目睹哥哥遭到父亲毒打的孩子，如果对父母、哥哥和其他家庭成员绝口不提此事，那他将永远难以获得解脱。即使已经过去 30 年，沉默依然是他当时未能为哥哥提供支持的呐喊。

因而，我们可以帮助来访者激活那些断绝关系者周边的家庭成员，与他们建立关系；对此所做的任何努力都是在推动家庭系统发生改变。例如，哥哥对父亲性侵妹妹的事已保持沉默 20 年，终于他向妹妹、母亲、父亲或其他家人说出自己的感受，这么做为家庭系统发生改变创造了可能性。我们应肯定和支持这种直面问题的勇气与力量。

直面问题，说出自己的感受，是家庭成员打开封闭的家庭系统过程中最激动人心的部分。多年前，杰出的爱尔兰治疗团队“第五领域”（the Fifth Province）曾提醒我们关注一个重要的事实——敢于说出自己在家中遭受性侵害的孩子，通过挺身而出、道出真相，让改变的发生成为可能（McCarthy & Byrne，1988；McCarthy，1995）。

一般来说，此类心声袒露必定会一石激起千层浪：“这是要毁掉这个家！”然而，敢于在家庭系统中说出真相其实正是希望之所在，为系统发生改变创造了机会。人们在寻求勇气、尝试改变自己的家庭角色时应谨记：尊重并说出真相，是家庭系统步入新篇章的起点。

“封闭”或“开放”是所有家庭系统的关键属性。封闭，即系统因无法获得反馈而难以发生改变；开放的系统，是能够灵活学习和发生改变的系统（Senge，2006）。如果家庭中有人敢于说出真相，同时又与其他家人保持联结、相互尊重，那么家庭系统就能发生许多奇妙的变化。

上述改变过程的起点在于分析整体家谱图所呈现的种种家庭模式，以此可为那些存在疏离者或关系断绝的来访者或来访家庭提出个案概念化假设提供系统背景。处理这些家庭议题不可能一蹴而就，需要心态和观点发生明确的改变。这要求来访者在家庭系统中努力转型，进入不同于当前的另一种家庭角色。本书第 3 章提到的“家庭关系指导方针”可以作为“经验法则”帮助来访者做出真切的改变。

修复断绝的关系

在帮助来访者处理家庭中有关关系断绝的议题时，必须弄清发生关系断绝的完整经过，即便这发生在多年之前。正如贝蒂·卡特所说的，家庭的一切都被冰封在关系断绝发生的那一刻。在采取任何行动前，来访者应尽可能全面地了解家庭中发生的事，以及围绕关系断绝形成了哪些关系联盟。大多数情况下，关系断绝的“故事”常常包含对方是多么糟糕，以及“受害者”是多么隐忍或长情。我们可以邀请来访者反复讲述关系断绝的“故事”，并鼓励他们在每一次回溯中尝试以新的视角审视对方的反应，探寻新的意义。

例如，来访者对关系断绝给出类似这样的解释：“当我告诉父亲我要嫁给一个非洲裔美国人时，他让我滚出家门。”

作为回应，治疗师可对来访者做以下提问：

▲“他一定很惧怕种族问题。对于他成长经历中遇到的种族或种族歧视相关的事情，你了解有哪些？”

▲“他的父亲在他 16 岁时就去世了，是这样吗？ 他可能不知道如何在女儿成年后扮演父亲的角色。对此你怎么看？”

▲“他是否曾让你感觉到他很害怕失去你？可能每个父亲都有类似的恐惧。我好奇他具体担忧的是什么？”

▲“对他来说，在他的社交圈子里向别人解释他为什么不想再见到你，这一定非常痛苦。你觉得他是怎么说服自己的？”

▲“他一定有自我怀疑或后悔的时候。你知道在什么情况下他会有这种感觉

或想法吗？”

上述提问的基本原则是：打破现有系统的平衡，对导致关系断绝的议题重新解读，赋予其不同的意义。上述提问的基本思想是：关注事件发生的背景，并以系统化的视角重新审视过往事件，破除来访者对事件理解上的局限性和刻板性。如果所有这些尝试都失败了，你需要让来访者自己来决定其与父亲的关系为何重要。

被父亲侵吞学费的医学生

一位医学生听完关于家庭系统的讲座后前来咨询（见图 5.3），他在家中三个同辈孩子中排行老大，母亲在他 16 岁时因癌症去世。他一直梦想着进入医学院读研深造，于是努力打工，省吃俭用地完成了本科学业。在他以优异的成绩大学毕业时，他已攒够了医学院第一年的学费。但当他去取钱准备交学费时，却发现父亲（于当年春天再婚）伪造了他的签名，取走了账户里所有的钱去欧洲度蜜月，将儿子的存款挥霍一空。尽管如此，这位医学生还是想方设法地筹资进入医学院学习。现在他临近毕业，即将成为一名外科医生。他已经有 4 年没和父亲说过话

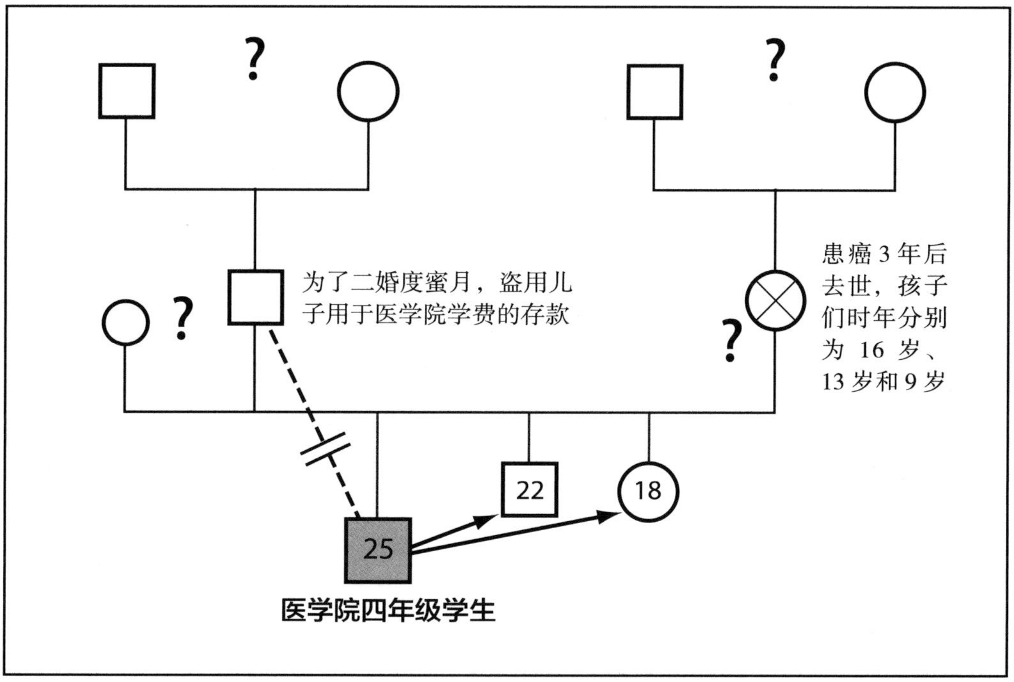

图 5.3　医学生的家谱图

了。这是个让人伤心的故事。然而现在前来求助，源于他非常清楚自己必须有所行动才能改变家中的局势。当提到弟弟和妹妹时，他非常难过，因为他们还与父亲一起生活，为了回避父亲，他不得不偷偷摸摸地与弟弟妹妹联系。对于这些情况，我从系统化视角和他分享了我的见解：

▲“你父亲一定觉得你比他更有能力，否则他绝不会做出如此不可理喻的事。他是对的，不管怎样，你已完成了医学院的学业，一步也没落下，而他内心深处一定觉得自己很可悲。有谁能偷了儿子的钱还自鸣得意呢，特别是在儿子痛失母亲的情况下？我猜，做了如此自私自利的事，他很难再瞧得起自己。”

▲“我猜他早年的生活中一定发生了什么，使得他在如何为人父的观念上变得如此扭曲，竟能让他堕落到这种地步。”

▲“我好奇他是怎么对他的新任妻子说出自己的所作所为的，对此他会做何解释呢？当他追忆起你的母亲时，这些所作所为又会让他想到什么呢？”

最终，这位医学生意识到，一定是父亲的观念出了极大问题才会做出如此糟糕的事。他写了一封深情又富有洞察力的信，坦言他理解母亲的去世对父亲来说是多么艰难，并愿意与父亲和解。父亲对儿子的沟通给予了积极回应，尽管并未提及冒领储蓄的事。而儿子也明确了自己的目标，接受了父亲的提议，回家与全家人共进晚餐。当踏进阔别许久的家门，见到为他归来而兴高采烈的弟弟妹妹时，那一刻他感到格外舒畅。在此之前，他和弟弟妹妹之间的任何联络都充满焦虑——弟弟妹妹害怕父亲发现他们和哥哥联络，给他们扣上对家庭不忠的帽子。现在他们终于如释重负，和大哥亲近不再有任何风险。

如果来访者将关系断绝视作“成王败寇”式的议题——要么死守立场要么彻底让步，则不会发生任何改观。然而，如果能像上述那位医学生一样，对自己说：“试想如果我对他热情相待，这个混蛋会是什么感受？他岂不得五味杂陈！我相信即便嘴上永远不会承认，但他心里一定特别别扭。”除此之外，他还找到了适合自己的应对方式，使其不会因父亲的反应而瞬间爆炸，并且真切地做到了这一点。他清楚，这才是他希望自己成为的样子，这是一个人终极的自我认知：我是一个什么样的人完全由我自己定义，而不被任何其他人的行为所左右。反过来，如果一个人的言行不能自主，也不清楚自己真正想要得到什么、应该做什么，一直只是在他人行为的激惹下做出反应，那么再多的指导也无济于事。

如果关系断绝中某一方有物质成瘾或精神疾病，那么改变这种模式的可能性微乎其微。但你仍然可以尽最大努力去推动改变。你不一定必须待在家里遭受患有精神疾病的女儿的折磨，也不必花费整个周六的下午与酗酒的父亲待在酒吧；但你可以通过写字条或短暂的探访尝试与患有精神疾病的女儿沟通，你也可以赶在清晨父亲还没有开始喝酒之前去看望他。上述做法的底线是应避免沟通恶化成暴力。

一个关系断绝往往会衍生出更多的关系断绝。例如，如果父母与儿子断绝关系，这种隔阂就会从家庭系统向外延伸，甚至当时还未降生的许多代人都会受到影响。儿子的孩子可能永远无法和祖父交往，而关系断绝的同辈兄弟姐妹的孩子们也会彼此疏远。修复断绝的关系需要全家共同努力，否则伤害会渗透到家庭后代人的生活之中。尝试留意和思考家中都有谁受到关系断绝的影响，是开始系统化思维的重要方面。

遭父亲断绝关系的同性恋女儿

芬纳利（Fennelly）一家前来寻求帮助。在大女儿玛蒂（Maddie）告诉父亲她是同性恋后，后者立刻和她断绝了父女关系，并扬言从那一刻起他就当女儿已经死了，自己没有她这个女儿。他把玛蒂的名字从遗嘱中划去，也不允许她参加家庭节日聚会和度假出游。玛蒂的妈妈和丈夫观点一致，说这事关他们所信宗教的信条，同性恋是一种罪孽。弟弟不想惹麻烦，也不再接听姐姐的电话。最小的妹妹卡拉（Carla）一直与玛蒂很亲近，这个事件之后依然与姐姐保持联系。但让卡拉非常纠结的是，一方面自己依然想和姐姐亲近，另一方面又为自己没和父母保持一致的立场而感到内疚。

两年后，卡拉才鼓起勇气跟母亲谈起她深深的背叛感。她觉得母亲不该与玛蒂断绝关系，也不该强迫其他孩子们和玛蒂断绝来往。卡拉逐渐修缮了与母亲的关系，甚至邀请母亲参加她为姐姐举办的生日聚会，玛蒂和卡拉的伴侣都悉数出席。对于父亲与玛蒂断绝父女关系，母亲默不作声，而其他家庭成员多年来也对父母的做法保持沉默。卡拉努力帮助家人们理解他们选择沉默的意义。母亲虽然拒绝了卡拉为玛蒂庆祝生日的第一次邀请，但第二年她还是来了，并找了个借口向丈夫说明为何要离家外出。又过了几年，这位母亲终于坚定了自己的立场，不再让丈夫独断谁能迈进他们的家门，并邀请玛蒂来家里做客。在表明这一立场时，她也特意向丈夫表达她是多么的爱他。修复关系断绝需要将支持与质疑巧妙地结合起来，让对方意识到他/她是被爱的，同时以一种他/她能够接受的交流方式保持沟通。

有关情感融合与关系断绝的临床提问

▲ 来访家庭中是否有成员在回答治疗师的提问之前需要征求其他人的意见？是否有人更专注于满足其他家庭成员而非自己的需求？当然，如果来访成员是父母与幼童，或是残疾人、重病号及其看护者，他们之间相互确认如何回答问题是情有可原的。

▲ 是否有家庭成员虽然不住在一起，却每天要通五次电话？

▲ 是否某些家庭成员彼此从不说话？

▲ 家庭中过去是否曾发生过关系断绝？

▲ 当家庭中的某个关系断绝后，其他关系发生了什么样的变化？其他家庭成员是否谈论过被断绝关系的人，还是从不提起他或她？

▲ 家庭集体活动中是否存在诸如："你要是让他/她来，我就不去了！"等断绝关系的方式划分界限？

▲ 如果来访者修复了断绝的关系，那么家庭中的其他关系会发生什么变化？谁会最难过？ 各个家庭成员对此将做何反应？

▲ 如果关系断绝无法被修复，这对其孙辈的家庭成员意味着什么？

▲ 需要采取什么措施才能修复断绝的关系？来访者有多大潜力去改变断绝的家庭关系？

▲ 各个家庭成员如何看待过去发生的关系断绝，其对各个家人的生活和关系都产生了哪些影响？

▲ 各个家庭成员在理解其家庭历史时，受到关系断绝的哪些影响？

▲ 若关系断绝一直都未被修复，这个情况与各个家庭成员的哪些价值观念相呼应？

▲ 来访者如何回应来自其内心深处的疑问："凭什么要我先做出改变？"

三角关系与去三角化

朋友的朋友是我的朋友。
朋友的敌人是我的敌人。
敌人的朋友是我的敌人。
敌人的敌人是我的朋友。
——古谚一则

两人关系、三人关系与三角关系

两人关系（dyad）是关系系统中的最小单位。然而，当两人之间张力增大时，他们往往倾向于引入第三人——将焦点转移至第三个人，借此缓解两人间的张力，这就形成了“三角关系”（triangle）。三角关系（两人因关系紧张，通过卷入第三方来重构关系）是一种常见但功能不良的关系模式。三角关系并非三人关系（triad）。当两人之间的关系由第三者组织，我们才将之称为三角关系。三角关系中的第三方可以是某人，也可以是某物，例如：酒精、电视机、电脑、互联网、婚外情、病人或恶棍。[①]

亲密（closeness）往往寓于二人关系之中，因为亲密需要双方彼此真诚以待，展示真实的自己。如果二人关系中仅有一方真诚坦率，亲密则无从谈起。三人关系很难发展出真正的亲密，但也存在个别例外。当人际情感张力（emotional tension）增加，最有效的疏解方式便是在二人关系内直接处理冲突，因为任何二人关系中都饱含着复杂微妙的情感。因而，即便夫妻拥有某位共同密友，对于涉及婚姻底线的问题，与配偶而非密友一起解决才是最优选择；这是因为，朋友关系中我们不仅要面对自己的焦虑，还要处理朋友的焦虑；不仅如此，夫妻之间的问题与夫妻各自与第三人的关系截然不同。通常，三角关系主要有两种组织形态："二人联合对抗另一人"以及"二人围绕另一人形成关系"。形成三角关系能够将原本二人间的焦虑限制住，将焦虑所引发的张力转移到围绕第三者形成的新的关系系统中——三角关系承载了原来两人之间的焦虑。

判断个人是否陷于三角关系，最有效的方法是观察家谱图中是否存在冲突与结盟的家庭模式。如果家庭中有两人总是一个鼻孔出气，抑或冲突不断，治疗师就可以猜测他们或许与另一家庭成员构成了三角关系；他们不断重复的交往方式可能是其整体家庭模式的一部分。在非常顽固的三角关系中，你会发现无论任何议题，其中的两人总是以相同的模式赞同对方或彼此对立。三角关系造成的核心问题是它会随着时间推移向外扩张，把越来越多的人卷入其中。这是因为每个人都嵌套在家庭关系网络之中，而三角关系绝不会止步于最初的参与者。最初充满张力的两人关系不断地将其他家庭成员拉入，形成许多环环相扣的三角关系；被卷入者会在最初发生冲突的二人之间选边站，而后被锁定在"亲近"或"疏远"的病理性关系位置之上。让人们认识到关系断绝和三角关系对家庭造成破坏是一个渐进的过程，需要花费一定时间。实际上，在最初发生冲突的两个人之外，往往许多人都会受到三角关系的伤害。

"去三角化"（detriangling）的第一步，是让你与各个家人之间的关系都能发挥其自身的积极作用。

这需要来访者理解三角关系的运作机制：竭力拉拢一个同盟，同时树立死对头，从而获得自己压制对方的感觉，以此短期内缓解焦虑。

---

① 观看三角关系与去三角化相关主题的视频片段，请访问 www.psychotherapy.net/McGoldrick。观看完整视频，请登录网站 www.turalfamily.org。

当我们拿到一幅家谱图，首要工作就是探查其中三角化的家庭模式，因为它们很可能是来访者当前困境的关键所在。因此，我们需要学习如何识别三角关系，并了解它们的运作机制，以便在临床实践中有的放矢。

围绕三角关系组织的家庭系统往往是功能失调的。作为治疗师，我们临床工作的基本任务之一就是帮助人们从三角关系中解脱出来，重构家庭关系。这通常在探讨和分析整个家谱图的过程中同步进行。然而，三角关系和去三角化在家庭问题的产生、加剧和解决中比比皆是，我们将在本章对这个主题做详细探讨。

在所有的三角关系中，任何两人之间的关系都已不再由这两人决定，而是被三角关系中的其他关系裹挟，这是三角关系与三人关系的最大差异。换句话说，无论三人如何互动，只要他们两两之间的关系是自觉自主的，那么这就是三人关系。只有当三个人之间的关系相互影响、交织纠缠在一起，也就是其中任意两人的关系都受他们与另一家庭成员亲疏远近的影响，才能说这是一个三角关系。鲍恩曾说，人际关系系统的最小单位是两人关系，但它也是最脆弱的系统，当其中任何一方感到焦虑时，往往就倾向于构成三角关系以求降低焦虑。

重点是，当两人之间的焦虑被移置到三角关系中，原先的二元关系就发生了质变，现在这两个人围绕第三人组织他们的关系，但这并不能真正解决原先两人间的任何问题。这种运作在国际政治中屡见不鲜——拥有一个共同的敌人能让两国变得更加紧密。而一旦这个敌人不再造成威胁，原先合作的两国可能会再次陷入争斗，因为它们之间原先的争端始终并未消除。

从系统化的角度来看，每个人在家庭关系中都扮演着特定的角色，发挥着特定的作用。所以在三角关系中不存在“无辜”的角色，对于整个家庭系统也是如此——不表态本身就是一种表态；选择支持某一方，对另一方来说亦是一种表态。因此，从长远来看，在家庭系统中与每个人建立“点对点”的个人化的关系即去三角化，这绝非易事。

值得注意的是，三角关系会在家庭系统中逐渐扩散，以各种缠绕混杂的家庭模式为载体代代相传，或在关系系统中向下层延伸。以企业系统为例，老板在上班路上和妻子大吵一架，满怀怒气地走进办公室。如果他有两位副手，此时老板可能会与其中一位副手拉近关系，从而减轻一些自己的焦虑，同时把另一位副手当成“替罪羊”来发泄怒气。因此，这位老板通过创设一个“优秀的盟友”和一个“合格的敌人”来绑定自己的焦虑。若被当作“替罪羊”的副手自觉没有权力直接反抗老板的打压，他可能会把同样的剧情复制到他的两位秘书身上：与其中一位交好，同时指责另一位不够称职。那位被责备的秘书可能会继续向外重复这个模式，直到最后门卫或保安受到责备，并把他们内心的不满带回家，恼怒地踢宠物狗或训斥他的孩子。类似的模式不仅在家庭系统中发生，而且常常在几代人之间形成非常顽固、僵化的三角关系，不断轮回往复。母亲和孩子结盟对抗父亲，或者父亲和儿子联合起来对抗家庭中的女性，这些情况屡见不鲜。宏观的文化族群家庭模式、直系亲属的家庭结构，以及压力发生的时间点，都是影响三角关系发展和维持的重要因素。

芭芭拉·贝茨（Barbara Bates）有一个姐姐和一个妹妹（见图 6.1）。她告诉治疗师，大姐罗伯塔（Roberta）和小妹克拉拉（Clara）爆发了激烈冲突，前者甚至声称要和小妹断绝关系，而芭芭拉被夹在中间左右为难。她们的母亲被女儿们的冲突搞得心神不宁，接二连三地给芭芭拉打电话，要么细数大姐和小妹又在为哪些事争吵，要么说其中一人的坏话，同时还极度怀疑是自己哪里做得不对，造成了女儿们的冲突和隔阂。克拉拉和罗伯塔也给芭芭拉打电话，斥责对方是多么的不可理喻。芭芭拉对治疗师说，现在她左右为难，这些事闹得她夜不能寐、整晚失眠。芭芭拉与姐姐、妹妹的感情都很深，但她经常会情不自禁地想象家里人彻底闹翻后的糟糕景象：今后无论是节假日、家庭出游、孩子的毕业典礼还是婚礼，大姐和小妹都不可能再同时出席，甚至在赡养父母方面也会因二人的冲突引发许多麻烦。姐妹二人对芭芭拉轮番轰炸，喋喋不休又事无巨细地向她抱怨另一方是多么的自我中心、糟糕透顶。

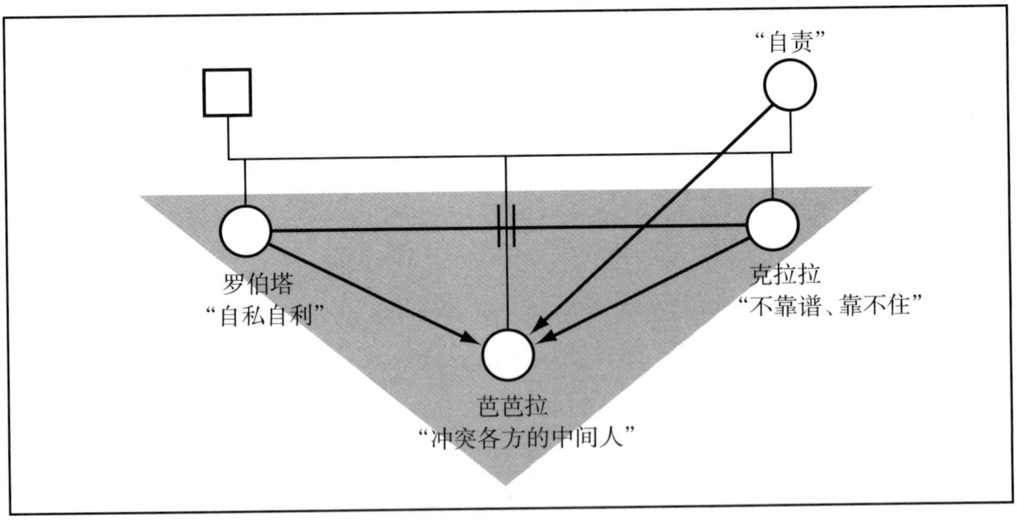

图 6.1　贝茨家庭中的三角关系

芭芭拉恨不得马上从“家庭中央交换机”的位置上逃掉，但是除了和罗伯塔一起躲避家人以外，她也不知道自己该如何是好。她疲于奔命，既要做姐姐和妹妹之间的调停人，为双方传话、打圆场，又要想方设法安抚母亲，减轻她在女儿反目这件事上的自责和内疚。罗伯塔这样概括她的观点：克拉拉总是不负责任，从不兑现之前的承诺，也不履行家庭义务。克拉拉则针锋相对：罗伯塔特别自我中心，独断专行，总是对她指手画脚，并试图干预和控制她的生活。

芭芭拉说，有时她甚至也想用断绝关系去威吓罗伯塔：“如果你再说克拉拉不是你的亲妹妹，那我也不是！”但内心总有一个声音告诉她，那样做只会重复大姐与小妹之间的悲剧。有时，芭芭拉冥思苦想，应该如何“修理”克拉拉，才能让小妹和大姐重归于好。然而她发现，为了家庭大局着想，她费尽心力地“重塑”小妹在父母和罗伯塔心目中的形象，却同时掩盖了克拉拉缺乏家庭责任心的事实。正是因为上述这些糟心事让芭芭拉淹没在焦虑中彻夜难眠，进而前来寻求治疗。治疗中我们开始绘制芭芭拉的家谱图，逐渐地，图中涵盖的家庭成员拓展到她们姐妹三人及其父母之外。实际上，芭芭拉忽略了父亲的存在，因为他几乎从未打过电话或参与争论，而且在这场家庭闹剧中似乎“没有扮演任何角色”。治疗师首先绘制了一个四代人的家谱图，探究了父母原生家庭中的兄弟姐妹关系模式（sibling pattern），以及三姐妹的孩子们之间的表亲关系。

三姐妹各自的行为模式以及她们与父亲、母亲和兄弟姐妹间的关系模式是治疗师关注的重点。如果仔细观察，我们不难发现这种充满“毒性”的关系断绝很难在一代人之内形成，往往更早的家庭历史中就已经存在促发此类危机的家庭模式。理解这些家庭模式，是洞察当前事态所蕴含的意义的最佳方法。

我提出以下问题并和芭芭拉探讨了许多假设：在芭芭拉主诉的核心家庭闹剧——她不得不做母亲和姐妹之间的传话筒——除此之外还可能发生了什么？我们该如何看待父亲对此事的不闻不问与隐而不现？从系统化思维看，家庭中的每个人都有其位置、角色和功能。因此，如果女儿们冲突不断甚至断绝关系，而他却在一旁默不作声，这传达出的信息是：父亲不想参与到修复姐妹二人关系的纠葛中。这同时也表现出他对妻子和三个女儿的境况漠不关心的态度。他为什么会这样？或许父亲陷入了抑郁。可能他也曾被动地经历过与兄弟姐妹间的彻底决裂，而他的父母对此反应过激抑或无动于衷；实际上这两种反应在情感层面的效用往往是对等的。

正如鲍恩经常劝导的那样，芭芭拉应策略性地行动起来，激活家庭中交错缠结的三角关系：在父母与每个孩子之间，或者在父母与其同辈兄弟姐妹或父母之间。这样做的目的是拓宽视野，从更大的格局、更广泛的背景审视，理解与处理当前的关系断绝与三角关系。

例如，我们可以设想如果芭芭拉去向父亲吐露心声，告诉他母亲正因罗伯塔不认克拉拉这个妹妹感到难过内疚，而母亲的难过让芭芭拉非常痛苦。我们也可以设想芭芭拉对每位直系亲属以何种方式表达自己的想法。下面这些备选方案或许可以激活纠缠交错的三角关系：

致父亲：

▲“爸爸，妈妈因为罗伯塔和克拉拉断绝关系而感到内疚，对此我非常困惑不解。我很担心她。您觉得她为什么会这么内疚？我为此非常难过。妈妈一直想和我谈谈这件事，而我不知道该如何帮她。我想您是唯一能帮到她的人。”

▲“爸爸，罗伯塔和克拉拉之间的事让妈妈心神不宁，为什么会这样？我们是不是可以把目光放得更远一些，分析一下妈妈和她的姐妹还有您和您的姐妹之间的经历，看看这些方面会不会对现在的问题有影响。您觉得怎么样？我觉得，同辈兄弟姐妹之间或多或少都可能存在一些矛盾冲突。”

▲“爸爸，我觉得无论什么时候，每当家庭成员之间断绝关系，背后都暗藏着一些秘密。对此您怎么看？您认为妈妈和罗伯塔或者妈妈和克拉拉之间可能有什么样的秘密呢？”

致母亲：

▲“妈妈，在您告诉我罗伯塔和克拉拉绝交的事后我心烦意乱，甚至觉得这之后我们的家就不复存在了。虽然您和您的妹妹绝交后我们这个大家庭确实还在。但我还是担心。对于您和姨妈的矛盾，外祖母是什么看法？”

▲“妈妈，对于罗伯塔决定和克拉拉断绝关系，爸爸一直保持沉默，这让我很担心。我担心是不是有什么心事在折磨着他。是不是有什么关于我们的事，是他从来不愿意提起的，但这些心事正在影响着他？或者，现在的事也许让他回想起了他和他妹妹的一些事？您怎么看？”

致罗伯塔：

▲“罗伯塔，我想克拉拉对你的伤害一定比我能想到的要大得多，你才会有如此激烈的反应，让你决定不再认她这个妹妹了。小妹竟有这么大的杀伤力，让

我出乎意料。但话说回来，我一直搞不明白你和克拉拉之间到底发生了什么。”

▲“罗伯塔，你对克拉拉的不满是源于‘谁是爸妈最宠爱的孩子’吗？有没有可能是这样？”

致克拉拉：

▲“克拉拉，无论别人怎么说，我依然认定你是罗伯塔的妹妹，虽然我希望这里面没有什么你我都不知道的其他秘密。我希望这件事的起因不仅仅缘于你孩子的学习和运动成绩都比罗伯塔的孩子们强。或是因为你丈夫更成功。我讨厌家里发生这种事！”

▲“克拉拉，你觉得你和罗伯塔的关系就这样结束了吗？你是不是觉得未来有一天她也会和我作对？”

▲“克拉拉，你有没有觉得你和罗伯塔的问题就像莎莉（Sally）姨妈和妈妈之间的矛盾一样呢？我一直都觉得那是源于外婆更偏爱妈妈引起的。你觉得呢？”

所有这些话语的目的都在于改变对话的深度，从而找出家庭中潜藏的关系过程。我的假设是，如果罗伯塔与克拉拉断绝关系，那么这个家庭中一定已经暗藏着某些严重的问题，这不只是她们两人之间的冲突，还有罗伯塔和其他家庭成员之间的问题，因为她不仅与克拉拉断绝关系，她的所作所为还会破坏所有家庭关系。罗伯塔的行为表明，让她感到痛苦的是她对家人缺乏信任——无论是对芭芭拉、克拉拉、父母，还是这个大家庭里的任何成员，当她遇到困难时都不曾向他们寻求支持或解决方法。在决定与妹妹断绝关系之前，罗伯塔就没有向任何家庭成员求助，且没有考虑断绝姐妹亲情会对家中其他关系造成什么样的影响——这是缺乏情感联结的表现。与此同时，似乎所有家庭成员都对处理罗伯塔和克拉拉的冲突缺乏担当。

这个例子为我们提供了一个思考框架，从思考家庭系统整体如何运作去理解三角关系。它清晰地阐明了家谱图在临床工作中的重要性，否则我们会陷入某个特定的关系（就像我们可能会迷失在罗伯塔和克拉拉的矛盾中，以及芭芭拉该如何处理姐妹冲突的困境），而忽视更广泛的环境背景。能够跳出狭窄的视角，从更大的格局审视更广泛的背景，对于理解三角关系在家庭中如何运作至关重要。

处在矛盾中的双方往往很难意识到他们的断绝关系会将所有家庭关系都卷入其中，通常他们认为这只是自己和冤家对头之间的事。临床干预中，我们应将收集到的信息带入家谱图中，从更大的格局和更广泛的背景审视，才能对关系断绝有更深的理解。

此类案例还有一个工作要点，即治疗师在和来访者讨论家庭冲突的过程中切勿将精力过多地投注于谁对谁说了哪些话等细节内容。此外，家庭成员的气质类型值得我们关注，它会影响家庭关系和家庭文化模式，进而影响两人间的互动时间点和互动方式，以极度爆发抑或极度压抑的方式表达情感。

总而言之，与发生关系断绝的来访家庭工作时，应绘制一个涵盖广泛家庭背景信息的家谱图，探究当前家庭中三角关系的“生长环境”，特别是父母那代人的家庭关系模式，以及祖父母处理此类冲突的细节。前几代人与当前家庭成员在关系模式上存在哪些共通之处？前几代人中，同辈兄弟姐妹间是否出现过关系断绝？如果有，关系断绝发生的时间是否在家庭生命周期上有相似之处？当兄弟姐妹间发生冲突，其他家庭成员做何反应？兄妹 / 姐弟之间的关系与姐妹之间的关系有哪些差异？家里是否曾有亲人意外去世，或发生过其他创伤性事件，这些创伤对兄弟姐妹间的情感冲击或影响是否被低估或忽视？

同辈兄弟姐妹间的三角关系通常围绕谁更被父母偏爱以及谁为父母付出得最多等议题展开。如果父母因贫困、物质成瘾、躯体或精神疾病、缺席或其他一些原因无法为孩子提供足够的照料，那么年长的哥哥或姐姐（通常是大姐）会牺牲自己的童年去照顾弟弟妹妹；而弟弟妹妹长大后很可能对这些牺牲并不感恩，反而常常觉得大哥或大姐“颐指气使”。这种缺乏感恩的原因是结构性的。孩子们通常都希望得到父母的照料，但如果未能如愿，他们通常会更加渴望被父母关注。即使哥哥或姐姐投入许多精力代替或协助父母养育下一代，但最终，弟弟妹妹会觉得大哥大姐专横跋扈或控制欲太强，而难以意识到大哥大姐为了照料他 / 她而牺牲了自己的童年。大哥大姐通常也很难理解弟弟妹妹的怨恨，经常感到受伤害、被排斥、遭到背弃。

在贝茨三姐妹的案例中，父母的反应表明，或许他们未能在女儿们年幼时提供足够好的照料，没能满足她们的情感需求。我们需要帮助来访者理解为什么母亲的反应实际上是出于内疚。为什么她没有站出来要求女儿们对彼此的任性而为负责？在克拉拉看来，罗伯塔是如此的自我中心，而父母却对她听之任之，这是怎么回事？罗伯塔是怎么变得如此独断专行，以至于她并未征求父母的意见就直接与妹妹断绝关系？如果克拉拉确实对家庭不负责任，那父母为何对此无动于衷？为什么这些行为在女儿们的成长过程中没有被父母关注？父亲之前在哪里，现在又在哪里？为什么没有人向父亲求助或让他来解决姐妹间的冲突？为什么在回应女儿们的纠纷时，这对父母并没有相互支持？这些问题的答案很可能寓于父母的原生家庭之中。临床上处理此类家庭冲突时，原生家庭是我们聚焦的重点。

换而言之，想要理解某个三角关系，我们必须探究整个家谱图，从而了解这组特定关系的演变背景。否则，治疗师就只能管中窥豹，盲人摸象般地理解冲突。如果只探究当下，你将难以透彻理解收集到的信息；因为你所听到的一切，通常只是对最近一系列行为的描述。每个人都生活在家庭关系的演变过程之中，因此，我们必须考察家庭关系的纵向演变历程，才能理解是什么在影响着当下的家庭。

去三角化

在临床工作中，处理三角关系的要点在于帮助每位家庭成员或任何希望改变的人提升其在家庭系统中的灵活性。首先，是让他 / 她注意到自己在家庭中长期扮演的角色。而后，鼓励他 / 她思考使用不同的行为方式是否可以打开当前僵化的家庭关系。理解个人当前家庭角色的最佳方法是检视三角关系之外的其他关系，以及探索前几代人与来访者处于相同家庭生命周期阶段时家庭中的关系。如果在其他地方也发现了类似于当前家庭困境的模式，我们就找到了解构当前问题的入手点，或进一步获取更多相关的背景信息。

去三角化是指一个人脱离三角关系的过程。去三角化的最终目标，是让关系中的两个人完全掌握关系的运作方向。当两人把第三者拉入冲突，要求其选边站时，对于第三者而言，去三角化就意味着他 / 她能做到不偏不倚，与两个人分别保持独立而稳定的关系联结。如果你被卷入父母之间的三角关系，母亲向你抱怨父亲的不是，你可能会站在母亲一方，甚至尝试替她与父亲交涉，为她辩解。或者，你向她讲述父亲对你做过的烦人事，使母亲确信你站在她这一边——母亲是对的，错全在父亲。这样可以暂时减轻她的焦虑。你可能也会觉得与她结盟的感觉很好。但是从长远来看，母亲很可能因此不再尝试开诚布公地直接处理夫妻矛盾，而你与父亲相处的难度则会日渐增加。说到底，这样的三角关系对任何人都没有助益。

然而，去三角化的复杂之处在于，三角关系一旦形成就会抗拒改变，即便它功能失调、极具破坏性。举例来说，假如你陷入一种家庭模式——你总是和母亲一起抱怨父亲，那么父亲就会在这个关系中成为“那个坏人”，你与母亲通过联合起来，自认比父亲“更好”。然而如果你开始接近父亲，不再对他说三道四，转而尝试打破这个三角关系时，就很可能会激起母亲的焦虑感，她会觉得你在背叛她。

你的改变甚至可能让父亲感到不安，因为如果他已经习惯了你的疏远，靠近会带来压力——你的亲近会让他感到不适。对于你增进情感的尝试，他甚至会“疑神疑鬼”，担心你会向他强求他还无法给予的亲密感，或强迫他面对某些他还不愿提及的秘密。因此，任何试图帮助来访者从长期或僵化的三角关系中去三角化的尝试，都需要做好策略性规划，将三角关系的起源和关系系统的反应都纳入分析之中。正如俗话说：“知己知彼，百战不殆。”

此外，如果你向父亲靠近，母亲可能因此感到被忽视，进而增强她对父亲的负面观感。或者她会转而激活另一个三角关系：向你的妹妹靠拢，告诉她一些关于你的糟糕事迹，希望借此迫使你重归同一战线。你会感到自己背叛了母亲，因为众所周知，女性在当前社会中并没有被完全公平地对待，而父亲也**的确**不很在意母亲的感受，**的确**在日常对话中打压她。去三角化需要关注他人可能做出的所有反应，而这些反应的目的无一不是把你拉回到原来的关系模式中。你必须对自己的情绪反应保持警惕，因为这些情绪可能会削弱你接近父亲、停止和母亲一起说父亲坏话的勇气。

现在让我们来看一看如何处理三角关系的另一面。如果你和母亲的关系基本健康，你可以坦率地告诉她，在她说父亲坏话时你会感到不舒服，因为你正在努力寻找与父亲拉近关系的方法，而听她对父亲的批评会让你的努力变得困难重重。在你尝试抽身不再与母亲结伴抱怨父亲的同时，你还需要坚定不移地致力于与母亲保持情感联结。你必须不断传达出这样的信息：你并非想疏远她，只是想改变你和她之间的情感联结方式。如果母亲真的认定你接近父亲就是对她的背叛，此时你应该维护和她的关系，同时传达出你与父亲的亲情对你也同样重要。

换而言之，去三角化需要与三角关系中“亲近”的人继续保持联结，同时努力与“疏远”的人改善关系（见图 6.2）。

去三角化不仅局限于那些让你深陷其中的核心三角关系，还包括与之连锁的其他三角关系。继续拿你与父母的三角关系为例，如果希望做出改变，你肯定还

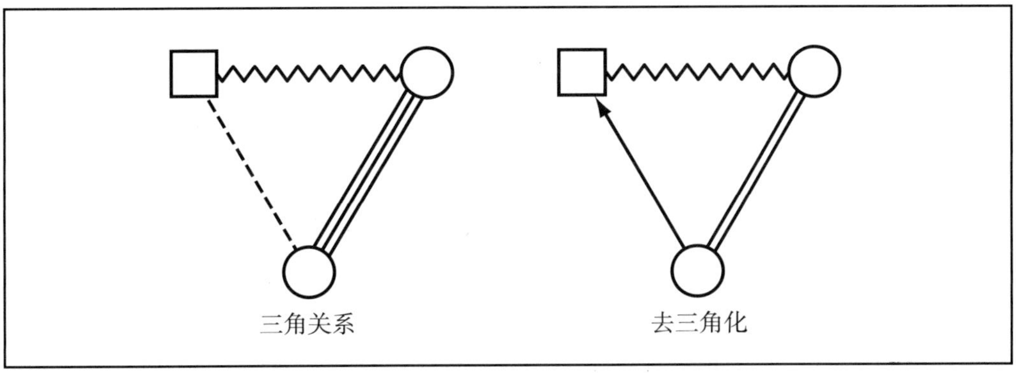

图 6.2　三角关系和去三角化

需考虑父母和你兄弟姐妹之间所有连锁的三角关系，以及你父母与他们的父母及兄弟姐妹之间所有连锁的三角关系。为了厘清如何重新定位你与母亲的关系，你需要探索她与她父母的关系，以及她与她兄弟姐妹、父母之间的三角关系，还有她与你兄弟姐妹的关系。此外，你还需要分析父亲原生家庭的关系：他与他父母之间、他父母以及其他孩子之间的所有三角关系。当你采取实际行动，改变与母亲的关系模式时，这些其他的三角关系将是重要的参照对象。例如，你在和母亲谈心时对她说："我记得外祖父是个很难相处的人，但是我确信您曾经努力和他拉近感情，具体您都做了哪些尝试？"如果母亲告诉你，外祖父是不可能亲近的，你可以接着问，鉴于他如此难以相处，那么母亲是如何做到没有与外祖母在情感上长久捆绑在一起的。

让我们再来看一个案例（见图 6.3）：45 岁的爱尔兰裔来访者迈克（Mike）一

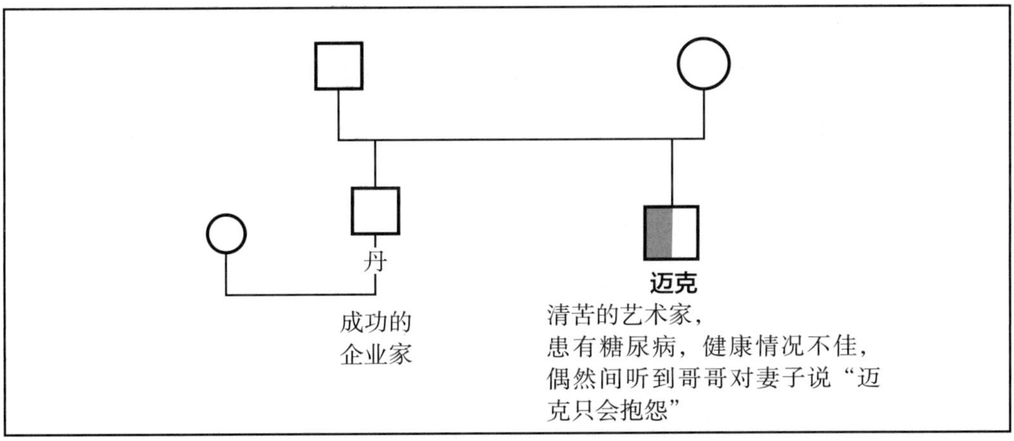

图 6.3　迈克和丹·斯坎伦

直期望与事业有成的哥哥丹（Dan）保持亲近。迈克是一位清苦的艺术家，自幼患有糖尿病，健康状况一直不佳。迈克常常感到哥哥只是强忍着听他在电话里絮叨自己的健康问题，哥哥会一直等到迈克说完才挂掉电话。有一天，丹误以为已经挂断了弟弟的电话，无意中让迈克在话筒中听到他向妻子抱怨，说迈克真是惹人烦，"浑身负能量，只会没完没了地抱怨"。丹的负面评价让迈克感到非常受辱，但又不敢直接向哥哥说出自己的感受。迈克在回顾兄弟二人成长经历时谈到，哥哥一直都认为迈克是最受母亲偏爱的孩子。与此同时，迈克从小就觉得丹似乎生来就应有尽有——他头脑聪明、外貌英俊、身体强健，父母总是让他独处，而这却是迈克所渴望的待遇。迈克一直觉得自己是个"小矮子"，成绩不佳、身体虚弱，还需要常年就医看病。

迈克说，他自幼就记得，父母与他们的同辈兄弟姐妹聚会时向来都表现得彬彬有礼，但只要他们一迈出聚会的大门，就开始说亲戚们的坏话。他讨厌父母的两面三刀。迈克打算下次通电话时向丹提起之前的事，他担心上次通话中自己的喋喋不休让丹感到不悦，他还想委婉地提示哥哥他其实听到了上次哥哥对妻子说的话。

但不知为何，这件事让迈克越想越觉得丹是在重复童年时父母的两面派作风。他改变了原先的想法，决定和丹直截了当地面谈这件事。当迈克告诉哥哥，他无意中听到了丹对他的负面评价时，丹一开始哑口无言，无疑是他因私下的议论被对方听到感到非常尴尬。然后他马上为那天"糟糕的脾气"找了好几个借口。

然而，迈克继续说，虽然哥哥的话起初让他非常生气，但当他开始反思自己与哥哥的相处模式时，迈克意识到自己所说的内容一定让哥哥感到"特别丧气"：翻来覆去谈论的都是自己的坏消息。迈克告诉丹，当他突然意识到自己没有给兄弟间的对话带来任何正能量时，也感到非常惊讶。他说，他一直在回想兄弟二人的童年，想起父母和自己在同辈家人的关系上是何其相似。他们有很多抱怨，但从不直接处理或解决矛盾，而是在背后说对方坏话。

迈克说，这可能和父母那代人兄弟姐妹间的矛盾有关，他们总是攀比谁能得到祖父母的宠爱，而谁又是不被待见的那个人；特别是，祖父母似乎对孩子们的明争暗斗乐此不疲。

迈克告诉哥哥，他想做出改变，尽管要面对健康方面的问题和其他各种压力，但他不想成为叔叔和姑姑那样"满腹牢骚"的人。他请求哥哥帮助他在兄弟关系中保持最真实的自我，迈克说这对他来说意义重大。起初，丹并没有什么反应。

但在接下来的几个月里，迈克努力践行他的决定，他逐渐体验到自己与丹及其家人的感情更亲近了。迈克还与姨妈重新取得联系、努力增进感情。了不起的姨妈现在已经年近 90 岁了——多年来，她虽然一直与各种健康问题搏斗，但却从不抱怨。迈克还特意更主动地与丹的两个儿子建立关系，之前他曾向丹抱怨侄子们从不关心他。迈克在培养叔侄感情上更加主动，同时，侄子们与迈克共处时也变得更积极开放。

在这个案例中，从更开阔的格局探索更广泛的家庭背景信息，不仅能有效地帮助来访者理解家庭中三角关系的运作方式，还可以强化家庭模式的改变，并增强家庭成员改变旧有行为的决心。

与姻亲及圈外人构成的三角关系

每个参与者在三角结构中所处的“圈内人”（insiders）或“圈外人”（outsiders）位置（见图 6.4）是三角关系的重要考察维度之一。家庭内部成员之间最常见的三角关系由父母二人与孩子构成，或由两个兄弟姐妹与父母单方或双方构成。此外，还有很多情况是圈外人（如家庭之外的人、儿子的女友或姻亲）与直系家庭成员形成了三角关系，如婆婆与儿媳、小姑子与嫂子、妻子与前妻、兄弟姐妹与继兄弟姐妹。在所有这些三角关系中，由于与圈外人之间缺乏纵向的、历史积淀的情感纽带，使得家庭系统动力很容易在与这个人的互动中向消极方向发展。圈外人的身份意味着此人与家庭成员间的关系绝不会像兄弟姐妹、孩子与父母或配偶之间的关系那样关键。在处理任何关系系统时，治疗师都必须指导家庭成员关注并区分圈内人与圈外人。

我们需要关注都有谁被卷入了三角关系，并厘清三角关系中的情感运作过程，这对于勾勒家庭系统内各个重点关系的框架至关重要。所有圈外人对家庭系统的参与都是建立在其与关键家庭成员（父母、兄弟姐妹、孩子或孙子）的既有关系之上。家庭生活中，无论亲人选择了什么样的伴侣，虽然我们会对这位新人以礼相待，但这并不意味着必须与其建立深刻的私人关系。例如，我们并非一定要像爱家人一样去爱兄弟姐妹或子女所选的伴侣；我们所须做到的只是尊重他们、礼

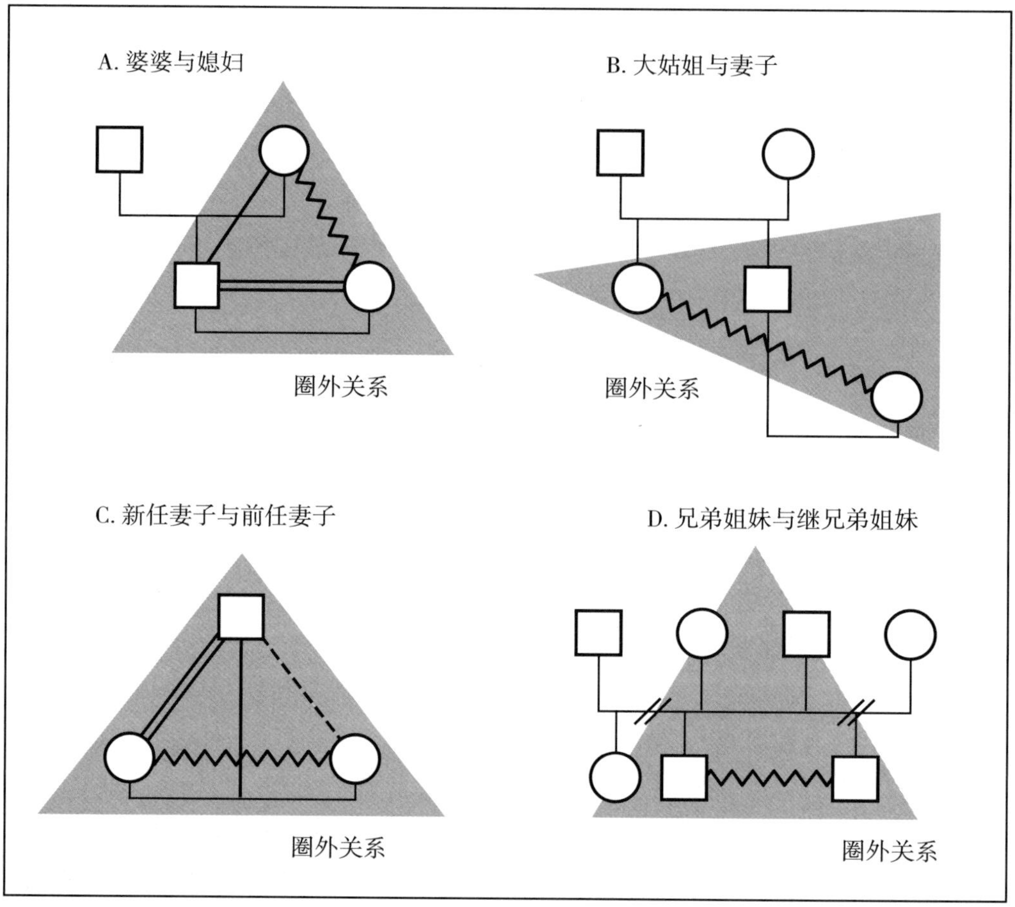

图 6.4　圈内人—圈外人之间的三角关系

貌地对待他们，因为我们的亲人选择了他 / 她，仅此而已。如果碰巧与他们能彼此理解、心意相通，那么很幸运，我们收获了现成的家庭成员。

圈外人通过与家庭主要成员之间的关系间接地与我们建立了联结。同样的道理也适用于我们长大成人后父母选择的新配偶。我们自己不必去爱那个圈外人，而只需大方、礼貌地接受他 / 她是我们母亲或父亲所选的新伴侣即可。有时家庭成员会因这方面的议题陷入困惑，想当然地认为自己有权评判新加入的外来者对家庭的价值，并据此接近或排斥他们。然而，这并不是最优的做法。我们的家人选择任何人作为伴侣都是其自己的决策。我们唯一应做的就是以大方、开放、和善的态度接纳他们的选择。

再婚家庭中，当新配偶将其子女带入家庭中时，也应遵循同样的道理——我们不必一定去深爱新配偶的孩子，但我们应做的是大度、开放地和他们相处。

这是一系列的内容。每当我们陷入诸如“你爱他胜过爱我”或者“我不要你儿子和我们一起生活！”的争斗，那就是大错特错了。我们应该做的是分清家庭关系的主次，如将我们与父母、兄弟姐妹和子女的关系，与我们和姻亲或继子女的关系区分开来。如果后者可以顺利发展，那是我们得之所幸；然而这些关系相比于我们的主要家庭关系，其重要性有着本质不同。

作为父母或年长的哥哥姐姐，经常会与姻亲陷入三角关系，以义愤填膺的姿态指责子女遇人不淑、择偶失败，从而为自己的暴怒正名，并强调“这可都是为了你好”。这么做显然非常荒谬。如果希望在择偶方面为成年子女提供支持，那就和他们保持紧密的情感联结，并对他们解决自身问题的能力报以信任和包容。当然，如果成年子女患有精神疾病或存在成瘾问题，那么，这种情况下依然信任其判断力就是欠考量的表现。但必须小心的是，我们不应因自己对孩子所选的配偶“看不顺眼”就认为“这是孩子精神出了问题”的迹象。

婆媳关系是最常见的三角关系。实际上，由于姻亲是加入家庭系统的新成员，这使她们很容易作为“圈外人”陷入三角关系。姻亲通常对家庭成员之间的既有关系规则不甚了解，如果在某些多年未有外人参与的领域贸然发表自己的看法，则很容易被圈内人感觉为是对家庭系统的侵入。婆婆自觉儿子对她的关注被儿媳“偷走”了——将责任归咎于儿媳可要比承认得不到期望中儿子对自己的关注做起来轻松得多。

因此，儿媳很容易成为婆婆的攻击对象。同样，儿媳也倾向于将配偶无法解决的问题归咎于公婆。儿子在冲突中则可能以父母作为挡箭牌：“我只能这样做，因为我爸妈认定这事就应该这样做。”这种情况下，应该诘问的是：丈夫本人的立场是什么？而去三角化的工作需要当事夫妻厘清夫妻关系，以及他们与各自父母的关系，而非他们与姻亲之间的关系。父母的行为应由自己的子女应对，而非交由子女的配偶处理。因此，如果涉及对来访夫妻的父母开展干预，那么**应该由子女去实施，而绝非让子女的配偶去做。**

丈夫的父亲也容易陷入特定的困境。加里·佩鲁奇（Gary Penucci）沮丧地打来电话，抱怨说儿子彼得（Peter Penucci）的未婚妻正在破坏他与儿子的关系，这甚至使加里已经准备和她彻底决裂、断绝关系（见图 6.5）。加里的第一任妻子在彼得 5 岁时遭遇了一场严重车祸，从此终身残疾。加里成了彼得的主要抚养者，某种程度上甚至有些功能过度（overfunctioning）。他一直和妻子在一起，直到彼得上大学之后夫妻二人才分居。彼得与女友梅丽莎（Melissa）订婚时，加里已和女友交往了 6 年。

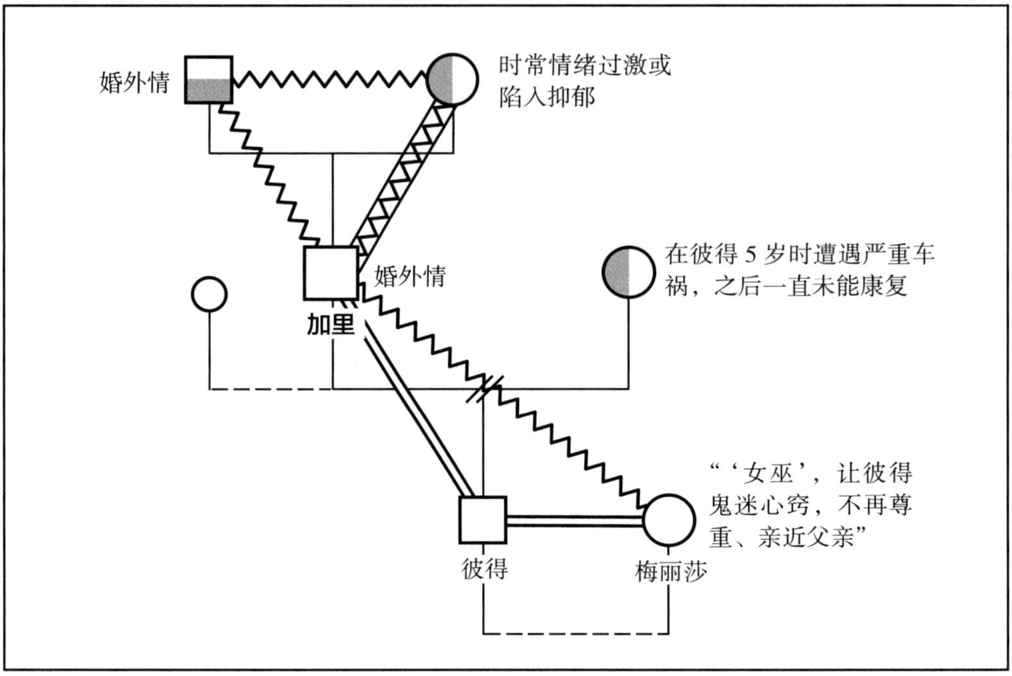

图 6.5　佩鲁奇一家的家谱图

加里本人在一个动荡不安的家庭中长大。他的父亲是个酒鬼，母亲则时常陷入抑郁，或突发情绪过激。多年来，加里一直在寻求家庭治疗，尝试处理他与妻儿的关系，以及当下他与女友之间的问题。不过现在加里认为儿子的女友才是他面临的最大难题：这个邪恶的“女巫”不仅偷走了儿子的心，还给彼得洗了脑，以至于儿子对加里非常无礼。治疗初期，加里的全部谈话完全围绕儿子女友的恶行展开。他暴跳如雷，甚至因情绪太过激烈而语无伦次。

通过治疗，我们可以渐渐清楚地看到，加里真正害怕的是失去儿子——儿子是他的主心骨。在讨论治疗目标时，我鼓励加里提笔起草一封写给儿子的信，以此帮助他将精力聚焦于治疗本身。我告诉他，请将所有想告诉儿子的话都写进去，将其当作离世前能给儿子的最后一封信去写。我经常指导来访者站在人生终点的视角去审视问题，这样能让他们更好地专注于生活，以及关系中的核心议题。我告诉加里不必在意信的内容是否切合现实，关键在于直接表达他想说的一切。后来，这封信的写作让加里领悟到儿子的女友并非问题所在，她只是看起来像一个威胁，这一切实际都源于他太恐惧失去儿子了。下面是加里的第一封信。这封信反映出他还没有把握住父子关系中的重点。此时他仍专注于从未婚妻手中“救出”彼得。

亲爱的彼得，

写信是因为我很担心你。我感到你和梅丽莎的关系很糟，她似乎有不少问题。我想帮你看清真相。我一直都深爱着你，希望你能幸福。她想拆散我们父子。你一定要强大起来，不要让我们的家破碎。我爱你。

爸爸

我和加里一起回顾了这封信。我指出他应将关注点放在他与儿子的关系上，并不需要提到梅丽莎。经过几次重新起草，他写出如下的信：

亲爱的彼得，

我为过去几个月里我们之间的裂痕感到难过，我想让你知道一些我们相处时我很难表达的感受。首先，我想告诉你，你是我在这个世界上最爱的人。我一生中犯下了很多给你带来痛苦的过错：

和你妈妈离婚前我与其他女人有染；我理财无方，让家庭财务陷于拮据；还有我这固执的坏脾气，让我说得太多、倾听太少。在过去的10年里，我为自己所犯的种种错误感到羞愧难当，并竭尽所能地弥补这些错误造成的伤害。

无论如何，做你的爸爸让我感到骄傲。你妈妈经历的事故也让我非常难过，如果能换来她完全康复，我愿意付出任何代价。她爱你，总是想把最好的都给你，我知道你一直想保护她。你是个很棒的儿子，我为你长大成人而感到骄傲。

你找到了你爱的人，我为你高兴。我希望我也能和梅丽莎处好关系，就像我想能和你处好关系一样。请帮我想一个能拉近你我之间感情的办法。在我的父亲去世之前，我和他许多年都没有联系、没有说过话，因为他拒绝改善我和他的关系，这让我非常难过。我绝不希望这也发生在你我身上。

爱你的，爸爸

在加里的这封信里，难度最大的部分就是承认他多年来的外遇和理财失败。在治疗中他表达了很多对这些人生抉择的悔恨。然而加里依然很难向儿子承认自己的脆弱，直到他终于扪心自问这样一个问题：“我这样到底是在保护谁？”他意识到，没有理由防备对儿子讲出那些他已经对自己说过无数遍的话。这需要他克服“自己是不被喜欢的、不被接纳的”这一已经泛化的观念，而这个扭曲的自我评价在加里的原生家庭中根深蒂固。加里终于意识到，他是唯一可以对自己做出评判的人——自己“有好有坏”：他曾达成一些非凡的成就，如克服严重的阅读障碍；通过努力工作，人到中年事业有成；他还是一位对儿子非常用心的家长。与此同时，他曾和许多女性发生婚外情，随着年龄增长，他意识到，这与他父亲外遇不断的动机非常相似，都是在用违背道德的挣扎去对抗自己内心深处的无能感。

去三角化之路绝非坦途。通常情况下，来访者最初只是感觉自己被困在糟糕的家庭关系里，却意识不到其身陷的三角关系。而一旦来访者通过观察家谱图看到了他们的家庭模式，就能注意到家庭中那些被不断重复的互动模式，而这些互动既有违来访者的价值观，也不利于他们实现理想的生活目标。例如，如果来访者难以从父母或兄弟姐妹那里得到期望中的认可，那么要想去三角化，就需要他在心理上做出转变——从期望获得外界认可转变为根据自我认可评判自己。寻回你应有的权力，无论别人是否认可，只有你自己可以重新定义你的生活——说起来容易做起来难，但形成这个观念是去三角化的序章。如果父母还在因你没能按照他们的期望成为一名医生，或者因你还没生下他们梦寐以求的孙辈而一肚子怨气，只要勇于直面这些情况，你就会平安无事。之后你可以向他们表明你理解他们的失望，但切莫将父母的失望当作你的失败。总之，去三角化工作的起点在于：认清家庭关系问题的状况，自己掌控每个家庭关系的发展目标。

如果一个人热切地渴望得到他人的认可，就只有两种可能的反应：（1）屈从并取悦于他人，或（2）反抗并刻意敌对。而“自由”意味着具有灵活性，能够自主选择是否顺应或拒绝他人的意愿。当我们陷入人际冲突时，保持自由实为不易；这是因为除非能始终清晰地意识到人际冲突并不是真的要分出胜负高下，否则你很容易感到自己“屈从”了对方，而不是自主地做出选择。其实我们“顺从”的动因并不仅限于“缴械投降”，还可能出于种种其他原因：或许你原本就想这么做；或许对方在这件事上特别较真，而你想大度一些、不和他 / 她斤斤计较；又或者你觉得避免冲突是此刻的首要任务。当你能够从更大的格局看待冲突，不再执迷于分出胜负，就可以达到所谓的“放手，不再纠结”的状态。也就是说，在处理人际问题时，我们不再专注于战胜对方，而更在乎如何向对方传达自己开放的态度。

在鲍恩记述的一个著名案例里，一位丈夫主诉母亲总是想带他去购物，这让他感到像是被绑架了一样。他执着地认为，如果能不买母亲想让他买的那些衣服，就是他的胜利。然而，他没意识到的是，无论他按着母亲的愿望去做，还是执意反其道而行之，本质上都是同等的姿态。或许最自由的做法就是痛痛快快地买下母亲指定的那件衣服，与母亲见面时大大方方地穿上，让她舒心，然后平日里自由自在，想穿什么就穿什么。

三角关系不仅发生在人与人之间，还会发生在人与物或特定议题之间，围绕电视、互联网、婚外情和财产发生的许多冲突就能证明这一点。家庭能量通常被聚集于困境、冲突的内容之上，但是要想理解和改变家庭模式，关键在于解构与处理围绕关键议题形成的三角关系。

在我们的生活中，自我分化或成熟的重要表现之一就是确立自己的价值观以及对他人负有的责任感。这需要我们能将“对家人尽责”（responsible for）和“替家人尽责”（responsible to）区分开来。毋庸置疑，父母负有抚养子女的责任，而成年后的孩子也负有照顾父母的责任，特别是到父母年迈之后。一般来说，人们有责任对家人报以关爱、接纳与尊重，但并没有责任替代家人为其生活尽责。去三角化需要我们恰当地对家人尽责——既不逃避责任，也不过度卷入。如果来访者已经切实地做出改变，以尊重的态度和父母交往，那么即使父母依然坚称遭到来访者迫害，我们仍然认为来访者已经在“自我分化”的历程上又前进了一步。

吊诡的是，如果某人在关系中过度尽责（overresponsible），这实际上却是对他人的不负责。譬如，你代替家人尽责——过度行使你的家庭功能（overfunctioning），这反而会有损对方发展自主抉择的能力。替代他人做决定，毫无疑问是对他人的不尊重。

但是，在各种案例的具体情况中，明确判别“替家人尽责”和“对家人尽责”可能并非易事。如若父母、配偶或子女丧失家庭功能，可能很难界定来访者是否过度行使了他们的家庭功能。那么，对于出现老年痴呆先兆症状的父母、毒瘾缠身的配偶或罹患精神疾病的孩子，尽心尽力到何种程度则会被划为过度尽责的范畴呢？通常来说，如果人们丧失了自理能力，接受他人的支持、照顾与保护是唯一合情合理的选择。然而，在什么时间段出手“替家人尽责”的确也是一个挑战。一方面，一些人由于父母长久扮演强有力的家庭角色，因而直至他们成年很久之后才明白自己应承担的家庭责任；另一方面，父母可能因担忧子女无法独立履行家庭责任，而过度替子女尽责，在不知不觉中助长了子女的功能不足（underfunctioning）。

上述内容同样也适用于治疗过程中治疗师对来访者的责任。作为临床工作者，我们的工作不在于为有关责任的议题直接给出答案，而是指导来访者自己决定在其特定的个人境况下什么是适于他们的做法，并将这些做法付诸实践。南非作家、社会工作者辛迪维·马戈纳（Sindiwe Magona）曾提出一系列很有意义的提问，帮助来访者思考如何应对他们的境况："请设想你的曾孙女在40年后降生了，如果她现在就在这里，你认为她会希望你此刻做些什么？请设想你的曾祖父，他可能已在100多年前去世，但如果他就在这里，他可能希望你现在做些什么？"

治疗师的责任是为来访者提供最优的咨询，帮助他们在生活中做出明智的决定，**而并非直接处理来访者的困境**。临床实践中，我们辅导来访者尊重家人所做的选择；与之相似，作为治疗师我们也应尊重来访者——根据他们的状态和意愿，关注他们是否做好了推进治疗的准备。如果他们还没准备好回应或处理某个议题，那么治疗师应保持尊重的态度，直到未来条件成熟时再继续推进。如果来访者认为与父母谈论其早年受虐经历或某段生活经验会让父母难以承受——"谈这些会要了他们的命"；对此，治疗师的工作方向是：提示来访者这些担忧是他/她的假设和猜想，而后带领来访者探究两种备选方案——与父母开诚布公地探讨，或有意避而不谈——分别可能得到什么样的结果。值得指出的是，有时来访者可能对父母抱有鄙夷或傲慢的态度，认为对方难以面对或谈论这些复杂又棘手的话题；然而，这种想法实际上却剥夺了父母直面与处理问题的机会。治疗师应注意，当我们对来访者的困境做出诠释、加以分析之后，必须由来访者本人做出是否与家长沟通的决定。如果来访者选择回避，那么治疗师应做的是等待来访者改变想法，而非强行推进。

处理家庭互动中的恐吓与威胁

不幸的是，威胁断绝家庭关系在临床案例中屡见不鲜。来访者的家人可能会以某些方式发出威胁："如果你……我就和你断绝关系"或"如果你……就是对我的背叛"。对此，我们应如何帮助来访者应对呢？

无论威胁或恐吓的发出者心怀多么深的情感，此类讹诈式的沟通都会对家庭关系造成破坏。即便一位家庭成员控诉："你这么做就是不想让我活了。"然而事实上你并没有义务屈从于这种威胁。我们相信每个成年人都应为自己的身心健康负责。成年家庭成员理当依照自身的价值观自主地生活，而非屈从于他人。因此，如果父亲说："我已经跟你姐断绝关系，如果你再跟她来往，那就是和我作对。"对此，来访者需要自己决定如何处理与姐姐、父亲的关系，而不是让父亲的威胁成为左右其今后言行的准绳。当然，有些人确实会与家庭成员断绝关系，并试图拉拢其他人加入自己的阵营，结伴与冲突对象断绝关系，这非常常见。不过，冲突的非直接参与者面对这种情况时应保持独立自主，而非屈从于威胁或恐吓。配偶或成年子女选择顶住压力、拒绝胁迫，不加入断绝关系的行列，这或许是打开僵化家庭系统的开端。同时，来访者也不必与威胁发出者断绝关系，而应大方地对威胁做出回应，并想方设法打开他 / 她的心扉。

围绕罹患精神疾病或染有毒瘾之家庭成员的三角关系

围绕功能失常的（dysfunctional）家庭成员形成的三角关系非常普遍。最常见的临床问题之一是，家庭成员们对罹患精神疾病或物质成瘾的家人变得功能过度，向功能失常者长期提供帮助和意见，却没有意识到对方并没有主动寻求帮助或征求意见，或者是对这些意见早已充耳不闻。

临床经验告诉我们：一方面，家庭应设定恰当的界限以保护成员免受危险（如保护孩子不受成瘾者伤害）；另一方面，应该让来访者认识到，不应找借口合理化自己的功能过度，不应试图控制功能失常的家庭成员，不应以剥夺其自主性的方式监视他们的一举一动或对他们发号施令。当功能失常的家庭成员出现问题时，无论对其过度行使家庭功能还是断绝关系，都意味着恰当的人际界限被打破。然而，恪守界限常常也会激起激烈的情绪碰撞。例如，与严重物质成瘾的成年子女交往时，父母常会在回避孩子的成瘾问题和为孩子过度行使家庭功能之间左右为难——毋庸置疑，目睹所爱的至亲走上自我毁灭之路实难让人保持冷静。在某个家庭成员功能失常的早期阶段，其他家庭成员变得功能过度是常见现象。如果功能失常者对家人的努力没有反应，长期持续的功能过度会让人心力交瘁，进而引发关系断绝。对于此类情况，去三角化可以救家庭于水火之中；但必须要承认，克服过度尽责的冲动，战胜“只有过度尽责才能确保事态安稳”的观念是一项极具挑战性的任务。

与上帝或宗教信仰的三角关系

如果家庭成员和上帝形成三角关系，或利用宗教教义来支持自己对待他人的态度，譬如，“你的所作所为就是悖逆上帝，是不义的”，此类情况很难让他人做出积极的回应。此时围绕宗教观展开争论通常是行不通的。例如，指出《圣经》中有关同性恋的论述实际上非常少这一事实，并不可能推动虔诚的父母改变对同性恋子女的消极立场。在这些情境下，我们通常指导来访者避免使用逻辑去沟通，因为逻辑通常不是引起此类冲突的动因。我们认为，将讨论引向个人关系层面，并回避涉及宗教的议题，这样处理冲突更具实际意义。有价值的做法是，从你个人的角度去和那位宣称“上帝反对你（做）……”的家人探讨问题。“即使我们因为各种因素在这个问题上存在分歧，但我知道你是为我好，我也真心希望能找到一个能让我们和而不同，有分歧但不伤害关系的相处之道。”相比在道理上争出高下，聚焦于家庭关系更有益于转变对方的想法。因此，我们鼓励来访者在与家人的互动中重点强调双方的情感联结，尽量避免陷入理性逻辑的争辩。①

家庭秘密

家庭秘密和断绝关系相似，能够将家庭系统与顽固的三角关系和僵化的行为

① 凯特琳·瑞恩（Caitlin Ryan，2015）录制了针对青少年及其家庭处理 LGBT 与宗教信仰冲突的视频，该视频作为家庭接纳项目（详见 http：//familyproject.sfsu.edu）的一部分，可为那些正挣扎于此类三角关系的家庭成员提供有效的帮助。

模式绑定在一起。只要家庭系统中存在秘密——某些重要信息对相关家庭成员保密，这往往会使其陷入困惑迷茫，难以发挥正常的家庭功能。临床实践中，家庭秘密可能需要很长时间才会浮出水面。

在许多涉及暴力、性侵的案例中，正是因为秘密被突然揭露才使家庭前来寻求治疗。而揭开秘密可能恰恰是打开家庭系统的关键节点。试想你被困在一个极度僵化的家庭系统里，深陷其中让人难以看清问题所在；而秘密被揭开的那一刻，正是可以让你变得灵活自主，跳出轮回获得自由的机会。在本书第 3 章，我们探讨了萨帕塔（Zapata）一家的案例：夫妻二人为 15 岁的女儿玛丽亚（Maria）前来寻求治疗，玛丽亚不仅用小刀割伤了自己，还伴有自杀倾向。在治疗过程中，母亲谈到她自己早年的自杀经历。但当被问及是否曾与玛丽亚讨论过这个议题时，她岔开了话题，表示不愿对女儿讲出自己的这段经历。在我们看来，这种封闭的态度非但不会抑制女儿的功能失常，反而会使其更加恶化。如果母亲能坦诚地讲出她所经历的磨难，并分享自己战胜苦难的经验，这种沟通或许可以成为女儿发展自身抗逆力和促进母女关系的资源。

有时，来访者会在治疗过程中透露深埋已久的秘密；这些秘密甚至已经成为他们生活的底色。有时，谈论这些秘密本身就极具挑战性。

25 岁的西比尔（Sybil）在家里的五个孩子中排行老大，因广泛性焦虑前来寻求治疗（见图 6.6）。她在评估过程中透露，母亲曾于两年前告诉她，她的弟弟罗

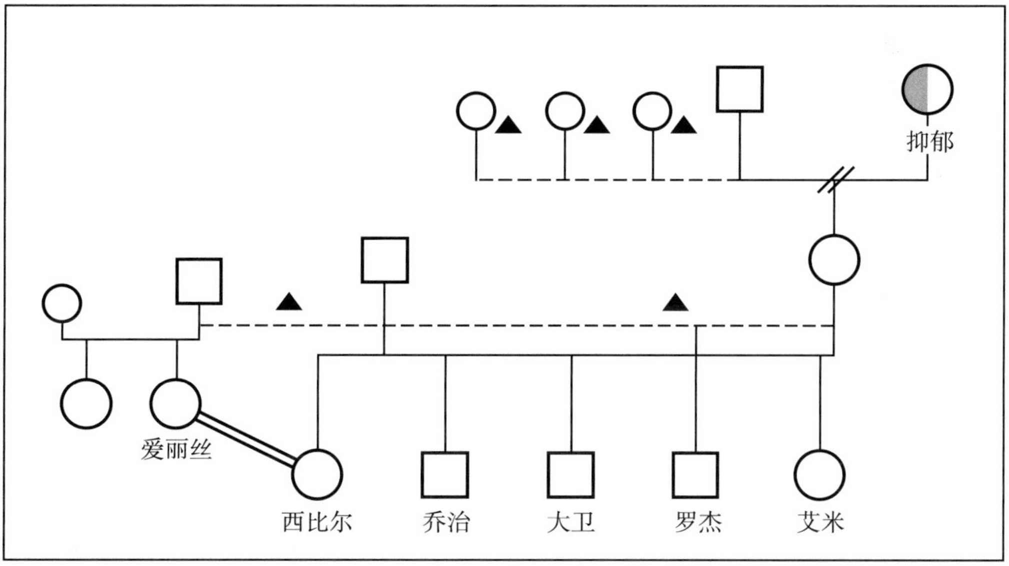

图 6.6　西比尔及其家庭中的秘密

杰（Roger）是母亲与西比尔最好的朋友爱丽丝（Alice）的父亲偷情所生。母亲强迫西比尔保证绝不将这个秘密告诉弟弟妹妹。虽然西比尔的困扰中还包含一些其他需要处理的问题，但治疗的重点之一是帮她想办法摆脱这个不合理的承诺——正是这个承诺让她对父亲、弟弟妹妹避而远之。这个秘密也让西比尔对爱丽丝心存芥蒂——她不敢让好友知道她们父母的偷情秘史。

随着治疗开展，西比尔开始意识到她对母亲的承诺让她无法和弟弟妹妹们说出她对父母的种种失望，而她又非常需要弟弟妹妹们的支持。她知道罗杰一直与兄弟姐妹非常疏远；每个人似乎都为此感到内疚，却又不明所以。她给母亲写了下面这封信，这是她为打破与母亲、家人之间病态三角关系迈出的第一步。

亲爱的妈妈，

我知道您告诉我罗杰不是爸爸的亲生儿子并要求我保守秘密是出于好意。但我意识到，这是一个让我难以持守的承诺。这让我和罗杰、艾米（Amy）、乔治（George）、大卫（David）、爱丽丝之间，还有我和爸爸之间都产生了隔阂。

我的结论是，您告诉我真相，是因为您觉得现在是时候不再让这个秘密毒害我们一家了。我相信面对真相是我们家唯一的选择。我想您会找到处理这件事的办法，这对罗杰、爸爸和我们其他人都有帮助。为了这个秘密您的内心斗争了这么久，真的很不容易。

我也尝试设想您童年经历的各种丧失——外祖父把您丢给陷入抑郁的外祖母，这一定非常难过；当外祖母告诉您外祖父的婚外情时，您能够直接对她提出质疑、说出自己的看法。我也意识到您是多么的勇敢，敢于将我们家中尘封许久的这个秘密先讲给我听。我知道您一定能找到处理这个现实问题的方法，因为它是我们所有人生活中的重要部分之一。

爱您的女儿，西比尔

当然，仅凭一封信并不能完全改变来访者的处境。然而一个人有意愿去努力改变自身在家庭三角关系中的参与状态，这是脱离病态家庭模式的关键。否则功能失常会随着病态的家庭模式代代相传。

见到信后，西比尔的母亲火冒三丈，认为大女儿违背了原先的承诺。在治疗中，西比尔和我对此做了多次讨论；实际上在她提笔写信之前我们就已经对这种情况做了预设。我们预料到她母亲的这种反应，并计划如果母亲拒绝向其他家庭成员公开这个秘密，西比尔接下来可以做些什么。西比尔下定决心，她将反复向母亲申明不应再继续保留秘密，并强调母亲有能力解决这个问题。

西比尔计划，如果母亲不打算向家人公开这个秘密，西比尔会先等一段时间，然后告诉父亲，之后再告诉她的弟弟妹妹。在没有和自己家里人厘清这个事之前，她不会告诉朋友爱丽丝。西比尔是在对全家情况做了深入思考之后提出的这些想法和预案，她已经下定决心，并且对自己接下来如何推进此事制订了清晰的计划。

有趣的是，在写这封信之前，一直困扰她的焦虑感就已烟消云散了。西比尔说，有种自我确信感在她心中生发出来，这是她从小到大都不曾有过的感受。后续的结果是，尽管母亲起初怒不可遏，但在接到西比尔信件的一个月后，她最终还是决定把秘密告诉丈夫，而后这对夫妇又一起和罗杰谈了此事。另外，西比尔也不再需要纠结如何向爱丽丝说出此事了，因为爱丽丝主动先向西比尔提起了这个话题——爱丽丝的父亲已经向女儿坦白了这个秘密。虽然并没有什么出人意料的结果，但在接下来的一年里西比尔提到，曾经学业糟糕、酗酒惹事又交友不慎的罗杰似乎也开始扭转他的生活路线，向着积极上进的方向发展。罗杰是同辈兄弟姐妹中唯一没能进入大学的人，现在他计划去当地社区大学学习计算机。西比尔住在离家一个小时车程的纽约市，她说现在每次回家她都感到比以前轻松自在了许多。她的另外两个弟弟在外地求学，对罗杰是他们同母异父的兄弟这个消息几乎没有什么反应，但最小的妹妹艾米似乎和罗杰比以前更亲近了。

需要澄清的是，很多时候这样的结果并不会因为某人在家庭中表明态度之后就会顺理成章地发生。这项工作的关键部分是让来访者在面对家庭或社会系统的任何反应时，都能采取明确的个人立场。有时，改变需要很长时间慢慢发酵。

在西比尔的境遇中，关键的转变在于她认清了自己不再认同母亲的做法——她试图用三角关系把女儿拉入家庭秘密的己方阵营；而正是这个秘密使西比尔与家人和密友隔绝开来。一旦明白了这一点，无论母亲或其他家人怎么做，西比尔都能将自己从隔绝孤立的束缚中解放出来。例如，西比尔不必再屈从于母亲的情感勒索，并准备好各种应对父亲或罗杰得知消息后可能表现出的愤怒或沮丧的预案。

指导来访者去三角化

有时，来访者提出希望修复某段断绝的重要关系——通常是与父母的关系；如果这是他们寻求治疗的核心驱力，治疗师的首要任务是指导来访者在采取任何实际行动前应放慢脚步，先去理解围绕情感断绝的其他家庭关系。正如卡特常说的，如果对三角关系中第三人的反应没有清晰的理解且缺乏应对方案，那么贸然改变其中的两人关系绝不是一个好主意（Carter，1991）。做出行动之前，我们首要的工作焦点是帮助来访者理解家庭成员之间的情感联结模式，并对三角关系如何运作、各个连锁的三角关系如何相互关联等问题做深入的思考。

第一步，通常是定期拜访父母或其他核心家庭成员，并抽出时间与每个人单独相处。

如果有一位“贴身紧追的”（pursuing）母亲，来访者可以尝试以其人之道还治其人之身，以此作为改变家庭模式的起点。这样做之后，我们推测母亲很可能会转而后撤。如果来访者能反客为主——主动“反追”母亲，并借此探究家庭关系系统的运作模式，或许可以达到改变与父母互动经验的效果。不过反追之前，来访者首先需要练习“吐纳呼吸”——确保自己在面对母亲穷追不舍时能稳住阵脚、真正倾听母亲的心声。一旦开始实践，来访者可能很快就会发现母亲变得非常不自在。我们应切记：如果不存在关系，互动就无从谈起，所以改变家庭系统的第一步一定是建立关系。只有来访者真正成为家庭系统的研究者，僵化的家庭模式才有改变的希望。

艾丽莎·巴尔（Alisa Bahr）是一位30岁的临床心理学家，在家中同辈的三个孩子中排行第二，因“家庭冲突”前来寻求帮助（见图6.7）。[①] 艾丽莎的父亲是一位麻醉师，其祖父是德裔犹太移民。艾丽莎的母亲是一位护士，来自布鲁克林，是第三代爱尔兰移民。艾丽莎正在和卡洛斯（Carlos）约会，卡洛斯是她在工作中结识的一位波多黎各裔社工。父母极力反对艾丽莎与卡洛斯交往，而艾丽莎对父母的挑剔刻薄感到非常沮丧——艾丽莎感到父母不给卡洛斯任何接近他们的机会，

---

① 有关这个案例的工作细节可观看我的视频《三角关系和去三角化》（*Triangles and Detriangling*），观看视频片段，请访问 www.psychotherapy.net/McGoldrick。

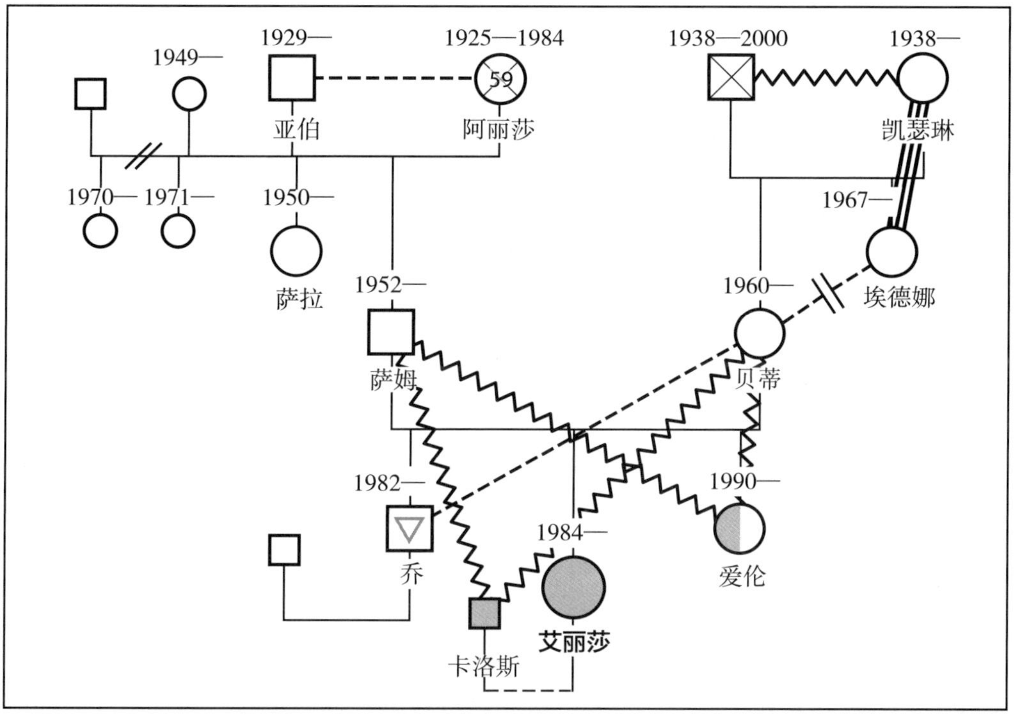

图 6.7　艾丽莎·巴尔一家的家谱图

每次男友到访她家，父母都会故意甩脸色。

起初，艾丽莎认为矛盾的核心是父母不认可卡洛斯，但当她开始深入探索家庭历史并与治疗师一起创建家谱图时，一个清晰的三角关系模式浮现了出来。实际上，她的整个家庭都充斥着三角关系。艾丽莎的父亲萨姆（Sam）有一个姐姐。萨姆似乎从童年起就和父母处于三角关系中，他和母亲关系亲密，而父亲则控制欲极强、挑剔刻薄。萨姆的父母相互非常疏远。成年后，萨姆更愿意在确定父亲外出后才回家探望母亲。萨姆的母亲在艾丽莎出生前三个月突发心脏病去世了，艾丽莎就是以祖母的名字被命名的。

艾丽莎的母亲贝蒂（Betty）有一个妹妹。贝蒂在与父母充满冲突的三角关系中长大，父母二人关系极差，彼此敌视，大部分时间都不和对方说话。贝蒂觉得自己与父亲更亲近一些，而父亲控制欲很强，专横跋扈、说一不二。贝蒂和母亲的关系则是彻头彻尾的糟糕。她认为母亲尖酸刻薄、吹毛求疵，还非常迷信，对贝蒂要么不闻不问要么批评指责。贝蒂一直都觉得母亲更偏爱妹妹埃德娜（Edna）。过去的 14 年里，姐妹二人没有任何来往——在被埃德娜“最后一次羞辱后”，贝蒂就和妹妹断绝了关系。

年长艾丽莎两岁的哥哥乔（Joe）上中学时就向父母坦白了他的同性恋身份，后来他选择去美国西海岸上大学，之后一直住在加州湾区（Bay Area of California），从事 IT 行业且事业有成。多年来，他一直与他的同性伴侣一起生活，远离家人，也很少与父母联系，几乎从未回来探望过他们。

乔自幼一直是父母关注的焦点：母亲对他全方位的照料，而父亲对他只有批评。但在乔公开了自己的性取向后，父母都疏远他，并把注意力转到两个女儿身上，几乎完全忽略乔的存在。

艾丽莎的祖母去世后，祖父很快就再婚并搬到新妻子家生活，萨姆对此并无不满。艾丽莎在祖母去世后不久出生，成了父亲的掌上明珠，她甚至有着和祖母一模一样的暗红色头发。萨姆痛失深爱的母亲，同时也对妻子和儿子非常失望（他觉得自己很久之前就已耗尽了对妻子、儿子的感情），这使他对女儿艾丽莎怀有特殊的情感——直到艾丽莎遇到卡洛斯。

艾丽莎的母亲贝蒂也把精力集中在艾丽莎身上，但方式更像她的父亲对待她那样——亲密却又充满控制。现在，贝蒂总是挑卡洛斯的毛病，并催促艾丽莎另觅他人。

艾丽莎的妹妹爱伦（Ellen）比艾丽莎晚 6 年出生，她的到来似乎就是为了制造麻烦。爱伦出生前的一个月，贝蒂在浴缸里重重地摔了一跤，此后她就总觉得臀部不舒服，似乎哪里摔出了问题。也正是在那段时间，萨姆被动地卷入了医院的派系斗争，丢了工作，不得不对医院提起诉讼。现年 24 岁的爱伦从十几岁起就开始吸食大麻和酗酒，大学刚刚入学一个学期就辍学，后来找的工作也没一个能坚持几个月，还总是交一些不靠谱的男朋友——要么酗酒、游手好闲，要么就是“一看就不正经”的各种奇葩。多年来，她一直是绝大多数家庭对话中的焦点：“爱伦今天又闯了什么祸？”

父母几乎从不提起乔，就好像他根本不存在一样。艾丽莎一直都和哥哥非常亲近，然而一旦她在父母面前提到乔，父母就抱怨他是家庭的耻辱。

对于爱伦，艾丽莎绞尽脑汁，使出浑身解数尝试“重塑”妹妹。她一直都在琢磨各种新办法帮助妹妹，或不得不出手把妹妹从麻烦中解救出来。艾丽莎向父母（特别是向母亲贝蒂）提供各种建议，也会向父母报告爱伦新近的不良行为。

最近，父母把批评的矛头转向了卡洛斯，这让艾丽莎对母亲的负面态度实在忍无可忍，并直接当面反驳。她也开始向父亲抱怨母亲，而这似乎只会让父亲烦上加烦。正是这种家庭模式最终导致艾丽莎前来寻求治疗。

治疗中，我们绘制出三角关系，观察核心家庭内的家庭模式以及父母与（外）祖父母间的关系；我们发现这些关系在很多方面都是共通的。而后，针对艾丽莎与父母、哥哥、妹妹以及大家庭成员之间的关系，我们开始一起制定去三角化的策略。

接下来一年半的时间里，艾丽莎在各个层面努力提高自己与父母、哥哥、妹妹、祖父、姑妈关系中的灵活性，并通过研究家谱图对广泛的家庭网络不断深入探索，挖掘家庭历史。

她并未从最困难、冲突最激烈的关系，即她和母亲的关系入手，而是从父亲和哥哥开始。通过分析家谱图，艾丽莎感到自己已经和他们两人都增进了关系，有了更深的情感联结。对家庭系统的研究也给了她一个有趣的发现：父母在谈婚论嫁时也曾遭到双方家长的激烈反对（见图 6.8）。他们在婚前就怀上了乔，但他们的父母无法接受对方家庭的宗教信仰和文化背景。双方父母都认为自己的孩子非常优秀，是对方家的孩子根本配不上的。

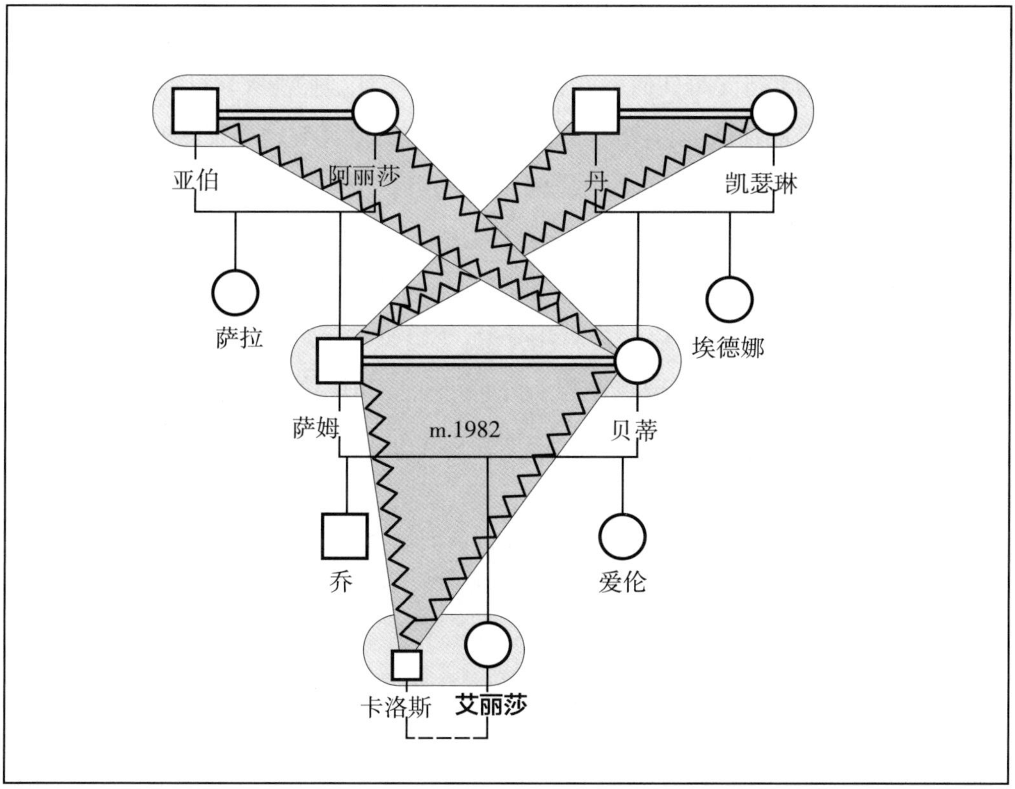

图 6.8　艾丽莎·巴尔家庭中的三角关系

经过周密的计划后，艾丽莎准备和父亲面谈，直接告诉父亲其对卡洛斯的消极态度让她非常伤心难过，因为她知道父亲有多么爱她，也相信她的判断力。艾丽莎对父亲说，这让她想起父亲对祖母的深情；祖母是一位坚毅、果敢的女性，父亲会说起自己特别钦佩祖母做抉择时展现的非凡魄力。艾丽莎直截了当地提出了自己的请求，希望父亲不要再对她的男友品头论足，并且请父亲相信她在择偶方面的判断。她说："就请让我们继续交往，也请您尽量不随意下定论，我知道祖父母和外祖父母从没这样对待过您。"

艾丽莎和父亲的关系足够牢靠，允许她采取这种直接的方式。对艾丽莎的这套计划，父亲给予了积极回应。后来艾丽莎决定和祖父联络并增进情感。当她决定前去与祖父的第二任妻子及其儿孙们见面并共处时，父亲的态度就不那么积极了，但这也在意料之中。

与此同时，艾丽莎准备向哥哥伸出援手。过去她虽然一直与哥哥保持联系，但却从未真正和他谈论过父母，也没在父母面前提起过哥哥。现在她决定特意将哥哥那边的好消息告诉父母，而不再被他们之间的紧张和冷漠吓退。她计划这么说："哦，猜猜乔刚才跟我说他做成了什么！我可真为他骄傲。"然后她会将话题转移到其他事情上，既不期待父母任何一方做出回应，也不让他们浇灭自己的热情。

不久之后，艾丽莎认为自己已做好了深入探究母女冲突这一议题的准备。她意识到不应从母亲对卡洛斯的态度入手，例如，去探讨"不想再听母亲抱怨"这类话题肯定会徒劳无功；相反，她决定试着将母女对话的主题从对卡洛斯或妹妹爱伦的不满转移到母亲与外祖母之间的冲突上，即外祖母对贝蒂的妹妹埃德娜的偏爱。

如果母亲说卡洛斯的坏话，艾丽莎会说："妈妈，我知道您不喜欢他，我也希望这能有所改观。不过，我现在在想，外祖母让您和埃德娜姨妈的关系变得那么糟，尽管您在很多方面都非常出色，但埃德娜似乎总能得到外祖母的认可。那一定让您很难过。"

这样说让艾丽莎直面母亲对卡洛斯抱有负面情绪的现实，同时又没参与其中。虽然实际上艾丽莎非常希望母亲能转变看法，但她克制住自己并没有直接提出这个议题，也没有催促母亲。

来访者在探讨核心议题时能够保持张弛有度是去三角化的关键之一。一方面应突破各种阻力，将议题摆到台前，不再隐而不表；另一方面也不可强迫家庭成员对该议题即刻做出决断。应将每个议题都带入家庭的过去与未来之中，从更大的格局、整体的背景上加以分析。

艾丽莎以饱含共情的方式将对话主题从母亲对男友的态度转移到母女之间，也将话题扩大到母亲在另一个三角关系中所处的被排斥的位置。借此，她向母亲表达了共情，同时点出了家庭中存在诸多三角关系的事实。

在去三角化的整个过程中，来访者应切记，不应聚焦于他人对来访者的反应，而是要认识到任何反应都是家庭系统运作所输出的信息。

因此，如果母亲一听到埃德娜的名字就怒不可遏，艾丽莎可以说："哦，我不是故意让您不高兴，我只是最近经常想起她和外祖母，还有您经历的一切。"

在尝试实践操作之前，来访者应坚定自己的立场，明确自己与父母的互动不是为了寻求对方认可。父母的任何反应都只是反映他们困境的信息资料。

上述要点艾丽莎做得非常出色，很快她和母亲的关系就发生了变化。她告诫自己：无论母亲说什么她都要保持不堕入冲突，并要贯彻始终。需要她特别主攻的方向之一是她与母亲以及妹妹爱伦之间的三角关系。母亲总是对爱伦满腹牢骚。而过去每当和母亲谈到爱伦糟糕的境遇时，艾丽莎总是抱有同情，并添加自己的见解，还经常为母亲提供各种建议。现在她意识到，她需要停止在背后议论爱伦，对于母亲如何对待爱伦也不该再提供任何建议，因为这会在结构上将自己置于家长的位置，而非同辈兄弟姐妹的位置。

艾丽莎意识到多年来自己几乎一直都忽略了妹妹，现在她需要从头开始重建与妹妹的关系。她开始给爱伦发电子邮件，分享一些笑话和有趣的照片，并仔细阅读妹妹在脸书（Facebook）上的个人主页——那可是以前艾丽莎连瞥都不想瞥一眼的东西。与母亲的谈话中，她开始有意无意地尝试将话题引向只涉及母亲和自己的事上："哦，妈妈，我忘了告诉您几天前我在工作中遇到的事……"或者也可能是"这听起来真是个不好搞的难题。不过我相信您会想出办法的，但我现在得先走了……"每当艾丽莎在父母家见到妹妹时，都特意和她共处几分钟。起初，爱伦对此很嫌弃，并且反应也很生硬。或许她担心这是姐姐又揣着什么"让她改邪归正的小算盘"。但几个月后，艾丽莎惊奇地发现其实爱伦非常风趣幽默，这是她以前从未意识到的。她发现很难克制自己"想扮演心理治疗师"的冲动，常常想给出建议，特别是当她发现爱伦其实才华横溢的时候；艾丽莎也常因爱伦没能完成学业或找到有趣的工作而白白浪费诸多天赋而感到痛心。

与艾丽莎、爱伦和母亲贝蒂组成的三角关系紧密连锁的是贝蒂、埃德娜和她们的母亲组成的三角关系。艾丽莎和86岁的外祖母关系非常亲密可能就与此有关。艾丽莎总能明显地感觉到母亲对外祖母充满怨恨；而外祖母也不止一次说贝蒂的坏话，指责她“薄情寡义、自我中心、自以为是”。过去艾丽莎从未质疑过这些言论。但现在，鉴于和外祖母的关系足够牢靠，她决定问一问外祖母为什么对女儿有如此恶评，她们之间到底发生过什么？外祖母告诉艾丽莎，贝蒂小时候虽然聪明，但患有阅读障碍。外祖母不得不常常带贝蒂去接受专业治疗，然而这正是外祖母讨厌去做的事。虽然最终贝蒂克服了阅读障碍，但她始终无法放下因此而被区别对待的怨恨。她非常嫉妒外祖母对埃德娜的关注，嫉妒妹妹的美貌，却从未关注自己独具的才能。贝蒂被诊断出患有阅读障碍的时候，恰巧埃德娜刚刚出生，这可能是贝蒂嫉妒妹妹的原因之一。艾丽莎和外祖母讨论了贝蒂的才华，以及她有时会以吹毛求疵的方式和他人保持距离的模式；贝蒂表现出的傲慢可能更多源于她内在缺乏安全感，而非表面展现出的优越感——这的确很容易被误解。艾丽莎告诉外祖母，她已经下定决心要更深入地理解贝蒂。艾丽莎感慨地说，她觉得自己多年来一直都误解了母亲，把贝蒂的批评解读为刻薄，而非母亲内心缺乏安全感的表现。艾丽莎尽力避免给外祖母任何建议，只谈自己的事情。图 6.9

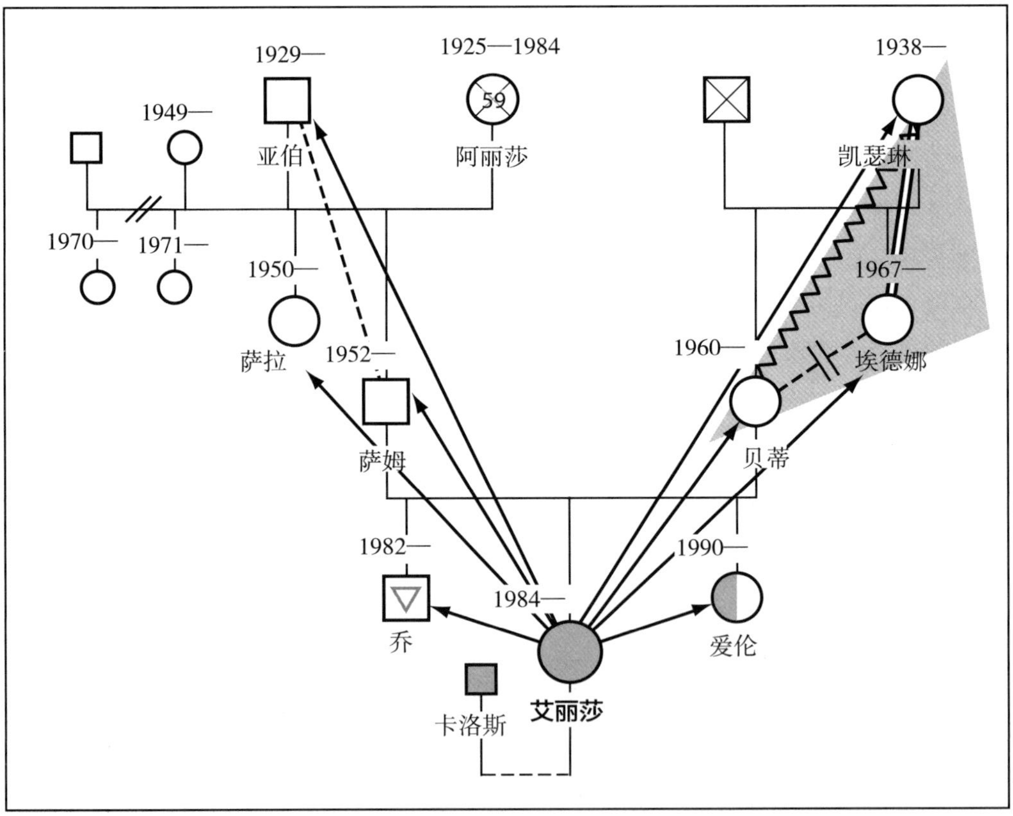

图 6.9　艾丽莎重建家庭关系的主要行动

展示了艾丽莎在过去一年中为改变她在家庭中的位置所采取的主要行动：

1. 直接和父亲开诚布公地沟通，请求父亲相信她在选择伴侣上的判断力；

2. 直接和哥哥联络感情，她觉得自己和哥哥之间并不存在根本性的矛盾或冲突；

3. 采取一系列间接行动，避开母亲对男友的批评，承认母亲不喜欢卡洛斯，希望母亲的态度在未来能有所改变，并将话题转向她和母亲间的其他矛盾；

4. 对母亲采取一系列间接举措，避免在背地里议论妹妹爱伦，并从容地提起母亲与外祖母和姨妈间的三角关系；

5. 谨慎地对爱伦采取一系列举措，以更好地了解妹妹而不让她感受到威胁；

6. 与外祖母直接沟通，挖掘母亲的历史，并询问外祖母对母亲抱有极度负面态度的原因；

7. 与祖父大量沟通，并与其新家庭互动，从而更深地了解他；

8. 采取一系列行动，更好地了解姨妈，了解她对家庭历史的看法。

对于未来，艾丽莎表示一旦与母亲的关系真正缓和下来，她就打算与姨妈埃德娜及其孩子们取得联系。她还计划继续努力，通过拜访表亲和研究家谱图去了解家庭更早期的历史，追寻先辈们移民迁居的历程，并会特别关注亲子间和兄弟姐妹间的三角关系。

艾丽莎努力的成果

经过大约 18 个月的治疗以及生活中的努力实践，艾丽莎在家庭关系中的位置发生了很大变化。尽管卡洛斯与她家人见面时，艾丽莎还无法始终保持放松的状态，但家人对男友的批评基本停止了。她逐渐意识到这在一定程度上缘于卡洛斯造访她家时会有些焦虑不安，而艾丽莎开始尝试让男友自己处理这个问题。

艾丽莎和哥哥的关系变得更加亲密，她去加州探望了哥哥两次。回来后她告诉家人哥哥和伴侣亚历克斯（Alex）在一起生活是多么开心快乐，并分享了二人许多有趣的经历。现在，她制订了一个计划：请哥哥来纽约与她见面，同时邀请父母和妹妹共进晚餐。

对于爱伦，艾丽莎觉得很放心，母亲也基本不再抱怨。尽管爱伦仍然没有工作，但她最近有了新的约会对象，这个人看上去非常和善也很有责任心。

艾丽莎的父女关系并没有因她与祖父及其新家庭积极建立关系而遭到破坏。此外，父亲对卡洛斯的态度也发生了转变，尽管并不总是成功的，但显然他正在朝这方面努力，比如会主动邀请卡洛斯和他打高尔夫球。

同时，艾丽莎从外祖母那里了解到更多关于母亲的历史；祖父也讲了许多关于艾丽莎的父亲和与她同名的祖母的故事，使她对家庭的“遗产”有了全新的传承感。

艾丽莎希望随着时间推移，哥哥能更好地融入家庭，妹妹能找到积极的发展道路，母亲和埃德娜姨妈能彼此和解。她想等自己和母亲的关系缓和之后，就去联系埃德娜姨妈和她的孩子们。另外，对家谱图的研究还帮助艾丽莎了解到，就在母亲和姨妈最终断绝关系的那一年，哥哥乔公开了他的同性恋身份，外祖父也在同年过世。

帮助来访者探索人际冲突、断绝关系、婚外情、亲人过世与家庭问题的发生发展之间在时间点上的重叠，发现那些之前未曾被发现的巧合，对于推动家庭改变非常重要。

艾丽莎还计划继续努力，通过探访表亲和研究家谱图去了解家庭更早期的历史，追踪家庭移民美国的经历，并特别关注亲子间和兄弟姐妹间的三角关系。

艾丽莎父亲与祖父之间的鸿沟已渐渐变小。萨姆开始偶尔和父亲通电话，并计划去佛罗里达看望他。与此同时，艾丽莎也和她的姑妈萨拉（Sarah）聊起了祖母，了解到许多关于她个人的才华和有趣的故事，以及她开朗和善的人格魅力，这些都为艾丽莎推进自己的家庭研究提供了灵感。

这个案例向我们展示了在整个家庭系统中去三角化的原理，并呈现了如何从多个层面入手去处理当前最有害的三角关系；而后，通过了解前人的历史，在更广泛的家庭系统中重新与家人建立联结并打开僵化、封闭的家庭关系。艾丽莎在整个过程中都能保持专注，并致力于与所有直系亲属以及大家庭网络中的许多人发展更紧密的个人关系。

与其期望缺乏责任心的人尽职尽责，不如推动过度尽责的人抽身后撤，因为后者更可能实现。但无论如何，所有健康的人际关系都遵循着相同的原则：绝不继续卷入三角关系博弈；让你的每个关系都只限定于交往对象本人；并尽力去了解对方的过往经历与视角，从而在互动中让自己更具灵活性。

去三角化需要我们毕生努力。关系系统在压力下具有三角化的倾向，因此来访者（包括治疗师）需要保持自省，从而远离家庭和工作环境中的三角关系。

关于三角关系与去三角化的临床提问

▲ 你和母亲（或三角关系中的疑似圈外人）是否总是在一些问题上意见不一？当你和她意见不一时，你的父亲会做什么？如果有那么一两次你同意她的观点，会发生什么？你觉得她会有什么样的反应？如果你此后都尽量认同她的观点，家中其他人会有什么反应？

▲ 如果家中现有的各个三角关系消失，你认为这会让你家后代人的生活有什么不同？

▲ 如果家中前几代人的三角关系被消解掉，会为你们带来什么样的不同？

▲ 在当前的情况下，发生什么会触及你的底线，让你下决心想要停止三角关系？具体可能是哪些因素激发了你要做出改变的决心？又有哪些因素阻碍了你停止三角关系？

▲ 有什么办法可以应对来自内心深处的不甘：“凭什么要做出改变的人是我？”

未尽的伤逝：帮助家庭哀悼丧亲 *

死亡可以带走生命，却带不走亲情。这些亲情在生者心中不曾静默，找寻那可能永远也找不到的答案。

——［美］罗伯特·安德森（Robert Anderson），《我不为父歌唱》（*I Never Sang for My Father*，1971）

终了最重要的是：你过得怎么样？你爱得如何？你放下了多少？

——佛教偈语

亲人亡故是人生中最难面对，也最易让人深陷其中的议题。因此，这也是治疗师最应关注和追踪的议题，它很可能引发种种症状，包括焦虑、抑郁、惊恐、心理冲突、关系断绝，家庭成员无法自立、离开原生家庭，或难以建立、维持亲密关系。如果家庭成员逃避面对丧亲的痛苦，那么创伤造成的阴霾往往将难以消散。

丧亲和可能发生的丧亲，迫使我们面对终极抉择。然而它们也可能成为家庭的潜在坚韧性的源泉，使人们可以正视自身的价值观念，更直接、专注地投身于当下真正重要的事情。因此，如果现实条件只允许我们在家谱图中聚集于唯一一

* 本章引用了我在《超越逝去的生活：家庭中的丧亲》（第二版）（*Living Beyond Loss*：*Death in the Family*，2nd ed.）中的章节，由弗洛玛·沃尔什和我共同编写，并于2004年由诺顿出版集团出版。如果你对这个话题有更多的兴趣，请访问 www.psychotherapy.net/McGoldrick，从我的视频《直面未尽的伤逝：构建家庭中的抗逆力》中选择相关内容。观看完整视频，请登录我们的网站 www.turalfamily.org。

个主题，那么我建议探索家庭中的丧亲——特别是那些意外的和创伤性的丧失。作为临床治疗师，帮助家庭处理丧亲之痛是我们工作中最重要的议题之一。“家谱”这一概念本身就包含着“家庭的过往会造成深远影响”的内涵，这也正是我们可以使用家谱图来回顾家庭历史，从而理解当下、指导未来的基础所在。如果不去处理家谱图中这些暗藏的幽灵，它们不仅对在世者可能产生巨大冲击，甚至对那些丧亲发生时还未降生的家庭成员也会造成影响。

帕梅拉·柯莱纳（Pamela Klainer）在她尚未出版的回忆录中描述了她童年丧父的经历，以及由此给家庭造成的影响：“久远的、未治愈的伤痛不会凭空消散，它挥之不去，如野火般燃烧，在我的成长经历和成人后的关系中肆意蔓延。”这句话有力地说明了一个事实，即没有被哀悼的丧失并不会消散，而是会实实在在地影响和损害未来的人际关系。在很多临床案例中，家庭成员因无法面对丧亲之痛，难以从痛苦中脱离，产生了种种让他们困惑不已的症状而前来求助。只有通过详细分析家庭历史，我们才能帮助来访者理解他们的体验，比如约翰·弗里曼的案例（见本书第 2 章），他感到自己毫无缘由地疏远妻子。一旦我们通过家谱图了解到约翰的家庭历史——父亲在他即将出生时因突发心脏病去世，约翰领悟到可能正是这段痛苦的丧亲经历激发了他的反应性行为——因为他自己也即将迎来孩子的降生。

通过分析由丧亲引发的多代际连锁反应，治疗师可以帮助来访者更好地理解：其家庭中的家庭模式如何运作，陷入困境时会发生什么，以及他们可以如何改变这些家庭模式。经历丧亲之痛可能会让生者更加坚强，激发他们的创造力，激励他们达成更多成就；亦有可能成为充满破坏性的遗产，如不加处理，其破坏力会愈演愈烈。家庭中可能延续着被多代人不断重复的某个家庭模式，但他们却对这个模式源自很久以前某位家族成员过世这一事实毫无觉察。研究因丧亲造成的深远和隐秘的影响，可能是破解来访家庭当前困境最有效的工作方向之一。

丧亲发生后，家庭必须重新调整组织结构。逝者的一些家庭功能必须转由其他人承担。生命周期过渡的节点和仪式都暗含着对过去丧亲的提醒。理想的情况下，家庭系统可以不断演进，将逝去的亲人纳入家庭记忆之中，同时家庭的结构和动力也随之调整改变。如果未能适时地做出这些改变，家庭往往会留驻在丧亲的那个时刻，深陷于僵化的家庭关系中，并发展出种种逃避式的行为模式。

性别与哀悼

在帮助家庭处理丧亲议题时，应探索的要点之一是家庭中不同性别的成员——男人和女人，男孩和女孩——在应对丧亲时分别表现出什么样的家庭模式，这些模式往往会在数代人身上延续出现。当家庭系统面临较大压力，通常是当亲人过世时，这些固有的模式会破坏家庭成员间的情感联结。男性和女性在面对丧亲时的反应存在显著差异（McGoldrick，2004）。女性通常可以在公开场合哭泣，但男性可能会表现出否认、回避、逃避悲伤和担忧情绪失控等反应。根据已有的临床经验，大多数主诉为抑郁或陷入丧亲之痛的案例中只有女性独自前来治疗，或是被她们的丈夫送到治疗室；而与此同时，家中的男人们按惯常的社会认识判断似乎社会功能依然良好，并不需要帮助。

通常，男人们会靠投入工作寻求情感庇护。而当妻子在公开场合哭泣时，他们会避而远之，并将此视为一种威胁——在外人面前他们需要维持自己对情绪的把控力。此时，男人们的逃避可能会被女性感受为双重丧失。在治疗中，一位三个儿子的母亲在长子去世两年后对我说："整个家庭让我痛苦不已。"起初她来诊的原因是她感到自己精神失常，因为丈夫和儿子一致认为她太过抑郁、情绪太过强烈——"她一定哪里出了问题"，因此她曾被转介去接受个体治疗。对于长子的离世，她的丈夫和另外两个儿子不曾哭泣，从未提及自己的感受，也不与其他家人诉说丧亲的痛苦——这些表现却从未被任何人认为是"哪里出了问题"；直到最后，妻子对丈夫的冷漠忍无可忍，把他也带到我的治疗室。

此类扭曲的哀伤反应模式在美国的文化中比比皆是，在家庭中催生出情感隔离。无法表达丧亲之痛的人因此被挡在最重要的疗愈资源——家人之外。我们能与来访者一起践行的最有临床价值的任务之一，就是推动他们突破传统的性别刻板印象限制，提升丧亲后家庭对个人身心照顾的灵活性。其中，很重要的一点就是指出刻板的性别期望，并鼓励家庭成员对自身、彼此和文化中的这些刻板反应提出质疑。当某个家庭成员"必须"独自哀悼时，痛苦必然变本加厉。诠释这些刻板反应，让它们可以被理解，指出"男儿有泪不轻弹""女性应照顾他人的感受"是文化灌输给我们的刻板教条，以此帮助家庭成员自我反思，并对彼此的情感反应更加宽容接纳，积极主动地改变不良的反应模式。

帮助家庭哀悼的过程中，我们应积极强化不同性别和代与代之间的情感联系，挑战那些限制家庭情感联结的传统哀悼方式。

当然，你不大可能将性别相关议题的理想模式一蹴而就地“传授”给来访家庭，特别是对于那些身陷丧亲相关困境的个案。因而，要想打开有关性别议题的探讨，可以从家谱图中三代人如何哀悼丧亲之痛开始：

▲ 你的父亲如何应对他母亲的去世?

▲ 你希望那位离世的亲人还能向你或其他家人说些什么?

▲ 当你自己离世时，你希望儿子或女儿如何应对或处理?

▲ 你的母亲如何哀悼过世的亲人?

▲ 许多男人很难直接表达自己的情感。这方面对你来说存在困难吗?你的父亲也是如此吗?

数个世纪以来，照料病危的亲人一直都被认为是女性家庭成员的责任。这也制造了许多同辈间的冲突，例如，尽管男孩往往更受父母偏爱或分得更多遗产，但他们却较少地分担护理年迈父母的责任，姐姐妹妹可能因此对兄弟们心生怨恨。在生命周期末段，同辈姐妹们经常成为彼此主要的赡养来源，甚至会生活在一起。年老的女性更可能依靠她们的妹妹、女儿甚至侄女获得照料。但对于不参与赡养工作的男性来说，就像那些较少参与抚养孩子的男性一样，他们与家人之间的情感联结也会被削弱，使他们更可能遭到孤立。

治疗师应积极鼓励同辈家庭成员强化手足亲情，特别是在亲人过世的时刻。因为如果只有女性关心和维持家庭关系，会大大限制家庭的坚韧性。

治疗师临床工作的重点之一是，提出关于削弱性别角色的刻板印象这一议题，从而使所有家庭成员都可以直面、体验自己的悲伤，并在应对丧亲之痛时能够相互支持。我们工作的目标是让所有家庭成员可以分享悲伤、一起哀悼，以及共同照看病危者，这些都是体验亲密家庭关系的必要条件。对于男性来说，面对死亡是一个让他们挑战刻板文化期望、克服情感解离、避免亲人间情感疏远，并保持人性温暖的机会。

赡养关系家谱图

绘制赡养关系家谱图，有助于我们理解围绕赡养年迈或病重家庭成员所形成的复杂的家庭政治规则系统。家谱图可以将家庭中哪些成员需要赡养以及哪些成员以何种方式提供了赡养直观地呈现出来。就在几年前，我为自己的家庭绘制了一幅赡养关系家谱图，它表明，我的父母和祖父母这两代人都曾需要长期赡养，而几乎所有赡养工作都是由女性完成的（McGoldrick，Gerson，& Petry，2008）。这个过程让我意识到了一个非常关键的议题——我们的下一代家庭成员中没有女性；所以，除非我们和儿子们形成不同于前几代人的亲子关系，或者和我们的儿媳、外甥女处好关系，否则我们这一代人很可能面临无人赡养的窘境。在临床工作中，绘制赡养关系家谱图有助于来访者注意到那些赡养负担过重的家庭成员，以及他们是否会因没有获得及时、足够的支持而被赡养负担压垮。

呈现并讨论特定时间点的家谱图，有助于来访者以直观、视觉化的方式观察家庭中的赡养需求如何影响了整个家庭系统。在我自己的家庭中，赡养议题曾在几个艰难时刻非常突出。我亲人们的病危和过世都并非突发或意外，因而对儿童的创伤性影响被降到了最低，然而这些历程却让女性家庭成员们承担了巨大的压力，可能会影响到家庭系统中的其他三角关系。我的母亲成为下一代家庭成员的主要养育者后，却在家中并没有什么权力。在照顾孩子和丈夫的同时，她还要负责照顾父母和公婆。我现在能够明白，那段时期我和母亲的关系之所以较为紧张，与她所承受的巨大压力有关。我现在非常感恩她对家庭的尽心付出。

后来我父亲患上严重的中风，母亲也成了他的主要照顾者。从那时起，她不仅身负许多责任，还获得了更多权力——家庭的财务从此由她执掌。虽然重担在身，但她变得愈加富有爱心，也卸下了内心的防备。在这第二个重要赡养期里，我的母亲不仅转变了家庭角色，在家庭系统中的权力地位也不同以往，成为领导全家人的卓越领袖；而在此之前，她的领导力一直严重受限于“为人妻”的角色。只有通过对这些照顾、赡养模式做深入探索，分析其中与性别角色、权力地位和生命周期相关的议题，我才真正对家庭中的许多动力有了领悟和理解。为自己的家庭制作赡养关系家谱图，也大大提升了我对未来家庭中赡养、看护关系的敏感性。如果能关注并理解那些可能需要我们照顾以及可能会为我们提供照顾的人，那么我们就可以更周到、细腻地处理家庭关系。

对丧亲的不良适应

如果哀悼被阻断，会使家庭关系愈加僵化，家庭成员愈加自我封闭，就像时间永远停滞在那一刻——对伤痛的种种防御性否认会让他们的情绪如短路一般一触即发。[①]临床评估中，我们必须考察是否存在此类家庭模式。

若家人不能哀悼，他们常常会被锁死在某个时刻——有关过去的梦境里，当前的情绪里，或对未来的恐惧里。对于未来可能的丧失，他们感到极度恐慌，以至于无法投入当前的家庭关系，担忧付出的爱越多就意味着将要失去越多。另一些人则被束缚在对未来的幻想中——他们建立新的关系是出于对未来的幻想和试图逃避过去，期望用新的关系填补丧失的空位。然而通常的情况是，那些迫切建立新关系的人会发现，当幻想让位于现实，过去的痛苦依然会回来纠缠搅扰。家庭在向新阶段过渡的过程中（如步入婚姻、为人父母或子女离家）所发生的问题，往往暗含着未被哀悼的丧失的影子，是时间停滞的反映。

丧亲之痛可能会使家庭陷入极度僵化或完全封闭的状态，无法与任何人建立情感联结。这种情况下，新加入的家庭成员有时会接替逝者的位置，尽管依然有些僵化，但家庭关系可能暂时会显得比较稳定。然而，一旦接替者表现出任何不同于逝者的个人特性，即她 / 他并不是逝者本人，那么家庭中的稳定就会土崩瓦解。丧亲之痛引发的反应可能延迟发作，甚至是在亲人去世很久之后。若家庭成员无法接受亲人的死亡，他们就会倾向于发展出某种固定的方式来应付对未来丧亲的恐惧。另一种否认丧亲的表现是家庭成员不愿在逝者去世后做出任何改变。他们会把逝者的房间变成纪念馆或灵堂，拒绝换掉逝者的任何物品或改变家中的任何摆设。

丧亲之痛还可能被掩藏起来，家庭关系的僵化之处在数年后才会浮出水面，在家庭向生命周期末期的过渡中以陷入困境的形式表现。

---

① 参见 McGoldrick，1996，《直面未尽的伤逝：构建家庭中的抗逆力》，www.multiculturalfamily.org，观看在线视频请访问 www.psychotherapy.net/McGoldrick。

59 岁的非洲裔美国科学家唐纳德·贝尔（Donald Bell）前来寻求帮助（见图 7.1）。唐纳德的父亲奥斯卡（Oscar）现年 94 岁，患有抑郁症。唐纳德前来求诊是因为在过去 6 年里他一直对父亲心怀怨恨。唐纳德的母亲患病并于 4 年前去世。唐纳德事无巨细地描述了此后他为照顾父亲所做的一切。唐纳德是独子，在费城长大，他的父母都是接受过高等教育的移民，父亲来自牙买加，母亲来自特立尼达。8 年前，48 岁的唐纳德搬到新泽西，与一位几年前在某个会议上结识的女性结了婚。在他的描述中，父母全都才智出众、接受过高等教育、性格外向开朗、非常善于交际，但步入晚年后他们却把家里弄得杂乱不堪，几乎无处下脚。唐纳德曾试图去探望照顾他们，但父母很强硬地声称不需要儿子的任何帮忙，他们可以管好自己。后来，母亲因意外摔倒受伤住院。唐纳德试图介入帮助父母，但父亲更愿意向街坊四邻求助，拒绝了唐纳德的照顾。

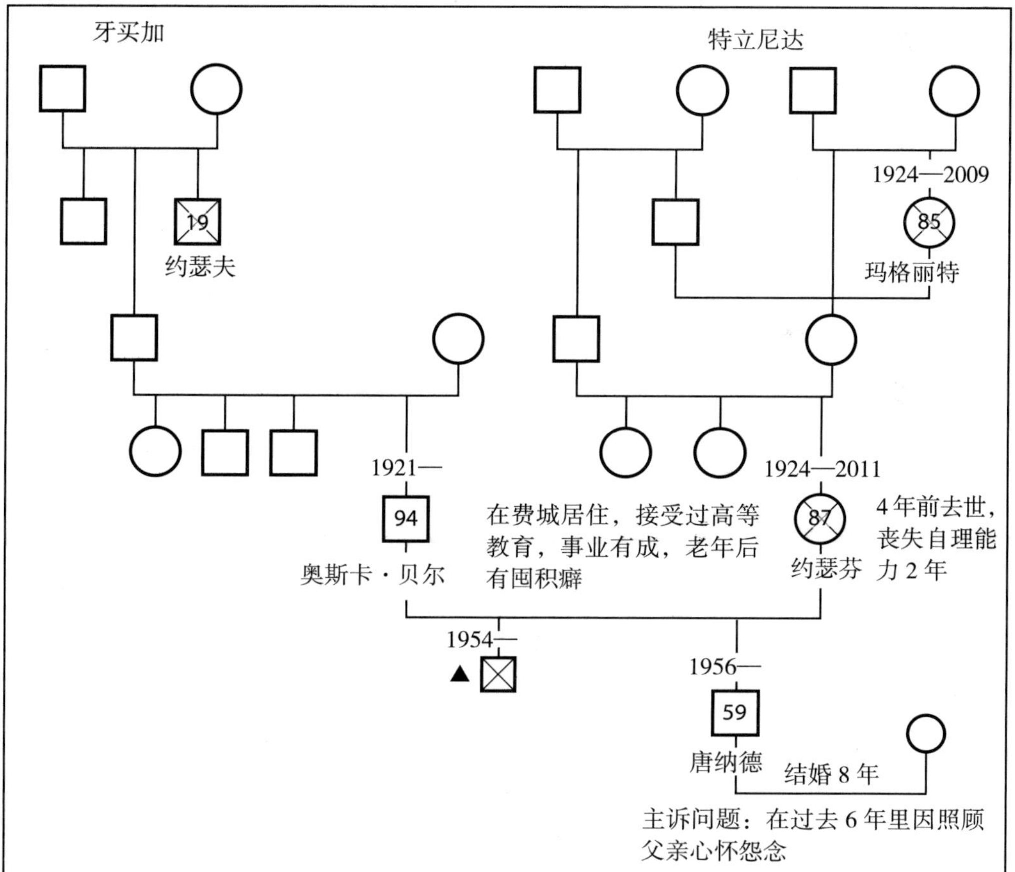

图 7.1　唐纳德·贝尔的家谱图

在绘制家谱图的提问过程中，我了解到唐纳德的父母都是家中最小的孩子，都拥有硕士学位，都在非营利机构从事过行政管理工作。当我问起唐纳德是否有同辈兄弟姐妹时，他告诉我，几年前他才从一位姑妈那里得知，在他之前父母曾有过一个儿子，但出生后没多久就夭折了。他说父母从没提起过这事，唐纳德很困惑为什么他们将此事当作秘密避而不谈。

随着母亲健康状况恶化，父亲似乎与邻居们的互动越来越多，却对唐纳德愈加疏远。母亲去世后，唐纳德怀疑邻居们骗了父亲的钱，或怂恿父亲和保姆结婚。在付出了很多努力后，唐纳德终于安排父亲搬到了新泽西——尽管父亲一开始严词拒绝，还住进了费城的一个退休养老社区。唐纳德足足用了一年时间，全情投入、精打细算，终于在艰苦卓绝的斗争后才从外人那里夺回并重掌了父亲的财产控制权。唐纳德安排父亲搬到新泽西，以便他更好地监督保姆对父亲的护理。

虽然最终避免了父亲的钱被骗光，但整个过程让唐纳德痛苦不堪、精疲力竭，他不仅花费了许多精力帮父亲处理财务问题，还得想方设法说服父亲，让他相信自己是在帮助他，而不是为难他。

唐纳德说，他真正苦恼的是如何克服多年来对父亲的怨恨——父亲鬼迷心窍似的，对来自费城的那个保姆言听计从。我和唐纳德达成了共识，邀请他的父亲也来参加几节治疗。在治疗中，唐纳德的父亲回忆了妻子患病和离世的历程，以及他在保姆及其朋友的鼓动下所发生的闹剧。他说，妻子的去世让他悲痛欲绝，他已经失魂落魄好几年了。

渐渐地，我们开始讨论父母与夭折的大儿子以及唐纳德之间的关系。父亲说，他和妻子从小就被教育“你要坚强，决不能向任何困难低头”——对丧亲之痛也是如此。唐纳德回忆说，几年前他从姨姥姥玛格丽特（Margaret）那里得知了哥哥的存在。后来唐纳德回到家，质问父母这件事。父亲呆呆地坐在椅子上一动不动，母亲则走进卧室痛哭了足足两天，甚至没吃任何东西。两天后她走出房间，之后再也没有提起过这件事。从那时起，唐纳德开始调查家庭历史，并找到了哥哥的出生证明和死亡记录。在我们的治疗中，唐纳德问父亲，为何多年来父母都对哥哥的事绝口不提。我指出，也许失去长子的伤痛让这对夫妻不敢对第二个孩子投入太多情感，因为他们害怕再次失去挚爱——害怕失去唐纳德。对于这个话题，父亲在治疗中完全语塞，一句话也说不出来。

思考过这些信息之后，唐纳德得出结论，认为父母一定做了约定：对夭折的长子闭口不提，这使夫妻两人在情感上紧紧依偎却与其他家人隔绝开来，最终导致母亲去世后父亲无法有效地管理自己的生活。我和唐纳德讨论后认为，现在他可以公开探讨这个议题，并且或许可以做些什么来纪念这位已故的、甚至不曾有名字和墓地的哥哥。

父亲回应说，他想给唐纳德的哥哥起个名字，并和他商讨如何纪念这位逝去的孩子。这是父亲加入治疗以来做出的最主动的行动。唐纳德说，他感到压在心里的巨大包袱终于被卸下；积压在他心中的怨恨逐渐消散了。然而几周后，父亲又自我封闭起来，说他不想再谈论和第一个儿子有关的任何话题。尽管如此，唐纳德已然卸下内心的愤恨并理解父亲沉默的缘由，他决定自己设计纪念夭折哥哥的方式并付诸实施。他为哥哥起名约瑟夫（Joseph），以纪念母亲约瑟芬（Josephine）和父亲的叔叔乔（Joe）——乔才华横溢，却因伤寒于 19 岁时不幸离世。唐纳德决定以哥哥的名字设立一项纪念奖学金，因为他深知父母都非常重视教育，而夭折的哥哥却未能有机会接受教育。唐纳德说，设立奖学金的这个决定让他从家庭中因失去第一个孩子所形成的情感枷锁中解放出来。唐纳德认为他虽然无法改变过去，但理解父母为何会情感隔离，让他能够主动改变僵化的家庭模式——对亲人的逝去不再沉默，并让哥哥永远被铭记。与此同时，对于丧亲之痛，虽然唐纳德选择了不同于父母的处理方式——承认接受而非闭口不谈，但通过理解父母的痛苦，他对父亲的怨恨也得以消解。

后续治疗中，唐纳德的父亲不仅参与了纪念活动的筹划，还开始谈论第一个儿子的去世对他和妻子的影响。他也开始用约瑟夫这个名字称呼唐纳德的哥哥，并为唐纳德设立约瑟夫纪念奖学金感到自豪。

使用否认或逃避等防御机制的家庭

临床工作中我们会观察到许多功能失调的家庭模式，如婚外情、行动化、疏远、隔离、惧怕新成员、持续的家庭冲突、抑郁、工作狂、沉迷于电视或网络，它们常常是难以应对丧亲伤痛的反映，并最终会因惧怕未来的丧失而发展成无法与任何人建立关系。

家庭经常编造“神秘故事”来掩盖创伤性丧失的羞耻感，例如对自杀加以粉饰。接下来，家庭需要通过不断“共谋”来长久掩盖创伤经历的真实本质。这样的“神秘故事”往往会随着时间的推移而膨胀，被掺入越来越多有关丧失的记忆，因此，在将家庭历史向下一代传承的过程中，不能讨论的禁区会变得越来越多。这样的“神秘故事”自然会对孩子们造成影响，他们往往会被动地成为已故家人的替代者，尽管他们可能完全不清楚这其中的关联。如果人们作为未葬之灵的替代品被抚养长大，他们可能会发展出严重的情绪问题。[①] 为了能让来访者真正掌控自己的人生，治疗师需要帮助他们发现其家庭身份背后潜藏的秘密，并“驱走”过去的幽灵（Paul & Paul，1989）。[②]

围绕死亡议题的治疗干预，首要目标在于赋予家庭力量、强化家庭韧性，使他们能够哀悼逝去的亲人并开始新的生活。这意味着：

1. 承认亲人死亡的现实，全家共同面对丧亲之痛。如果死亡的事实未被家庭承认，治疗师可帮助家庭成员厘清和了解更多有关亲人亡故的信息，接受死亡的现实，并将亲人的逝去置于更大的格局、更广泛的背景中审视。

2. 帮助家庭将过去、现在和未来串联起来，重新获得家庭历史的连续感。

3. 根据现实需要，在排除已逝成员的情况下重新组织家庭系统，并对必要的家庭功能加以调配、管理。

与家人共同面对丧亲的方式包括举行葬礼或纪念仪式等。虽然是迟到的仪式，但借此家人可以表达和分享对死者的哀悼、愤怒、痛苦、遗憾、逝去的期望、内疚、悲伤和思念。这种共同面对丧亲之痛的仪式可以通过全家聚在一起讲述逝者生前身后的轶事开展，以此帮助他们将丧亲的经历整合到家庭生活中，增强家庭叙事、家庭文化的连续性和家庭成员之间的联结。讲述家谱图中的故事，可以消解丧亲之痛中暗含的“毒性”，让孩子们对自己的家庭历史有更多的认识和安全感。为了培养对生活的掌控感和承受丧亲打击的能力，我们需要鼓励来访者——特别应鼓励家庭中的男性——敞开心扉去接近在世的家庭成员，从而更多地了解家庭历史、家庭文化背景以及各个家庭成员的不同视角与故事。

---

① 参见视频《直面未尽的伤逝：构建家庭中的抗逆力》，www.psychotherapy.net/McGoldrick。

② 参见视频《直面未尽的伤逝：构建家庭中的抗逆力》，观看在线视频请访问 www.multicultural family.org。

当家庭深陷丧亲之痛而无法自拔时，帮助他们从更大的格局、更广泛的背景审视丧亲经历可以取得积极的效果。否认丧亲之痛与无法完成哀悼，两者带来的最大问题在于它们让家庭难以通过连贯的家庭叙事来理解家庭经历。如果丧亲不允许被提起，或是有关丧亲的话题不能被展开讨论，那么家庭成员就不可能厘清家庭的整体历史，并且会让他们的下一代缺乏学习如何整合丧亲经历的参照对象。参与治疗可以帮助家庭成员创造家庭叙事，提升和加强他们对丧亲经历的整合能力。

帮助家庭保持控制感

美国的文化中对死亡的否认体现在方方面面，譬如大家通常不讨论自己希望如何死去，或死去后希望怎样被生者纪念；尽管会给生者带来极大痛苦，但许多人依然拒绝设立遗嘱。面对死亡是一种非常个人化、私有的感受和经历。然而，关于死亡的私有体验却很容易迷失在由医疗部门、宗教机构或殡仪馆所设定的规程、仪式或习俗中。实际上，这些机构与逝者或其家人并无任何情感关联。通常家庭成员对葬礼的主要记忆是牧师朗诵的“悼词”或评述如何让他们感到格格不入——这是由于牧师并不熟悉每一位死者，抑或牧师的价值观与家庭价值观存在很大差异。临床工作者应设法帮助家庭寻回属于他们自己的哀悼方式，这可以为家庭带来持久的益处。

临床工作者可以帮助家庭成员直面他们在这些机构或部门中面对亲人死亡时所体验到的感受，让他们理解那种错位感是正常的，由此他们就不会再怀疑自己——不会再担忧是不是自己出了问题。通过治疗师的帮助，来访家庭能够更自主地发挥能动性，为即将离世的亲人创造面对死亡的理想状态。丧亲的仪式性过程包含三个部分：

1. 承认并哀悼亲人的离世；
2. 将亲人离世对家庭造成的损失和内涵象征化地表达出来；
3. 将生活还将继续象征化地表达出来。

帮助家庭建立富有个人意义的仪式是促进家庭情感、家庭结构蜕变的重要部分，而这两方面的蜕变正是失去亲人后家庭所必须做出的调整。在婚礼或周年纪念聚会上祝酒，甚至在另一位家庭成员去世时致以悼词，都能让人们追忆逝者，并有助于将他或她整合到家庭关系的大背景中。例如，某位青年决定在感恩节聚餐时向全家祝酒，并对两年前因车祸去世的嫂嫂致以感谢，感谢她带给家人的美好回忆。此类能唤起家人们对某位亲人回忆的做法，即使在亲人离世很久之后依然可以对家庭产生深远的治愈共鸣。某位女士为其自杀的哥哥举办追思会——25年前哥哥在生日当天自杀，追思会开启了尘封25年的和解进程。另一位年轻来访者在17岁时失去了母亲，而后在父亲再婚的婚礼仪式现场，专门设置了纪念母亲的环节，这让来访者非常安心，因为她一直都特别担心有关母亲的记忆会被刻意抹去。

组织治疗架构：同时或单独与家庭成员工作

处理关于丧亲的议题时，在多大范围内开展工作是我们必然面临的问题之一——何时分配任务，何时与所有家庭成员一起探讨，以及何时对单个家庭成员指导。临床工作中，一方面来访家庭会因求助于圈外人（治疗师）处理家庭内部问题而引发羞耻感；另一方面，引入圈外人加入有关丧亲的讨论对家庭有着许多潜在益处。治疗师应谨慎把握这两方之间的平衡。用一整节治疗专门围绕某个重大家庭危机与多位家庭成员讨论，探讨那些被逃避、被掩藏、源自丧亲的伤痛；消解丧亲之痛中暗含的宿怨，对改变长期存在的消极家庭模式、促进成员间关系都非常有益。消解宿怨是家庭改变的标志性事件。治疗师的在场能够为家庭提供一个安全网，让他们彼此敢于谈论家中的丧亲之痛。

对于一些来访者来说，让陌生人见证家庭最私密的讨论会给他们带来更大的痛苦。举例来说，处在不同居丧阶段的家庭成员，或处理情绪问题时有着不同应对风格的家庭成员，对于新近发生的自杀事件，一些家庭成员认为应该公开讨论，而另一些人可能会因太过伤心而无法开口。这种情况下，首先与那些已准备好讨论的家庭成员工作会更有成效，而后，我们可以鼓励这些人去安抚其他家庭成员，逐渐扩大可干预人群的范围，最终将家庭整体纳入治疗之中。我们可以培训那些积极参与治疗的家庭成员，让他们利用各种家庭纪念日或宗教节日，以及生活中有特别意义的日子，主动将亲人去世的事件整合到家庭历史当中（Imber Black，2016）。治疗师也可指导家庭成员以更私密的方式哀悼丧亲，消解其中的伤痛，如写信、扫墓、拜访亲人故居或其他具有特殊意义的地点，或与那些和过世亲人相熟的亲戚聊天。此外，有时尽管家庭成员各自处在不同的哀悼阶段，但让他们一起参与治疗也会效果显著；创设一个充满信任的环境，让家庭成员齐聚一堂，即使大家还不能彼此分享各自的感受，但依然可以见证彼此的经历。

与丧亲相关的临床提问

正如本书一直强调的，提问是治疗师临床实践中最得力的工具，提问可以让来访者对其家庭历史有更多的了解、对其当前状态有更清晰的认识，以及对其未来有更多的把握。有没有某位亲人的去世日期让家庭成员难以记起，或从不被纪念？家庭成员是否可以坦然谈论某位逝者及其死亡过程？积极和消极的家庭历史是否都能被想起？是谁与主持葬礼者沟通，举行了什么样的葬礼，都有谁致了悼词，而谁又一言不发？——所有这些信息都反映出家庭成员间的关系、他们的信仰、他们的恐惧以及他们珍视的人与事。

家庭成员了解的家庭信息越多，他们就越能够以多元的视角审视自身及其生活，进而以更开放的心态面对未来。围绕丧亲展开提问，可以帮助我们理解家庭前几代人如何应对生活困境，以及他们为当前的家庭关系奠定了什么样的基础。问题并非孤立地被提出，而应具有指向性，引导家庭成员探索家谱图中有关丧亲的内容，围绕相关领域提问，从而对家庭中与丧亲相关的经历有更透彻的理解：

▲ 对于（某位）亲人去世，各个家庭成员都有什么样的反应？如哭泣？退缩？抑郁？回避？陷入疯狂？安慰、照顾亲人？他们是否彼此谈论过（某位）亲人去世这件事？

▲（某位）亲人去世时是谁在其身边？谁“本应”在场却没有出席？谁见到了遗体，谁没有去？

▲ 逝者与其他家人之间是否存在未解决的议题？其过世时家庭关系如何？

▲ 是谁筹办的葬礼？有谁参加了葬礼？谁没有去？由谁致的悼词？

▲ 遗体是被火化还是土葬？如果火化，之后如何安排骨灰？是否刻了墓碑？

▲ 在亲人去世前后，家中是否有冲突或关系断绝发生？

▲ 逝者是否立了遗嘱？由谁继承了哪些遗产？家人对遗嘱是否存在分歧？

▲ 都有谁会去扫墓？多久去一次？谁会提起逝者，经常提起还是偶尔提起？逝者的财产后来怎么样了？

▲ 有关（某位）亲人的去世，家中是否有相关的秘密？家庭内外是否都知道这些事？

▲（某位）亲人去世后，家庭中产生了哪些有关他或她的神秘或神圣的话题？

▲ 如果逝者能在世更久一些，家中可能会有哪些不同于当前的情况？有哪些原有的愿望因亲人亡故而破灭？

▲ 家庭成员是否因（某位）亲人的去世而感到羞耻？（如死于自杀、艾滋病或酗酒）

▲ 与逝者的关系对家庭成员的生活造成了哪些影响？逝者给家庭都带来了什么？家庭成员的某些性格特征是否与其和逝者断绝关系有关，如物质成瘾、颐指气使、自我中心，或偏袒其他家庭成员？

▲ 家庭的文化和宗教信仰对死后、来生各有什么样的看法？家庭所信仰的宗教如何解读死亡的意义？

▲ 面对亲人去世，还有哪些信念帮助家人应对痛苦，如生者的个人使命感，对家人或宗教文化的使命感？

诚然，这些只是对提问的一些建议。实际工作中，每个提问都应接续来访者对前一提问的回答，始终结合情境展开。治疗师应对照来访者的家谱图提问，有时甚至和来访家庭一起审视家谱图，如此，参与治疗的每个人都有机会边思考边分享。

帮助家属处理尚未完成的哀悼

临床实践中，特别是打开那些家庭中尘封已久的创伤性丧亲历史时，我经常借鉴诺曼·保罗提出的极具创意的方法（Paul，1976；Paul，1980；Paul，1986；Paul & Grosser，1965；Paul & Paul，1982；Paul & Paul，1989）。[①] 保罗专注于找到来访者家庭历史中那些阻碍他们积极生活的“幽魂”，探索和发现这些“幽魂”之后，保罗会与家庭积极合作，一同“驱魔”。他特别关注那些被用来应对丧亲之痛的否认性情感，并致力于打破人们心中的墙垣——因难以哀悼丧亲，为了隔绝伤痛，倾尽毕生在心中筑起的高墙。他经常用录制视频的方式将那些被家庭成员阻隔躲避的经历中暗含的潜在意义展现出来。保罗会拍摄某几位家庭成员讨论丧亲议题的过程，然后将其展示给其他家庭成员观看；不仅如此，有时他甚至采用图像叠置技术实现非常戏剧性的效果，将逝者的影像覆盖在那些被当作逝者“替代品”的家庭成员之上——现实中，后者的人生轨迹常常受“逝者的幽魂”左右。[②] 通过生动展现某些家庭成员被当作逝者“替代品”的现象，保罗将家庭中因未被哀悼的丧亲之痛所产生的情感扭曲淋漓尽致地呈现出来。当家庭成员们在视频中看到自己与已故的“幽魂”同台出现时，他们往往就会开始尝试与那些从未被觉察到的家庭历史产生情感联结。

我也会鼓励来访者录制治疗过程，并提议通过审视和思考其家谱图，跳出他们自身记忆的局限，去发现和了解家庭中真实发生了什么，以及可以从其他家庭成员身上学到什么。

首节治疗之前，保罗就会要求来访家庭准备好绘制家谱图所需的信息，并告诉他们，治疗可以帮助他们更丰富地认识自己，发现自己眼中的自己与他人眼中的自己有何差异。在获得来访家庭允许后，他会录制治疗的全程，并让来访家庭在下一节治疗开始之前观看，使他们有更多机会观察自己的实际表现。诺曼·保罗是最早将视频技术应用于临床家庭治疗的治疗师之一。他极富创新精神，创造性地让家庭成员们更直观地观察自己和彼此的情感反应。保罗强调，我们记住的往往是被扭曲的过往经验——当某些经验充满激烈的情绪时尤为如此。他致力于帮助来访者更好地接近真实的自我，让经验不再被扭曲，或让真实的经历得以还原；通过这些干预，使得来访者能更贴近现实地了解自己。

来访者的这些领悟绝佳地反映出家谱图在临床工作中的重要价值，家谱图的框架结构可以将个人或夫妻生活中的家庭模式清晰地呈现出来。家谱图使人们跳

---

① 参见视频《直面未尽的伤逝：构建家庭中的抗逆力》，详情请登录 www.psychotherapy.net/McGoldrick 或 www.multiculturalfamily.org。

② 参见视频《直面未尽的伤逝：构建家庭中的抗逆力》，详情请登录 www.psychotherapy.net/McGoldrick。

出扭曲的记忆，接近真切的历史事实，从而帮助他们与真相相遇，并理解那些阻碍他们看清真实自己、看清过往历史的扭曲之力。在视频中看到自己的情感反应类似于在家谱图中看到反映家庭模式的家庭信息。这可以让来访者不再沉浸于扭曲的感受和记忆，而去直面真实的经历。例如，诺曼·保罗是被以他母亲的一位哥哥的名字命名的，保罗的母亲曾非常嫉妒哥哥。然而保罗的这位叔叔不幸在一次运动中被一群同龄人淹死，那一年他 19 岁。毫无疑问，孩子被以家中痛失之亲人的名字命名，那么他很可能承载着父母和其他家庭成员对逝去亲人的深挚情感。这也常常意味着，家庭过去的情感烙印会对下一代人的情感历程造成很大影响，而后者在面临家庭闹剧时也往往不明所以、非常困惑。[①]

保罗还会让来访者到父母去世的医院或家人被害的集中营，帮助他们靠近那些被掩藏的情感。他邀请来访家庭在体验这些情感的过程中记录他们的心理反应。这些技术的目的在于让生者与死者分化，让来访者摆脱那些他们背负着的逝者遗留的责任或家庭为了逃避丧亲之痛而编造的家庭神话。在此过程中，任何有助于家庭成员与丧亲经历重新建立联结、破除割裂的心灵状态都是有益的。与家谱图结合使用、用于帮助家庭处理未竟的丧亲之痛的技术包括：

▲ 参观墓地；

▲ 向已故或仍在世的亲人写信，谈论某位逝者；

▲ 看一看老照片；

▲ 阅读过去的日记或信件；

▲ 整理逝者的遗物或纪念品，做出决定：自己留下哪些；将哪些作为纪念传给其他人；以及余下的如何处理；

▲ 写一本关于梦、回忆和反思的日记；

▲ 与亲人谈论丧亲；

▲ 观看或阅读能“激起”强烈丧亲体验的电影或书籍。可供备选的电影包括：《我不为父歌唱》（*I Never Sang for My Father*，1971）、《饲养乌鸦》（*Cría Cuervos*，1976）、《吾爱吾父》（*Dad*，1989）、《钢木兰》（*Steel Magnolias*，1989）和《初学者》（*Beginners*，2010）。推荐、备选的书单包括：《失亲记》（*A Death in the Family*）、《伊

---

① 想要更全面地了解诺曼·保罗生活中的创伤性丧亲经历，请浏览视频《直面未尽的伤逝：构建家庭中的抗逆力》，观看完整视频请访问 www.multiculturalfamily.org。

凡·伊里奇之死》（*The Death of Ivan Ilych*）、《安详之死》（*A Very Easy Death*）、《卿卿如晤》（*A Grief Observed*）和《迷人的比利》（*Charming Billy*）。

▲ 聆听来访者、家人或逝者最喜欢的音乐。

一旦家庭成员克服障碍，能够直面丧失，那么无论亲人已离开多久，治疗师此刻都可通过引导家庭举行纪念或葬礼，帮助他们将家庭中的丧亲仪式化。这么做可以为来访家庭重新修订其家庭历史叙事提供机会——整合那些曾被掩藏的丧亲之痛，找回被掩藏的过世亲人在家庭中应有的角色，从而重塑当下的家庭关系，从无法哀悼丧亲的停滞中解脱出来。

家庭缺乏哀悼丧亲的仪式（underritualization）也是常见的情况之一。他们可能根本就没举办葬礼，或草草了事——家庭可能并未参与葬礼的设计。重要的家庭成员可能未能参加追悼仪式，无论是出于情感原因，还是因为路途遥远或患病不便。那些试图将丧失亲人的情感体验最小化的家庭往往特别容易发生缺乏仪式的情况，而这可能会让他们长期深陷于内心的煎熬之中。

乔治·考克斯（George Cox）带着他 9 岁的儿子本（Ben）前来寻求治疗（见图 7.2）。本在学校无法集中注意力且社交退缩严重。乔治似乎没有意识到当前的问题与尚未解决的哀悼有任何关系。在首节治疗中通过绘制家谱图，我了解到本在 4 岁

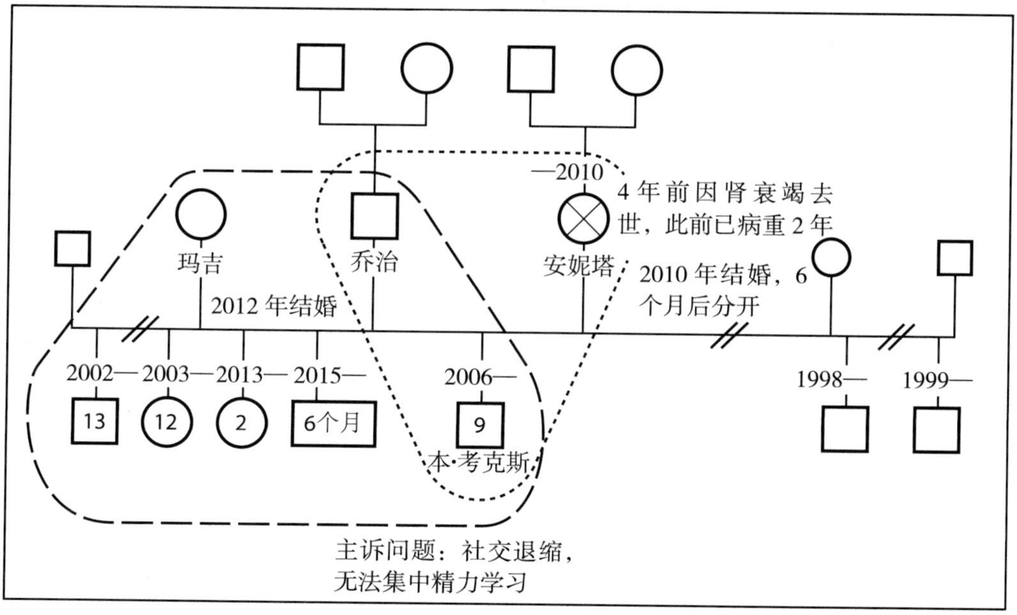

图 7.2　考克斯一家的家谱图

时失去了母亲安妮塔（Anita），她在重症中挣扎了两年，最终因肾衰竭去世。

乔治不想让本伤心，所以没有带儿子去参加安妮塔的葬礼。而后不久乔治就又结了婚，再婚妻子有两个刚上小学的孩子。然而婚后不到6个月两人就分手了。一年后，乔治和玛吉（Margie）结婚，后者带着前段婚姻的两个孩子加入了这个家庭。乔治和玛吉育有一子一女，女儿现在2岁，儿子6个月大。

乔治说，送本来治疗是学校的主意，他自己并不知道为什么要来这里。通过家谱图我们很快生成这样一个假设：本因母亲去世而“心被陷于过往”，难以转变身份成为新家庭的一员。我们小心翼翼地点出了这个假设，但父亲似乎不为所动。

因此，当这位父亲在第二节治疗里递给我们一封已故妻子写的信时，我们感到非常惊讶。虽然他试图逃避，但我们还是鼓励他把信亲自读给家人听——这么做可以让信中传达的信息被全家人接收到，而不仅仅是他自己或治疗师。乔治的第一任妻子在信中感人至深地回顾了她与每位家人的关系，感谢丈夫、双方的父母甚至丈夫的祖父母对她的关爱与支持。妻子表达了她对丈夫再婚的期望，但叮嘱他要确保第二任妻子能像她一样爱本。

她写下了她对本和整个家庭未来的畅想。聆听这封信对本触动很大，在治疗师的鼓励下，本第一次向父亲询问了有关已故母亲的许多问题。治疗结束时，治疗师建议这对父子在家中一同完成一个仪式——整理出安妮塔留下的所有具有纪念意义的物品。在后续的治疗中，本变得比以前更加活跃。乔治说每当看到本就让他想起第一任妻子，因为本和母亲长得几乎一模一样。经过治疗，父子关系变得更加顺畅，父亲不久之后也报告说本和继母、继兄弟姐妹也相处得更融洽了。

有时，不需太多干预即可释放家庭中隐藏的韧性，让家庭成员能够直面丧亲，并自发找到整合丧亲之痛的方法。对于处理丧亲议题，说不准什么时候治疗师给出的提议就会产生奇效、引发来访者共鸣——正如本案例中的父亲那样，一直以来他都很想将妻子的留言和儿子分享，却不知应如何去做；而治疗师的建议就像他期盼已久的解药一般。后来，他也把这封信反复读给妻子玛吉听。作为治疗师，我们尽一切可能帮助父母创设哀悼仪式，从而帮助孩子处理丧亲之痛，这不仅可强化当下的家庭关系，同时也让他们接受过去丧亲的现实。

揭开深藏的丧亲之痛

通常，临床实践的首要工作是向来访者说明家庭历史与其当前困境是相关的，并处理来访者因“揭开旧伤”而激起的阻抗。治疗中虽然的确偶然有“点石成金”的时刻——某个恰到好处的提问瞬间激发了积极的改变；然而绝大多数情况下，我们还是要通过仔细、耐心地提问，细致地倾听帮助来访者看到其困境与潜在家庭关系之间的联系。正如下例所示。

59 岁的亨利·格雷斯特（Henry Grist）是一位事业有成的英国裔企业高管，他与妻子安（Ann）已分居两年。在安要求不再拖延立即离婚之后，亨利前来寻求治疗（见图 7.3）。亨利疏远安是因为他觉得二人的婚姻已“名存实亡”。对于治疗，他和妻子抱有相同的期望：要么魔法般地修复他们的婚姻，要么尽快让亨利决意离婚。治疗一开始，亨利就声称对分析自己的原生家庭毫无兴趣，还认为讨论家

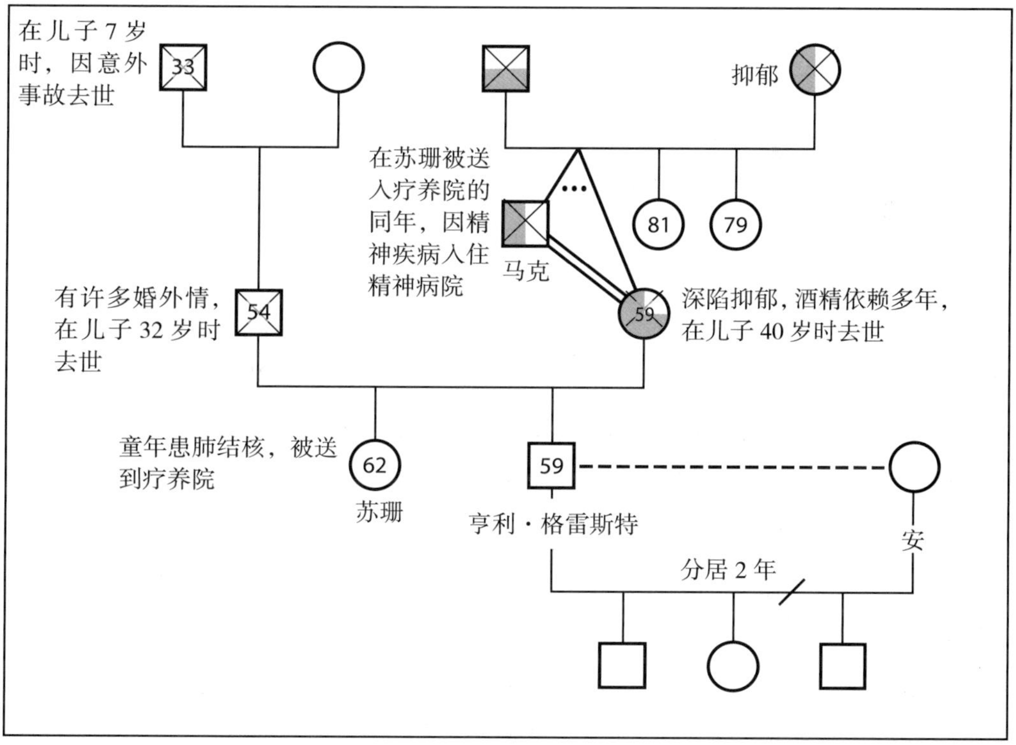

图 7.3　格雷斯特一家的家谱图

谱图对他们没有帮助。后来，通过细致、反复地探讨他对自身、生活事件以及家庭关系的理解偏差，同时邀请其姐姐和三个孩子加入治疗并从他们那里证实这些偏差切实存在之后，亨利才渐渐愿意看一看他家庭中的丧亲经历。他的父母分别于几年前去世，父亲享年 54 岁，母亲 59 岁时离世。我们邀请亨利的姐姐参与治疗，她非常肯定地说亨利在原生家中“集千恩万宠于一身”。虽然姐姐坦然承认她对亨利“翻家里的老皇历”——讨论家中旧事并不感兴趣，但姐姐参与治疗让亨利明确地意识到，“闭口不谈”这一潜规则在他家中是何等强大。亨利的孩子们则在治疗中表示，父亲是一个感情匮乏的人，常常让他们感到无奈和沮丧。这多多少少让亨利意识到他应该和自己的感受靠得更近一些。

经过 8 个月治疗，亨利终于踏上了探访故乡的行程，去康涅狄格州拜访了他父母那一代还健在的两位姨妈，他们已多年未见。在接下来的那节治疗中，亨利兴高采烈地走进治疗室，并带来了相册、信件和母亲的日记，里面满满的都是亨利童年的记忆。这些照片、日记和对姨妈的探访，激活了亨利的情感部分，让他第一次主动接触母亲那充满创伤的生活和自己痛苦的童年。

谈话中他还提到了父亲的离世，并在父亲离世 27 年来第一次为之哭泣。他记得自己是如何陪着祖母走向灵柩，祖母看到自己的儿子——亨利 54 岁的父亲躺在棺材里，亨利听到她反复悲吟着：“我的孩子啊，我的孩子。”父亲去世时，亨利唯一的感受就是对医生的医疗失误非常愤怒。亨利开始接近自己的情感与感受，意识到过去的他一直被束缚在失去父母的痛苦经历中。他从母亲日记的字里行间读出母亲当年经历过的痛苦——她深爱的双胞胎哥哥马克因病被送入精神病院的同一时期，7 岁的女儿苏珊险些死于肺结核，不得不被送去疗养院长达一年。亨利的这位叔叔——马克，最终在精神病院里去世，家人几乎再也没提起过他。亨利从日记中可以感受到母亲与马克亲密无间的情感，他的离去让母亲遭受了巨大打击。他也能看出，女儿苏珊险些病死让母亲心如刀绞。亨利意识到她因痛苦抑郁再也没有心力追寻自己的生活，只能转而将她的许多期望和没能被丈夫、双胞胎哥哥实现的梦想都捆扎在一起，全部投注在亨利身上。

通过接触这些记忆、了解父母的梦想和触发自己的反思，亨利能够开始为父母哀悼，进而重新与家人建立心灵联结——更加珍视对现在家人的感情。他还发现了许多家中的“秘密”——父亲曾有婚外情以及母亲曾经酒精成瘾，这是家中无人知晓的两段历史。亨利第一次完全坦诚地和妻子交流，向她承认自己无法满足她的所有需要，就像他无法满足自己母亲的需要一样。

亨利和安最终离婚了，但几年后，他与第二任妻子建立了亲密而温馨的关系，彼此也真心关爱对方的孩子。亨利变成了一位满是慈爱的祖父，为家人提供依靠。在生活中他努力保持开放的心态，体察亲密关系的弥足珍贵。

处理新近发生的丧亲

亲人故去会让整个家庭遭受打击，并对每位成员造成影响。痛失亲人的时刻，家庭成员们往往会聚在一起共渡难关，同时又不得不协调彼此间“紧密的关系”。如果他们的关系已经随着各自成长变得比较淡漠，那么此时“紧密”的情境可能会激发某些问题。亲人离去让多年少有联系的兄弟姐妹突然被迫共同面对巨大的悲痛，家庭成员可能会因此走到一起，在亲人弥留之际共同到医院探访或照料，也为自己和彼此重新定义家庭关系。然而，这也可能致使旧有的冲突浮出水面。虽然家庭成员离世带来了重整旧有家庭关系的机会——说出一直未曾说出的话，重启断绝已久的关系——但这也可能会加深过去的伤害。失去亲人后，全家一起参与治疗，可为他们提供逆转上述过程的机会，甚至改变那些长存已久的不良家庭模式。

凯蒂·帕帕斯（Katy Pappas）的祖父母是希腊移民，凯蒂在攻读生物专业研究生期间曾多次接受心理治疗（见图 7.4）。她在高中时就因未婚先孕而和男友结了婚。接下来的 10 年中，凯蒂一直与父亲乔治断绝关系。

凯蒂的母亲长期患有癌症，并一直都对处方药成瘾。在凯蒂 8 岁、弟弟蒂姆（Tim）6 岁时母亲死于（可能并非有意的）用药过量。妻子的去世加剧了乔治与妻子家人间旧有的冲突，他们把妻子的死归咎于乔治。而乔治对妻子的家人敢怒不敢言，毕竟，他和孩子们的住房是岳父岳母赠予女儿的。后来，乔治的孩子们继承了房产。岳父岳母给乔治的孩子们送去昂贵的礼物，同时告诉他们不要相信乔治，因为“是他的失败害死了你们的母亲”。对于岳父岳母在孩子们心目中抹黑自己，乔治束手无策。两个孩子从小就对乔治非常违逆。

尽管凯蒂和乔治断绝了关系，但凭借外祖父的一些遗产和丈夫家人的支持，凯蒂顺利读完了大学，后又开始攻读研究生学位。然而就在这时，她的丈夫却为

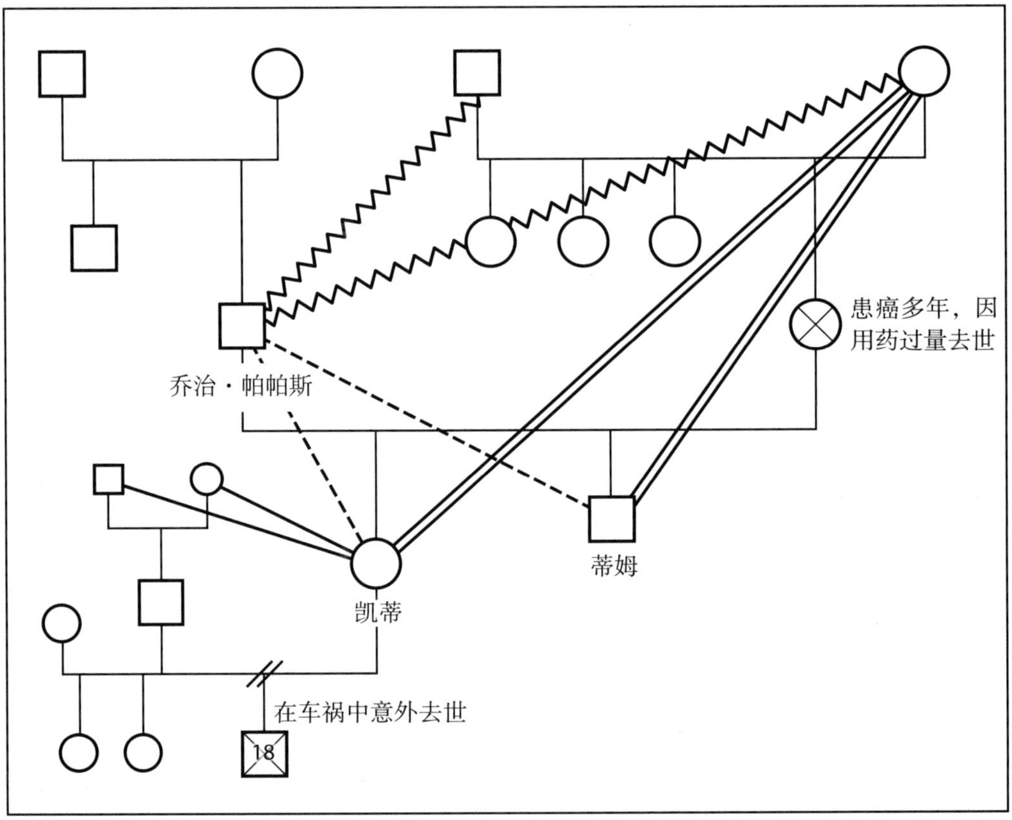

图 7.4 帕帕斯一家的家谱图

另一个女人离开了她。凯蒂因失去丈夫以及和正值青春期的儿子冲突不断前来寻求治疗。凯蒂曾将丈夫及其家人当作自己的倚靠，作为原生家庭的替代。但现在她不仅无依无靠，还深感被背叛抛弃。

治疗中我帮助凯蒂修复了她与父亲的关系，将房产的一半所有权归还给乔治。此外，她还加强了与姨妈们和外祖母的关系——她的外祖母依然健在。在孩子教育方面，凯蒂努力与前夫保持良好的合作关系，并与他的家人们保持联系。

然而，就在她完成研究生学业时，她即将上大学的儿子乘坐一位醉酒朋友驾驶的汽车出了车祸，不幸丧生。因为我对她非常了解，使我能够指导她度过这个对于任何人来说都是人生最困苦的时刻——孩子早亡。她不仅要处理自己的巨大悲伤，还要处理父亲和母亲家庭间的冲突和割裂，还要与前夫及其第二任妻子和孩子们一起组织葬礼（他们也把凯蒂的儿子视作自家人）。

她甚至与儿子的朋友及其家人建立了关系，正是儿子的这位朋友醉驾导致车祸，但他居然没有受伤。凯蒂能做到这一点尤其难得，因为考虑到儿子死亡的模糊性（会让她联想到母亲多年前的离世有许多模糊性），她很难不去责怪儿子的这位朋友。

由于凯蒂已在治疗前期修复了与父亲的关系，对她来说，乔治已从母亲去世时那无能懦弱的父亲成为现在充满支持、可以倚靠的父亲。

凯蒂告诉乔治，她爱父亲也爱母亲的家人，但双方的冷战让她非常痛苦和难过。听到女儿的倾诉后，乔治决定修复他与妻子家人的关系。他特意在孙子的葬礼上主动与姻亲家里的所有人交谈，对他们的痛苦表示感同身受，并谈到他去世的妻子。这不仅仅是乔治自己疗愈的重要过程，也是对整个家庭的疗愈，同时也是乔治能够给予女儿最好的礼物。这使女儿在寻求支持时不必再因怀疑自己忠于家庭的哪个部分而心怀冲突和焦虑。

葬礼后的几个月里，凯蒂拜访了许多亲属，不仅与他们谈论自己儿子的去世，还以她从未有过的方式谈论母亲。她从亲戚那里得知，将凯蒂培养成科学家是母亲一直以来的梦想。达成了母亲的心愿，让她感到自己是母亲生命的延续。这种联结对于凯蒂来说意义非凡，因为她正承受着儿子早亡造成的打击。在这个过程中，她体验到对自己生活的更多掌控感，这一点对她非常重要。

儿子悲剧性的突然去世让凯蒂及其家人们聚焦于家庭关系，并推进了停滞多年的家庭疗愈进程。正如丧失也可能带来复合，疗愈的经验也可能彼此嵌套。

处理丧子之痛的经历激发了凯蒂积极面对生活的勇气，还借此建立起了整合丧亲之痛的家庭支持系统。如果一个家庭经历了许多意外或创伤性丧失，他们极有可能会自认陷入厄运或遭到诅咒；但是，治疗师可以帮助他们审视家谱图，找到整合家庭历史的新方式，消除对抗灾变时的无力感，将自己视为战胜灾难的勇敢者和开拓家庭未来的先锋。

直面冲突的家庭关系

在本已充满矛盾的家庭中发生丧亲会让问题变得更为棘手。治疗师应帮助来访者确认和厘清矛盾的情感，并鼓励他们准备好面对自己多年来用于遮蔽丧亲之痛的各种情感反应。

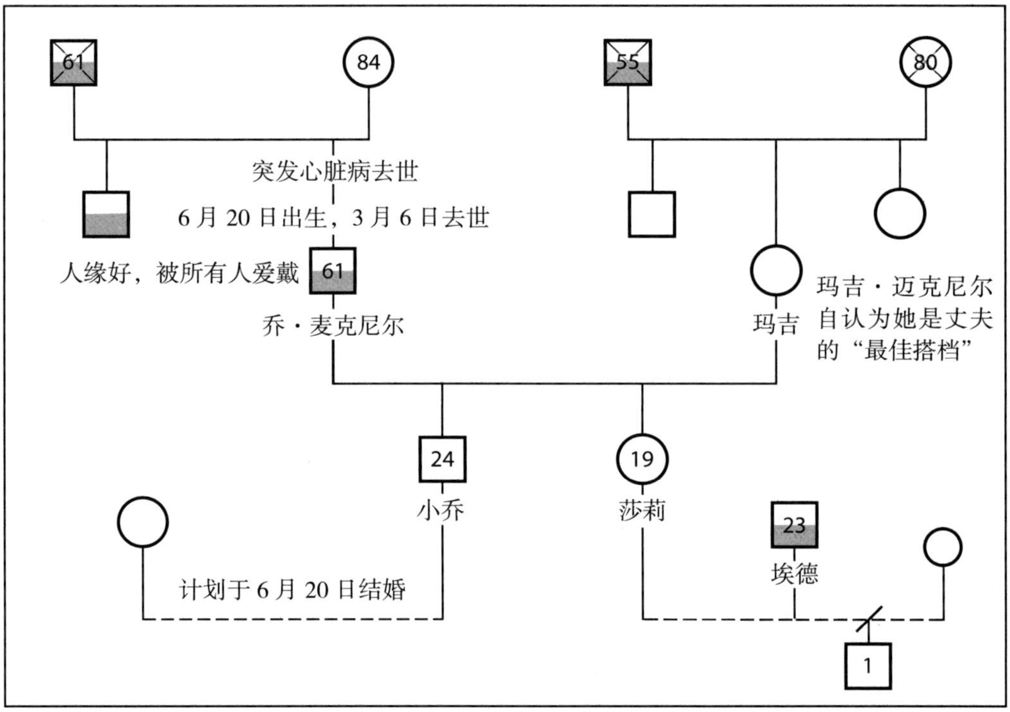

图 7.5　迈克尼尔一家的家谱图

玛吉·迈克尼尔（Margie McNeill）的丈夫乔（Joe）于 61 岁突发心脏病去世，此后不久玛吉前来寻求治疗（见图 7.5）。起初，她把丈夫描述成一位坚强而敏感、被所有人爱戴的男士。她把自己描述成一个老搭档，乔的离世让她失去了主心骨，不知该如何继续生活。治疗进行了一段时间，她才提到丈夫“或许”是个酒鬼。这与玛吉之前对夫妻生活的描述完全不符。显然，她正在乔截然不同的形象之间挣扎。

我提示她，人们为了理想化逝去的亲人，常常以整个家庭的幸福为代价。我建议她尝试尽量客观地写一本关于丈夫的传记，要涵盖他所有的缺点。对于这个作业，玛吉戏剧性地写出了长达 15 页的家庭过往，她在其中坦率地记述了乔的酗酒、这些年间乔的变化、许多夫妻间从未谈及的事情、夫妻间的误解、乔的退缩回避、乔的幽默和他们的亲密默契，夫妻关系复杂又丰富。这是一份感人至深的档案。写作作为一种仪式，帮助她更清晰深刻地整理了婚姻和家庭的意义。玛吉说，儿子看到她一直在伏案书写，就好奇地问她在写什么，并询问能不能让他也看一看。她平静地拒绝了，因为这是她为自己所写的关于丈夫的私人记录。儿子尊重她的界限，没有继续追问。写作帮助玛吉更清晰地理解她和乔的婚姻，同时，保持书写内容的私密性在某种程度上也让家庭界限变得更加清晰。玛吉后来说，这些体验推动她决定改变自己与孩子以及兄弟姐妹的关系，并引导她如何具体做出改变。尽管这些反思和澄清并没有抹去丧亲的体验，不能消除失去乔带来的痛苦，也无法弥补那些错过的修正夫妻关系的机会；然而，直面真相让玛吉更加有动力和勇气展望未来的生活，思考自己应在家庭关系中做出哪些改变。

例如，乔去世一年后，玛吉的儿子决定在父亲生日那天举办自己的婚礼。玛吉发现，虽然全家人都赞成这个安排，但她将新儿媳视作眼中钉，对其满是怨恨，说新儿媳“肤浅”“配不上”这个家庭。玛吉还发现自己和女儿经常一起对新儿媳说三道四，指责她对家人的哀悼无动于衷，并有意制造障碍，让儿媳难以融入大家庭。

当玛吉开始坦诚面对自己的婚姻，她意识到她的怨恨一部分与儿子和儿媳选定乔的生日举办婚礼有关。现在摆在她面前的似乎有两种选择，要么和儿子对峙要求改换婚礼日期，要么设法与儿子和平相处并接受他的安排。然而，通过反思丈夫在自己以及其他家人生活中的角色，玛吉认识到，在上述两个选择之外，她还可以选择重新思考丈夫生日的意义。她体会到，儿子选定那天作为举办婚礼的日期，是想将二者结合，赋予父亲生日新的意义。一旦玛吉可以有意识地做出理性决策，改变她对儿子所选婚期的解读方式，就能够修正自己对儿媳的态度与行为。进而在这种新的视角下，玛吉发现儿媳的加入实际上让大家庭更加其乐融融。事实也证明，儿媳拥有和玛吉丈夫类似的一些优秀品质，特别是她的幽默感非常出众。

玛吉和她 19 岁的女儿莎莉（Sally）之间也存在问题。她一直认为莎莉和自己很像，聪明但腼腆，甚至有些缺乏自信。莎莉已经被一所顶尖大学录取，在大学里她认识了 24 岁的埃德（Ed），两人关系发展迅速。埃德和乔很像，性格外向好交际，似乎也有酗酒问题。埃德大学肄业，和一个他并不熟悉的女人生了个孩子，他现在需要养活孩子和自己，但是能倚靠的资源并不多。玛吉对女儿和艾德的交往非常担忧，并竭尽全力施加干涉。当玛吉写下她与乔的生活，开始坦诚面对自己与丈夫的关系，她便能更加自主地从莎莉和艾德的关系中撤离出来，转而更多地关注女儿聪慧的特质，相信她能用自己的方法处理好生活；玛吉意识到，她能够给予莎莉最大的帮助就是确保母女之情亲密牢固。

确证对治愈仪式的需要

移民或各种各样的问题可能对家庭文化造成破坏，使家庭未能完成哀悼或告别仪式。这种情况下，指出家谱图中多层面的情感联结，可以帮助家庭确证他们对哀悼的需要，并且调动他们的创造力，通过举行葬礼或追悼仪式重建或强化家庭关系。

42 岁的非洲裔美国人弗雷德·道格拉斯（Fred Douglas）和妻子为他们 14 岁就怀孕的二女儿前来寻求治疗。在治疗中我们聚焦于各种各样的家庭冲突和矛盾，以及弗雷德对大家庭中某些家人深深的依恋——这份感情常常让他无止境地容忍家人对他的盘剥利用。弗雷德在市中心的贫民窟长大，其间经历了多位重要亲人去世，他一直竭力逃离贫民窟。接受治疗期间他得知继父突然去世，而他同父异母的妹妹在他赶回去之前就安排举办了葬礼。接下来的一节治疗中，弗雷德带着极大的痛苦而来，这不仅缘于他错过了继父的葬礼，还因为他的一个哥哥对弗雷德没有及时传达他们父亲去世的消息而怨恨弗雷德，这个矛盾在他们之间已经发酵多年。我们在治疗中回顾了他的家庭历史，探讨了各个丧亲事件发生后家庭关系的破裂。我鼓励弗雷德去思考他可以做些什么来“纠正错误”，去哀悼他非常依恋的继父，并修复自父亲去世后与哥哥疏远多年的关系。当这些议题被确证应该直面，他立刻提出了一项计划，去和哥哥一起重访他们父亲曾经居住的城镇，去看一看他们的老房子，看一看父亲和继父的墓地。我们还讨论了如何避免将他对同父异母妹妹的愤怒演变成关系断绝——在他的家庭中已发生过太多类似的情况。弗雷德认同应该去拜访妹妹及其家人这个方案，“去聊一聊过去的旧时光”可能是保持双方沟通顺畅的最佳方案。后来，两兄弟在回老家的路上拜访了妹妹，妹妹分享了许多关于继父的不为他们所知的故事。这些经历真切地增加了家人之间的情感联结。

对将有亲人离世的家庭开展治疗

家庭中长存已久的议题或冲突常常会被系统化地防御，以至难以松动。而家人即将离世的境况可能是动员家庭成员解决这些议题的重要时机。死亡也许会推动他们对各自的优先事项重新排序，去完成那些未竟的事务。为了促进上述过程，治疗师可以通过针对家庭的过去与未来提问，促使来访者探索其家谱图中呈现的家庭模式，并鼓励他们更积极主动地调节当前的家庭关系。由此，来访者可以更深入地思考以下议题：他们真正想要的是什么；期望与家庭成员做哪些沟通，从而治愈过去的伤痛、处理自己的感受；如何度过自己的一生；以及希望写下什么样的遗嘱，为自己举办什么样的葬礼。

家庭的任何关系模式都可能因家人将不久于世而被大大强化。正如接下来的案例所示，治疗师可以通过干预，赋予家庭中的冲突或结盟不同的意义，进而推动家庭成员将丧亲造成的压力转化为重构生活优先级的动力，更积极地把握当下的生活和家庭关系。疗愈的目的在于，帮助家庭成员能够在压力下保持足够稳定，直面生活中的核心关系，以及为解决家庭问题积极决策。

彼得·利维（Peter Levy）是一位优秀的犹太裔内科医生，但因工作中发生意外，被一位病人以“造成医疗事故”的罪名告上法庭；官司缠身让他心力交瘁，前来寻求治疗（见图7.6）。他报告说官司让他白天精力涣散难以工作，晚上彻夜难眠，满脑子全是病人们以及自己可能犯下的各种错误。通过绘制家谱图，我得知他家兄弟三人，彼得排行老幺。他的二哥乔尔（Joel）是一位律师，三年前被诊断出患有淋巴癌，身体状况很不乐观。与此同时，乔尔正在经历暴风骤雨般的离婚官司，他和妻子在孩子抚养权的问题上存在很大的分歧。最近，由于工作与治疗时间冲突，乔尔不得不离开律师事务所。乔尔也拒绝和父母交谈，觉得他们不理解他。三兄弟中的大哥汉克（Hank）是位富有的整形外科医生，彼得和乔尔一致认为他“令人讨厌、自我中心”，并且有意疏远两个弟弟。现在乔尔唯一还有联系的家人就是彼得，他几乎每天都给彼得打电话寻求建议和支持。两兄弟关系非常紧密。彼得告诉乔尔，如果行动不便需要照顾，乔尔可以搬来和彼得一家同住，而不必一个人硬撑。

然而，彼得强烈地感到自己被夹在父母与二哥之间进退两难。父母因乔尔拒绝沟通而变得越来越烦躁，并不断向彼得施压，要求他上报乔尔的近况。兄弟二人都和大哥汉克没有联系。父母也没有像对彼得那样向汉克施压。彼得对病人的担忧，似乎是他对乔尔将不久于人世所引发焦虑的一种替代。父母因乔尔时日不多却仍拒绝与他们沟通感到特别伤心；同时，父母的痛苦也让彼得不堪重负。了解到这些之后，我建议彼得邀请乔尔来参加一节治疗。

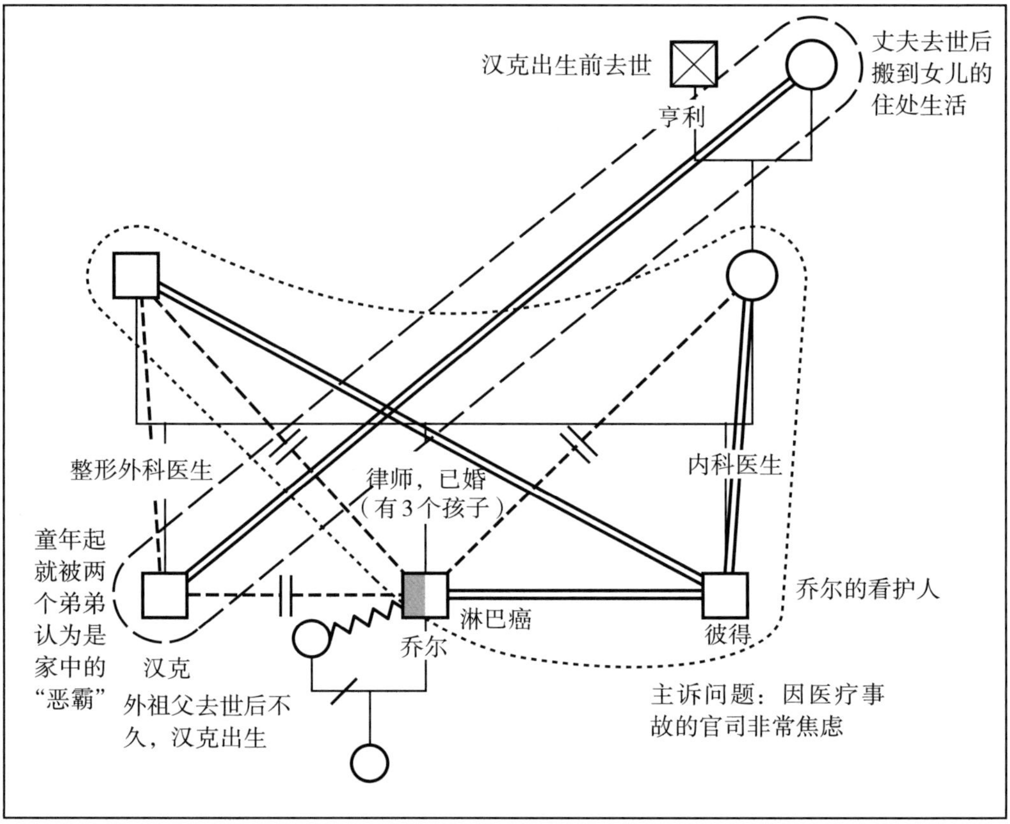

图 7.6　利维一家的家谱图

乔尔在治疗中表示，父母其实不是他现在在意的重点。他花了很长时间谈论前妻以及前妻与自己父母的关系，然后才把话题转向他自己与父母的关系。

在乔尔还未患病的许多年前，他就和彼得约定让彼得做自己的看护人（caretaker），尽管彼得在三兄弟中排行最小。兄弟二人无法解释为什么没让汉克承担这个角色，却一致地把他描述成一个自幼就被骄纵溺爱的恶霸。他们都认为，乔尔从小身体就不好；乔尔说父母总是觉得他不够聪明。彼得说：“我还记得小时候全家去看电影，父母会把钱交给我去买票。”一提起这些陈年往事，乔尔就怒不可遏。讨论过这些后，我对他当前的行为方式提出了质疑。

治疗师：听起来被父母当作虚弱的孩子让你绝不想在他们面前表现任何脆弱，所以现在，我能看出即使身体状态非常不好，你也不想向他们承认你有任何困难。我很好奇，你和父母、汉克水火不同炉，但和彼得却不分彼此。能看得出你们兄弟二人心心相通。你觉得在你离世的时候，你的父母会因此感到他们非常失败吗?

乔尔：我想不出他们为什么会觉得自己失败。

治疗师：我想他们一定已经有这种失败感。他们试着爱你，却不知道应如何理解你。

彼得：他们真的很生乔尔的气，他们觉得乔尔对他们太差劲了。他们没把这些情绪告诉乔尔，但告诉了我。因为你不会跟一个得了绝症的人说你生他的气。我想许多人都会认为我父母很失败——他们的儿子不喜欢他们。我想，他们会觉得这是他们真正的失败，尤其是我们的妈妈，像其他母亲一样——除了自己的孩子，她什么都不关心。无论她做得是对还是错，妈妈对我们都倾注了很多心血。

治疗师：嗯，我猜他们一定觉得自己很失败。而你即使已经身患绝症，也不愿意让他们为你做任何事，这就像是在说："我小的时候你们让我很失望，我现在不给你们机会弥补过去的过失。"

彼得：你是说他在报复他们?

乔尔：我可从来没这么想过。

彼得：乔尔，你觉得你报复成功了吗?

乔尔：我确实是在生他们的气。我觉得我也只能这么做。但是说真的，我认为这都是我前妻的错，因为她从来都不喜欢我的父母，而且过去她还经常批评他们对待我的方式。不知怎的，那个婊子说的每句话我都信了。我永远对她发不起火来。

治疗师：也许你妻子说的有道理。也许她只是在帮你表达你的感受。如果不让你的父母为他们之前的亏欠做出补偿，你一定会对他们怒不可遏。

乔尔：我也搞不明白。但让我心烦的是，你是说，我妻子可能在某些方面说得对。

治疗师：嗯，也许她不是……

乔尔：我好像明白了！我想我心中有道坎儿。在我心底，我其实是希望能和父母谈一谈的，但我不认为他们能……我不知道我在说什么。这真的让我很乱。我还没花多少时间仔细琢磨我和父母的事。这不是我现在要操心的重点。这是我最不在意的。

治疗师：嗯，在我看来某种程度上这对你来说可能很重要，不过我们在这里是为了你弟弟。

乔尔：是的。是他付账。但是讨论我和其他家人的事能对彼得有什么帮助吗？

治疗师：嗯，看起来你不想让父母为他们对你做过的任何错事做出弥补。因为你不想和他们联系，彼得对此很清楚，同时，彼得也知道你现在需要很多帮助和照顾，你的父母可以一起……

乔尔：你的意思是这可以减轻一些彼得的负担？

治疗师：是，所以从某个角度来看，你也在拿彼得出气。

乔尔：我想我确实应该做点力所能及的事，让彼得能轻松一些。

彼得：嗯，其实很简单——只要疏通你和父母的关系，然后再处理和汉克的关系。这并不难。

乔尔：汉克！我都从没想到过他！

彼得：哦，是啊，确实。

乔尔：也许是我太自私了，不过我现在不知怎么，让家里人着急的事我却不上心。我不知道这是怎么了。

彼得：但我想跟你说的是，现在并不是说要去操心那些他们该操心的事，而是让我从精神崩溃的边缘逃出来……之前任何时候，类似的情况我都能处理，但现在我真的已经离彻底崩溃不远了。

乔尔：但我之前从没想过在我心慌时可以给父母打电话求助。我想我可能宁可先打给一个不熟的人。和父母说话对我来说太陌生了。

彼得：太陌生以至于你不能试一试吗？

乔尔：我必须得试一试。我要在房子里到处都贴上提醒便签，提醒我这么做。

治疗师：嗯，我认为你和父母的问题被你的疾病放大了。病情让问题集中到了一起。似乎是，在你看来，他们辜负了你，现在你将要离开这个世界，这让家中未解决的矛盾都聚拢到了一起。如果他们觉得你可能很快就要去世，他们觉得自己很失败，却又没法弥补你，他们一定会很难过。他们不会选择给你压力，而是向彼得施压。

彼得：这一切都来得太快。真是太难扛了。

乔尔：有没有什么办法，给我一个现成的办法，我喜欢现成的办法——给我一个直接能用的办法吧。

彼得：乔尔需要一个办法。

治疗师：嗯，我有一个办法是，我们可以见见你的家人。

乔尔：好呀！

这节治疗后，乔尔给父母打了电话，开始和他们交往。通过治疗的帮助，他已能直面自己在家庭关系中的位置，并在与弟弟的对话中厘清生活的重点，他知道，自己与父母重建联系对于彼得非常重要。父母也如释重负。令他们惊讶的是，乔尔甚至在第二年夏天倡议家人团聚。后来全家前来参加了一节治疗，父母二人回顾了乔尔早年的家庭历史，提到他自幼就患有严重的哮喘和学习障碍。乔尔曾认为父母在自己儿童时代总是对自己恶言相向。但现在他意识到，即使自己儿时在学业上并没有表现出什么实际优势，但父母总是期盼他能事业有成，并对此坚信不疑。

帮助家庭成员走出困住他们的感情阴霾非常重要，因为失去亲人或其他创伤通常会导致家庭成员彼此之间不再敞开心扉。童年的误解和伤痛可能会贻害甚久，并不断恶化，滋生更多扭曲的认知和情感，直到能够以公开讨论的方式消除隔阂。

后续的治疗中，我们探讨了为何汉克被排除在家庭之外，因为如果乔尔去世，他似乎将是被全家进一步断绝情感的第一人选。父母说道，汉克的外公去世后，外婆就搬来与他们同住。而汉克恰在外公去世后不久出生，并被以外公的名字命名。外婆对汉克百般呵护、有求必应——汉克成了外婆的掌上明珠。外婆无论走到哪里都把汉克带在身边，并毫不掩饰对他的溺爱。也许外婆将汉克视为自己丈夫的替代者，也正是因此，汉克大部分时间都在外婆的套房内生活。似乎是父母把汉克送给了同住的外婆，一方面为外婆排解丧夫的愁苦，另一方面也借此防备外婆闯入核心家庭的生活。我对汉克的家庭角色做了重构（reframe）——他并非恶霸，而是牺牲品。这开启了家庭中为每位成员重制家庭标签的过程，随着时间的推移，汉克不再被排挤在外，他和彼得的关系变得日渐紧密，并希望在乔尔去世后兄弟之间可以彼此支持。修复关系的过程中，彼得惊奇地发现，汉克其实一直以来都感觉自己遭到父母排斥，外婆是他逃避排斥的避难所，这实乃不得已而为之。

有关遗嘱和遗产的治疗

如果来访家庭因遗嘱或遗产陷入冲突，回到家谱图一探亲人去世之前的家庭关系一定会有所帮助。围绕遗嘱展开的冲突通常都是悬而未决的家庭议题的反映，其中最关键的两个议题是：谁付出的更多，谁更受逝者偏爱。这样的冲突在双亲去世——通常是母亲去世后发生；这是因为，此后兄弟姐妹间的关系就不再受父母支配，而只依他们各自的成就而定。这个颠覆性变化的发生发展过程，其呈现方式受家庭文化氛围影响。有时，兄弟姐妹间会"绝交"数年甚至数代人之久，而当你向前追溯，有很大可能会发现冲突的源头正是此类未解的家庭议题。如果家庭成员在履行遗嘱前能接受心理辅导，探讨遗嘱的含义，那么由此引发的伤害有时是可以避免的，正如下例所示。

迈拉·施泰因（Myra Stein）因有关父亲的一些议题前来求助（见图 7.7）。她的父亲"生性暴躁"，目前刚刚入住养老院，却变得越来越难相处。让迈拉感到左右为难的是，一方面她的哥哥和弟弟对父亲的情况都非常上心、高度关注；但另一方面，她私下里得知父亲把保罗——迈拉同父异母的大哥——从遗嘱上除名，她现在对父亲去世后宣读遗嘱的场面非常担忧。迈拉的父亲很早就和第一任妻子离婚，与头婚的孩子保罗几乎没有什么接触。保罗成年后前来寻亲，并与父亲有过一段时间的生意往来。然而保罗重建父子关系的努力最终以双方爆发冲突而告终，在过去的

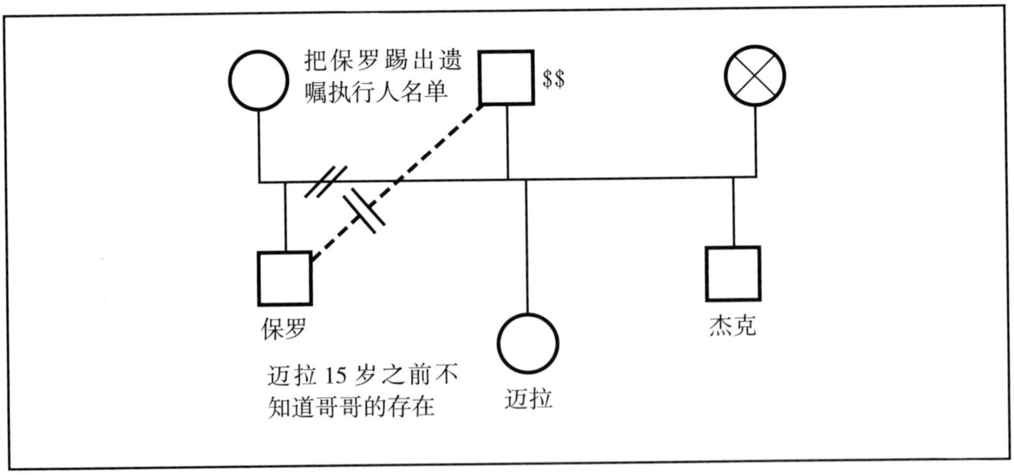

图 7.7　施泰因一家的家谱图

5 年里，尽管保罗多次尝试修复关系，但父亲一直拒绝和他对话。

迈拉直到 15 岁时才知道大哥保罗的存在，之后的几年里，她和哥哥建立了牢固的亲情。她能体会保罗的痛苦：父亲一直陪在她和弟弟杰克（Jack）身边，而保罗却从没得到过父爱。我指导迈拉，与其纠结于不在她控制之下的保罗与父亲的关系，不如细致地想一想她和父亲的关系对她和保罗的关系意味着什么。她曾多次试图让父亲意识到把保罗从遗嘱中剔除是多么不公平，但都无功而返。通过梳理家庭关系的意义，迈拉做出了一个决定——父亲去世后，她会将自己所得遗产的一半分给保罗。迈拉把自己的想法告诉弟弟杰克，杰克也愿意照做。这一决定使迈拉与即将不久人世的父亲打交道时变得更加从容平和，也能更积极地响应父亲提出的要求。迈拉现在意识到，虽然她无法控制父亲，但父亲也无法控制她。

父亲去世前夕，保罗在病榻前最后一次尝试与父亲交谈，但依然没有成功。之后的葬礼上，保罗直言不讳地表达了自己的愤怒，尽管这可能也替许多其他人表达了他们对父亲的感受，但终究让家人非常尴尬。迈拉和杰克能够保持冷静，因为他们心里非常清楚，尽管父亲的意志可能对他们与保罗的关系造成影响，但此刻正是他们重新定义手足关系的起点。迈拉对父亲给她留下的美好记忆心怀感恩，同时她也能对危及兄弟姐妹关系的行为保持克制并自主地采取行动。

这个案例中，迈拉和杰克展现出了很大的勇气和对家庭系统的清晰认识，面对家人试图用金钱左右他们的做法不为所动，这也是他们自身价值观的体现。他们不仅看重逝去的亲人，还用长远的眼光看待未来的生活。家谱图作为临床评估的重要工具，能够帮助我们找到隐藏在当前家庭矛盾背后的冲突和情感断绝，并在家庭历史中追溯造成这些问题的源头，即家庭历史中那些注定的、未被哀悼的或创伤性的丧亲之痛。一旦厘清了这些家庭模式，我们就可以帮助来访者强化自己的价值观、修复断绝的情感，从而鼓起勇气改变不良的家庭模式。

与情侣、夫妻、离婚家庭和再婚家庭工作 *

除了那些真心向你寻求帮助、积极配合的夫妻外，切勿直接给出任何建议。

——[美]贝蒂·卡特

哈丽特·勒纳在其经典畅销书《婚姻有道》中引用婚礼誓词作为开篇，其中包含的元素有善良、尊重、诚实、亲密、平等、忠诚以及我们所谓的大度宽容。这些的确都是婚姻的要素，看起来并不复杂；然而夫妻又很容易陷入纠葛争端、彼此贬损、心怀愤懑的模式；与治疗师一起工作可以帮助夫妻摆脱这些困境。

临床工作中，引导来访夫妻投入治疗、与治疗师积极协作的第一步，是帮助他们清晰地定位自己：思考“我是谁？”以及“我想成为什么样的人？”；思考“我属于谁？”；思考他们对谁心怀责任感：朋友、家人、上司、同事、学员、伴侣，还是孩子？这些责任给他们的生活规划带来了什么样的影响？一旦来访者对这些部分有了清晰明确的认识，治疗师接下来的工作便是运用专注的倾听，坚定、明确、充满关爱的声音和轻柔的点拨去改变来访夫妻的关系。

如果夫妻共同生活，治疗起始时我通常会邀请二人一同参加，除非其中一人有某些个人议题希望和我单独讨论。我会请他们分别简要介绍前来寻求帮助的原因，然后通过询问家庭背景获取理解其困境的背景信息。如果来访者用了太长时

* 本章内容，特别是有关离婚与再婚家庭的部分，大多源自我与贝蒂·卡特积累的合作经验。多年来我们协作对这些主题做了许多教学与写作。我将本章献给贝蒂，也希望本章能将她在临床工作中展现的敏锐直觉与清晰思路呈现给读者。

间描述困境，我可能会打断他们，而后聚焦于家庭背景并展开讨论，形成理解其当前困境的底板。我会让来访夫妻决定他们中由谁先向我讲述家庭背景。我会告诉他们，我的工作方式需要我了解他们的个人、家庭和婚姻的背景信息，以便形成理解其当前困境的知识框架。

我更倾向于和夫妻二人一起工作，除非一方在对方面前会因焦虑而打断或无法倾听对方。了解双方各自的故事往往有助于他们冷静下来处理当前的困境。我会提问并绘制一份较为完整的家谱图，至少追溯到夫妻双方的父母和兄弟姐妹，包括所有家庭成员的去向、健康状况和功能状况；所有侄子、侄女 / 外甥、外甥女的姓名和年龄；以及家庭中亲人意外亡故或创伤性丧亲的相关信息。在第二或第三节治疗之前，我可能不会询问夫妻二人有关祖父母一辈的历史，但我希望在前几节治疗中可以涉及二人父母在兄弟姐妹中的位置和家庭历史。

如果来访夫妻在配偶叙述的过程中插嘴说一些冷嘲热讽的话，我可能一开始不会干预。但若这种情况持续不停，我会直接要求他们停止评头论足，试着倾听配偶，让对方把话说完。而后，我会询问他们，对于配偶所说的话有何反思或见解，尝试引导他们思考：配偶的叙述让他们对自己产生了怎样的想法。

我通常将首次夫妻治疗设定为 2 个小时，因为我希望能给来访夫妻一个充分讲述各自境况的机会，以便我可以向他们提供一些处理当下困境的见解。我会着力推动来访者思考：是什么让他们结合在一起，又是什么让他们坚持至今依然没有分离？这么做是因为夫妻治疗需要来访者充分调动自身优势来扭转局势。无论当下是什么让他们陷入困境，我都会围绕他们的历史做许多提问，了解夫妻的关系情况以及他们希望做出什么样的改变。与来访者交谈时，我始终尝试根据其背景信息确定他们的位置——正处于生命周期的哪个阶段：新婚宴尔、抚养青少年子女、子女成年离家，或是处于晚年生活的某个阶段？我也会尝试根据其所属世代（cohort）来定位来访者的心态。毫无疑问，1968 年结婚的夫妻与 1964 年、1984 年或 2014 年结婚的夫妻肯定经历了不同的时代故事。我还会根据地理位置来定位他们：在婚姻关系的发展过程中，他们住在何处，距离各自的大家庭、朋友和工作单位有多远？

首节治疗结束时，我会尝试分享一些我的想法，包括我如何理解来访者的困境，以及原生家庭的历史可能与他们当前困境存在哪些关联，即使来访者可能对这些回馈持消极态度。如果夫妻间的冲突非常激烈，他们往往会将冲突本身视为困境的核心。另外，或许是因为担心治疗师会忽略其当前困境的紧迫性，在我询问更广泛的家庭背景信息时经常会遭遇来访者的阻抗。对此我会点出，尽管多年来冲突给他们造成了很多挫败感，尽管尝试过其他治疗方法，但问题依旧存在；不过他们今天能来到我这里尝试解决两人间的关系问题，这个行动本身就是他们关系中积极的一面。我会特别强调那些让夫妻情感联结在一起的因素，并竭尽所能指出他们过去共同克服的所有困境。

如果来访夫妻相互指责，我不会强行干涉，而是相对节制地协调双方关系；但我会尽快安排和他们单独治疗，并在治疗中点评他们指责配偶时轻蔑的态度。我总是向来访者表明我的立场：一方面我会尽力保持谨慎，不做夫妻之间的传声筒；但另一方面，我不承诺我会对来访者在单独治疗时所说的所有内容向其配偶保密。我会明确告诉来访者，请和我谈他们自认为可以讨论的内容，以及基于对我的信任他们愿意分享的内容。

我认为，培养来访者对“美好婚姻”的认识非常重要。他们是否曾见证过美满的婚姻？美好的婚姻有哪些特点？他们曾有过美好婚姻的体验吗？当夫妻处于糟糕的处境时，他们往往会说“没有”。

我会向他们列举一些夫妻关系的特征，例如爱丽丝·迈克德莫特（Alice McDermott）所著的《迷人的比利》中的一段话：“我父母的婚姻关系很有代表性，从起初的彼此迷恋，到如胶似漆、全情投入，再到耐心被消磨、偶生龃龉，但矛盾总能被幽默和爱意驱赶消散，再度成为彼此的避风港。他们一定爱着对方。我猜，或许曾有那么几个月，也可能是几年，他们的爱火熄灭，婚姻生活只是出于习惯，或不曾想象还有婚姻之外的其他选择。”（McDermott，1998，p.45）

这段引述是婚姻生命周期发展历程的写照，可以启发来访夫妻去思考他们所在的婚姻生命周期阶段及其所倚赖的资源，例如幽默与爱意。我要求来访者们讲述他们在其他关系中的积极方面，如他们与父母、兄弟姐妹、朋友和其他人的关系，从而了解他们与家庭系统内其他关系中所包含的积极品质。

罗伯特·杰伊·格林对亲密关系的特征做了总结（Green & Werner，1996，见图 8.1），我喜欢与来访者分享这些内容，并邀请他们一起讨论，看看是否还有一些其他建议是他们认为重要但未被列入其中的，或有哪些是他们认为并不重要的。

我也乐于同来访者讨论“考虑离婚的先决条件清单”（Prerequisties for Considering Divorce，见图 8.2）中的内容，但是不会在治疗伊始就拿出来分享。如果来访夫妻显得心烦气乱、烦躁不安，他们会因焦虑而非常情绪化，难以集中精力认真探讨既有话题，譬如他们各自的婚姻价值观等。因此，在来访者准备好反

亲密关系的特征

亲密（closeness）和照顾（caregiving）：由温暖、陪伴、彼此滋养、身体亲密接触和稳定性组成。

交流的开放性（openness of communication）：由坦诚、自我敞开，以及不回避冲突、直面分歧的能力组成。

不具侵入性（lack of intrusiveness）：由以下组成：

不陷入分离焦虑（separation anxiety）、占有欲或嫉妒；
尊重伴侣对隐私、私人时间和空间的需求；
不对伴侣生活中遇到的问题爆发过度的情绪反应；
不去主观臆断对方的想法，或自认比伴侣更了解其想法或愿望；
不做带有攻击性的批评或刻意伤害对方，不在出现分歧时贬损或试图控制对方。

图 8.1　亲密关系的特征

考虑离婚的先决条件清单

始终意识到孩子的存在。

意识到为人父母、共同育儿是永远的责任。

意识到婚姻是一种主观判断，它取决于：你有多爱你的伴侣；你的伴侣有多爱你；离婚是否会在以下方面造成更多问题或使问题得以解决：

——你的不安、痛苦、空虚或愁苦；
——你孩子的痛苦；
——你的工作和财务状况；
——你的居住地和生活便利性；
——你的孤独感；
——你的性生活；
——你的邻里关系；
——你的宗教社群关系；
——你的大家庭关系；
——你与公婆 / 岳父母的关系；
——你与朋友的关系；
——使你丧失社会地位。

图 8.2　考虑离婚的先决条件清单

思“婚姻或离婚对他们的意义”之前，我会一直等待并收集信息，增进对他们的了解。另外，我会根据来访者对婚姻或离婚的态度或宗教信条，先谨慎地分享这份清单，而后再深入了解他们。我个人的信条是，如果你无法接受离婚，那么你也没准备好结婚。我相信婚姻是一个人必须不断做出选择的过程——选择是否去爱、去尊重以及去妥协。如果因为无法负担离开的代价或由于某些其他原因限制了你的选择，从而被困在关系之中，那么这说明你确实正处在婚姻关系中，但我不认为那是健康的婚姻关系。

对于那些想知道是否该继续维持婚姻的夫妻，我一般会在第四节治疗之前和他们讨论我的“是否继续婚姻关系的决策原则”（Principle For Deciding Whether to Stay Married，见图 8.3）；如果情况适宜，也可能更早进行关于这部分的探讨。

是否继续婚姻关系的决策原则

如果想做出是否与伴侣继续婚姻关系的决策，应花 9 个月的时间做以下工作：

- 向配偶表现出你心目中理想伴侣应有的样子，无论对方如何表现。
- 确保你与父母、兄弟姐妹、孩子、工作和朋友的关系都运转良好，这样可以厘清婚姻中的挫折并非因这些方面所致。

如果 9 个月后，你的伴侣没有以你认为有意义的方式做出回应，那么可能是时候放手离开了。

图 8.3　是否继续婚姻关系的决策原则

此处的关键点在于，如果婚姻关系出了问题，首要任务是应确保你的行为不会让问题愈加恶化。其次要做的是，检查你的其他关系是否运转良好，确保不是因婚姻之外的挫败或困扰被带入婚姻而造成了困局。

大多数来访夫妻起初很难理解这个思路，这正是为什么我一般不会过早讨论它的原因。来访夫妻通常都迫切想在治疗中历数对配偶的种种不满，然后期望治疗师帮忙让配偶做出改变。而他们会发现，审视婚姻关系中自身的责任与投入，评估自身行为在夫妻冲突中的“作用与贡献”，都是很难办到的。极少有人是为了寻找自己可以做些什么来改善夫妻关系而前来求诊。

如上所述，如果来访夫妻的互动是积极的或至少中性的，我通常会邀请他们同时出席，一起参加治疗。如果夫妻互动很糟，彼此的抱怨、贬损和消极情绪让治疗难以推进，那我更建议将他们分开，先单独工作。在治疗初始阶段，工作焦点无疑要围绕个人展开：夫妻双方都要对自己是否愿意继续婚姻关系做出决策，并搞清自己希望如何与对方相处。显而易见，对伴侣说话夹枪带棒的人是在制造困局；对伴侣一肚子埋怨却表面避而不谈的人亦是如此。如果一方认定自己的行为是由另一方引起的（“为什么要怪我？为什么这不是她的责任？”），对此我的原则是“你唯一能改变的人就是你自己”，并强调治疗中所要做的是分析“你的行为是否给问题火上浇油”。通常我们都需要工作一段时间才能让来访夫妻将关注点从对方身上移开，而后方可将注意力转移到讨论是否终结婚姻这个议题。这通常需要反复讨论“家庭关系指导方针”（不攻击，不防御，不息事宁人，不封闭沉默，对伴侣的积极与消极评价比例至少保持在 4∶1）。我还会牢记使用“与夫妻工作的经验法则”（Rules of Thumb for Working With Couples，见图 8.4），帮助深陷困局的来访夫妻。

与夫妻工作的经验法则

美国的文化导致夫妻期望在婚姻这个并不宽广的空间中获取太多东西。人们无意识地将所有希望和梦想都投注到婚姻关系之上，同时把自己与父母、兄弟姐妹、朋友和大家庭的关系置于一边。人们期望配偶能满足自己的各种需求——期望他们是灵魂伴侣、情人、伙伴、参谋和助手。当配偶没能做到这些时，人们可能会感到失望愤怒，甚至认为自己选错了伴侣，应该另觅他人。治疗师应意识到大众文化中暗含的这种倾向性，如果狭隘地将关注点仅置于来访夫妻主诉的问题，那么很可能会忽略掉他们对婚姻的整体期望。因此，我们应将婚姻关系置于以下的背景框架内重新审视：

- 家庭生命周期（当代人均寿命已是 20 世纪初的两倍以上，但我们大多只花 25 年时间养育子女）。
- 多代家庭系统。
- 夫妻及其原生家庭、社群的背景信息：文化、阶层与性别背景。
- 作为婚姻情感网络的兄弟姐妹及其他家庭关系。
- 夫妻二人的社会关系系统——细致评估夫妻二人在婚姻中的经济状况及其心理、智力、灵性资产和地位。如果夫妻中一方经济地位极低，那么很难满足开展“真正的婚姻治疗”的条件，因为这需要夫妻在治疗中平等对话。躯体权力也非常重要：即便只是唯一的一次躯体暴力或恐吓，就可能奠定整个婚姻关系的基调。此外，治疗师还需要留心大多数婚姻关系中基于性别身份的潜在不平等。实际上，很少有来访夫妻能说清男女双方在婚姻体验上的差异。
- 若想让来访夫妻继续维持关系，请将他们分开单独治疗。如果想让两人分手，治疗师可与他们一起工作，并质疑、讨论他们的“融合”。（这条规则源自我的老师汤姆·福格蒂。）
- 若来访夫妻在治疗中争吵不断，治疗师可与他们单独工作，聚焦于以下议题：个人原生家庭、个人的理想和职业发展、指导他们以不同于以往的方式处理与伴侣的关系。或者，让他们继续争吵，并把治疗过程录制下来，布置作业让他们详细回顾视频中自己对配偶的言行，以及这些言行中传达了哪些潜在信息。还可以让他们在一周内仅用书面形式交流。或建议他们驱车到离家 20 分钟路程的地方停下，在车内封闭的空间里争吵。暂时的分离可以让事态冷却下来，并暂缓冲突。然而，只有当夫妻中至少有一人将关注点转向自身，并开始处理其自身的议题时，治疗才会真正见效。
- 我们应帮助来访者将其在离婚、衰老、养育子女等议题中的性别角色定式置于政治、社会和经济等更广泛的背景下审视，并鼓励他们自主地钻研、分析探索这些个人议题。此外，我们还应推动他们关注配偶承受的婚姻之外（包括工作、人际关系、情绪消耗、副业、亲友社交、经济收入，等等）的压力。
- 鼓励夫妻反思：他们的精神追求是什么？他们认为生活中真正重要的是什么？帮助他们依据自身价值观经营婚姻关系。

图 8.4　与夫妻工作的经验法则

原生家庭如何影响我们的夫妻关系

一般来说，夫妻双方都会把自己在原生家庭中最糟糕的一面带入婚姻冲突之中。的确，生活中人们对待其他人要比对待配偶更和蔼客气。研究表明，人们对陌生人更友善，而对亲近的人则更容易展现自己脾气暴躁的一面（Dunn & Norton，2014）。从家庭系统角度看，这是有待解决的首要问题。

我们设想，心智成熟的成年人应以尊重、宽容的态度对待身边的每个人，而非以刻薄、轻蔑的态度与人相处。缺乏基本的尊重与宽容就不可能建立有意义的情感联结。因此，如果来访夫妻没有以这种方式对待伴侣，治疗师应尝试帮助他/她改变谈话风格，并从人际交往的基本原则出发，探讨每个人对待配偶和他人的初衷以及沟通方式。

当来访者能够以尊重、宽容的态度参与治疗，治疗师就可以入手分析各种夫妻关系议题了，探讨与夫妻二人原生家庭模式相关的姻亲冲突、家务责任、性或财务等问题，帮助来访夫妻将他们的婚姻关系置于更广泛的生活背景下思考。

治疗过程中，我们应寻找那些复现在夫妻关系中的原生家庭三角关系。对大多数人来说，被带入婚姻的关键三角关系（key triangle）最初往往始于父母。例如，丈夫在原生家庭中感到母亲控制欲极强、虐待父亲，因而站在父亲一边。妻子则感到父亲控制和家暴她的母亲，因而站在母亲一边。现在夫妻双方都感到被对方粗暴对待，于是希望有人（治疗师）能站在自己这一边。

被重复的三角关系

被三角关系贯穿的生活主题通常也继承自原生家庭。夫妻间的矛盾可能集中于以下方面：金钱、性、嫉妒、家庭秘密、宗教、权力、成瘾、整洁有序还是杂乱邋遢、随性而为还是计划周密、喜爱社交还是居家不出，等等。如果你有一位酒精成瘾的父亲，那么你很可能会对他人的饮酒行为反应过激或无动于衷，在酒精相关的话题上难以保持中立。如果你的父母总是为钱争吵，你就不太可能在这个议题上对配偶保持轻松心态，诸如此类。一旦夫妻能够看清自己的反应性源于何处，并处理好这一问题，夫妻间剑拔弩张的关系就会缓和；所以有必要帮助他们厘清与原生家庭相关的议题，而非夫妻主诉的困境本身。即便夫妻关系正在向分居或离婚发展，对原生家庭议题的认识和解决得越多，被来访者带入到未来关系中的问题也会越少。

让夫妻双方投入到上述探索中并非易事。来访者往往总是更愿意向治疗师述说配偶是多么不可理喻，抱怨对方在上周又做了哪些错事。起初，他们通常只想尽快解决眼前的困境，并且很可能认为讨论原生家庭耽误了解决“真正问题”的时间。他们需要一段时间才能看到自己的反应性与过往的家庭关系间存在关联。一旦来访夫妻切实地认识到他们的行为与原生家庭之间存在关联，并开始主动投入精力解决这些问题，那么接下来，在夫妻冲突渐起时保持理性就变得容易了许多。来访夫妻可以把自己被激起的自动化反应标识出来，并花时间去整理它们。“亲爱的，我现在很难再静心听你说话，我想这可能是因为我和我母亲之间的一些旧有问题被激发了。给我一点时间处理一下情绪，好吗？”

临床实践中常见的现象是，夫妻中一方先于另一方开始将关注点转向自身并着手处理原生家庭议题。此外，来访夫妻中有一方很难将焦点转向个人议题也很常见，然而不必心急，只要另一方能在处理自身议题上持续努力，婚姻关系的积极改变就会悄悄酝酿，对方的改变迟早也会发生。需要强调的是，这并不是要来访夫妻彼此争出个高下。每个人在处理自身的反应性时都需要自己付出努力。

此外，我会着力于帮助来访夫妻摆脱“参与治疗是对配偶让步的回馈”这一观念。在我看来，此类想法与成熟有效地处理婚姻关系相去甚远。夫妻双方相敬如宾，应源自内心意愿，而非出于回应对方的示好，亦非因为两人间订立了某种“如果你为我做……，我就为你……”的协议。此类协议或许适用于分配家务或财产，但绝不适用于亲密关系中最具意义的领域。

在夫妻治疗中应用家谱图：尼克与阿琳

已婚 35 年的尼克（Nick）和阿琳（Arlene）前来寻求我的帮助（见图 8.5）。

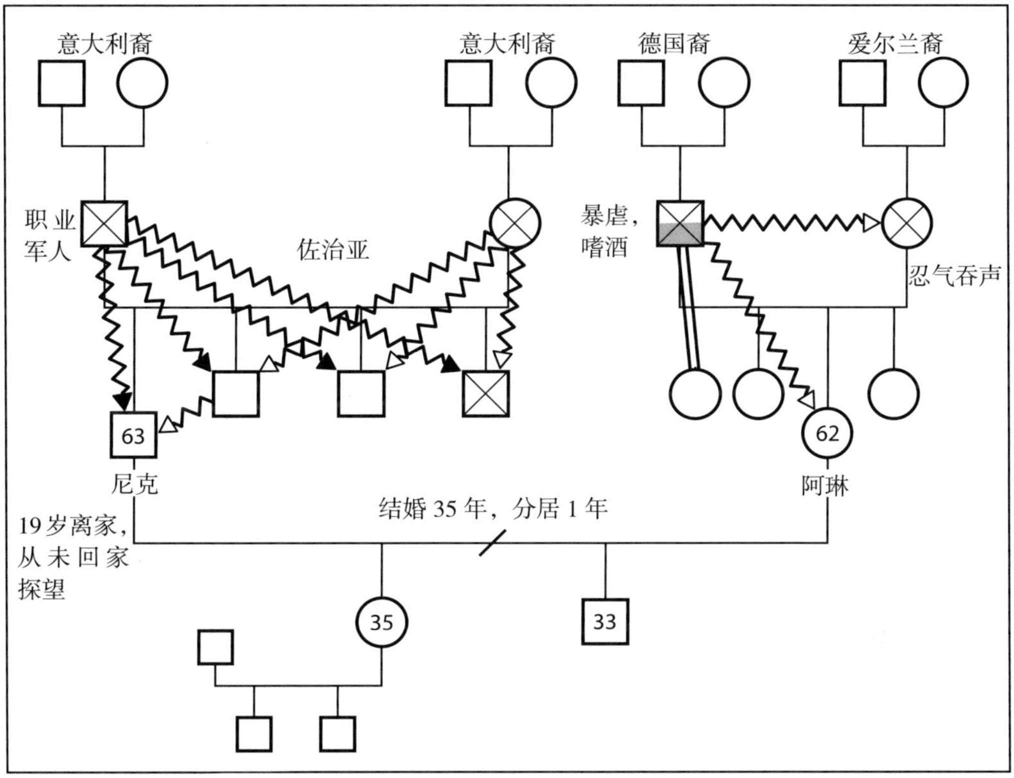

图 8.5　尼克和阿琳的家谱图

他们育有一儿一女，子女均已成年。尼克和阿琳已经接受过多年的治疗，既有个体治疗也有二人共同参与的婚姻治疗。但他们却于一年前分居——尼克因对婚姻的种种不满，和阿琳大吵一架；最终阿琳提出分手，并搬去女儿的住处生活。

不久之后，阿琳决定独居，但这就要求她第一次尝试自己一个人理财、租公寓、买家具和安排社交生活。这对夫妇的婚姻能够维持 35 年，其中有许多积极因素发挥了作用，如两人间深深地彼此欣赏；然而这些积极的方面已被多年来尼克对阿琳毫无节制的批评所遮盖，使阿琳陷入焦虑和抑郁。

阿琳害怕孤独，因此在表面稳定但实则糟心的婚姻关系中，她常常对尼克的指责忍气吞声。夫妻二人对参加治疗都感到焦虑，他们说，这是因为在之前的治疗中他们都曾感到治疗师偏袒对方、贬损自己。当被问及原生家庭对他们当前的处境有何影响时，二人显然都有备而来，讲述了各自充满暴力的家庭故事；他们都把许多糟糕的故事串联到一起，认为现在他们陷入困境是童年恶劣、贫寒的成长环境造成的结果。在询问家谱图信息的过程中，治疗师可以帮助来访夫妻将他们对生活的叙述从充满暴力与忽视等逆境的故事（通常难以为当前治疗提供多少疗愈性的积极能量）蜕变（transform）为内含抗逆力、更具积极能量的故事，推动来访者更积极地为改变做出努力。

尼克的祖父母从意大利移民到美国。尼克是四兄弟中的老大，在佐治亚州长大。他的父亲从军，并经常被外派。在他的记忆中，父母对他和三个弟弟有很多的暴力和苛责。尼克记得 19 岁时，有一天又听到母亲像往常一样对弟弟们咆哮，他下定决心必须离开这个家。于是他头也不回地开着自己的车离家出走了；在那一刻，他的脑海里只有一个念头——我必须从这里逃出去。

尼克说，当时他虽然学业并不出色，也缺乏自信，但他有一个梦想，就是“娶一位独立自主又美丽大方的妻子，找一份好工作，买一辆银色汽车”。

阿琳就是那个女人——她非常漂亮，并且尼克也认为她很独立。他也买到了心仪的银色汽车。起初，没有任何专业背景的尼克尝试申请一份“不错的工作”，然而没有被录取，雇主建议他先接受一些职业技能培训。后来，他顺利完成了培训并成功入职。尼克相信，如果当时没有及时逃离原生家庭，他很可能要么入狱，要么早早就一命呜呼了。

阿琳在家中四个女儿中排行老三。她的父亲是德国裔移民，暴虐又嗜酒。而爱尔兰裔的母亲胆小被动、逆来顺受、忍气吞声。

尼克和阿琳都说，选择对方步入婚姻是为了寻找原生家庭中缺失的那份爱。他们曾经有一个共同梦想，就是以不同于他们父母的方式养育自己的孩子。

在叙述各自的家庭历史时，一开始夫妻都没有提到任何积极的方面。但是，很明显尼克 19 岁就意识到他必须采取行动，否则他就命不久矣，这展现出巨大的抗逆力。他一定是从什么地方获得的这种勇气。这也表明，身处痛苦、恶劣的处境时，尼克愿意为了改变人生轨迹而放手一搏。

阿琳的童年在糟糕的充满暴力的家庭环境中度过。尽管如此，她依然怀揣一个梦想——给自己的孩子一个温馨的家。实际上，阿琳的确创造了一个拥有许多幸福时光的家，虽然尼克对配偶有很多批评和不满，但二人都承认现在的家庭比他们的原生家庭要强太多。

阿琳与尼克分居后搬到女儿家居住，有趣的是，6 个月后她又决定搬出去独居，这是她积极地掌控自己生活的又一体现。阿琳叙述道，以前她从未独自生活，现在能为自己的生活做主让她非常开心；对此，她之前从没有如此清晰的认识。

夫妻二人都来自他们认为功能失调、充满暴力的家庭，在那里他们从未感到过被爱。虽然阿琳与尼克的关系出了问题，但可以看到，他们有切实改变生活方向的能力。他们组建了自己的家庭，一个让他们的孩子们沉浸在爱中、拥有许多美好回忆的家庭。但他们仍然因为糟糕的夫妻关系疲惫不堪，最终分居。

我认为他们的分离本身就是这对夫妻内心富有力量的又一体现。阿琳有勇气说出“我不要再继续了！”并离开生活了 35 年的家。

出人意料的是，“跌入谷底”经常成为一个人步入生活新阶段的起点。就在人们认为身处绝境、感觉要放弃的瞬间，往往会下定决心做出改变，给自己一个新的开始，创造新的篇章。当夫妻中的一人终于说出“我不要再过这样的生活了！”，此刻可能两人都感到夫妻关系跌到了低谷。但这其实也可能是触底反弹的转折点。至关重要的是，当来访者真正承认事态已糟糕至极的那一刻，治疗师可以帮助他们将“最糟的时刻”重新定义为一个起点，放弃当前的生活，寻找重塑生活的勇气去开创不一样的未来。

就阿琳和尼克而言，他们的分居以一种相对和平、友好的方式实现，和过去几十年的婚姻生活一样，全家还是会一起庆祝节假日。在我看来，这对夫妻故事中所有那些未被认识到的方面都是他们人生叙事意义发生蜕变的线索，蜕变后的叙事与来访者最初对自身境况的描述截然不同。实际上，在讲述自己的人生故事时只包含消极内容，这种模式在关系出问题的夫妻中非常常见，且一旦陷入困境，他们就很容易再次跌入消极的人生叙事之中。但与此同时，阿琳和尼克的早年历史中无疑隐含着更多积极的部分，随着治疗深入，这些积极部分被看见、被展开，借此可以帮助他们获得更多能量，去探索更丰富的可能性。

可以将调查来访者的原生家庭比作潜入深海观察沉船。我们与来访者一起回顾他们的成长经历和家庭历程，与此同时，也应关注来访者及其祖先为改变生活境遇、持续奋斗中展现出的抗逆力和生存毅力。

治疗初期，阿琳和尼克都感到很沮丧，因为我在治疗中并没有留出多少空间让他们抱怨配偶。由于二人之前已接受过很多治疗，所以我直截了当地告诉他们我的观点，即夫妻沟通中只有当积极意见至少是消极意见的 4 倍时，抱怨才有正向的作用。（对于从未接受过治疗的夫妻，我可能会更谨慎一些，先增进对他们的了解，而后再如此直接地指出其互动方式的问题。）所有迹象都表明，这种配比是最有益于良好夫妻关系的信息沟通比例，因此在尚未探讨关系中的积极方面之前，没有必要抛出更多消极信息。

我向他们重申了关系管理的基本方针：不攻击，不防御，不息事宁人，不封闭沉默。起初，夫妻二人都笑了，并说我这是让他们别无选择。对此，我们围绕如何处理尼克的指责和阿琳的防御与沉默展开了详细探讨。我向尼克建议，每当他想要批评阿琳时，都要在批评前加上 4 句赞美的话；而每当阿琳想结束谈话或想要逃避时，她应该继续倾听但不做任何辩解，并尝试以 4 倍的积极态度回应。

毫不意外，夫妻二人一开始都无法完成这些任务。我将哈丽特·勒纳的《婚姻有道》推荐给他们，也将其作为治疗晤谈的框架，因为这本书为夫妻的所有沟通提供了多样又精彩的范例。在接下来一周的治疗中，正当我想让尼克和阿琳围绕勒纳的书谈一谈他们的婚姻困境时，尼克率先发难，他要罗列一个清单，细数阿琳违背了哪些勒纳的婚姻规则。我不得不反复提醒尼克，他的任务是思考如何应用勒纳所说的规则调整自己的言行，而非盯着妻子挑错儿。阿琳这边，五节治疗后她主动提出想做一次个人治疗；她说她已怒火中烧，实在难以心平气和地告诉尼克她为何心烦，因为她不想在治疗中制造冲突。我提醒阿琳，她之所以离开尼克是因为她终于敢于直面他们婚姻出了问题这个现实。选择分居是 40 年来她首次为改变和掌控自己的生活而做出的巨大努力。我和阿琳再次回顾了她的基本目标，并推动她勇敢地做自己，否则在他们的关系中她终将一无所有。同时，我向阿琳指出，尽管在治疗的对话中尼克看起来像是一个欺凌者，但当问及一些问题，诸如他的哪些方面吸引了阿琳、阿琳为何嫁给他，或阿琳为何想与他和解，等等，男方对女方的态度要比女方对男方的态度积极得多。然而，这些尼克对她的积极评价，阿琳却毫无印象。

我提示阿琳多关注尼克说的话，并集中精力将任何她希望告诉尼克的内容都向他传达，包括她对他的积极看法，以及二人关系中让她感到难过的各个议题。

查看阿琳的家谱图时，她的同辈姐妹关系中诸多积极因素凸显了出来。节日即将到来，她谈到尼克似乎从未享受过假期。童年时，阿琳的父亲只和他最偏爱的大女儿亲近，而阿琳就像灰姑娘，总是跑前跑后忙于家务，没有机会与父亲共度假日时光。但是她说，为欢庆节日装扮房子让她很开心。我们讨论了阿琳独自一人或与尼克一起等各种情况下，她可以确保享受美好假日时光的方案。一想到要为节日装扮她的公寓和圣诞树，阿琳立刻就变得兴奋起来。

然后，她问尼克是否愿意帮她把节日装饰品拿到她的新住处，装饰她的新家。尼克直截了当地拒绝了，说他现在背不舒服，没办法把那些东西从阁楼上搬下来。阿琳提议找别人帮忙搬，但尼克斩钉截铁地拒绝让外人进入他的房子。在这一点上，我选择让他的固执无礼继续下去，并借此机会考验阿琳，看她是否能遵从自己的意愿，而不被尼克的举动吓住。我很有把握，迟早可以抓住机会质疑他这种堂而皇之的刻薄态度；同时，我认为此刻暂且不提出质疑可以增加尼克反思自己糟糕态度的可能性。治疗师在质疑、挑战来访者时需要始终保持谨慎，避免激起他们的防御，帮助来访者向更宽容、更具同理心的方向迈进。

尼克拒绝让阿琳取走圣诞节饰品这件事无疑是更广泛的病理性家庭行为模式的体现，这一定是有待处理的部分；但与此同时，我认为最好抓住当下这个时机，给阿琳提供一个重新定义自己生活、无视尼克胡作非为的好机会。实际上，尼克的极端反应有助于阿琳明确自己的立场和需要，推动她掌控自己的生活。

我提出与阿琳单独面谈，并鼓励她，如果尼克继续坚决拒绝让她拿到旧饰品，她完全可以再去买一批新的。我提醒她，她曾说过为节日装扮房子是她非常珍视和看重的时光；我还强调，她现在有机会掌控自己的生活，而这种机会是她自幼都未曾拥有的。现在她有权力做自己——按自己的意愿装饰房屋，并与他人分享生活中的快乐。阿琳似乎领会了这个理念，尽管她还会时常陷入自艾自怜，哀叹没有一个幸福的婚姻生活，不得不独自面对一切。在我的鼓励下，她专注于创造自己想要的生活，而不再纠结于为什么她没能拥有一位乐于协作的丈夫。

当我们讨论以前的圣诞假日时，在阿琳的描述里，尼克从没正经享受过假日，总是在家庭聚会开始 5 分钟后就想着离开。我向她提出，她可以独自享受即将到来的节日，这意味着她需要将视野拓展到尼克的个人偏好之外。阿琳说她想举办一个假日聚会，邀请朋友们到她的公寓一起欢度圣诞长假，同时邀请尼克单独开一辆车来参加部分聚会，这样他可以选择提前离开，而阿琳能继续享受节日。“为自己的生活做主”的观念在阿琳心中萌生，但同时她又很容易陷入另一种执念：迫切希望尼克能变成和现在完全相反的性格——喜欢聚会和社交，尤其喜欢和家人聚在一起。

一方面，虽然阿琳仍没准备好重新审视自己的早年家庭经历，但她开始明白，重要的不只是思考如何与尼克重归于好，还有如何追求自己的梦想。

另一方面，尼克稍稍开启了对童年噩梦般经历的探索。或许他为自己对妻子如此刻薄而感到尴尬，这使他开始思考为什么他会做一些对自己和妻子都不利的事。

尼克谈到他的童年非常艰难。三弟刚成年就死于车祸，这让他下决心与另两个弟弟保持更紧密的联系。在治疗中尼克谈到，因为未能如愿地交到多少朋友，这让他在婚姻中对阿琳非常依赖。他逐渐意识到兄弟亲情在他生活中占据着重要地位。或许是阿琳不再专注于丈夫，转而开拓她自己生活的一些小举动触动了尼克，让他意识到自己对阿琳的依赖。尽管他不喜欢阿琳搞的节日家庭聚会，但其实多年来夫妻二人的社交生活完全是靠阿琳张罗。尼克现在认识到，如果阿琳离开，他将孤身一人，除非他改变自己的生活方式。

为了帮助这对夫妻更好地理解他们的关系，我请他们选取微缩玩偶（我经常在游戏家谱图中使用的小雕像和小物件）来代表他们自己以及 5 个人生时间点上的夫妻关系，借此探索和分析其关系的发展轨迹：

1. 35 年前他们相遇和相爱的时候；
2. 他们决定分居的时候；
3. 他们决定前来寻求治疗从而尝试和解的时候；
4. 当前，即参加治疗几个月后；
5. 未来他们期望的目标达成的时候。

有趣的是，在做最后一项任务时阿琳只为自己选了一个微缩玩偶，而没有为他们两个人分别挑选，这或许表明她已意识到自己在过去的婚姻关系中迷失了自我。她的选择可能反映出她希望自己能做出改变。对于未来，阿琳选择了一个舞女的小玩偶代表她，并说这个舞者可以自由地表达自我。对于阿琳只选择了一件物品代表自己，而没有为二人的婚姻关系选出小玩偶，尼克委婉地提出了质疑。阿琳对此做出了回应，她选出一个普通的“王子”玩偶代表尼克未来的样子。这是一个重大转变，表明她已不再专注于尼克哪里做得不妥，或许她也不再纠结于希望尼克做出哪些具体的改变；这反映出阿琳已经明白开辟自己的生活才是她的核心任务。

退步与向前发展

通过治疗，这对夫妻克服了他们对彼此的消极态度，共处时有了更多积极的互动。虽然我认为，只有当阿琳和尼克可以认识到在婚姻关系中他们如何相互影响，意识到夫妻关系与其他关系（特别是原生家庭关系）之间的关联，他们在夫妻关系中的积极改变才能持续下去；然而他们对后者的阻抗告诉我，还需要调整步调以免治疗推进得太快。的确，探讨原生家庭与当前困境之间的联系经常会激起来访者的阻抗。如果来访夫妻只愿意在双方关系的具体问题上下功夫——对于这种情况我所秉持的信条是：在拓宽探讨范畴的机会出现之前，治疗师应将工作限定在一定限度之内，即帮助来访者寻找当前困境与原生家庭中类似家庭模式之间的关联；在来访者展露出主动探讨原生家庭议题的意愿之前，不应强求他们向前推进。

我和阿琳、尼克一起工作时，聚焦于提升他们避免重蹈覆辙的能力。尼克在状态糟糕的时候会认为阿琳整天瘫在沙发上无所事事。阿琳状态不好时，会认为尼克总是神经兮兮、尖酸刻薄，就连她打个盹儿都会被指责半天。有一段时间，他们相处得很好，都致力于不让夫妻关系变得紧张，两个人都尝试关注并调整自己在夫妻关系中的状态。

后来阿琳患上了肺炎。尼克觉得她从来都不会好好照顾自己，建议阿琳可以住在他家休养。然而不到两周，夫妻关系就发生了严重的退步（backslide）。他们对对方恨得咬牙切齿，不良的互动席卷而归。阿琳执着于重归家庭，修复婚姻。她不断向尼克施压，希望对方为改善关系做出承诺。然而尼克的消极表现令她又非常受挫，片刻都不想和他多待。与阿琳单独会谈时，我问她为什么与尼克共处得如此不开心却依然执着于想要对方主动做出承诺。我引导和鼓励她说出自己的心声，说出她希望得到的是什么，因为直言内心的需要是她小时候所不被允许的；此外，我还想看看尼克对此如何回应。

经过一番询问后，阿琳意识到自己需要空间，她想搬回自己的公寓，有属于自己身心的空间。虽然她有些想为此责备尼克，但最终决定对自己负责。阿琳回家后开始收拾行李。

尼克一直对阿琳感到非常不满，并对她吹毛求疵。他做出了让步，防御性地责备阿琳，说她这是“甩手不管”而不是留下来处理他们之间的议题。阿琳随之也做出了让步，最终这对夫妻在不愉快的关系氛围下决定待在一起。

不过尼克和阿琳都愈加能正视各自在糟糕的夫妻关系中所发挥的作用。后续一节的治疗中，尼克承认，之前他心中有股冲动，就是在双方关系好转之前想方设法破坏阿琳的分居计划。虽然他也说不清自己为什么要这么做，但惧怕分居肯定是原因之一；尼克说，实际上他心情很糟，很难打起精神以他期望的、积极的方式对待阿琳。这是尼克第一次真正表达他对夫妻关系的价值观和期望。

这对夫妻又分居了。他们分开后，我单独会见了尼克。阿琳已经离去，现在不再有她的抱怨，尼克第一次认真思考他需要做些什么才能不再那么刻薄挑剔。他开始仔细研究其成长过程中的家庭关系。尼克诘问自己，为什么在对待阿琳时他经常变得如此“顽固执拗”“拒不妥协”。尼克决定出趟远门拜访他多年未见的弟弟、女儿还有高中时期的朋友，以便“更好地了解自己”。这是他在重塑自我的道路上迈出的重大一步。

之后我又单独会见了阿琳。她再次陷入退步，认为尼克出尔反尔——当初曾请求她留下养病，而现在又放她走——阿琳对此非常生气。我提出质疑：“选择离开是**你自己**的选择，这是因为**你**和尼克相处得很不开心。”对此阿琳只得承认。我提示她尼克曾说过他想要打起精神，希望能更轻松愉快地与阿琳相处，因为阿琳对他很重要。阿琳却对这些话毫无印象。

我提醒阿琳，“尼克很少说积极的话”可是她最常抱怨的问题之一。以此为引子，我们一起回溯了阿琳的人生发展历程。阿琳简要地谈了她的童年经历，并回顾了她在过去几年中为自我成长所做的努力，她如何重构夫妻关系，以及如何重构自我。当我们谈到她的自我发现之旅、学习自己管理财务、按自己的方式规划假期，这些与她当前的生活主线——“离去”——相关的话题时，她变得精神焕发。她又回到讨论之前提到过的“目标列表”上：更积极地享受生活；结交新朋友；重塑与姐妹们的关系（她之前曾因患病期间姐妹们没来登门探望而满腹怨言）。我们谈到，她可以邀请姐妹们一起做一些阿琳真正想做的事，而不是没完没了地谈论陈年家庭八卦——后者通常以阿琳顺从姐妹们灌输给她的“建议”收场。她开始更加认真地分析自己的家谱图，并注意到她对很多家庭背景信息一无所知，这可能与她在原生家庭中老幺的出生排行有关。我们对她的家庭成员做了梳理，发现年长阿琳 9 岁的大姐可能了解很多有关他们祖父母的事情，而祖父母在阿琳 6 岁时就去世了。阿琳对父亲的家庭背景产生了兴趣，希望能了解更多信息；显然，这个举动反映出她不再因曾遭父亲疏远而心怀愤恨。

阿琳和尼克在好几个要点上是许多来访夫妻的典型代表。前文是对他们约一年治疗历程的记述，尽管与他们的工作推进很慢。我们可以看到，刚进入治疗时他们带有很多养成已久的不良习惯；但他们也曾采取许多积极举措尝试改变生活，这些尝试比他们自己所意识到的要多得多。开展夫妻治疗的要点之一，是认识到人们对自己的生活往往固化了许多消极的、功能不良的叙事和认知，松动和转化它们需要付出巨大的努力。阿琳和尼克都没有意识到，他们在寻求治疗之前就已经为改变其生活模式做过了许多尝试。实际上，他们原先都接受了社会与家庭赋予“夫妻”的负面刻板印象，即分开后不可能“从此过上幸福的生活”。通过治疗，他们逐渐意识到二人最终分开是有充分理由的。尼克与阿琳的关系已发展到功能失调十分严重的境地，他们终于决定不再这样继续下去了。他们在关系跌至谷底后开始面对现实，而这是许多夫妻都难以做到的。“我们不能再这样下去了”，阿琳对尼克说出这句话的那一天，其实就是他们鼓起勇气为各自余生开启新篇章的起点。虽然儿女们全都认为他们的分手是一种失败，但我却认为这是一种成功，也是一个新的开始。如今他们正在努力共同度过更多美好时光，同时专注于如何确保双方都能创建各自所期望的关系。

阿琳与尼克关系改变的核心过程正是鲍恩所说的分化过程。而沙尔默将这个过程描述为“关系系统的 U 型理论”：真切地探索你的过往经历；深入观察你所处的境况及其背景；倾听你内心的声音；如此就能依照你自己的价值观，而非任由因他人的冷嘲热讽、恐惧或评判所激起的反应去决定你的行为和选择；形成“以系统化的角度看待一切”的生活态度（Scharmer & Kaufer，2013）。

离婚和再婚：三角关系、断绝关系与关系重建

理解来访者的离婚与再婚，首要工作是将核心家庭的议题与源自双核（binuclear）及多核（multinuclear）关系的议题区分开来，这也是家谱图在评估分居、离婚或再婚家庭过程中尤为重要的原因。

无其他婚史的来访夫妻共享着相同的家庭历史，这一点与那些有其他婚史（加入或退出其他家庭系统）的来访夫妻截然不同。诚然，结婚让我们进入另一个既有的家庭，但对于再婚，这个命题有着质的差异。如果你的结婚对象已有子女，他们所共有的家庭历史与家庭关系将是你永远无法完全融入的部分。虽然人们经常认为这与个人能力有关，但实际并非如此。这是一个由时间造成的“结构性”议题。曾经共同生活的家庭成员有着将他们联结在一起的经历与记忆。在后续的关系里，总包含着一些前段关系中“悬而未决的东西”。这些都是事实，不带有任何控诉的意味。因此，任何新加入者都只能从加入的那一刻起参与家庭的人际联

结，这也意味着他/她与过去的事无关。

经过多年细心呵护，新建家庭成员们的感情可以积淀得厚重又深刻，可以像《脱线家族》（*The Brady Bunch*）中所呈现的那样，其乐融融地凝聚在一起；然而，这在现实中很难实现，对于带有儿童的新建家庭更是如此。

因此，与再婚家庭工作的首要任务是厘清其中复杂的家庭模式。再婚家庭以及所有的多核心家庭（multinuclear families）中，三角关系与连锁的三角关系（interlocking triangles）非常普遍；我们认为，针对此类来访者的临床工作总体方针就是帮助他们消除三角关系。再婚家庭最常见的临床特征是与配偶过往婚姻关系中的孩子或前夫/前妻形成三角关系，这是因为来访者常常试图强迫自己与配偶成为一家人，但往往会因此陷入困局。

组成家庭需要时间。家谱图是让来访者在治疗伊始就能清晰地观察到三角关系结构的得力的临床工具。它有助于明确指出那些并不具有内生权力（built-in power）的关系，例如，继父母与继子女的关系以及新配偶和前配偶间的关系。

在所有再婚案例中我都会向来访者指出，新家庭必须尊重各方的历史，并使他们的恋爱关系融入既有的且将继续存在的各种关系之中。所有的家庭事务都应以此为前提。再婚家长之间的夫妻关系是孩子与继父或继母构成关系的纽带，例如，孩子们尊重父亲，而父亲现在要求孩子们尊重他的新妻子。或许，在向孩子们做介绍时还不应强制他们称她为“妈妈”。只有随着时间推移，家长的新伴侣才能逐渐转变为父/母亲的角色。通常，孩子至少需要两年时间才能将家长的新伴侣感知为父亲或母亲。如果来访者重组家庭时孩子正处于青春期，那么继亲与孩子有可能永远也难以真正结成亲子关系。如果孩子已经离开原生家庭并组建自己的家庭，父母此时再婚，情况更将难上加难；除非整个大家庭都住得很近并经常组织家庭聚会（然而这在我们的时代已经非常少见了），否则继亲与孩子之间几乎不大可能建立起深层的情感联结。

治疗初期，无论是在一大张纸上画出家谱图，还是递给来访者一份复印件，制作并向来访者展示家谱图都有助于提醒他们：其在再婚家庭中的家庭角色、家庭关系具有高度的复杂性和模糊性。治疗师应向来访者传达：具有灵活可变又务实可行的人际界限在再婚家庭中至关重要。然而，这说起来容易做起来难。

再婚家庭最大的问题通常在于他们试图通过划定并坚守严格刻板的界限去简化系统中关系的复杂性。然而这么做反而更可能导致灾难性后果，因为随着年幼家庭成员长大成人，他们很可能会重复僵化的界限，在他们组建自己的家庭系统后便与原生家庭断绝关系。反之，具有灵活性是成功的关键。新建的家庭系统越开放，越能尽可能多地将其他人纳入其中，就越有利于家庭系统保持长期完整性。同时，孩子们有预先了解家庭结构变化的需求，因而应该让他们清楚地知道他们应对谁负责、可以向谁寻求保护。我们将具有灵活界限的家庭视为开放系统。

一般来说，离婚会使夫妻中一方与另一方的大家庭成员也断绝关系，这经常会造成很大的附带伤害。不幸的是，离婚会导致大约 70% 的家庭关系网遭到破坏。这非常糟糕，对于孩子来说尤其痛苦，他们往往必须独自应对复杂的大家庭关系变化。在孩子与亲人之间的情感联系方面，父母提供的支持多多益善。通过家谱图将上述内容呈现出来，并在临床工作中不断提及家庭的复杂结构，非常有助于提高来访者应对离婚压力的内在动机与行动力，进而可有效地处理复杂的情感和现实任务。

约翰·斯特吉奥斯（John Stergios）一直在竭力与新妻子安吉（Angie）的儿子们建立关系（见图 8.6）。同时他的责任还包括：与自己的孩子们保持紧密联系；与脾气暴躁的前妻玛丽莲（Marilyn）协商财务问题；在周末协调他的儿子们与新妻子的关系——新妻子面临的窘境是：约翰的儿子们对她的孩子抱有敌意，前者

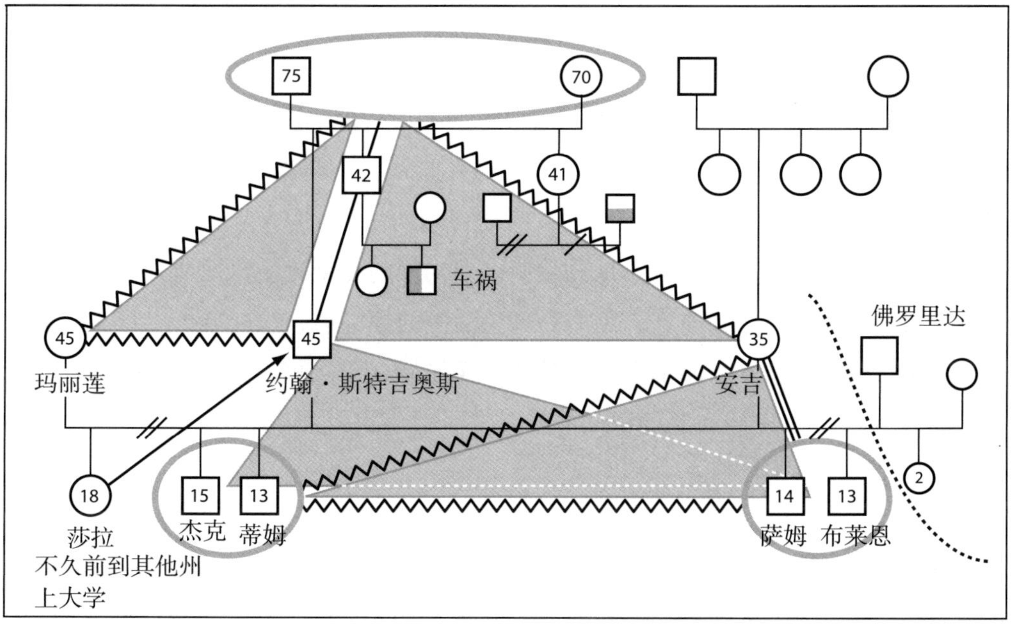

图 8.6 斯特吉奥斯一家的家谱图

觉得继兄弟们抢走了父亲更多的关注。

由于约翰的父母与玛丽莲的关系很糟，于是每当他们想见孙子时总会要求约翰出面帮忙。不仅如此，父母还经常向约翰抱怨安吉如何怠慢他们。约翰的大女儿莎拉（Sarah）刚上大学，对新环境适应得并不顺利，她有时会狂轰滥炸地给约翰发很多短信，有时又会好几天音信全无。除了要处理与直系亲属的关系，约翰在财务方面也处于困境——付给玛丽莲的抚养费、他和安吉的生活费以及莎拉的学费，多项费用叠加在一起让他焦头烂额。

约翰心里最担心的还是他的父母。二老一直自给自足，如果他们中任何一人生病或出了问题，经济上都将陷入困境；此外，因年事已高，他们的生理和精神状态都衰退得日渐严重。

幸运的是，约翰和父母住得很近。而约翰的弟弟妹妹都有各自的苦衷，两人经常乘飞机四处奔波、忙于生计。他弟弟的儿子最近出了车祸，还留下了后遗症。约翰的妹妹正与酗酒成性的第二任丈夫分居，因此她的处境也十分艰难，没有太多精力照顾父母。这个个案中潜在的连锁三角关系包括：

1. 约翰与新任妻子，以及约翰儿子们的情感需要（每周过来与约翰共度周末），还有他的女儿：虽然离家很远，但她有刚成年的青年特有的需求——试图从分裂的家庭中独立出去；
2. 约翰与新任妻子、她的孩子们的需求，以及约翰与前妻、自己孩子们的需求；
3. 约翰与父母，以及新任妻子（父母特别不喜欢他的新妻子）；
4. 约翰与弟弟妹妹关于父母日渐增长的看护需求，以及弟弟妹妹各自的需求。

临床工作的首要议题就是帮助约翰明确他当下的复杂处境，厘清其中潜在的各种三角关系。他需要分清主次，逐个处理生活中的烦心事，这样就可以将注意力优先放在最重要的事情上，而不至于被家庭中所有人的反应压得喘不过气来。

将时间线纳入分析问题的框架非常重要：随着时间推移，约翰家中各方面的困境可能会逐次安稳下来。

▲ 约翰的女儿莎拉，很可能在大学生活中找到自己的发展方向；如果约翰和前妻继续努力与莎拉保持情感联结能促进女儿的发展。

▲ 如果约翰和安吉不施加太多压力，约翰的儿子们可能会渐渐与继兄弟们处

好关系，因为他们年龄相仿，而且在高中毕业前还有 3—4 年的时间相处。

▲ 如果约翰能够保持收入稳定，那么前妻和新任妻子可能会适应现有的经济状况，他也会设法解决女儿的大学学费问题。

▲ 如果约翰和前妻的关系能保持不冲突并互相支持，那么前妻方面可能会安定下来。

▲ 如果约翰能推动父母避免和前妻、新任妻子针锋相对，就能避免很多不必要的冲突。随着时间推移，约翰或许可以劝说安吉想办法为他赡养父母提供一些支持；玛丽莲可能也会随着时间推移，感激孩子们的祖父母给予她儿子们的关爱和照顾。

由于家庭系统结构的复杂性会影响其中三角关系的可预测程度，因此家谱图可以极大地助力对再婚家庭的治疗。在临床实践中，指导成人从原生家庭中进一步分化出来，往往与处理当前的家庭困境同步进行。

在再婚家庭中转化家庭关系往往会激起强烈的张力，被引发出的极大的愤怒和恐惧感常常会阻碍改变的发生，每一次尝试前进都伴随着旧有冲突的循环复现，此外在家庭生命周期过渡的过程中也极易让家庭退回到过去糟糕的模式之中。临床经验表明，那些愿意讨论、处理原生家庭关系的来访者比那些不愿讨论的来访者在治疗上进展得更快。

本案例中，如果约翰·斯特吉奥斯能处理好他与父母的关系，将使其与前任妻子、现任妻子以及孩子们的当前处境有所改善。与弟弟妹妹会面也许有助于他们群策群力更好地赡养父母，这或许能帮助三兄妹在当下这个他们都倍感压力的时刻成为彼此的资源。如果治疗师可以接触到约翰的现任或前任配偶，促使她们思考原生家庭议题对其当前困境造成了哪些影响，分析如何理解这些议题有助于实现更好的家庭平衡——这些工作对她们来说都将大有裨益。

针对这个案例的首要工作目标是帮助约翰和安吉认识到，他们的核心家庭关系之所以非常复杂，是因为二人原属的关系系统在他们当前的关系中碰撞叠加。我邀请他们回顾了二人决定组建家庭的动因和过程，并强调若想有效应对其复杂的家庭关系系统，构筑坚韧、强大的情感纽带是非常必要的。他们需要面对的关系冲突包括：

▲ 归属感不同且互相争夺家长的孩子们；

▲ 夫妻双方都有各自的前任配偶；

▲ 夫妻双方的大家庭、父母和兄弟姐妹都承受着生活压力；

▲ 他们的工作、收入境况颇为复杂。

安吉的前夫已搬到遥远的城市，当前处于失业状态，对儿子们的生活费几乎毫无贡献，也很少与他们联系。最近他又和女友生了一个女儿。一直以来，安吉不得不独自抚养儿子们。约翰答应抚养安吉的孩子们让她颇感意外，尽管约翰认为这本来就是他应尽的责任。与此同时，玛丽莲一直很低落，虽然孩子们已不需要她全天在家照料，她却不愿从事全职工作。

为了缓解安吉和继子们的紧张关系，夫妻俩决定在接下来的几个周末让约翰带儿子们去拜访他们的祖父母。这可起到两方面作用，一方面让安吉有时间单独和她的儿子们相处，同时减轻约翰父母的焦虑——孙子们总是在约翰、玛丽莲两家之间来回奔波，这让二老担忧他们很难再有机会见到孙子们；另一方面，这么做还能增加约翰与儿子们单独相处的时间，否则由于安吉和她的儿子们总是在场，约翰很难给予自己的孩子充分关注。这也可以让约翰有机会去照看父母，向父母证明自己的不离不弃。这一小小的举动极大地改变了整个家庭的反应性水平（reactivity level）。约翰更好地处理了他的工作问题、满足父母的需要，以及培养他和儿子们的感情。他与安吉之间的积极情感联结也得到了强化，因为在治疗中他们都谈到和对方在一起对彼此是多么重要，以及对方是多么尽心尽力地处理彼此的家人或孩子们可能出现的所有问题。以此为基础，渐渐地，他们开始设法让双方的儿子们融洽相处、亲如一家，并在约翰女儿回家度假时也带她融入和谐的家庭氛围。

再婚家庭中常见的三角关系

新配偶与前配偶

如果此类三角关系是来访者困扰的核心，其主题通常表现为经济议题或性嫉妒（sexual jealousy）。其本质通常是家庭成员与前任配偶还未完成的情感分离。

治疗师在与此类来访家庭工作时，首要任务是与现任配偶建立工作联盟，否则我们针对前段婚姻所做的治疗努力很可能遭到现任配偶的破坏。值得注意的是，治疗师在解决离婚相关议题时，绝对不可单独会见前任配偶或邀请再婚者、现任配偶与前任配偶三人一同出席治疗，这样做甚至会适得其反，引发家庭系统难以承受的焦虑。只有当需要各方协商处理诸如涉及子女抚养等重大议题时，才可邀请新旧两任配偶同时参与治疗。此外，指导再婚者如何处理其与前任配偶的关系时，邀请现任配偶在场参与可以取得更佳的干预效果。在这个过程中，现任配偶必须学会承认过去的情感纽带对再婚者具有特殊的重要性，并接受这样一个事实，即再婚者与其前任的关系中可能会长期包含某种程度的相互关怀——具体取决于再婚者前一段婚姻的时长以及是否育有子女。

32 岁的米兰达·威尔金斯（Miranda Wilkins）和 39 岁的大卫·布朗森（David Bronson）前来寻求夫妻治疗（见图 8.7）。大卫与前妻朱莉（Julie）育有两个女儿，现在分别 9 岁和 10 岁；离婚后，女儿们和朱莉一起生活。米兰达与大卫婚后两年中不断“为钱打架”，矛盾主要源于大卫“为了给女儿们生活费”经常给前妻汇款，米兰达对此非常不满。实际上，大卫和米兰达都是事业有成的建筑师，并不需要为钱担忧。大卫对于自己离开前任妻子感到内疚，离婚后前妻终日郁郁寡欢、消极自闭、借酒消愁。米兰达是大卫前段婚姻的第三者；大卫与朱莉离婚后很快就和米兰达结婚了。尽管大卫已经支付了（米兰达认为数额非常夸张的）离婚抚慰金和子女抚养费，但每当前妻伸手要钱，大卫都有求必应——这让米兰达认为大

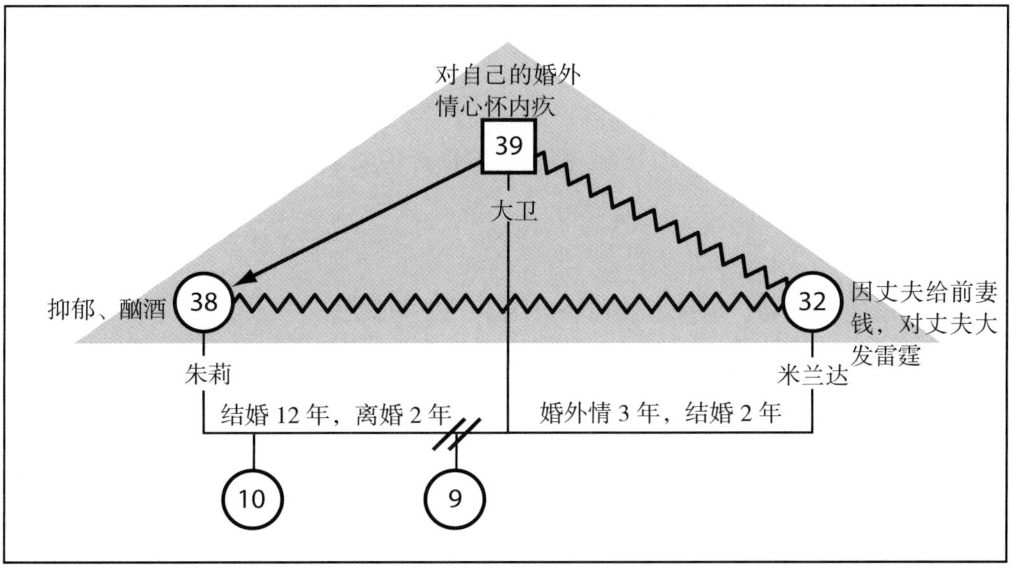

图 8.7　布朗森的家谱图

卫更在乎朱莉。对于前妻朱莉拒绝找工作以及不断索要钱财，大卫辩称：这是因为孩子们需要她照顾！大卫说他不能再“落井下石”。经过几节治疗，米兰达渐渐理解，大卫在解决好他对朱莉未尽的依恋、处理好因离婚而生的愧疚感之前，他都无法全身心地与米兰达开启新的生活。她意识到，无论如何催促大卫与前妻正面对抗或一刀两断，对解决大卫的心结都毫无帮助。

虽然米兰达内心特别矛盾，但最终还是支持大卫邀请朱莉加入治疗。治疗中他们讨论了未来大卫对朱莉和孩子们经济支持的限度。大卫主动提出，在朱莉调整个人生活状态期间，他可以暂时照看孩子们。

与朱莉见面之前，我们已预感到朱莉对于大卫提出离婚的愤懑将在治疗中爆发；后来，当这些指责如期而至时，大卫做到了安静地倾听，不做任何辩解。在米兰达参与的联合治疗中，大卫与朱莉、孩子们轮流见面，他承受住了朱莉对过往之事的愤怒声讨，并回应了孩子们对父母离婚的不满。他开始直面自己的婚姻问题，为离婚的抉择承担起责任。大卫坚定地要求朱莉与他一起制订一份权责分明的育儿计划，厘清抚养孩子的经济责任和维护亲子关系的明确规则。

最终，朱莉发现她的攻击既不能激起大卫反击辩驳也无法引起他愧疚退缩，她开始接受离婚的现实，并将注意力转向改善她和孩子们的生活。在大卫的不断努力下，他们的关系变得更为友善，联系也不那么频繁了。整个治疗结束时，朱莉只在必要的情况下才打电话给大卫，并不再向孩子们说米兰达的坏话，孩子们对米兰达的敌意也越来越少。在联合治疗以及与孩子们会面的治疗中，米兰达倾听了大卫因前段婚姻失败所感到的悲伤，大卫也努力学着接受那段历史，并且不因其做出反应性的行为。米兰达与孩子们相处得非常谨慎，把所有惩戒的决定权都交给大卫。这其中难度最大的是，米兰达真正接受了从现在起需要将她和大卫的部分收入交给孩子们。

佯装和谐的再婚夫妻、前任配偶与子女组成的三角关系

此类三角关系中常见的情况是一个或多个孩子出现品行问题或学业问题，抑或孩子要求监护权从父母的一方转到另一方。再婚夫妻通常看起来彼此毫无分歧，并将问题归咎于孩子或前任配偶（或两者兼有）。虽然治疗会对孩子有所帮助，但家庭的背景故事往往包含“再婚者与前任配偶激烈冲突”“新任配偶在伴侣与孩子的冲突中全力支持前者”等情节。处理此类三角关系的第一步是将孩子行为的管教权交给亲生父母掌控，让新任配偶保持中立，而非站在孩子的对立面。这么做

会让局势暂时平静下来，然而这种平静可能并不能维持多久，除非再婚夫妻佯装的协调一致可以被作为焦点展开讨论，分歧和异议可以被表达并加以处理，孩子与亲生父母双方保持情感联结而非自动将新任配偶卷入亲子关系。最后必须做的工作是结束与前任配偶的争斗，完成情感上的离婚；围绕孩子的激烈冲突，往往是使情感纠葛剪不断理还乱，无法达成情感分离的主要缘由。

拉里·拉斯科（Larry Lasker）和南希·拉斯科（Nancy Lasker）前来寻求治疗，以求解决拉里 14 岁儿子路易斯（Louis）的问题（见图 8.8）。这对夫妻结婚已有一年，在此期间路易斯平时与生母莎拉（Sarah）生活，每周到父亲这边度周末。南希之前也有一段婚姻，还有一个 9 岁的女儿琳达（Linda），现与拉斯科夫妇一起生活。南希的第一任丈夫巴德（Budd）在琳达 5 岁时因癌症去世。拉斯科夫妇表示，他们的婚姻非常和谐融洽，琳达性格活泼、开朗、乐观向上，与母亲和继父的关系都很好。然而路易斯似乎变得越来越糟，他的学业成绩急剧下滑，到父亲家度周末时，也变得越来越孤僻、偏执和易怒，不停地招惹琳达、制造争端；对

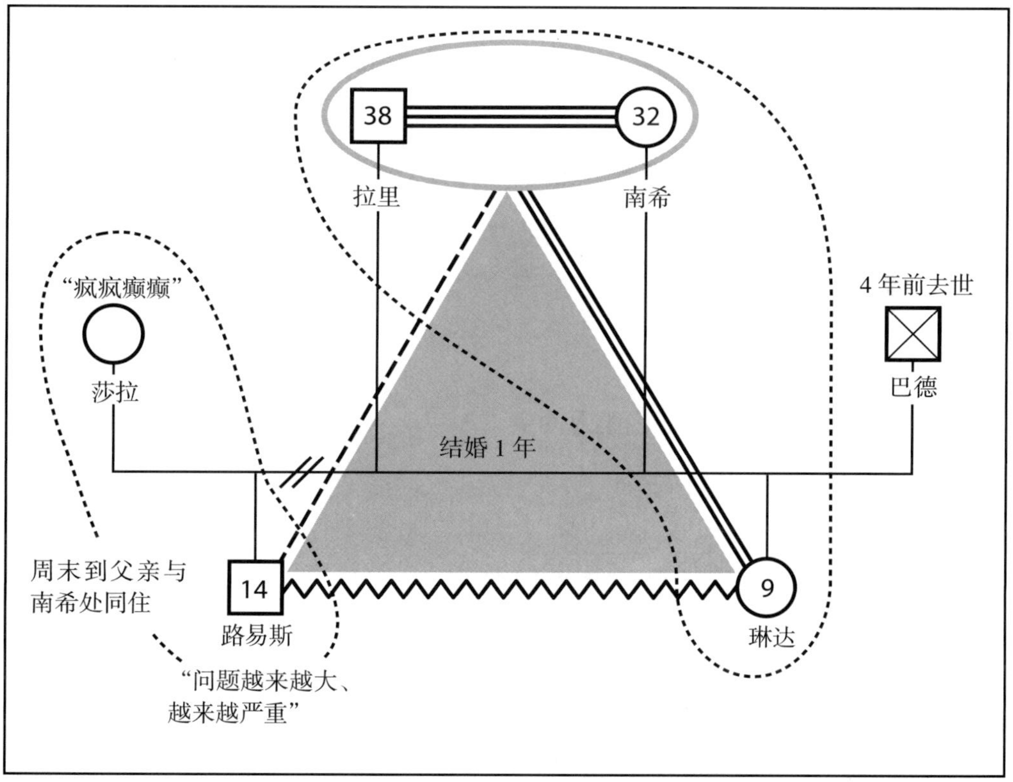

图 8.8　拉斯科一家的家谱图

于南希提出的简单要求，如整理他的杂物，路易斯也刻意对抗违逆。由于路易斯的母亲莎拉是一个“心理不正常”的人，会抓住一切机会“骚扰”拉里和南希，因此他们得出结论，路易斯“也变得精神不正常了”。

拉里大多时间都忙于工作，因此他把操持家务和照料孩子的任务都交给了南希，据他说，南希对两个孩子一视同仁，都关爱有加。南希表示认同，说她对路易斯视如己出，并全身心都扑在打理他们的“新四口之家”上。南希认为自己已经尽了最大的努力对莎拉保持礼貌，但莎拉却粗鲁无礼，此外南希还补充道，莎拉对路易斯忽冷忽热，甚至有时为了外出约会对路易斯不闻不问，她认为这对路易斯会产生很多负面影响。路易斯却报告说，拉里和南希都“讨厌”他的母亲，他无法容忍他们谈论莎拉的方式。路易斯说，母亲会在周末打电话询问父亲和继母是否好好待他，因为她知道父亲把一切都给了“那个女人”。治疗中，拉里同意担任儿子在学校的监护联络人，并在路易斯周末到访期间承担管理儿子所有行为的责任。我还推动他偶尔独自带路易斯去旅行度假。经过一番鼓励，拉里终于承认，他和新妻子在抚养儿子的想法上存在分歧，但他不想与她争论，因为她大体上做得都很好。最终，南希也承认，做一个陌生孩子的兼职母亲难度很大。鉴于路易斯有自己的母亲，我鼓励南希重新思考其角色定位。在路易斯的行为问题有所改善后，这对夫妻同意处理他们与“疯疯癫癫的”莎拉的关系。尽管拉里不愿对他与前妻间旧有的议题做深入探讨，但当二人不再针锋相对，莎拉“不可理喻的”行为也少了许多。另外，南希做了许多努力处理她对第一任丈夫的哀悼，这是她第一次能够和女儿直接谈论亡夫，母女两人也第一次一起翻看了旧相册。南希说，治疗使她能更轻松地享受她的第二个家庭，而不再竭尽全力让所有人都开心。

再婚夫妻因一方的孩子 / 孩子们陷入冲突

此类三角关系的第一种形态——继母、父亲与他的孩子们构成三角关系，这虽然不是最常见的家庭构成，但却是问题最严重的类型，因为继母在同住的继子女生活中扮演着核心角色。如果继母之前从未结过婚，而孩子的生母还健在，且生母与生父之间的关系很不理想，那么这将是非常困难的个案。处理这种三角关系通常会涉及我们所说的“把关人干预”（gatekeeper intervention）——让孩子的亲生父母充当把关人，承担起在家庭系统中为新任配偶开辟生活空间的责任。例如，对于继母来说，父亲需要向他的孩子们传达两方面信息：第一，需要对父亲的妻子（而不在于她到底是“母亲”还是“继母”）保持礼貌；第二，要服从父亲的安排。这些信息旨在向孩子们表明，他们并没有失去双亲，仍有一位直系亲属就在他们身边。

我们通常会请继母“暂时先放个假”。治疗师应帮助继母在一段时间内暂时退场，以便与丈夫探讨继母可以切实扮演的家庭角色。丈夫须积极与继母协商并坚决执行制定的所有家庭规则，而不可任由继母与孩子们争斗。在直系家庭（immediate household）内秩序井然之后，丈夫需要与前妻建立一种协作式的养育（co-parental）关系，否则他与前妻的冲突将会再次激起孩子们的不满，并不可避免地将新任妻子再次卷入冲突之中。如果前任妻子已经过世，丈夫不仅要完成对前妻的哀悼，还要帮助子女完成哀悼。这样才能放下过去，而非将第二任妻子作为前任的低配版替代品。

辛迪（Cindy）和伯特·查普曼（Burt Chapman）前来寻求治疗时正处于离婚边缘（见图 8.9）。伯特的第一任妻子索尼娅（Sonya）因癌症去世，当时伯特的两个女儿分别 3 岁和 4 岁。一年后，他与辛迪结婚，辛迪搬进了伯特和索尼娅的住所——被索尼娅装修得非常精致的房子。虽然索尼娅无处不在的痕迹让辛迪感到不大舒服，但她理智地认为重新装修很浪费钱，于是就安顿下来。辛迪认真聆听了伯特对女儿们日常习惯和个人喜好的讲解，并竭力使她们保持原来的生活方式。

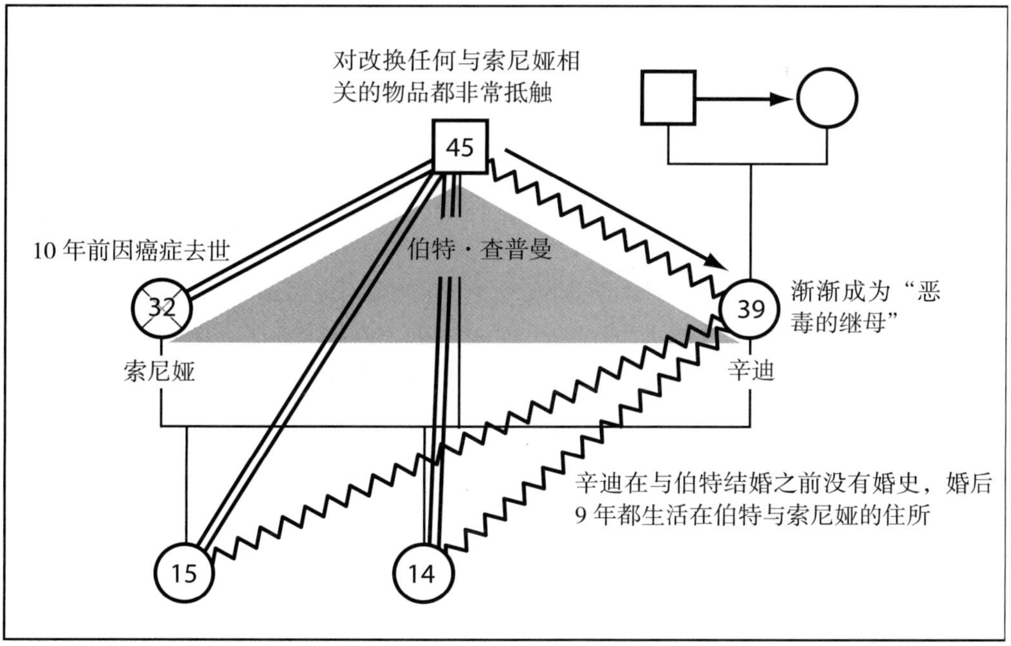

图 8.9 查普曼一家的家谱图

然而随着岁月流逝，伯特开始对辛迪吹毛求疵，挑剔每一件她“做得和索尼娅不一样”的事。辛迪越来越神经紧绷，用她自己的话说，她渐渐成了“恶毒的后妈”。她开始对继女和伯特大吼大叫，而他们则在辛迪面前交换眼神，窃窃私语地议论她。有一次，辛迪扬言要重新装修房子，但面对伯特的暴跳如雷，她还是退缩了。现在，两个十几岁的继女对辛迪越来越无礼，而伯特对此大多默不作声，辛迪认为或许她应该承认自己的失败，退出这段婚姻。

治疗的第一个转折点是伯特意识到，由于对亡妻心怀哀伤以及对孩子成长的关切，他和女儿们抱团构建了紧密的丧亲关系系统，而在这个系统中从未真正为辛迪留有一席之地。他不仅从未在女儿们面前维护过辛迪的地位，反而还不断和孩子们一起对抗她。意识到这些之后，伯特愿意管理女儿们的行为，并要求她们尊重辛迪。

随着伯特在女儿与继母之间积极地调和，他与辛迪的关系得到改善并重新回归平衡，女儿们对辛迪虽然还没特别亲近，但也开始变得规矩礼貌。然后，治疗的焦点转向了伯特和女儿们还未被处理的哀伤（grief），父女三人一起去为索尼娅扫墓。第三次扫墓时，伯特邀请辛迪和他们同去。此后，辛迪开始重新装修房子，将索尼娅的、她自己的，以及伯特和其他家人的照片一起挂在墙上。在此期间，辛迪处理了原生家庭关系问题，特别是和她母亲的关系——辛迪的母亲一生大部分时间都在抵挡丈夫的控制：他总是试图“告诉她该做什么”。辛迪从母亲的举止中看到了自己的影子，这使得她更清晰地认识自己，进而能有意识地调整自己在亲密关系中的行为和反应，变得更有弹性；辛迪说她不希望自己像母亲那样僵化，母亲的僵化总是困扰着她。

佯装和谐的再婚夫妻、男方的子女，以及女方的子女

这种三角关系通常表现为一对“幸福的”再婚夫妇“二人之间不存在任何问题”，但双方的孩子们却打得不可开交。孩子们争斗的原因通常在于他们的再婚父母否认前段婚姻中与前夫 / 妻的冲突。对于来访夫妻的佯装和谐，以及他们认为问题出在孩子身上，若治疗师直接对这些要点提出质疑，通常都会激起更强的阻抗，因此明智的做法是先从涉及子女及前任配偶的三角关系入手，围绕孩子的身心健康打开话题。

格雷格·巴托斯（Greg Bartos）和夏洛特·巴托斯（Charlotte Bartos）前来寻求家庭治疗（见图 8.10），主诉是每次格雷格的孩子到访时都会和夏洛特的孩子们

冲突不断。格雷格和夏洛特年过三十，二人结婚不到一年。他们在格雷格上一段婚姻期间开始发展关系，并都坚称格雷格的前妻默茜（Mercy）及其两个女儿对格雷格的婚外情一无所知。夏洛特在与格雷格发展婚外情之前已离婚两年，育有一个 8 岁的男孩和一个 5 岁的女孩。这对夫妻声称，他们在所有有关前任配偶的议题上都支持对方；实际上，格雷格经常接送夏洛特的孩子们去见他们的生父，因为“与前夫见面让夏洛特心烦，两人还经常吵个没完”。格雷格的前妻默茜被描述为“精神不正常”，格雷格很难和她打交道，因此，格雷格与前妻的协商也由夏洛特代理。夏洛特向格雷格保证，如果默茜的“无理取闹”让他的孩子们感到不安，她将坚决支持格雷格争取孩子们的监护权，夫妻双方的孩子一起抚养。

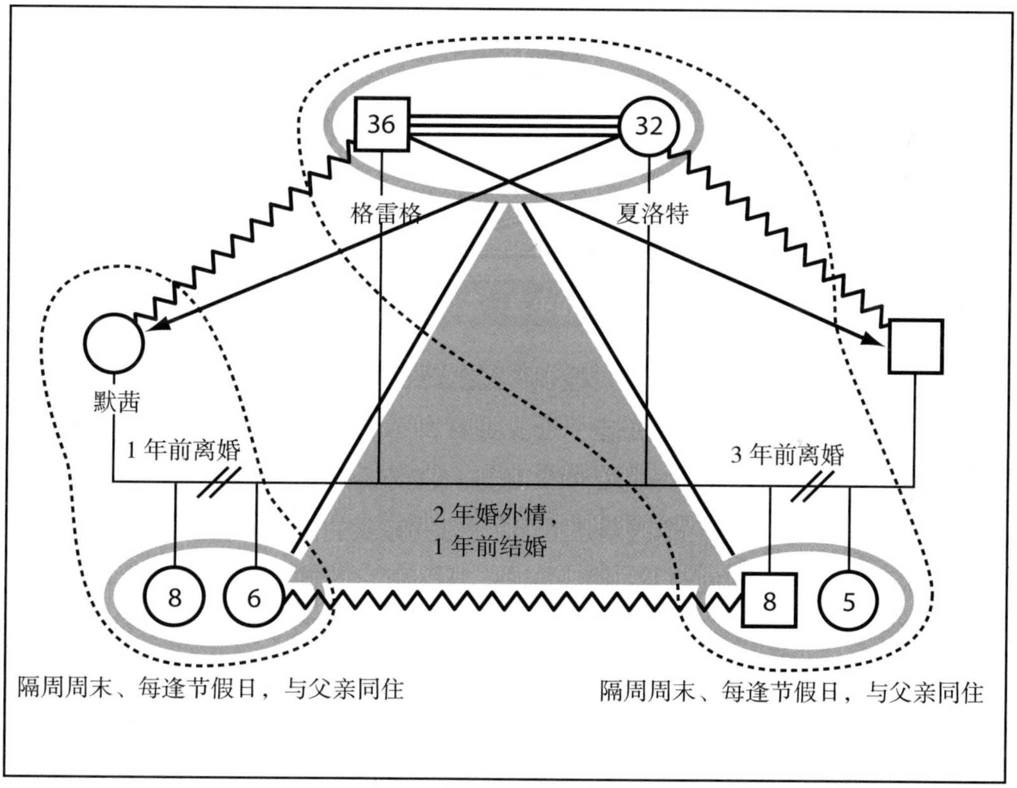

图 8.10　巴托斯一家的家谱图

治疗初始阶段，我建议格雷格与夏洛特各自处理其与前任配偶的关系议题。显然，他俩都没有觉察到这与孩子们无休止的争斗存在联系，因此我花了数节治疗与他们讨论离婚与再婚过程中子女体验到的归属感冲突等常见议题，以及每个家庭成员都需要时间去适应自己在再婚家庭中的身份。意识到这些问题后，格雷格开始努力改善与默茜的关系。然而他的改变却遭到了夏洛特的抵抗，她崩溃大哭、扬言要分居、威胁终止治疗……各种反应激烈地爆发——他们佯装和谐的婚姻假象被彻底揭穿了。随后的治疗中，夏洛特承认作为第三者插足格雷格的前段婚姻让她一直怀有强烈的负罪感和不安全感，“我能把格雷格从他前妻那里夺走，他的前妻就也同样能把他抢回去”这个想法一直让她惴惴不安。最终，夏洛特认识到，她主动提出抚养格雷格的孩子们，暗含的目的是希望他俩都能与默茜完全切断联系。随着各个议题被摆到台前，格雷格与夏洛特对治疗师的建议有了更清晰的理解，他们开始着手处理各自与前任配偶的关系，专注于管理自己的孩子。有趣的是，当二人不再搅和在一起，转而分头处理各自的事务，双方孩子之间的冲突反而减少了，这对夫妻相处得也更融洽了。治疗中，处理他们与前任配偶关系的过程充满艰辛，二人都曾多次威胁想放弃治疗或声称要离婚。格雷格的两次婚姻间隔很短，这使得他对默茜的愧疚感尤为强烈，进而引发了夏洛特的内疚和不安全感。直到开始探究各自原生家庭后，他们才能真正面对、理解并处理自己在前一段失败的婚姻中所起的作用。只有当他们不再将自己认定为被动的受害者，然后那徒劳的“抱团抵抗外界压力”的模式才会减少。

父母、亲生子女和继子女

与前面的案例一样，此类三角关系的表象可能是：父母被夹在亲生子女与继子女的冲突中间。此类问题虽然看似简单，但实则非常复杂，往往有多个三角关系相互交织连锁，即包含（佯装和谐或充满冲突的）再婚夫妇的三角关系，以及再婚夫妇与前任配偶形成的三角关系。

乔伊斯·格林（Joyce Green）因与丈夫马克（Mark）吵得不可开交前来寻求咨询（见图 8.11），起因是马克把家里的钱“偷偷”转给他的女儿们。马克与前妻特鲁迪（Trudy）15 年前打了一场苦不堪言的离婚大战，最后判决二人共有两个女儿的抚养权。乔伊斯是一名行政助理，而马克是一名审计员，二人在工作中相识——那发生在乔伊斯的丈夫因意外事故丧生 6 个月之后，马克和前妻分手几个月之前。

他们开始了婚外情；马克对乔伊斯说，只要她答应能辞职全心全意地照顾马克的女儿们，他就马上和特鲁迪离婚。这是因为马克担忧特鲁迪酗酒、抑郁和不稳定的情绪不利于孩子们健康成长。乔伊斯答应了马克的要求，转而去做兼职，而马克也即刻和特鲁迪离了婚。然而，婚后乔伊斯却找不到和马克的两个女儿拉

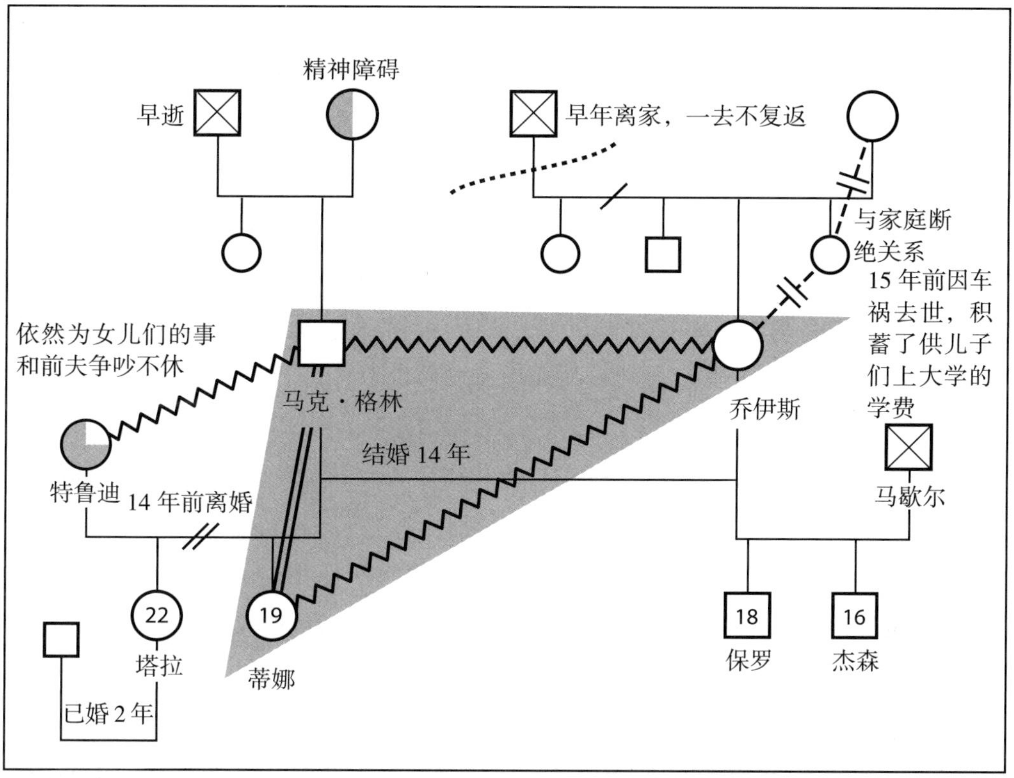

图 8.11　格林一家的家谱图

近关系的方法，特别是蒂娜（Tina），乔伊斯说，蒂娜“粗鲁、无礼、总是在背后搞各种小阴谋”。

马克和乔伊斯的儿子们现在已经相处得非常融洽，但马克的女儿们在他家却向来都觉得不自在，或许在她们母亲家也是如此。塔拉（Tara）上了州立大学，并与一个辍学参军的男人结了婚。蒂娜学习成绩优异，有望考上顶尖大学；但马克遭到解雇，正在为经济收入焦头烂额。与此同时，乔伊斯的大儿子保罗（Paul）刚被一所著名私立大学录取，由于他父亲去世时留下了足够的学费，保罗去读大学毫无压力。马克表示，多年来都是他在挣钱养家，但现在面临着各种压力，乔伊斯却不愿意拿出一丁点儿前夫留下的钱来帮他渡过难关，这让马克深感不满。乔伊斯也感到很痛苦，因为马克不仅“放任女儿们无理取闹”，而且对她们欺压乔伊斯的作为视而不见。乔伊斯表示，她再也不想招待她们、给她们做饭，或是把她们当作自己的家人对待，除非她们道歉，并为家务多出些力。

已婚 14 年，但马克和乔伊斯仍未能成为一家人。尽管这对夫妻步入婚姻已经很久——从孩子们上小学时他们就开始一起生活，然而却从未真正整合到一起，甚至都未曾稳定关系。有诸多因素可能影响到这个困境。他们的关系几乎是在乔伊斯前夫去世后立即开始的，当时马克不仅对如何处理他和特鲁迪糟糕的婚姻关系不知所措，也为特鲁迪会对女儿们有不良影响而焦躁不安。父亲早逝，母亲多年一直饱受精神疾病的折磨，这让马克和姐姐从小就不得不自食其力。乔伊斯来自一个发生过许多关系断绝的家庭，她感到现在已忍无可忍，在崩溃的边缘。事实上，乔伊斯可能正纠结于如何处理她对马克的失望——她为马克放弃了自己的事业，成为家庭主妇，但此后马克的事业却一落千丈。在此之前，她与第一任丈夫度过了幸福美好的时光；一切都从前夫突然离世急转直下。

面对动荡的处境，夫妻双方应聚焦于自己的内心，做出相应的决策，方可稳定局势。马克的主要任务包括：探究与他和功能失调的母亲相关的原生家庭议题，以及如何更直接地与前妻打交道——他正为此焦灼不安，同时不再寄希望于乔伊斯能摆平女儿们的问题。乔伊斯从未真正完成对第一任丈夫的哀悼，如今人到中年，不得不面对孩子们成长发展带来的问题。虽然为时已晚，但她需要发展自己的事业，而不是等待马克成为她一直期盼的“顶梁柱”。对此，从另一个角度看可能她反而应该感到开心，因为马克比她的父亲和第一任丈夫都更乐于陪伴家人。随着治疗的推进，乔伊斯将精力投注到自己的事业和生活中，弥补她逝去的职业生涯：她重新应聘成为一名行政助理，还选修了她一向喜爱的会计课程，并致力于提升自己的计算机技能，希望能在职场中跟上时代发展。

同时，马克致力于增进自己与女儿们的关系，不再因特鲁迪或乔伊斯“没做到称职的母亲”而陷入烦闷，转而专注于他自己的任务——努力成为最棒的父亲，并尽可能直接向乔伊斯表达他所作所为的动因，这样乔伊斯就不会再感到被刻意针对。乔伊斯后来也得出结论，前任丈夫确实给她留下了一笔钱，而这笔钱的确应该惠及整个家庭。马克开始承担起更多的家庭责任，并承接了乔伊斯之前的兼职工作，也不再执着于乔伊斯应为他的女儿们提供经济支持。

最终，他们摒弃了对自身和配偶先入为主的家庭角色预设，将婚姻视为工作、家庭和个人发展的多元组合，让婚姻的内涵变得更加丰富，也增强了婚姻生活的灵活性。借此，即使是在夫妻二人的孩子们即将离家独立这一颇具压力的家庭生命周期节点，二人依然能很好地整合成一个关系紧密的家庭。

再婚夫妻和任意一方的父母

此类三角关系的特点是，公婆或岳家等姻亲关系作为来访者困境的一部分呈现；但正如其他所有家庭一样，与祖父母这代人的关系在再婚家庭中同样重要，对这些关系加以探究应作为临床评估流程的常规步骤之一。若上一辈人不赞成离婚或再婚，或是在再婚前或再婚期间深度参与照顾孙辈，这些情况下老一辈人都非常可能成为来访夫妻主诉困境的组成部分。

理查德·本迪克斯（Richard Bendix）和卡罗尔·本迪克斯（Carol Bendix）前来寻求夫妻治疗时结婚已有两年（见图 8.12）。理查德是一位 45 岁的商人，与前妻艾玛（Emma）育有三个儿子，二人离婚后儿子们的抚养权归艾玛所有，其中大儿子与理查德的父母生活在一起，“因为他们镇上有一所很好的高中”。卡罗尔比理查德年轻 15 岁，之前无婚史。理查德说，他们的主要问题是卡罗尔与他的母亲经常吵架，而他被夹在中间不知所措。卡罗尔则说，理查德的母亲一直以来都无法接受儿子的离婚与再婚，她的言谈举止就好像理查德和第一任妻子还没离婚一样。此外，卡罗尔还抱怨说，他们至今也没有去度过蜜月。婚后的每个周末都被用作招待理查德的孩子们，要么在纽约——他们的小公寓里，要么更糟——在理查德

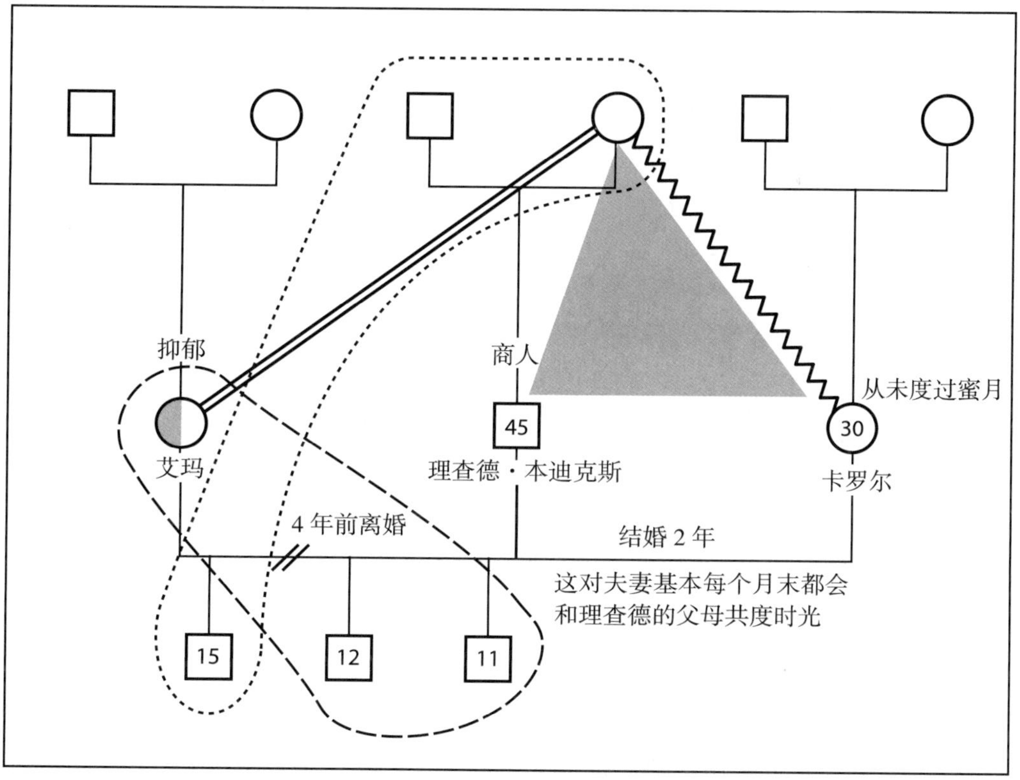

图 8.12　本迪克斯一家的家谱图

父母郊外的家中，理查德再婚之前都是在那儿与孩子们共度周末。卡罗尔说，婆婆对她非常冷淡、充满敌意，干涉她对理查德孩子们的一举一动，并没完没了地唠叨艾玛过得多么孤独、经济上有多么困难。每当理查德和卡罗尔在公婆家过夜，理查德的母亲就会坚持要求让年幼的孩子们和祖父母住同一个房间，否则会“把客厅搞得乱糟糟”。理查德从来没有因这些事责备过母亲，反倒希望卡罗尔能“理解她老人家是出于好意”。

由于理查德和卡罗尔都希望婚姻继续下去，于是在治疗中他们协商并达成一项协议，即理查德需要在新婚姻与他的父母、孩子、前妻之间划清界限，而卡罗尔需要停止批评婆婆，不再与她争吵。

作为改变的开始，理查德和卡罗尔不顾男方母亲的反对，外出享受了一次迟来的蜜月旅行；母亲认为理查德不该这么做，因为他不应该离开孩子们那么长时间。然而此后，协议中理查德负责的部分说起来容易做起来难。他花了许多节治疗：重新修订儿子们的探亲日程；处理他对第一任妻子的愧疚感；处理他与父母之间的关系。在此期间，整个家庭系统爆发了数次风波：二儿子学业成绩不及格；大儿子搬去与艾玛同住；理查德的父亲心脏病发作；艾玛因抑郁症短暂住院，致使大儿子必须再次搬回祖父母家生活。随着每一轮家庭张力的高涨，卡罗尔都被拉回到与婆婆的冲突之中。后来，卡罗尔在治疗中开始了对原生家庭议题的分析，此后她与婆婆的冲突就大大减少了。自从结婚以后，卡罗尔与原生家庭渐行渐远。经过几年密集治疗，卡罗尔对我们工作的效果非常满意，但她依然感叹道：“婚姻实际上是和整个家庭的结合，而不仅仅是和一个人结合，搞清楚这些可真是费心费力啊，让我好像老了十岁。”这几年间，治疗师让所有的家庭子系统都参与到治疗中：再婚夫妻；理查德和他的孩子们；理查德和他的父母；卡罗尔和她的父母；艾玛和孩子们；艾玛单独治疗；艾玛和她的父母；还有一次艾玛、理查德、卡罗尔、理查德的母亲和大儿子一起参加了治疗。

临床实践中，每当遇到再婚家庭主诉孩子出了问题，我们通常会联系前任配偶，邀请他 / 她单独或与孩子一起参加治疗，告诉他们治疗师对问题的看法，再了解他们的意见。当我们告知来访者我们的方案时，他们经常会警告道：前任配偶对此肯定毫无兴趣，他 / 她不会回应的；抑或说：前任就是个疯子，可别让他 / 她来。尽管如此，作为家长之一，前任配偶在接到电话时通常都会非常关切孩子的情况，并愿意加入，虽然他们也经常会警告我们说：其实你的来访者才是个疯子。实际上，前任配偶通常都愿意参与后续的治疗，要么自己独自前来，要么是和孩子一起参加。

离婚与再婚家庭中的典型三角关系只是所有家庭中都会出现的三角关系、矛盾冲突和关系断绝的表现形式之一，这些三角关系是进行系统化家庭治疗时需要特别留意的重要家庭模式。发现三角关系有助于我们开展治疗，因而应指导来访者在其家谱图中识别三角关系，特别是从更大的格局着眼于更广泛的关系系统——原生家庭、工作关系和朋友关系——从中发现那些交织连锁的三角关系，并以此为依托框架，分析研究夫妻关系中的各个议题。

有关夫妻议题的临床提问

▲ 是什么让这对夫妻相互吸引？是什么让这对夫妻排除其他人选，唯独确定对方成为伴侣？

▲ 是什么让他们决定结婚？

▲ 在各方原生家庭的叙事中，家庭中其他夫妻是如何走到一起的？

▲ 夫妻双方对婚姻有哪些潜在的期望和恐惧？

▲ 家庭中有哪些代代相传的婚姻观念？

▲ 夫妻二人决定结婚时（或两人相遇、相爱、同居或开始出现婚姻问题等时间点）是否“凑巧”与某些其他家庭大事件同时发生？

▲ 夫妻认为他们将哪些原生家庭或之前婚姻中未解决的议题带到了当前的婚姻里？

▲ 从开始谈恋爱到结婚，配偶对待对方的方式有何变化？

▲ 夫妻二人的原生家庭中，典型的婚姻关系模式什么：无责任心 / 过度担责的配偶？相互竞争？暴君 / 悍妇与受气包 / 缩头乌龟？征战不休的宿敌？一对糊涂虫？一对双胞胎？天生一对？护理者与病人？强迫症与癔症？沉默寡言与喋喋不休？

▲ 夫妻间存在权力争斗吗？有谁每次都回避冲突？或有谁对冲突视而不见？

▲ 是否存在典型的孩子（或婆婆、工作、朋友、体育运动、电视或网络）参与其中的三角模式？

▲ 是否存在典型的性别模式，如忍辱负重的女性或悍妇？有家不回、酗酒如命、大吼大叫或躲在工作、电脑、电视后面的男性？沮丧的女强人？冲动好斗的男性？

▲ 是否存在反复出现的婚姻模式，如离婚、晚婚、再婚、幸福婚姻、婚外情？

▲ 是否存在某些固有的婚姻观念，如“男人全都靠不住”“婚姻会剥夺你的自由”“除非结婚否则你永远不会幸福”？

▲ 婚礼在家庭中通常是创伤性事件还是欢乐的相聚？有人私奔、逃婚吗？还是必须举办奢靡、讲究排场的婚礼？

▲ 夫妻间矛盾主要集中在哪个方面？如金钱、性、孩子、休闲活动、饮食、宗教信仰、政治观念、婆婆或岳母？

▲ 夫妻的社会地位是否有上升或下降的趋势？嫁 / 娶背景条件相似的人？还是期望与来自完全不同文化背景的人结合？

▲ 家庭中夫妻如何协商空间、时间、金钱的使用？

▲ 夫妻是否去度假？去哪里度假？是否有特定的家庭仪式，如节日走亲访友？与大家庭、朋友、同事的关系如何？

▲ 是否因离婚、父母早逝或姻亲三角关系导致家谱图的某些部分缺失或模糊不清？为了重新拥有完整的家庭，夫妻是否有勇气面对、处理归属感冲突、嫉妒或背叛感等议题？

包含儿童的来访家庭：如何使用游戏家谱图

与儿童个案工作时，我们必须始终将其置于家庭、社区和文化的背景下分析，这就是为什么家谱图是所有儿童临床评估的自然起点。父母、兄弟姐妹、祖父母以及所有对儿童发展有所影响的人物都非常重要。基于这些原因，我们的经验法则是，与父母一起工作之前，绝不先行对儿童开展治疗。然而，除了心理治疗，我们在处理儿童个案时也可能需要其他资源的介入，这是由于美国的社会还不能为所有儿童的健康、福祉和教育发展提供保障，因此有许多儿童陷入困境。美国所做的显然和世界其他发达国家相比有很大差距，因为我们还没能为所有儿童的抚养、教育和健康投入足够的经济、社会资源，也缺乏对儿童父母的支持。这些宏观的问题不可能在针对某个家庭的心理治疗中得以解决。但无论如何，如果我们在临床评估时发现儿童的发展需求未能被满足，或父母无法提供儿童所必需的养育、安全和支持时，我们必须及时识别并指出这些问题。

然而令人惊讶的是，在心理治疗的评估与临床实践中，儿童的家庭背景信息却往往被忽略。当今，临床诊断与治疗的主要方向往往是将儿童乃至所有人的问题都简化为脱离家庭、社区和文化背景的症状。对儿童的评估与干预经常在对其家庭知之甚少或缺乏接触的情况下开展，就像是孩子们生活在真空中一般。

治疗师甚至可能从未见过来访儿童的父亲（“他太忙了，要忙工作”）。母亲们经常被指派执行“送孩子去看病”这样的任务，她们的想法往往是把孩子推给治疗师了事，甚至不愿多费口舌。实际上这是处理儿童问题极为低效的方式，因为对于儿童来说，其最主要的资源以及日常相处时间最长的人通常是他们的家庭成员。显而易见，作为父母的帮手，去协助他们更有效地处理儿童的问题是我们临床工作的重点。

如果儿童与治疗师的情感联结比与父母更紧密，那么治疗师很容易成为儿童的问题本身，而不是解决问题的人。这将形成一个三角关系（见图 9.1），即治疗师与儿童关系越紧密，父母就越可能被排除在治疗过程之外。将父母排除在子女健康议题之外可绝不是个好主意。因此，将家谱图作为治疗的起始点，可以对儿童生活中所有的关键家人起到有效的提醒作用。

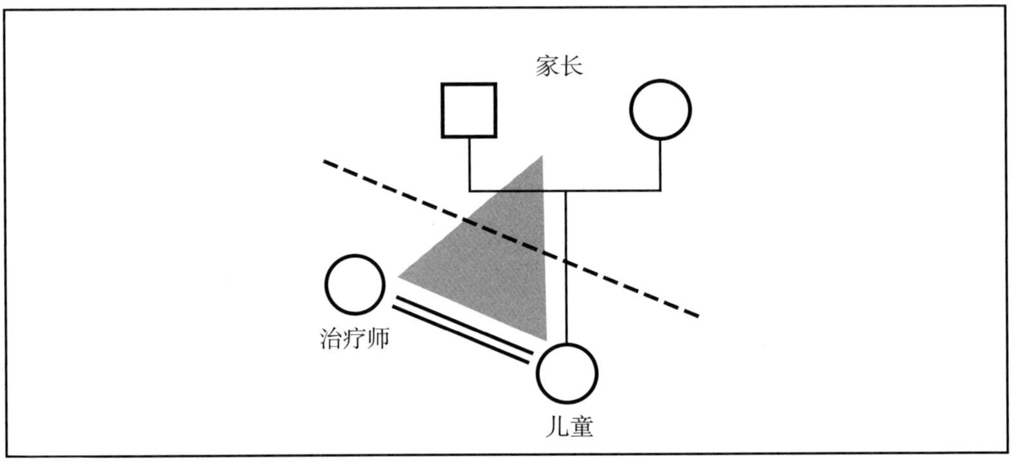

图 9.1　家长未参与治疗时易形成的三角关系

或许我们应该从关注"儿童健康发展都需要什么"这个问题开始思考临床评估与治疗。众所周知，这些基本需求其实并不复杂（见图 9.2）。

父母难以做这些思考，其主因通常并不是他们对孩子的基本需求一无所知，而是父母自己的某些背景因素、过往经历干扰了他们对孩子的养育。因此，我想再次强调，家谱图是临床评估的关键，它可以帮助治疗师分析父母在哪些方面存在问题，导致他们无法满足孩子的发展需求。当父母承受重大压力，或自身缺乏情感支持、经济资源时，他们往往难以关注或满足子女的发展需求。这些压力可能与贫困或心理障碍有关，也可能与家庭中功能失调的家庭模式有关——这些模式可能会以不利于儿童发展的方式组织家庭关系。因此，我们的评估必须涉及以下几个方面：儿童的发展需求是否得到满足；他们的家人是否有能力在稳定性、安全感和养育方面满足儿童的需求；要实现儿童健康成长并具备与他人建立良好关系的能力都需要哪些资源。

养育与支持：

- 躯体、智力、情感和心灵的成长
- 发展人际关系
- 学会管理自己的感受与行为
- 学会照顾自己
- 培养自我意识
- 培养“家是港湾”的感觉，需要稳定性与安全感

图 9.2 儿童的需求

如果父母成长在严苛或忽视的原生家庭环境，他们往往很难把自己的子女当作儿童对待，因他们欠缺“为人父母应不计回报”及“儿童并没有能力照顾自己”的观念。儿童的成长依靠成人以获得支持和安全感。在上述情况下，治疗目标是帮助父母看到儿童的真实状态，处理父母自身未完成的发展需求，这样家长们就不会将不健康的模式传递给下一代。治疗还应注重保护儿童，避免将其暴露在无法承受的成人冲突、压力、心理或生理问题之中。因此，评估工作的一个主要问题是：是否所有家庭成员都在其生命周期阶段的正常范围内正常发挥作用（McGoldrick，GarciaPreto，& Carter，2016）。换而言之，儿童的需求是否被养育者满足？成年人的问题是否由成年人应对，还是将儿童卷入其中？

比较明显的问题之一是，孩子被作为被看护人、配偶的替代者（surrogate spouse）或同盟军，卷入父母冲突，形成三角关系。将儿童卷入成人间的冲突是病理性的，这会使他们无法专注于其生命发展阶段的特定发展任务，对他们的情感、智力、躯体、人际关系和心灵发展造成不利影响。

儿童问题通常表现为发展上的倒退（developmental backsliding），例如，如厕训练后依然尿床；已度过情绪不受控的年龄（通常为两岁）却依然乱发脾气；以前开朗外向的孩子变得胆小怕事、缩手缩脚；变得很难与他人分享自己的感受，或不听成人教导；他们可能因逃学、打架或有意干扰他人注意力而难以适应学校生活。儿童倾向于以躯体症状或不良行为的形式表现其问题，这可能取决于遗传与环境等诸多因素综合作用。但治疗师应始终对儿童生活、成长的环境开展评估，了解儿童在症状的产生、发展和应对过程中所表现的反应。

探究三角关系

在对养育儿童的家庭开展临床工作时，探究家谱图中的三角关系是评估与干预最重要的任务之一。我们关注直系家庭和大家庭中的三角关系，包括兄弟姐妹家庭中当前的三角关系，以及父母成长过程中分别经历的家庭三角关系。一般来说，直系亲属中的三角关系是代际界限问题（generational boundary problems）的反映，即父母对子女的情感投入过度或投入不足。在“养育子女”这一家庭生命周期阶段，家庭中出现三角关系是非常常见的。三角关系对父母与孩子之间的权力地位（即孩子就是孩子，成人就是成人）干扰越多，那么该三角关系的破坏力就越大。这与年长孩子承担起监护、照顾年幼弟弟妹妹的恰当家庭模式完全不同；具体来说，这种恰当模式所必须满足的前提是：年长的孩子已经可以自我照料，并接受成人指导，他 / 她对如何照顾、帮助弟弟妹妹已经有所了解。

一般来说，家庭生命周期中养育子女的阶段具有向心倾向（centripetal）：这个时期，由于成长中的儿童需要养育、安全感和稳定性，家庭的动力自然而然地转向内部。具体来说，育儿需要父母以及其他家庭成员将精力聚焦在满足儿童的成长需求上。另外，家庭生命周期的其他阶段（例如，“子女离家独立生活”阶段）通常被认为具有离心倾向（centrifugal），也就是说，家庭系统在自然演化过程中的某些时间段会向外扩展，而非一成不变。但在孩子年幼时，他们的成长发展需要父母与其他看护人将精力专注于“把孩子养大”。

最常见的亲子三角关系，由一位与孩子羁绊缠结或融合的向心型母亲，和疏离或断绝的离心型父亲构成。之所以常见，可能是因为此类三角关系在很大程度上受主流社会文化支持；父亲应是疏离的“顶梁柱”，母亲则应“居家相夫教子”。然而，这样的模式或许在过去还具有某些现实功能价值，但当今已绝非如此。因此这种母亲过度贴近而父亲过度疏离的亲子三角关系是不健康的。如果夫妻一方（通常是父亲）越来越疏离，而另一方（通常是母亲）对子女愈加过度投入，这种不平衡或许会暂时让动荡的家庭系统稳定下来，甚至获得持久的稳定，直到其他家庭生命周期的需要（如子女独立成家）对僵化的家庭结构发起挑战。

在育儿阶段，根据家庭的背景条件、家庭历史，以及儿童的需求，三角关系可能发展成向心、离心或偏向一方的“一去一留”（one-in-one-out）模式。

图 9.3 展示了一类常见的三角关系：夫妻将所有精力集中在子女身上，从而转移夫妻之间的问题。这种三角关系通常出现在“缠结型家庭模式”（enmeshed family pattern）中，父母从将注意力转向子女转变为过度关注。实际上，随着年龄增长，孩子需要更多的自主权、拓展更广泛的人际关系；然而这种三角关系会发展成父母无意识地紧紧困住孩子不放，儿童会因此生病或出现功能失调，进而成为被父母关注的焦点。

在向心型三角关系（centripetal triangle）中，孩子的需求可能是父母关注的第

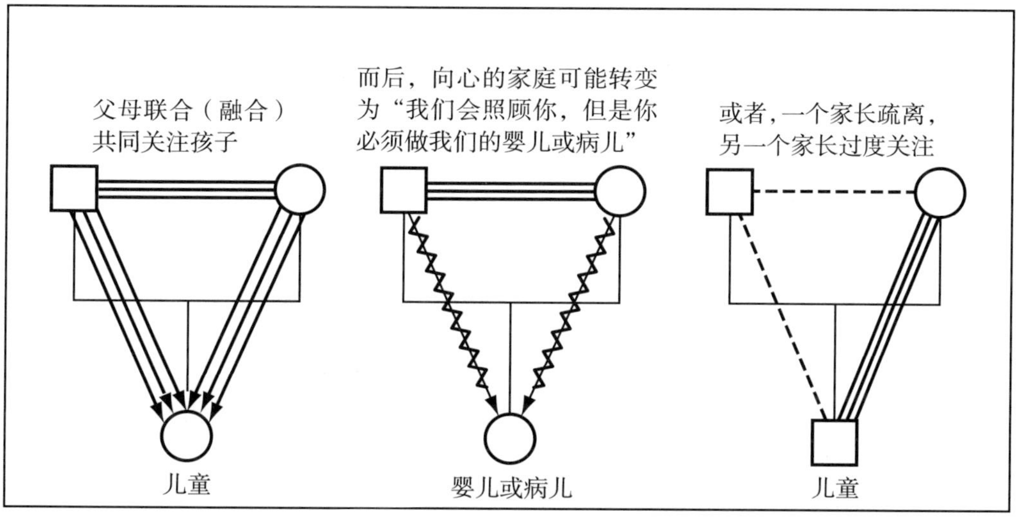

图 9.3　向心型三角关系

一或唯一焦点，这对儿童发展是一种过度投入，可能是对父母自己心中志向的一种替代。父母之间公开爆发冲突，通常会让孩子感到痛苦；但如果冲突中的父母无意识地竭力将孩子拉入自己一方，试图让孩子照顾、安抚自己，那么代际关系界限就会被打破，很可能使孩子逐渐功能失调——孩子会成为将父母绑在一起的“心肝宝贝”或“小冤家”。

另外，若父母因彼此过度融合或缠结，以至于对孩子漠不关心，或陷入严重冲突而忽视孩子的需求，即父母对子女的发展参与不足，就会出现离心型三角关系（centrifugal triangle，见图 9.4）。有时，这会造成最年长的子女在缺乏大人指导支持的状态下承担起抚养年幼的弟弟妹妹的责任的情况。此外，如果儿童遭受父母虐待、暴力和 / 或忽视，而父母又不关注子女的需求，儿童可能会变得退缩孤僻或倾向于行动化。儿童可能会寻求外界对其困境的关注，就像努力在让别人注

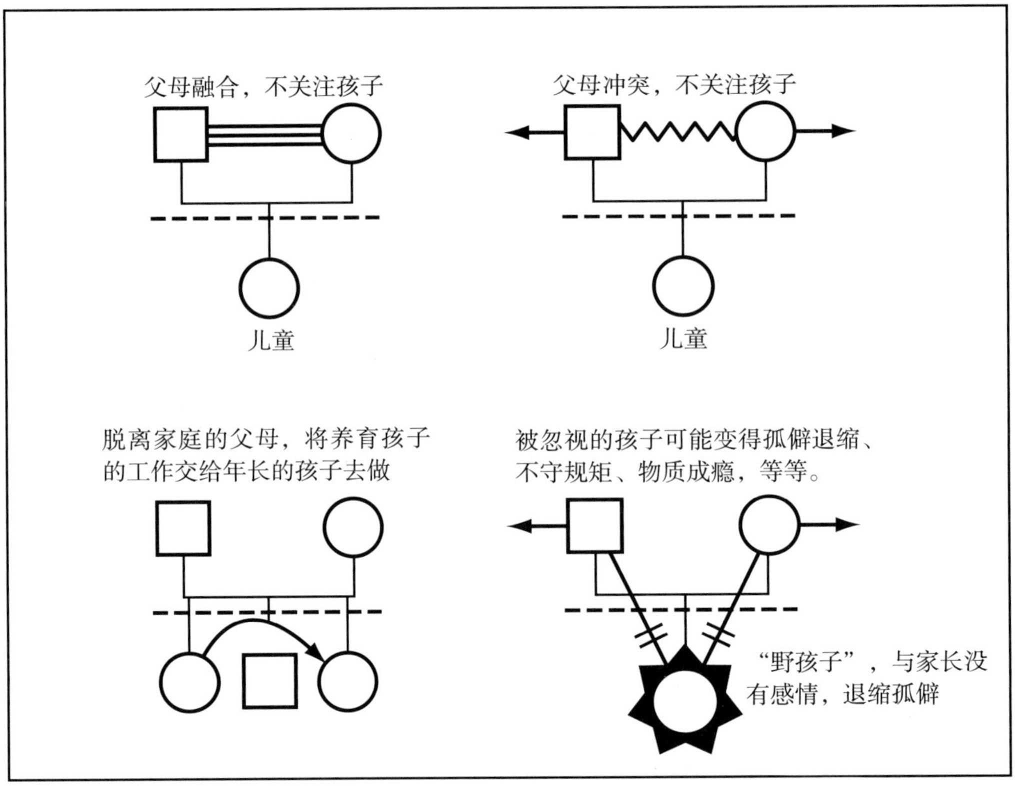

图 9.4　离心型三角关系

意到“房子着火了”。事实上，儿童的症状是向整个家庭系统发出的求救信号。通常，孩子是家庭状况的晴雨表，他们通过自己的行为向更广泛的家庭系统传达一种信息，即他们需要获得比现在更多的支持或关注。

图 9.5 展示了孩子卷入家庭三角关系的各种形态。若孩子之间的冲突反映出父母正回避的问题，或者孩子作为父母的替代者做出某些行为、扮演某些角色或达成某些目标，这些情况往往都暗含着某种三角关系。例如，若父母中一方感到被另一方抛弃，很可能会将孩子转变成为伴侣或配偶的替代者；有时，子女会被迫长期充当父母冲突的调停人；此外，特别是当父母中一方疏离而另一方功能匮乏时，孩子实际上有可能反串父母的角色，指导那位功能匮乏的父母生活（这在青少年中尤为常见，他们努力表现得像父母一样，试图重构亲子关系——这是他们表达成长需求的方式之一）；有时，孩子会向父母中的一方表达另一方所回避的隐秘议题，例如，如果父母中一方被另一方恐吓，那么孩子与后者相处时会变得咄咄逼人、具有攻击性，直接针对父母中弱势一方所不敢表达的议题发起对质。

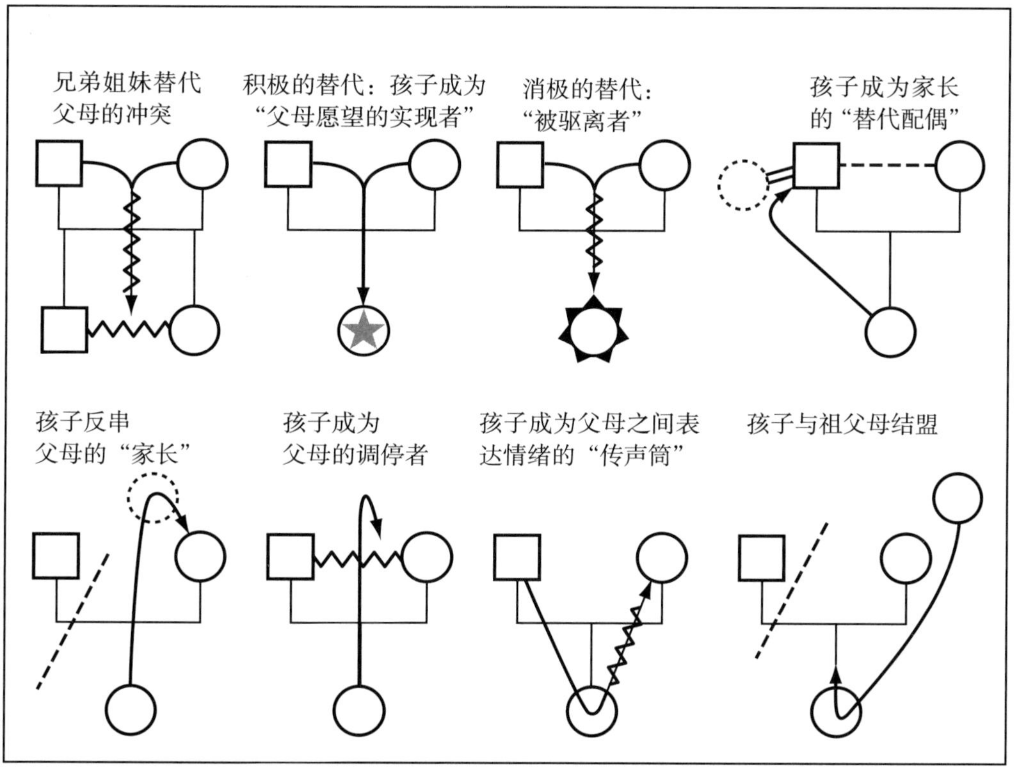

图 9.5 亲子三角关系

还有一类三角关系在单亲三代家户（single-parent three-generational households）中非常常见：子女对（外）祖父母的情感联结比对父母的亲密度更高，往往最终导致父母成为家庭系统中的局外人。这种模式在年轻父母与（外）祖父母共同抚养儿童的个案中较为常见。在此情况下，年轻父母自己本身还像个孩子，更不用说要承担为人父母的责任了。特别是那些未成年母亲，她和孩子更类似于同辈姐弟或姐妹，而非母子或母女关系。当青少年带着孩子回到自己父母身边，几乎注定会出现这种三角关系。

在此类三角关系里，孩子被另外的“父母”吸引，例如，当外祖母与母亲对立，孩子很容易与“对我好”的外祖母结盟，一起对抗“对我坏”或“不称职”的母亲。对于这种情况，我们的工作重点通常是缓解冲突，打通所有沟通渠道，帮助家庭将孩子从过度负责或三角关系中摆脱出来。只有在家谱图呈现出的整体背景中深入探索三角关系，才能有效达成这一目标。我们还必须注意，不应让孩子承担去三角化的“任务”，这并非儿童所应做的。这是家中成年人的任务，而他们为了做到这一点需要治疗师的帮助。因此，我们应致力于让儿童脱离泥潭，推动成年人处理好他们自己的议题，让他们能齐心协力、共同抚养子女，而不是将儿童作为成年人的替代者卷入家长之间的冲突。

我们的临床任务是帮助来访者看到这些将他们困住的家庭模式，打通家庭成员之间的沟通渠道，为儿童发展创造安全稳定的家庭结构，让成人为儿童提供健康成长所需的支持与抚养。我们在前文中描述的所有三角关系模式，都会导致融合、疏离或关系断绝等问题。家庭治疗致力于帮助家庭成员去三角化，使父母与儿童建立恰当的情感联结。

对于三角关系有一个要点需要铭记——眼见不一定为实。三角关系会被隐藏起来。父母可能表面看起来齐心协力，但或许需要过一段时间之后治疗师才能发觉他们之间不仅掩藏着分歧，同时其中一方还与子女隐秘地结成联盟对抗另一方。隐蔽的三角关系破坏性最大，也是对家庭系统造成最糟影响的家庭模式。如果孩子与父母中某一方的联盟必须被暗藏、不可公开，那么孩子就会被限制在这个隐秘的关系中，导致儿童发展出严重的功能失调。

在隐藏着秘密的家庭中，例如第 7 章提到的利维一家（见图 9.6），该案例中，大儿子汉克在外祖父去世后不久降生，全家人秘而不宣地达成一致，将这个男孩献给外祖母作为情感寄托，这样一来，即使外祖母就住在阁楼，她也不会再干涉家里的事务。而汉克在被“献给”外祖母后，也就被排挤到直系家庭之外。直系家庭成员形成了一个非常“融合”的四人组，并给汉克贴上“坏孩子”的标签。这种模式显然没有被家庭成员们意识到，直到汉克成年后，乔尔和彼得还一直将哥哥视为“坏坯子”。治疗师需要探究该家庭上一代成员的关系才能理解为何父母将汉克献给外祖母，将他从“生活在楼下”的家庭中排挤出去。在这个案例中，有待询问的问题包括：外祖父是什么样的人？以前是否有过把子女过继给他人的情况？母亲与外祖母的关系出了什么问题——她愿意赡养母亲，却不愿以更为包容的方式将母亲纳入她的家庭之中？在父亲的原生家庭历史中发生过什么，以至于他愿意参与并执行这样的安排？这对父母各自有着什么样的兄弟姐妹模式，让他们容许年幼的儿子们把哥哥从他们的同辈关系中排挤出去？重点是，在理解我们所面对的三角关系时，我们应始终站在更大的格局，以更广泛的视角去审视家庭背景。

直系家庭中出现的各种三角关系，大多是大家庭中类似模式的反映。只有通过探究更广泛的家庭背景才能理解它们。如果父母双方都在母亲过度投入、父亲缺席的原生家庭中长大，那么他们很可能会认为这种家庭模式是常态；或者另一

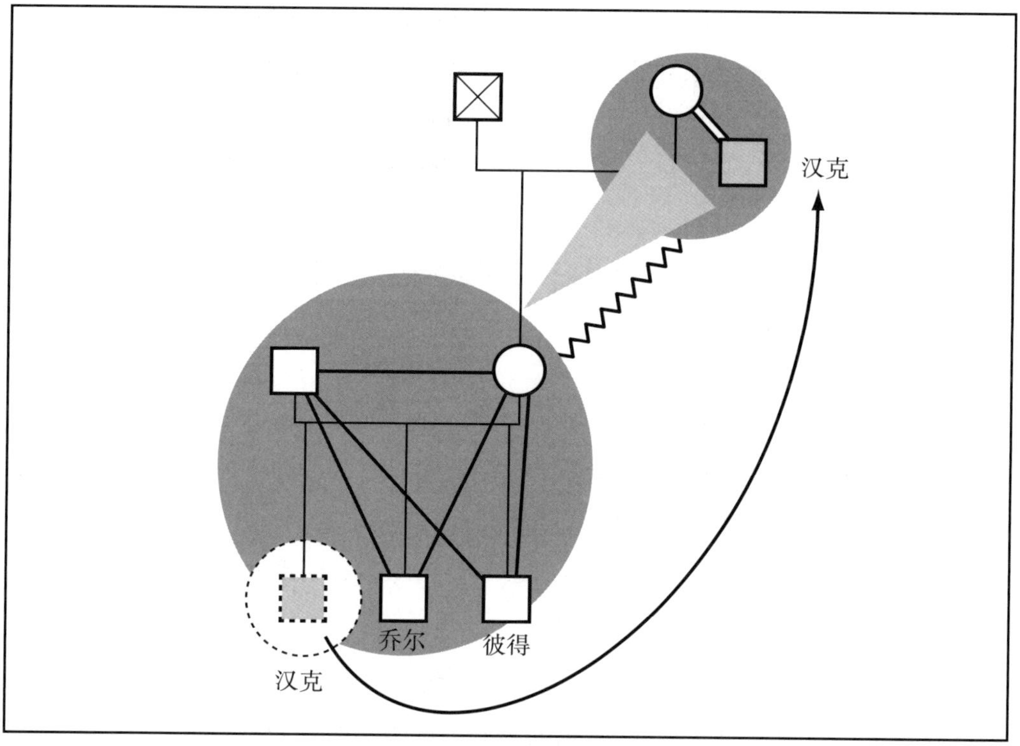

图 9.6 利维一家中的三角关系

种后果是：他们会特别迫切地想要改变这种模式，以致适得其反。

另一个案例中，父亲在教育 12 岁的儿子时会突然变得非常粗暴。我们了解到这位父亲的弟弟年已 40 却从未离家，仍由父母照料。目睹了这种病态模式在原生家庭中的演化过程，使这位父亲决心不能再让此类情况重演。本案例中孩子的母亲虽然非常清楚丈夫的行为太过激烈，但在她的原生家庭中母亲从来不对父亲提出任何质疑，她接受了这种设定，认为这就是常态。该案例的治疗内容涉及推动父母双方挑战他们自幼形成的刻板观念，并且与对方、与儿子建立新的家庭模式。

家谱图是所有临床评估的重要组成部分。我们必须审视来访者的成长史、家庭模式和社会背景，从而确定干预方案。要满足孩子成长的需求，需要投入大量的耐心、关注和体力，这或许比某些父母所能给予的要多得多。任何评估都应考虑孩子的个人能力、家庭中其他孩子的个人能力，以及父母为孩子提供所需资源的能力（包括必要时可以为孩子提供额外支持的能力）。此外，协助来访家庭获取和利用家庭之外的社群资源，为孩子提供发展和养育的支持，为孩子提供最优的发展环境，这些方面也应被包含在治疗目标之中。同时，不应因父母未能给孩子提供所需资源而苛责他们。当孩子有特殊需求时，外部专业资源与暂托服务对于家长来说都是必要且重要的支持。

童年和青春期的兄弟姐妹：结盟、三角关系与不睦

如果父母有第二个孩子，我们就必须考虑到随着父母与大家庭的发展，他们与每个孩子的关系、孩子们之间的关系会不断演变，家庭模式也会变得更为复杂。实际上，兄弟姐妹关系通常是我们一生中最长久的关系。因此，若不探究兄弟姐妹模式就难以处理儿童问题，这就像在不了解来访父母的情况下对儿童开展治疗，无异于空中楼阁、水中捞月。

在交织连锁的三角关系中，每个孩子都扮演着不同的角色，正如我们首次探讨三角关系时列举的艾丽莎·巴尔的家庭（见图 6.8，参见本书第 149 页）。常见的兄弟姐妹间三角关系（common sibling triangles，见图 9.7）是两个孩子联合起来与第三个孩子对立，后者成了“替罪羊”——他 / 她可能是家里最小的孩子，或功能失调的孩子，本应是另两个孩子的保护对象。另一种常见的兄弟姐妹三角关系由父母与一个“好”孩子、一个“坏”孩子组成，父母分别与一个孩子结盟，通过孩子们的冲突转移父母之间的议题；父母为了满足自身的需求，牺

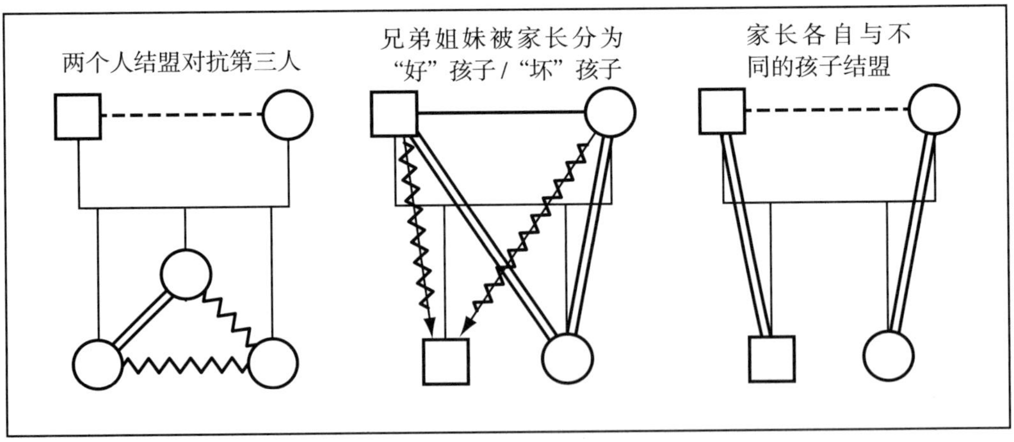

图 9.7　常见的兄弟姐妹间的三角关系

牲了孩子们之间的关系；在此过程中同样被牺牲掉的还有父母解决自己与另一孩子之间矛盾的能力。我们将在下一章关于成年兄弟姐妹关系的部分中对此进行更多讨论，因为成年兄弟姐妹关系往往也遵循上述常见的童年关系模式。在面对被家长认定为标定患者的孩子时，治疗师还应切记：切勿忽略了他 / 她的兄弟姐妹。同时，我们需要向自己提问：当孩子被视为“全家的麻烦”或被迫成为“过度担责的照顾者”——承担起抚养弟弟妹妹的责任——给孩子贴上这些标签的过程本身对其兄弟姐妹模式有何影响？被贴上标签的孩子在兄弟姐妹关系中付出了哪些代价？

与所有其他三角关系一样，上述三角关系的复杂之处在于它们可能被隐藏起来，不被家庭公开承认。我们知道如果存在不被公开承认的关系，家庭功能失调的可能性就会大大增加。因此，如果一个孩子与父亲或母亲秘密结盟，那么他 / 她就很可能会为此付出巨大代价。当父母双方与一个以上的孩子秘密结盟，那么所有的兄弟姐妹都将处于严重的危险关系中。

通常来说，关于兄弟姐妹模式（以及父母养育模式、其他家庭模式）的系统性构想是：无论人们在成长过程中处于什么样的家庭模式，那都将成为他们最熟悉的模式，在所有条件相同的情况下，那也将是他们成年后最适应的模式。那些未曾经历过的关系模式，必须在原生家庭之外的关系中被重新习得。

许多因素都会影响兄弟姐妹关系（见图 9.8），我们应仔细探究它们，并结合兄弟姐妹的长幼顺序排位、父母的原生家庭背景、主诉内容，以及潜在三角关系去综合分析。

影响兄弟姐妹关系的议题：

- 性别；
- 兄弟姐妹间的年龄差距；
- 每个孩子的气质和先天特征：性取向，运动、智力、艺术、社交等方面的能力与缺陷；
- 家庭的文化、民族、种族和社会地位；
- 每个孩子在家庭系统中出生的时间（特别是在一些特殊时间点前后，如丧亲、移民或经济条件变化；以及更广泛的社会和历史背景，如政治或经济动荡时期，例如越南战争、民权运动、经济衰退或萧条）；
- 子女的兄弟姐妹排位顺序与父母各自的兄弟姐妹排位顺序，以及父母的原生家庭情况。

图 9.8　影响兄弟姐妹关系的议题

一般认为，年龄相差 4 到 6 岁的儿童彼此之间在成长过程中更像独生子女，而非兄弟姐妹。不过，若大家庭中有某些特殊压力将兄弟姐妹们凝聚到一起，情况可能就会有所不同。

兄弟姐妹关系的极端形态是同卵双胞胎。除此之外通常的情况是，孩子们的年龄越接近（特别是如果他们的性别相同）就越有可能被以相同的方式养育，甚至可能会被当成“双胞胎”（虽然并非总是如此）抚养。若某个孩子具有某些特殊的能力或缺陷，抑或是上一代人的某些家庭模式对子女造成影响，往往会产生不同于通常预期的兄弟姐妹关系模式。

不同出生顺序的孩子倾向于表现出一些典型模式。其中，最年长的孩子更可能成为领导者，因为他 / 她在成长过程中或许一直负责领导、监护、教导弟弟妹妹们的任务。最小的孩子很有可能被父母当作“掌上明珠”对待，可以自由自在地探索艺术世界或从事非领导性的角色，他 / 她通常自然而然地认为总会有其他人去完成那些必要的组织工作，因为他 / 她成长所在的环境就是如此。出生顺序居中的孩子往往是调解者，但如果他们感到找不到属于自己的角色，也可能会触发逆反心理，变得非常叛逆，或深陷失落感而迷失自我，因为“领导者”“宝贝疙瘩”等角色都已经被别人占据了。

这些常见关系模式的形成与多种因素有关，兄弟姐妹因个人年龄、性别以及背负的社会期望不同，在家庭中被赋予了各自特定的功能，进入了各自特定的角色。不过，孩子可能由于自身先天的能力或缺陷而不适于承担这些角色。或者，如果一个孩子长得很像某位特定亲属，或出生在家庭历史中某个特定时间点（如承受巨大压力、取得重大成就、丧失亲人），那么他 / 她极可能因为这些属性被赋予某些特别的家庭角色。

通常，兄弟姐妹关系是我们最早的同辈经验，也是我们如何与其他同龄人交往的模板。如果一个男孩在只有哥哥弟弟的环境中长大，他也许不太能理解女孩的日常想法、内在感受，不清楚应该如何与女孩近距离相处。同理，一个女孩如果在只有姐妹的环境中长大，也可能会有类似的问题——对男孩的某些方面难以理解；除非在她的成长过程中有亲近的男性表 / 堂兄弟与其家庭长期密切互动。通常我们认为，独生子女比有兄弟姐妹的儿童与父母联结得更紧密，也更适应独立生活。

美国的社会和其他大多数社会一样，更偏爱男孩，给予他们特权，导致女孩一般会承担更多照料家人的工作。儿子在家庭中更多地扮演“男子汉”或“小王子”的刻板角色，而处于相同出生排位的姐妹则不会获得类似的身份。

因此在那些重男轻女的家庭中，女孩会感到被忽视和不被重视；尽管她们经常被教导行为举止应该“像个淑女”，要顺从、接受现状，但女孩和男孩之间往往还是会形成三角关系。女孩们的怨恨可能到年长一些之后才会显现出来。另外，男孩在童年时期被贴上“问题儿童”的标签并被送去接受治疗的可能性比女孩大得多。无论如何，在临床实践中，我们应始终将来访儿童与其兄弟姐妹关联起来加以评估，探究孩子们之间的关系，以及每个孩子对父母各方的态度与关系。

人们常说，兄弟姐妹其实是在不同的家庭中长大的（each sibling grows up in a different family）。在那些承受巨大压力的家庭中，由于子女不得不时常应对父母的行为变化以及经济或情感困境等外部压力，上面这句话就更加应验了。

有时，家长可能并非根据出生排位而是依据某些其他特征为孩子们设定角色期望，例如期望他/她能在家中承担责任、独当一面，抑或做全家人的“掌上明珠”。如果孩子的长相与某位家人非常相似，则往往会被赋予“成为那位家人的样子”这样的期望，或承担那个人的家庭角色。此外，孩子的气质类型可能与其兄弟姐妹排位相悖，这可以解释为什么有些孩子坚决与家庭期望相抗争，例如最大的孩子拒绝承担看护人或家规榜样的角色，或最小的孩子致力于成为领导者。一些家庭中，成为领导者的是那个最乐于承担责任的孩子，而不一定是兄弟姐妹中最年长的那一位。父母自己的兄弟姐妹经历也会影响其子女。然而，常见的典型家庭模式仍是孩子出生顺序的反映。

身患严重残疾的孩子需要家庭付出额外精力照料，不仅如此，还可能进一步引发某些家庭议题，譬如，这可能导致其他兄弟姐妹感到被忽视，或不得不承担起看护人的角色，在某些方面剥夺他们满足自身需求的机会。一个更长远的议题是，如果有家人患有终身残疾，那么其兄弟姐妹在成长过程中将会意识到，父母去世后他们需要接过照料残疾家人的接力棒。这些议题或能激发家庭潜能，亦有可能压垮家庭系统，引发冲突和情感断绝。

以儿童问题为主诉的个案首诊中，当治疗师评估来访家庭、探究其家谱图时，对于涉及照料看护家庭成员的部分应特别关注其家庭生命周期阶段，这一点至关重要。正如为人父母是一项长久的承诺，兄弟姐妹关系也是如此。研究表明，兄弟姐妹是人们一生中最具保护性的关系之一（Vaillant，1977，2012），也是我们在临床工作中最应关注的情感联结之一（McGoldrick & Watson，2016）。

评估与建立关系

儿童可能会对过多成人式的谈话感到厌烦，由于他们难以长时间保持安静地坐在那里，以及口头交流能力有限，因此需要对治疗方法做出相应调整。儿童（5岁或5岁以上）经常对家谱图初始访谈很感兴趣，因为他们能听到一些父母之前从未谈论过的家庭历史，如父母小时候如何被管教，或父母与兄弟姐妹（即儿童的叔伯姑姨）之间的矛盾等。

不过，儿童通过游戏、艺术创作表达出的内容要远远多于他们口头所能表达的内容。因此如果治疗师乐于尝试，可以邀请来访家庭用个人或多人绘画的形式来表达家庭议题。绘画是一种特别适于儿童且行之有效的工作方式，与单纯的口头交流相比，游戏与绘画能让儿童更自如地表达与交流。他们可以通过图画或其他游戏活动展示他们的苦痛根源，以及他们认为可以改善家庭境况的想法。

游戏家谱图：游戏与谈话

游戏家谱图（family play genogram）是治疗师引导儿童参与家庭治疗、了解家庭关系发展动态与历史的最有效方法之一。[①] 在评估来访家庭，特别是与有儿童的家庭工作时，我们通常都会制作一张游戏家谱图。完成游戏家谱图至少需要45分钟，具体时长取决于家庭的规模和健谈程度。这项工作需要治疗师备有装满各种微缩玩偶的储物柜（大致能将满满一桶的小玩偶收纳其中），这些玩偶包括人物、动物、过家家的玩具屋及其他相关物件，还有各种类型的汽车模型，这些东西在玩具商店很容易买到。任何与儿童工作的治疗师可能都会有各种游戏用品，因为儿童喜爱游戏，同时游戏也是儿童自我表达的最佳媒介。

---

① 在线观看游戏家谱图视频介绍，请访问 www.psychotherapy.net/McGoldrick；购买完整版视频，请访问网站 www.MulticulturalFamily.org。

制作游戏家谱图，我们首先需要一大张纸（至少1平方米），这张纸需要足够大，足以让家庭成员们选出代表每个人的微缩玩偶并将之摆放在上面。我们可以一边收集信息，一边与来访家庭一起在纸上画出包含三代人的家谱图；或者，我们可以根据已收集的家谱图信息，提前在纸上画出家谱图的结构框架，在治疗中与来访家庭讨论，确保每位家庭成员的信息都被准确地呈现在纸上，以及所有在血缘、法律和情感关系上对该家庭有重要意义的人物都被纳入其中。此外，我们应将宠物包含在家谱图的框架内。特别是对于儿童和承受很大压力、资源匮乏的家庭来说，应将他们的朋友与非正式的亲属关系网络也绘制进家谱图框架。此外，对于青少年来访者，始终应将他们的朋友包含在图中，而单身父母则需要在图中纳入其朋友信息和工作资源。

然后，我们要求每位家庭成员各自选择微缩玩偶，分别代表包括他们自己在内的每位家庭成员。我们应确保他们为宠物和朋友也选定了微缩玩偶。朋友对于青少年来说尤为重要，因为在遭受家庭问题困扰时青少年往往只与同龄人交流。此外，对于离婚家庭、再婚家庭、多核心家庭或正在重组的来访家庭，也应将朋友纳入家谱图——朋友资源对他们同样非常重要。挑选好微缩玩偶并摆放在纸上后，我们邀请每位家庭成员轮流与其他人分享其选取玩偶的动因。我们会在分享后询问，他们对自己或其他人所做的选择是否出乎意料。最后，我们常常会拍一张照片留作记录，并邀请来访家庭也对他们构建的家谱图拍照。

我们通常还会设置一些附加任务，如根据某个家庭议题让家庭成员做第二轮选择，来反映整体家庭成员之间或某些特定家庭成员之间的关系。举例来说，如果主诉问题是单身母亲与女儿发生冲突，我们会邀请来访者仅仅针对母女关系再次选取玩偶。其他各种情况下，我们也可以邀请来访者选取玩偶专门用于反映亲子关系或兄弟姐妹关系，从而获取某个特定家庭模式的更多细节。此外，我们还可以让家庭成员选择多个玩偶来代表自己的不同侧面：最好的自己、最坏的自己、自己正在努力成为的样子，等等。或者我们可以让来访家庭用玩偶反映其关系最糟糕的时刻，然后再次选取，表现他们希望与对方建立什么样的关系。

游戏家谱图可能是了解家庭运作方式以及成员互动最便捷的方法。我们极少将三四岁以下的儿童纳入评估范围，因为他们一般无法有意义地参与家庭活动。特别年幼的孩子往往因为需要被照料而很难参与治疗，但他们的在场让我们有机会观察其行为或发展水平，从而对成人与儿童相处、管理儿童的能力做出评估，这亦是极具价值的。

不过，对于三四岁以上的儿童来说，游戏家谱图是让他们与家人互动的绝佳方式。如果强迫孩子与成人坐在一起谈话，他们可能很快就会坐立不安或变得消极抵触，但如果以游戏与谈话相结合的方式让他们述说家庭经历，就能充分调动孩子的积极性。不仅如此，制作游戏家谱图的过程中，儿童的地位得到了提升——现在他们能与成人平等地沟通，而非被迫遵照成人的方式约束自己，即静坐在那里进行成人间的谈话；这也是儿童乐于参与游戏家谱图的原因之一。

此外，面临困难或窘境往往会让家庭成员缺乏幽默感；而使用微缩玩偶能激发他们的幽默技能。相比于要求儿童直接回答“你父亲是个怎样的人？”这类问题，使用微缩玩偶作为隐喻的载体，可以让家庭成员——无论是大人还是孩子——更自由地表达出他们对家人的情感。

此外，与儿童单独创建游戏家谱图，可以帮助我们对家庭如何运作产生深刻的洞察。儿童往往拥有非凡的创造力，甚至能对那些他们从未谋面的家人生成生动的想象。总之，儿童可以为我们理解家庭模式和家庭困境提供非常有益的见解。

在一项法院指派的家庭评估中，父亲被指控对孩子施加了性暴力，母亲被指控对孩子施加了躯体暴力。虽然已经离婚，但这对父母在法庭上仍然兵戎相见。案例中的两个女孩一个 4 岁、一个 5 岁，在制作游戏家谱图的过程中，她们对同父异母与同母异父的兄弟姐妹的性格样貌做了非常细致的描述，然而两个女孩从未被允许与这些继亲们见面。此外，她们还能描绘出从未谋面、远在希腊的姨妈和叔叔的形象。游戏家谱图使我们得以评估她们在每个家庭中的关系，并向法院提出切实有力的建议，即让儿童与他们渴望认识的家庭成员有更多的接触。

青少年子女在场时，指导单亲家长处理亲子问题几乎是不可能实现的任务。家长通常一开始会要求孩子“要守规矩、懂礼貌”，但如果你当着子女的面对家长提出建议，会让家长很丢面子。虽然青少年需要管控，但这已无法再通过惩罚、限制、颁布家规、罚做家务或警告来达成。对于此类情况，以自由开放的形式开展家庭治疗往往是自找麻烦。实际上，我们通常会先将父母与青少年子女分开，然后一对一单独工作，直到家长可以很好地控制自己，并做好与子女共同制订治疗计划的准备。治疗前期，我们与家长工作的重点是针对孩子可能出现的各种反应制定相应的应对策略。

一位非洲裔美国来访者的家庭陷入了困境，大女儿进入青春期后就和母亲冲突不断。如果在治疗中直接让母女对她们之间的困境展开讨论，我们有理由担心，母亲会强势地尝试控制女儿，而这不仅永远无法达到预期效果，反而势必激起女儿青春期的逆反，双方的怒不可遏很快就会让场面失控。

因此在这个案例中，我们决定通过游戏家谱图来构建治疗对话的框架，使母女俩能体会到她们在更广泛的关系网络中还拥有许多资源，这些支持资源能让她们看到，她们在大家庭中要比自己所意识到的更加贴近、关怀彼此。女儿把许多朋友放到家谱图上，这是她处理母女紧张关系的重要资源。同辈朋友的支持对于青少年来说至关重要。这个个案中，在直接处理母女二人的关系之前，治疗师首先请她们分享了各自对许多其他家庭成员的感受——她们将家谱图中的周边成员（姨妈、祖母、曾祖母、兄弟姐妹、姻亲）都置于图中，这使她们能够将二人的冲突置于大家庭的背景下重新审视，而在大家庭中，她们彼此所分享的要比冲突多得多。

另一个法院指派评估的个案中，由于有报告称母亲在监护儿童期间多次出现行为失控，使得母亲被法院传唤。已经离异的父亲和母亲需要管理三个青春期的女儿（分别是 16 岁、14 岁和 12 岁）和一个 4 岁的儿子，这让他们不堪重负。特别是，两个大女儿需要更密切的监护，父亲独自一人对此力不从心。他声称身边没有任何家人可以求助，在他不得不出差时也请不起保姆。大女儿和母亲的关系波动非常大，以至于她们根本不听母亲的管教，且母亲没有资源和能力照顾她们。接下来的几周里，父亲要出差 4 天。当我问他是否有其他家人可以求助，他说没有。然后我想起在游戏家谱图中他曾用一个修女的小玩偶代表他的姐姐；他一直称姐姐为“修道院院长”，因为家中的一切总是由她掌管。尽管姐姐的住处离他只有一小时车程，但他却从未向姐姐求助。我们讨论到姐姐在他儿时总是以保护者的形象出现，就此我推动他考虑求助于姐姐，因为他显然不能对女儿们甩手不管。经过一番艰难的纠结之后，他最终决定试着去问一问姐姐。然而出乎他意料的是，姐姐欣然同意了。通过重新建立联结，他开始反思和重构他对原生家庭的认识，发现自己其实拥有的资源比想象中多得多。女儿们已有多年没和这位姑姑见面，但其实在这位父亲早年就丧失双亲的原生家庭中，姑姑一直都是重要的人物。

另一个案例是与多方压力和议题长期苦战的哈珀斯（Harpers）一家（见图 9.9）。15 岁的弗朗西丝（Frances）生于摩尔多瓦，从小被美国母亲利兹（Liz）领养。如今利兹被诊断出患有阿尔茨海默病，病情可能已发展多年。自从被领养以来，弗朗西丝一直与利兹生活在一起。领养弗朗西丝时，利兹与苏格兰移民乔治·格雷厄姆（George Graham）教授已有 8 年的恋爱关系，但由于乔治还不是美国公民，因此无法共同领养。乔治是一位学者，领养弗朗西丝后，他和利兹一起对

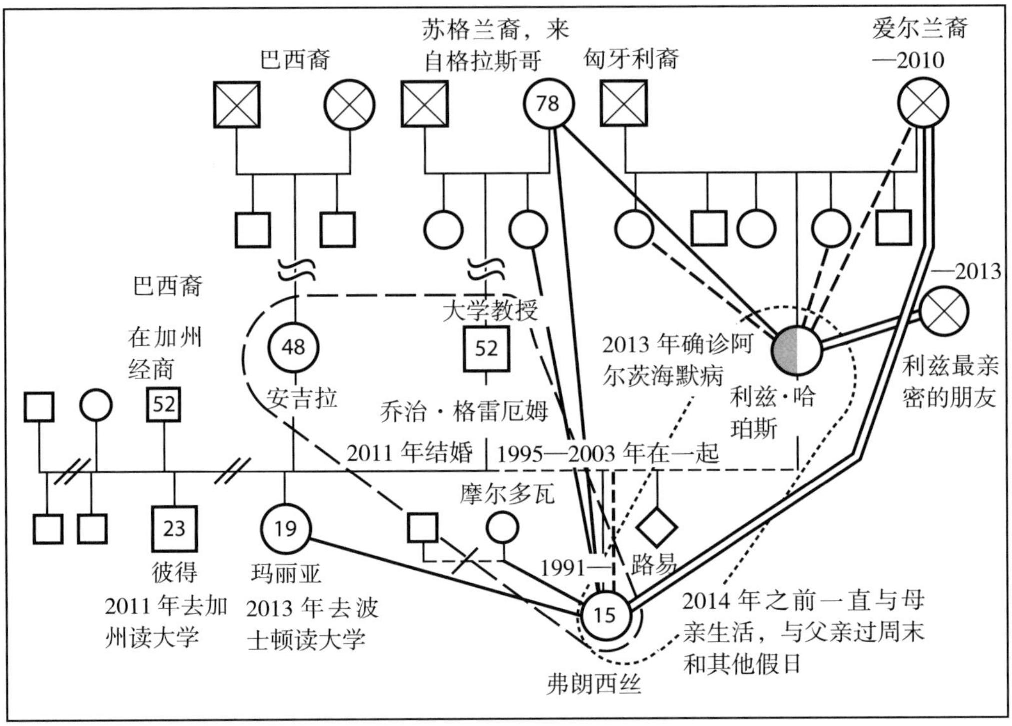

图 9.9　哈珀斯 – 格雷厄姆一家的家谱图

弗朗西丝关爱有加、付出了许多心血，却从未获得共同监护权。他也未曾特意想办法办理对弗朗西丝的领养手续。

然而到弗朗西丝 4 岁时，这对情侣分手了。从那时起，已成为美国公民的乔治就极力要求获得弗朗西丝养父这一合法身份，但利兹出于对二人关系恶化以及分手的不满，始终不肯同意。然而，随着弗朗西丝的长大，利兹与乔治的苏格兰裔家庭的关系实际上要比她与自己的姨妈和舅舅们的关系更近——他们住在其他州，距离很远，且与利兹和弗朗西丝都不曾亲近。弗朗西丝与外祖母非常亲近，但不幸的是，外祖母在三年前去世了。

领养弗朗西丝的最初几年，利兹和乔治就曾前来接受治疗。我和他俩一起工作，处理他们的亲密关系问题，后来又在他们分手后的一段时间里处理他们的亲密关系与分离。几年后，乔治为他自己的个人议题前来寻求帮助，希望我能指导他如何与利兹协商，让他能正式成为弗朗西丝的法定养父。乔治最终向法院提起诉讼，但未能获得合法抚养权。如今，由于利兹身患阿尔茨海默病，乔治突然成为女儿唯一的法定家长，同时弗朗西丝不得不应对母亲的疾病危机，并搬进养父的再婚家庭生活，而在此之前她只在隔周的周末与养父乔治见面。

我邀请了同事芭芭拉·佩特科夫和我组成团队，一起为这个家庭治疗，这样我们就可以分别与父亲（乔治）和女儿（弗朗西丝）工作，并与其他相关家庭成员见面。治疗开始时，利兹已经丧失可监护能力，弗朗西丝刚刚搬到乔治家。

作为对弗朗西丝和乔治初始治疗的一部分，我们决定制作一个游戏家谱图，以便在错综复杂的家庭系统的大背景中确定父亲和女儿的位置。弗朗西丝的老家是摩尔多瓦，因此那里的文化是她身份认同的一部分。同时她与母亲的匈牙利/爱尔兰裔家庭以及父亲的苏格兰裔家庭也息息相关。乔治的兄弟姐妹和母亲住在格拉斯哥，多年来，他们和利兹与弗朗西丝都建立了深厚的亲情。

过去的 5 年中，乔治与第二任妻子安吉拉（Angela）相恋并结婚。第二任妻子来自巴西，育有两个孩子，分别是 23 岁的彼得（Peter）和 19 岁的玛丽亚（Maria）。彼得在乔治和安吉拉结婚时就离家去上大学了，而玛丽亚在上大学之前与这对夫妇共同生活了 2 年，并与弗朗西丝建立了亲情。

我们认为，与来访家庭的全体成员一同构建家谱图非常有助于推进治疗。父女二人被要求选取微缩玩偶来代表其家庭成员，并向对方讲解自己的选择。最令人出乎意料的是乔治选择了一个拉丁裔街头混混的玩偶作为自己的形象。对此他没有过多解释，只是说它看起来“是一个很酷的家伙！”这与他通常展现的思想保守的学者形象截然不同。弗朗西丝和我们一样对此惊讶不已，并问道：“这是怎么回事？！”但是乔治的反应相当平静。他不理解为什么我们会觉得他的这个选择很搞笑。

直到两周后，乔治对玩偶选择的意义开始显现出来。他过度热切地关注弗朗西丝是否专心于学业、保持房间整洁和勤洗头。我们强烈要求他放下这些顾虑。弗朗西丝在学校已经主动找老师辅导功课，并没有升学失败的风险；诚然，弗朗西丝的确正处在各种危机的重压之下：失去母亲令她痛苦万分，又要突然搬到父亲家生活，而她的母亲多年来一直警告她说父亲并不可靠。

由于乔治仍然无法摆脱对女儿升学失败的忧虑，最终我在一次单独治疗中直接对他提出质疑，问道：“如果弗朗西丝没能考上高中会发生什么？她可以再复读一年！弗朗西丝对你和你的妻子并不熟悉，如何在这种情况下让她获得安全感，让她感到被关爱，这些才是现在的核心议题。”

乔治对于我们不为弗朗西丝的学业焦虑感到非常惊讶。其实他的这个反应本身就很奇怪。的确，他不希望弗朗西丝升学失败，特别是作为孩子父亲的乔治本身就是一位学者。然而，他似乎对女儿当下承受的巨大压力视而不见：刚刚痛失母亲，现在又必须与乔治一家建立关系，特别是乔治的妻子，她对于弗朗西丝来说几乎完全陌生。对此，我们没有再继续围绕弗朗西丝的创伤展开讨论，而是决定问问乔治他在十年级时过得怎么样。他很不好意思地说，那年他在升学考试中考砸了，不得不复读一年。我笑了起来，开玩笑说："好了，你也看到了！十年级时你在升学考试里栽了跟头，但看看现在！你学业有成、事业有成、家庭稳定！而你在十年级时又是什么样子？"

他回答说："那时我的头发比弗朗西丝现在的还长！""头发干净吗？"我问，因为他非常关注女儿的"脏"头发和个人卫生。"可能比弗朗西丝的还要糟！"他答道。我强烈建议，当弗朗西丝和联合治疗师芭芭拉稍后加入我们的治疗会谈时，乔治能向所有人分享他的这些（有关人生发展周期的）信息。弗朗西丝在听到乔治的考试和头发经历后感到惊诧得合不拢嘴！有趣的是，乔治的袒露打破了父女间的紧张关系。现在，他们以一种前所未有的氛围分享各自的生活经历。选择拉丁裔街头混混代表自己，乔治似乎是想传递关于上述这段历史的信息，甚至可能是在对自己说：他其实并不总像平常看起来的那样睿智、事业有成、自信而有条理。我们花了不少时间才梳理清楚这些部分。

接下来我们提出了第二个项目，让乔治和弗朗西丝选择小玩偶，分别代表他俩的关系、他俩与利兹的关系，以及他们和生活中重要他人的关系。这个项目使我们能将所有家庭成员带入到治疗中，并且据此讨论了文化差异、现实距离与心理距离、亲情、利兹的病情与护理需求等诸多现实问题。弗朗西丝在游戏家谱图中特意标出了她的朋友们——被她称为"小团伙"的三位密友，她们从四年级起就在学校里形影不离；此外，她的家谱图中还包含一个重要角色，就是弗朗西丝的宠物狗路易（Louie），虽然弗朗西丝一直是它的主人，但它现在还在利兹家。弗朗西丝花了很多时间挑选能代表路易的微缩玩偶，最终选出了两个，这表明宠物狗在她的生活中非常重要，是她在这个艰难时期的情感支持。

在选取微缩玩偶表示父女、伴侣、夫妻关系时，乔治的选择令人惊讶。他选了一条鲨鱼代表他和弗朗西丝的关系，他说这是因为他们"最近一起参观了水族馆"。然后他选了一台电脑代表他和利兹的关系。他还选了一个穿着华丽的日本和服的女人代表他和妻子的关系，他说因为妻子很有气质，穿衣打扮精致得体。然而乔治所选玩偶的形象似乎与他生活中的人物并无直接关联。接下来的几周里，我们围绕父女为各种关系所选的玩偶展开讨论，并以此为基础将话题延伸，请他们谈一谈对各种关系未来发展的展望。这些后续项目是游戏家谱图临床实践的重要组成部分，借此我们可以将关注的焦点从过去转到当下，而后再转向未来。例如在本案例中，我们可以让弗朗西丝选择玩偶，分别反映她 5 岁、10 岁、现在以及两年后的父女关系。

随着时间推移，可以请来访家庭再次制作游戏家谱图，并讨论他们所做的更改。治疗师还可以询问某个微缩玩偶想对另一个玩偶说些什么，或者某个玩偶在这个家庭中有什么感受，或对另一个玩偶感觉如何（Gil，2014）。还可用这些微缩玩偶排列组成家庭生态图谱（ecomap），反映家庭成员关系的亲疏远近。以此引发有关家庭关系更丰富的讨论，同时对亲情具有一定的保护作用，因为这些只是一种“游戏体验”。

针对儿童案例的临床提问

▲ 孩子的名字是如何确定的？起这个名字对孩子和其他家庭成员来说有何含义？

▲ 其他家庭成员也有类似问题或困境吗？如果有，家庭内外的其他人是如何处理此类问题的？

▲ 对于被认作“标定患者”的孩子，父母在孩子的这个年纪时有哪些经历？

▲ 对于被认作“标定患者”的孩子，他 / 她在出生或出现症状时，家庭是否面临着某些压力？

▲ 你有没有觉得这个孩子和某位家庭成员特别像，如果是这样，这种相似性对各个家庭成员都意味着什么？

▲ 是否有教父 / 母、姑姑、姨妈、叔叔、舅舅或圈外人对这个孩子有特别的亲近感？

▲ 父母或祖父母对教养孩子的方式是否有异议？

▲ 家庭内外是否曾出现类似的症状或问题？

▲ 在家庭历史中，之前是否有人曾用独特或富有创造性的方式解决此类问题？

▲ 家庭历史中的关键转折点有哪些？

▲ 各位家庭成员认为自己最好的资源或支柱有哪些？

▲ 家庭中有谁是父母任何一方育儿的榜样？这些榜样人物对孩子现在的问题会怎么看？

▲ 如果提前想象一下那些尚未出生的家人，比如你未来的孙子、侄子、侄女，他们会希望家庭现在做些什么来应对你们当前的问题或困境？

应用家谱图理解成年来访者的兄弟姐妹冲突 *

兄弟姐妹关系（sibling relationships）通常是我们一生中最长久的家庭关系。父母会先我们离世，伴侣可能来来去去，孩子成年后往往会离开，但如果幸运的话，兄弟姐妹会一直陪伴我们。事实上，儿童通常更愿意和兄弟姐妹相处，而不是与父亲在一起。相较于他人，兄弟姐妹与我们共享更多的先天基因以及后天的生活，特别是姐妹之间，她们比兄弟间有更多的情感联结，而且寿命更长。事实上，与兄弟姐妹相比，人们与配偶断绝关系的概率更高（McGoldrick，1989b）。兄弟姐妹关系很可能是我们与朋友、爱人和其他同龄人关系的原型模板。

兄弟姐妹关系至关重要，而且可能是我们一生中最具保护力的关系之一。一项纵向研究表明，65 岁时心理健康的最有效预测因素是“大学时期的兄弟姐妹关系质量”；不仅如此，它对个人晚年幸福感的预测效力显著高于“童年期与父母的亲密度”、“童年时期是否存在情绪问题”和“父母是否离异”。实际上，它甚至比“婚姻幸福度”或“事业成功”更有预测效力。该研究样本取自具有较高社会经济地位的哈佛大学男性毕业生群体（Vaillant，1977）。对于女性和那些社会弱势群体来说，其对幸福感和心理健康的影响效力可能更大，因为女性往往比男性更看重兄弟姐妹关系，以及社会弱势群体通常比特权阶层更加依赖兄弟姐妹（McGoldrick & Watson，2016）。

然而在临床文献中，兄弟姐妹间情感联结的重要性在很大程度上被忽视了。

---

* 本章借鉴了我们在《姐妹》（*Sisters*，McGoldrick，1989b）、《家谱图：评估与干预》（McGoldrick，Gerson，& Petry，2008）、《家谱图之旅》（McGoldrick，2011）和《家庭生命周期中的兄弟姐妹》（“Siblings through the Family Life Cycle”，McGoldrick & Watson，2016）等作品中关于兄弟姐妹关系的见解。

临床研究或治疗几乎从未将兄弟姐妹作为必要的着眼点。但我的基本构想是，邀请兄弟姐妹加入家庭治疗通常都会带来更佳的效果（有充分理由否决这个做法的情况除外）。如果我们带着这样的疑问开始治疗："为什么不邀请来访者的兄弟姐妹来共同参与一节治疗，这样或许有助于更好地理解来访者，或帮助他/她解决困扰？"这样的立场可以让我们成为高效的治疗师；反之，只有当涉及兄弟姐妹冲突时才想到邀请他们加入，实际上是非常消极被动的做法。

邀请兄弟姐妹加入治疗可以解开来访者的心结，丰富对来访者过往经历的理解，还可以缓解当前的压力。对成年来访者的临床工作中，有兄弟姐妹参与的那一节治疗有可能成为关键转折点。在一个案例中，一位科学家因其疏离回避让妻子感到非常痛苦，前来寻求家庭治疗。我们邀请到他的三位兄弟从全国各地赶来，一起参与了一节联合治疗。他的三兄弟都40多岁，大家讨论了童年时各自对母亲精神疾病的不同反应，互相了解到每个人都因此变得孤僻回避，只不过各自的方式不同。兄弟几人一直都以为只有自己出了问题，其他人都很正常。回顾生活经历的过程中，他们发现彼此间的情感联结原来如此深刻，并且将永远联结在一起。这节治疗让来访者与妻子的基本关系模式发生了改变。现在这位科学家感到自己与兄弟们毕生都是血浓于水的一家人，并且可以对妻子更多地敞开心扉、表达内心感受。不仅如此，邀请同辈家人参与治疗还能促进疏离的兄弟姐妹分担赡养老人的重担、纠正性别歧视、解决长期冲突，以及加强家人间的协作。

我们的社会中，虽然兄弟姐妹彻底断绝关系的情况较为罕见，但随着生命周期推移，的确存在兄弟姐妹关系破裂的高风险节点，特别是在照料父母养老期间，以及父母去世之后（Cicirelli，1985，1995；Connidis & Kemp，2008；Friedman，2003；Myers，2011；Norris & Tindale，1994）。不过，兄弟姐妹通常也是人们晚年生活的重要资源（McHale & Crouter，2005）。考虑到兄弟姐妹关系的重要性和长期性，特别是他们参与了彼此的成长，是彼此生命的重要组成部分，因而治疗师应对兄弟姐妹间的冲突、怨恨和关系断绝随时发现随时处理。我们需要利用一切机会帮助兄弟姐妹发展有意义的情感联结，建立信任感和依恋。兄弟姐妹通常也是彼此成长史的见证者，这使他们可以在彼此生命周期过渡的关键节点发挥重要作用——分享自己所知的家庭故事，提醒彼此过往的事件以及他们作为一家人所蕴含的意义。因此，无论当前出现了什么样的问题，我们都应努力加固兄弟姐妹关系，并尽可能帮助来访者修复断绝的兄弟姐妹关系。

正如玛雅·安吉洛（Maya Angelou）所言，人们成为兄弟姐妹并非出于偶然。

虽然相同的父母决定了血缘关系，但她说："姐妹和兄弟情谊需要努力耕耘才会积淀。这并非易事，需要妥协、付出、索取、坚定不移、不屈不挠……并且这是一项长期投资。"（Angelou，1981，p.62）她的评述不异于一则有力的提醒：为人手足是一项事业，需要在人生诸多方面为之倾注心力。那些幸运的兄弟姐妹，成为彼此一生中最亲密的挚友。但这似乎又很少见。兄弟姐妹关系通常不是来访家庭的主诉，但当你探究他们的困境时，兄弟姐妹的疏离、冲突甚至是关系断绝常常是导致抑郁、焦虑或直系亲属冲突等问题的主因，而这些问题会促使人们前来寻求治疗。

毋庸置疑，兄弟姐妹人数越少、童年期相处的时间越久，就越可能亲近。在我们这个夫妻关系破裂频繁的时代，兄弟姐妹和儿时的玩伴有可能是我们一生中最稳定的亲密关系。此外，正如上一章所讨论的，当兄弟姐妹中有人身患残疾，父母又无力照顾孩子们的时候，兄弟姐妹——特别是姐妹，很可能终其一生为有需要的家人提供长期看护。在任何情况下，我们都应询问并尝试帮助来访者修复兄弟姐妹关系问题，这是临床评估与干预最重要的工作环节之一。

影响兄弟姐妹关系的因素

正如本书第 9 章以及其他文献所述，影响兄弟姐妹关系的因素有很多，应在家谱图中深入探索发掘（McGoldrick，2011；McGoldrick，Gerson，& Petry，2008；McGoldrick & Watson，2016）。制作家谱图时，我们会询问、了解每一代人兄弟姐妹的基本信息（性别、年龄差、文化、宗教、种族以及社会地位和生活地点）以及每位兄弟姐妹的一般特征（健康或残疾、家庭系统中每个孩子的出生时间），这些都是影响兄弟姐妹关系的因素。一定要询问兄弟姐妹之间是否存在基于性别歧视、种族歧视或先天能力差异所致的不平等家庭模式，并且关注家庭中的三角关系模式。实证研究显示，有儿子的父亲更可能与孩子们保持紧密的情感联系；只有女儿的父亲会随着时间推移更加推崇性别平等。只有女儿的父母对女儿的学业成绩、教育水平和体育成就有更多的关注和投入。因此，以"如何促进孩子发展"为切入点与来访者展开讨论，是打开局面和强化家庭关系的钥匙。

我们可以鼓励来访家庭提升女儿的成就动机，强化儿子建立关系和照料家庭的潜力。尽管父母出于好意，但他们向儿子和女儿传递的信息可能截然不同。兄弟姐妹中最年长的，尤其是大女儿，最有可能因关系破裂前来寻求治疗。这并不奇怪，因为他/她们在家庭中常扮演领导者的角色。长子通常自带权威感，而长女更可能对其家庭角色所承担的责任产生矛盾感或内疚感（McGoldrick & Watson，2016）。无论怎样她们都觉得自己做得还不够；她们对照料家人、维持家庭运转永不怠慢。长女往往是家庭关系网的维护者；庆祝感恩节、圣诞节、逾越节；照顾病人；在家人的葬礼上致悼词。她们是大家庭运行的核心，比起兄弟，她们担负了更多维持家庭关系的责任。姐妹不仅承担了大部分照顾工作，她们之间的关系往往比兄弟们更亲近、更密切，不过她们获得的认可和荣誉通常都不及兄弟。在大多数文化群体中，按照传统观念，照顾弟弟妹妹的任务往往从孩提时代起就被委派给姐姐，而兄弟则可以自由自在地玩耍或做想做的事。兄弟关系中有更多对抗、竞争、矛盾和嫉妒的元素（Adams，1968；Cicirelli，1985，1995），而姐妹关系则包含更多的支持与照顾。

比起男性之间的同辈关系，姐妹关系以及女性朋友间的关系往往更容易被贬低。如果一位女性不愿为丈夫的事业搬家、不愿远离她的姐妹或朋友，那她很可能会被贴上“与家人情感缠结”或“自我未分化”（undifferentiated）的临床标签。然而，姐妹远在丈夫出现之前就已在她身边，且在丈夫去世或离开后，姐妹很可能依然陪伴她左右。深刻的姐妹情谊可以加强女性的自我意识（Cicirelli，1982，1985），因此在对女性来访者的工作中，关注兄弟姐妹关系的质量与意义就显得尤为重要。

贯穿生命周期及离世后的关系

在有兄弟姐妹参与的成人家庭治疗中，我们希望能帮助来访者们依照自己的价值观承担起自我发展的责任，而非受制于父母或其他家庭成员的评判。成年后，兄弟姐妹关系模式虽然仍受同胞竞争、童年标签（childhood labeling）和天赋才能等议题影响，但所选伴侣、经济状况、社会地位和生活地点等也会成为重要影响因素。那些拥有更多资源的兄弟姐妹可能会为父母提供经济支持，而与父母住得较近的兄弟姐妹则可能承担起照料父母的工作。

一旦父母去世，兄弟姐妹关系就会面临人生中第一次的自由选择。因此，在那些依靠父母召集才能维持的兄弟姐妹关系，常常会由于未能随时间推移主动发展强化而陷入疏离或断绝。有的案例中，那些曾经为取悦父母而被压抑的怨恨，此时会再度浮现，而且这种怨恨往往持续很长时间，很难修复。

玛丽·马丁（Mary Martin）是一位51岁的平面艺术家（见图10.1），在家中兄弟姐妹四人中排行老幺，也是母亲生前最后几年里关系最亲密的孩子，她与姐姐南希（Nancy）是父母遗产的共同继承人。父母一直有很多问题，这一点孩子们自幼就印象深刻。酗酒的父亲经常对孩子们暴力相向，尤其是对儿子们。家里的男孩都很早就离家自己生活。母亲多年来一直患有重度抑郁，尽管她在生活上需要依靠女儿们，但又对她们非常刻薄。玛丽在母亲去世两年后因和兄弟姐妹围绕遗产分配发生冲突前来寻求治疗。她认为兄弟姐妹们一直没把她这个最小的妹妹放在眼里，他们既不尊重她个人，也不认可她为公平分配父母遗产所做的努力。她觉得姐姐没尽到遗产共同执行人应尽的义务，母亲弥留的最后几年里，南希实际上并没有为照顾老人出力，而现在却主张她也享有与玛丽同等的遗产所有权，并在分配父母遗物时总是想优先挑最好的。长兄马克斯（Max）认为他自幼就比其他人承受了更多父亲的暴戾，因此，对于他被剥夺遗产执行权感到非常的不公和愤慨。他对如何分配父母留下的家具和资产总是说三道四，充满怨气。三儿子米奇（Mitch）一直患有学习障碍。他毕业后搬到了美国西部成为一名伐木工。家中围绕父母形成的各种三角关系由来已久，却又被隐藏在视线之外，三角关系导致兄弟姐妹几人为了争夺瓷餐具、落地钟和实木餐桌对彼此心怀不满，这些不满后来演变成他们冲突的焦点。

值得注意的是，人们一旦被困在三角关系里的某个位置，就可能变得特别“不可理喻”。这个案例中，兄弟姐妹们将分得的所有遗产都投入到争夺遗产处置权的纠纷之中——以每人每小时350美元的佣金聘请了两位律师，甚至最终在这方面的花费比他们分得的遗产本身还要多。在此类兄弟姐妹三角关系中，基本议题几乎无外乎“谁更得宠”，以及“谁为父母付出得更多”。

玛丽花了相当多的时间让自己专注于她的现实生活目标：与兄弟姐妹保持关系，让所有人的童年创伤都能得到疗愈，而不是继续偏执地为瓷餐具、落地钟或餐桌应该归谁而针锋相对。治疗过程中，玛丽能够找到有效的方法向兄弟姐妹传达出她对他们所遭受的家庭暴力感同身受，并帮助他们所有人认识到这不是一场

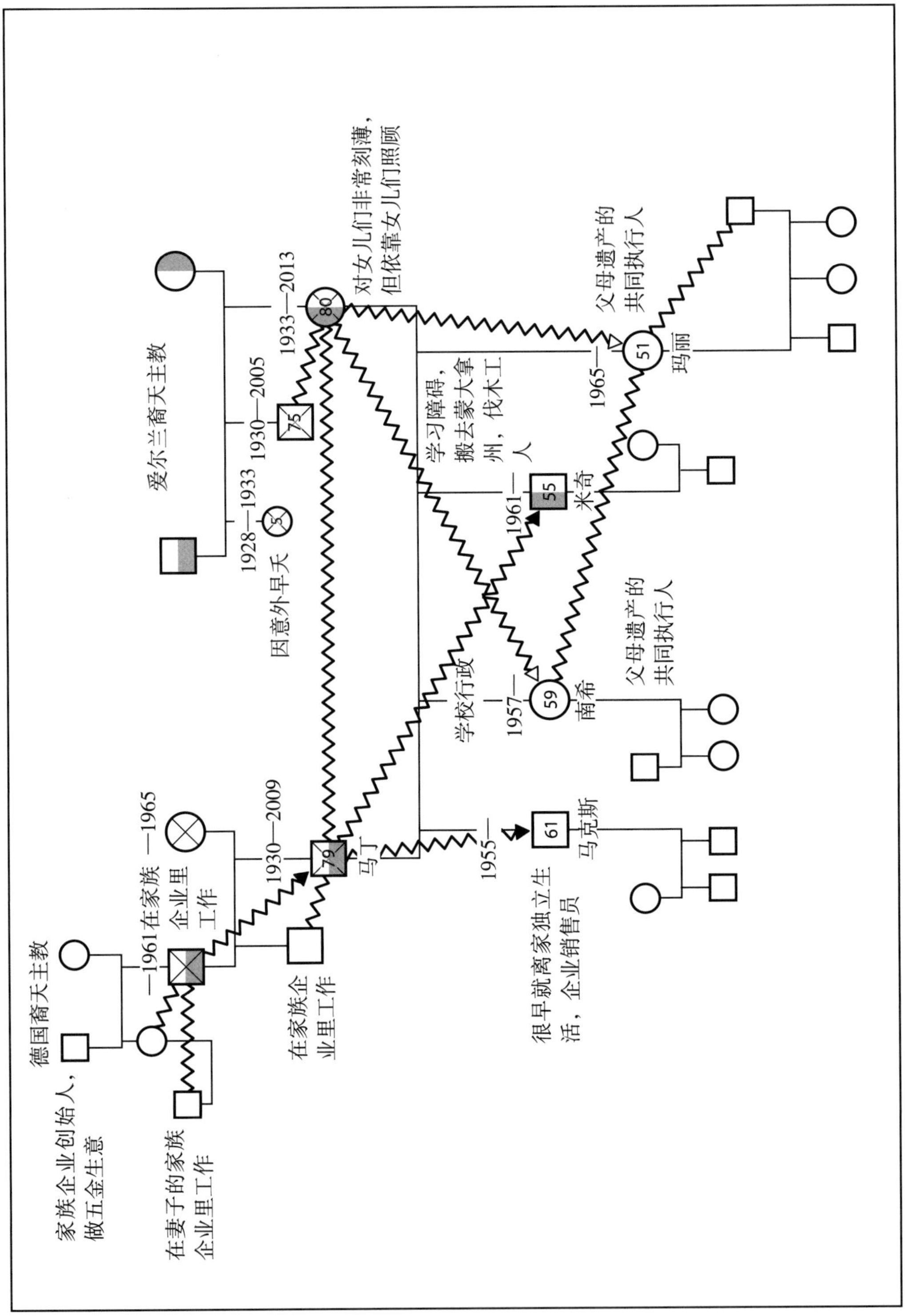

图 10.1 马丁一家的家谱图

谁应该得到更多或谁该被优待的竞争。四个人全都伤痕累累，而现在他们失去了双亲，是时候放下过去，投入新的生活了。

起初玛丽认为，如果让南希在是否平摊遗嘱执行费的争论中“获胜”，那就是自己“又一次被打败”。母亲在世的最后几年间，显然南希并没有为照顾母亲和打理家产出多少力。但玛丽逐渐意识到，尽管这些年全家人都经历了种种痛苦，但他们的经济条件都不错，钱对于她来说并不是问题的本质。在我们这个物欲横流的社会中，这种领悟力是相当难得的。

玛丽做出了决定。对她来说最重要的议题是直面自己以及兄弟姐妹与父母的痛苦经历，此外，如果可能的话，她还希望在今后的生活中努力维护兄弟姐妹间的亲情。她给每位兄弟姐妹都写了一封信，道出她感知到的每个人在亲子关系中经历的委屈和痛苦，以及关于他们的父母，玛丽愿意铭记的积极方面。下面是她写给大哥马克斯的信：

亲爱的马克斯：

对于我们一直在讨论的落地钟的问题，我反思了很久。最终我意识到，父母给我留下的遗产中，最重要的是那些美好的家庭回忆，比如平安夜你带我乘着大雪橇去米切纳（Michener）爷爷的农场玩。

我还记得，当爸爸对你发火、打你的时候，我很害怕，也很难过。我总是希望你能不吭声，保持沉默，那样你就不会挨打了。但现在我才明白，直抒胸臆是你最勇敢的一面，我很钦佩你这一点。我很抱歉，小时候我不理解你所经历的一切。当你和米奇、南希都离家后，我曾非常想念你们。我不知道你们为何都抛弃了我。现在我觉得，你们能从家里的痛苦环境摆脱出去是更重要的。我意识到，这一切实际上并不是针对我。

当妈妈让我和南希共同执行遗嘱时，我起初很得意，但现在我一直在想，爸爸恼怒地说出你不再享有这项权利的时候，对于作为长子的你是多么难过。你说过落地钟对你有非同寻常的意义，因为你一直记得它摆在我们祖父母房子里的样子。我出生时祖父母已经过世，所以我也没能见证这些回忆。但我很高兴你能为我们家的后代保留这些记忆。

我们的家庭历史中，我希望可以铭记的部分是父亲的幽默感和风趣，以及母亲在节日里教我们做装饰品的创造力，还有她出众的衣着品味（她太漂亮了！），还包括她做的意大利面和肉丸。

期待你的回复。

一直爱你的，玛丽

一个人要付出巨大努力才能在这样一封信背后所隐藏的家庭系统中重新定位自己。这属实需要做出重大转变，改换看待自己和家人的视角，从更大的格局审视各种家庭模式，做出目光长远的选择。格雷戈里·贝特森曾指出，只有以展望未来200年的高度去思考，我们才能真正做到系统化地思考。这可能就是关键所在！

本案例中，玛丽感到自己在家中不被认可和倾听，这种感觉在她成年后与丈夫和孩子的互动中再度上演。此类情况在顽固的三角关系和僵化的病理性家庭系统中非常常见。她必须通过大量、深刻的自我反思，并在当前与丈夫的关系中重新自我定位，才能摆脱受丈夫欺压、被任意摆布的感觉。经过诸多努力，玛丽最终能够做到以自己期望的理想方式与他人相处，而不再紧绷神经、敏感地关注其他人是否在贬损或欺压她。她将更多的时间投入到音乐、园艺和在当地养老院做义工上。玛丽发现，在照顾他人的过程中她获得了极大的满足感。她清楚地意识到，宽容大度是她个人的自主选择，而不是偿还她对别人的亏欠。玛丽说，每当感到疲惫或心烦时，都会发现自己对别人的“优先”（being ahead）心怀怨恨。不过现在她已教会自己将这种念头标定为“始于原生家庭的、早年三角关系的衍生物”，而非当下理想生活的重要组成部分。她决心专注于做真实的自己，找到让自己重新变得宽容大度的方式。治疗过程中，她的灵性信仰也发生了转变。她的爱尔兰裔、德裔家庭一直信奉罗马天主教。四个兄弟姐妹都曾就读于天主教学校，但后来也都离开了教会。玛丽在努力理解、分析她原生家庭中的成瘾和三角关系问题时得出了一个结论——她需要一种静心内省的灵修。不过她说，她并不喜欢天主教会的僵化氛围。玛丽决心寻找一个让她感到舒适的宗教团体，于是最终她加入了当地的“唯一神论教会”（Unitarian church）。玛丽说那里的人特别注重信徒之间的情感联结和人格的独立性，让她从中找到了更丰富的人生意义。有趣的是，她的丈夫起初对玛丽的灵性追求持消极态度，抱怨她周日上午不陪家人。但渐渐地，他自己也开始对此萌生了兴趣，偶尔还和她一起参加教会的礼拜。

对玛丽的治疗工作主要聚焦于去除原生家庭中的诸多三角关系以及深入探索家谱图，从而了解父母各自的家庭背景。

她的父母都来自含有顽固三角关系的家庭。两人都是家中最小的孩子，互相竞争和“谁更得宠”的意识永远是家中的主题。玛丽的母亲一直觉得哥哥是最受宠的，玛丽没有注意到在她母亲出生的同一年，母亲的姐姐夭折了，这是外祖父母永远无法释怀的丧失。玛丽的父亲有位哥哥，兄弟俩都在家族五金企业里工作，从玛丽父亲的伯父和舅舅开始，企业中的家庭竞争已持续了两代人。玛丽的父亲认为他哥哥更受宠，他在成长过程中一直感到很委屈，就像玛丽见证的，父亲总是要比别人更努力，却总觉得自己被亏待。当玛丽审视直系亲属的家庭模式时，她开始可以理解在她和兄弟姐妹成长过程中，酗酒、躯体暴力和抑郁这些问题对家庭造成了什么样的影响，以至于陷入严重的功能失调。对这些家庭模式的思考最终帮助玛丽明确了她想要达成的目标——重新定义自己与兄弟姐妹的关系，并且努力改变与丈夫、孩子的相处模式。

随着美国人平均寿命的增长，越来越多的人在没有伴侣和孩子的状态下生活。这种情况下，兄弟姐妹在一个人生命周期的各个阶段都可能是潜在的重要情感、物质资源；不仅如此，个人对依恋（attachment）和归属感（belonging）的需求在生命周期末期阶段更为关键，兄弟姐妹的支持作用变得尤为突出。理解文化模式（cultural pattern）有助于消解兄弟姐妹间的争吵。例如，如果一位女性来访者理解了父母在重男轻女的文化脚本（cultural script）中各自扮演了什么样的家庭角色，或许她就不会再怨恨她的兄弟，也会更加同情父母。但是，来访者仍需要将她和兄弟的关系提升一个层次。

在玛丽·马丁的个案中，她起初感到哥哥不仅对她视而不见，也对各种家务“袖手旁观”，不承担任何责任。认识到大家庭的文化和情感模式后，玛丽开始对哥哥们产生好奇心，希望更深入地了解他们，并且想知道他们还了解哪些有关大家庭的历史信息，以及他们个人在家庭中的成长经历。她决定独自去蒙大拿州探望哥哥米奇。米奇与他儿子之间亲密的父子关系以及他高超的木工技艺，让玛丽着实感到惊讶。

社会阶层差异也可能会对兄弟姐妹关系产生重大影响。成年后处于不同社会经济阶层的兄弟姐妹，彼此之间可能充斥着公开或潜藏的怨恨。生活条件优渥者可能会不满资源较少的兄弟姐妹对他们的依赖，但出于家庭责任，他们不能自由表达内心的怨气。他们可能会提供一些现实的支持，但情感上则不会伸出援手。因此，在帮助来访者修复情感裂痕的同时，探讨每位兄弟姐妹各自的社会阶层很有意义。

兄弟姐妹的成功或失败会激起一个人强烈的情绪反应，而这些情绪会进一步引发兄弟姐妹相互怨恨或关系断绝。对卓越出众或碌碌无为的孩子，父母可能会做出不同的反应，而这些反应则可能会对兄弟姐妹间因社会阶层差异所致的裂痕火上浇油。临床工作中，当我们发现来访者有着强烈的自我证明需要——竭力证明自己的才智、能力或地位不输于或优于他人，这可能与其所属的文化传统或移民历史有关。如果移民父母从小受到学校、社区和整个社会的偏见打压，则可能会形成一种“自夸”或过度在意“地位”的反应性姿态；而这种态度往往会渗透到兄弟姐妹间的竞争之中。

社会阶层差异也可能引发兄弟姐妹间的对立，尽管在一些倡导个性与自主的家庭中此类冲突可能被掩盖，他们并不把这些怨恨摆在明面上。如果家庭成员除了在正式的家庭场合之外没有任何交集，那么兄弟姐妹间的紧张关系很可能不为人所知，兄弟姐妹自己也可能对此置之不理。家庭活动中，阶层较低的家庭成员可能被视为穷亲戚，甚至会被完全排除在家庭活动之外。无论哪个民族或文化群体，当年迈或患病的父母需要照顾时，社会阶层矛盾很可能随之浮出水面。社会阶层也会影响叛逆（rebellion）与兄弟姐妹地位之间的交互方式。例如，大姐成为兄弟姐妹中领导者的“权利”可能会因重男轻女而被剥夺，导致大姐变得更加叛逆，此时如果弟弟妹妹们处于更高的社会经济阶层，大姐心中的怨恨就会变本加厉。

有残疾兄弟姐妹的家庭生命周期议题

当一个家庭中有严重残疾的孩子时，对其照料的责任都会给兄弟姐妹带来终生影响。即使这并非主诉的问题，但在任何家谱图评估中治疗师都应对此提问，并了解家庭成员如何看待这些问题。和其他各种家庭困境一样，如果某位兄弟姐妹因此不堪重负，而其他人袖手旁观，那么家庭关系就会失衡。人们不仅会对残疾的兄弟姐妹本人做出反应，也会对父母的痛苦和/或残疾者的需求做出反应。此外，某位子女致残后，父母往往会将他们原先对此人的希望和梦想转嫁到其他孩子身上，这也可能成为后者的负担。

当家中有残疾子女时，规模较小的家庭由于可分担照料责任的兄弟姐妹较少，往往会承受更大压力。如果患有残疾的是男孩，通常会带来更大压力，这可能是由于父母（特别是父亲）对生下残疾男孩感到自尊受损。相较于男孩，家庭中的姐妹更愿意接受照料兄弟的任务，但另一方面也更可能与残疾的姐妹对立。研究发现，与弟弟妹妹相比，姐姐更多从事助人行业。

一般来说，在有残疾子女的家庭中，长女最容易因承受过重负担而发展出生理或心理问题，这是因为父母往往在照管残疾的弟弟或妹妹方面对长女提出更高的要求。残疾者的哥哥或弟弟则有更多机会选择逃离家庭、在外生活（Cicirelli, 1995）。治疗师可以帮助来访家庭摆脱这些家庭模式。我们应温和地质疑父母所持的“女儿们应承担更多家庭责任”的观念，并鼓励哥哥、弟弟也参与到照料残疾家庭成员的工作中，防止姐妹负担过重。否则，在日后的生活中，兄弟可能会与残疾者完全脱钩，导致照顾残疾家人的责任全都压在母亲和姐妹身上。一旦人们可以反思自身在家庭关系中的角色和功能，他们往往就能开始思考哪些关系需要优先“梳理妥当”，而后有的放矢地做出改变。

安迪·凯尼利（第5章中曾提到）是一位40岁的丈夫和父亲，爱尔兰裔，他在家中同辈的八个孩子中排名第二。他习惯性地将婚姻与生活中所有的问题都归咎于母亲，同时又不愿请母亲加入治疗。他对母亲的背景信息知之甚少，每当我问到家庭历史他就变得非常不耐烦，抱怨我没有专心帮他解决他和妻子之间的问题——那才是“真正让他头疼的事”！

后来，安迪终于邀请母亲加入治疗、参与讨论。这个过程让安迪认识到，他需要将当前困境置于更广泛的背景下，从更大的格局去审视。他开始把各种家庭背景信息关联起来，将自己婚姻之外的其他家庭关系也纳入对当下困境的分析中。在安迪及其母亲共同参加的治疗中，我们讨论了他童年时发生的两件事。这两件事对他来说一直历历在目、无法释怀，因为他感到母亲曾以非常残忍粗暴的方式对待他和他的兄弟姐妹们。当他向母亲提起这些事时，母亲回忆说，第一件事——她向安迪突然大发雷霆，是因为正怀着第七个孩子的她刚刚从医生那里得知第六个孩子菲利普（Philip）患上了脑膜炎，将终身生活无法自理——当时菲利普还是个婴儿。母亲第二次暴怒是在两年后，她正怀着第八个也是她最后一个孩子。那时医生刚刚建议她放弃照顾残疾的菲利普，并提议应将他送到福利院。虽然菲利普现在已经30多岁，但全家人几乎都不曾在意过他，只有母亲仍定期去探望。母亲描述了多年前当得知不得不将儿子送到福利院时，她撕心裂肺般的痛苦。

这些陈述让安迪对母亲产生了前所未有的强烈同情。母亲也为她之前的暴怒对安迪造成的伤害道了歉。治疗后的几周里，安迪做了一个与弟弟菲利普有关的决定；而此前在治疗中他从来没谈到过菲利普。安迪和父母以及其他两个兄弟姐妹在菲利普生日前一周去看望了他。安迪说，这是他第一次注意到母亲是如此深爱着菲利普，而菲利普却几乎没有能力做出任何回应。那次探访经历让安迪决定：和母亲共同承担照顾弟弟的责任——“做一个哥哥该做的事”。正是从治疗的这一刻开始，安迪不知不觉对他与妻子之间的问题有了更深刻的理解，也更积极主动地着手处理他与孩子们的关系。他说他和母亲变得比以往任何时候都更亲近，并对母亲为菲利普所做的一切心怀深切的感恩。随着他向母亲敞开心扉，安迪对母亲的态度也变得更为开放和接纳，并主动分担照顾弟弟菲利普的工作。这也成了他生活中其他领域发生改变的起点和范本。

兄弟姐妹关系与夫妻关系

在成年初期和中期，结婚生子通常是更重要的人生发展主题，兄弟姐妹会因此较为疏离；但在生命周期末段，兄弟姐妹间的情感联结往往会再次变得重要且紧密起来。成年后，兄弟姐妹可能因个人事业发展而进入不同的社会阶层。女性在结婚和建立家庭的过程中会根据其所属文化圈的期许融入并适应丈夫的社会经济背景。总而言之，成年兄弟姐妹是家谱图临床评估与干预中应考虑的关键因素之一，在夫妻共同参与的治疗中更是如此。

事实上，兄弟姐妹关系常常为夫妻关系铺路，让我们学会如何亲密共处、相互理解、彼此依靠和分享感受；但它同样也会让伴侣彼此嫉妒、争夺权力和相互对立。兄弟姐妹关系通常是人们最早的同伴关系，因此在日后的生活中，那些可以重现我们所熟悉的出生顺序模式和家庭性别角色模式的关系可能最让我们感到“舒适”。一般来说，人们更倾向于与符合其原生家庭中兄弟姐妹模式的伴侣结婚；比如，各自家庭中的老大与老幺配对组成夫妻的概率要大于长子配长女。如果妻子是家中长女，曾照顾许多弟弟妹妹，她很可能会被主动承担持家责任的长子所吸引；但随着时间推移，她或许会对伴侣在家中的权威感到不满，因为根据经验她更习惯凡事自己做决定。

所有条件都相同的情况下，兄弟姐妹排行互补的两人最适合结婚——例如，有妹妹的哥哥和有哥哥的妹妹。然而，看护者与被看护者，或领导者与被领导者，这些角色上的互补并非关系稳固或婚姻幸福的保证。

除了出生顺序互补，如果夫妻双方都有异性兄弟姐妹，也会对婚姻有所助益。最容易出问题的夫妻组合可能是众多姐妹中最小的妹妹嫁给众多兄弟中最小的弟弟，由于两个人都没有多少与异性近距离生活的经验，也可能都是被宠溺的那个孩子，期待被照料。当然，婚姻中还有许多其他可能的兄弟姐妹组合。两个独生子女的婚姻或许会困难重重，缘于他们都缺乏与兄弟姐妹亲密共处的经验。排行中间的孩子曾扮演多种家庭角色，因而在婚姻搭配上可能最具灵活性。

无论如何，指导来访者从早期兄弟姐妹关系模式的视角审视其当前的夫妻相处方式，有助于他们不再无意识地重复成长过程中习得的关系模式。如前所述，步入婚姻往往会增加兄弟姐妹之间的距离，因此婚姻对兄弟姐妹关系造成了哪些影响一直都是婚姻治疗需要评估的主题之一。婚后丈夫可能希望妻子不再与姐妹们保持紧密的联系，这会给妻子造成压力，进而导致姐妹间关系疏离，这种疏离甚至会持续到晚年。人们很难对所有兄弟姐妹和朋友都抱有相同的亲密度，因此在临床实践中，我总是努力推动来访者以看待朋友的方式看待配偶的兄弟姐妹关系——容许一定的亲疏远近存在。更重要的是，在婚姻关系中应为彼此留出足够空间，让对方可以享受自己的手足情谊和友谊，而不是试图强迫所有人都聚到一起。

由于兄弟姐妹在一起相伴长大，这种长久关系让他们对夫妻关系有更丰富的理解。年长的哥哥和姐姐通常会向弟弟妹妹直接提出有关婚姻大事的建议，而非反之。但对于各自在婚姻中都重复了哪些旧有的家庭模式，兄弟姐妹则可以不分长幼，平等地展开讨论，提出各自有益的见解。

阿特·布莱克（Art Black）与妻子尤兰达（Yolanda）结婚已有40余年，为改善夫妻沟通质量前来寻求夫妻治疗（见图10.2）。他们由妻子的个人治疗师转介到我这里，他认为夫妻治疗可以帮助二人打通多年来封闭隔绝的夫妻关系。阿特是一位颇具传奇色彩的人物，他的员工有时称他为“哥斯拉老爹”（Dadzilla）。然而当我在治疗中偶尔提起这个绰号时，他并不喜欢此中的幽默。尤兰达在家里三个孩子中排行第二，她的父母都酗酒成性。阿特的父亲也酗酒，母亲在阿特十几岁时严重伤残。但对他而言，童年的印象都很模糊，依稀能记起的只有母亲在呼叫求助，而父亲却从来置之不理。阿特与尤兰达的婚姻中，前者掌管家中财务，刚

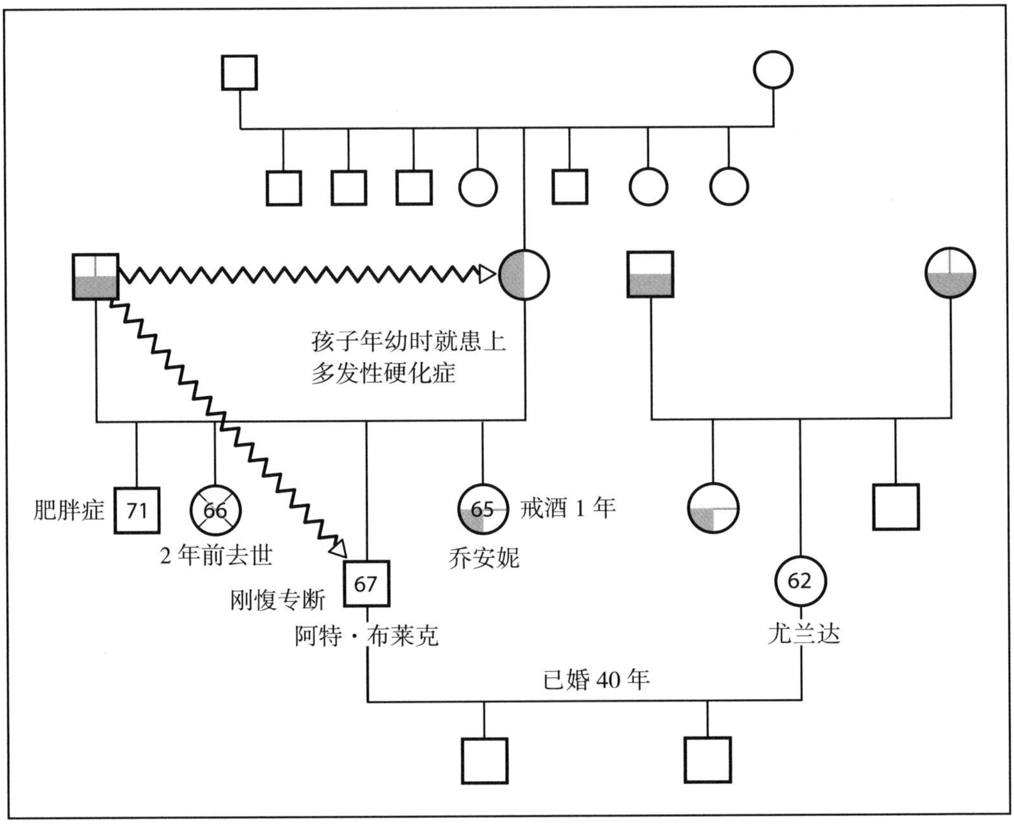

图 10.2 布莱克一家的家谱图

愎专断，后者对此非常不满却只是忍气吞声。阿特总是言之凿凿地指责尤兰达这也不对那也不对，并且以教训的口吻呵斥她应该怎样做。尤兰达多年来一直耿耿于怀，但表面上却还能对此开开玩笑，表现得好像一切都很平静。当我试图帮助这对夫妇更加坦诚地对待彼此时，出现了一个明显的问题，即每当阿特感到尤兰达在批评他时，就会变得非常焦虑，以至几乎退出治疗中的所有对话。

在阿特看来，应接受治疗的对象是妻子，让尤兰达不再对他的“指导”反唇相讥，因为他本是出于好意，也在尽其所能做一位好丈夫。阿特把自己搞得非常焦虑，经常威胁要退出治疗，甚至多次跑到洗手间偷偷服用镇静剂。我将他的情况称为“脑袋里像被塞进了直升机”嗡嗡作响、停不下来。我们在治疗中尝试帮他做放松训练，调控呼吸节律、内观冥想，但他的应激反应高度自动化，根本无法让思虑停下来。

阿特认为，是尤兰达一成不变的苛刻态度，引发了他如此强烈的反应。但阿特 27 岁时他们才相遇并交往。我怀疑这些内在的、强烈的内容不会那么晚才开始出现。我尝试对阿特的原生家庭提问，但他的回答毫无头绪。他说他真的什么也记不起来了。

最后，他同意邀请最小的妹妹乔安妮（Joanne）加入治疗。乔安妮是一位艺术家，长久以来也饱受酒精成瘾的折磨，去年一直在康复治疗。他们的一位姐姐于两年前去世，另一位大哥住在美国中西部，他“体重严重超标”，不便前来参加治疗。从加入治疗的那一刻起，乔安妮就开始详细生动地讲述他们的原生家庭故事。她非常健谈，善于表达、滔滔不绝。阿特对自己每当被妻子批评都会“脑袋嗡嗡作响停不下来”专门请教乔安妮的看法，她回答说：“我觉得这很好理解嘛！我们成长过程中你总是被爸爸批评。你难道不记得他一直都是怎么骂你的了吗？”乔安妮的详细回忆唤起了阿特很多被压抑的童年经历。

乔安妮提到另一个家庭主题：母亲的兄弟姐妹们曾给予布莱克一家许多支持，他们以幽默、乐观的态度帮助阿特和乔安妮的原生家庭化解了各种痛苦的生活片段。乔安妮的分享不仅让阿特能够开始探究他的家庭历史，还帮助他在感到被妻子批评后能更好地调控自己的反应。

兄弟姐妹关系对养育子女的重要性

如果一个人深陷于由兄弟姐妹排行所引发的议题，那么为人父母之后他/她可能会对那个与自己性别、排行相同的孩子过度认同。父母如果是家中的长子/女，很可能对孩子有过强的控制欲，不给孩子们自主试错的机会。父母如果是家中的幼子/女，则可能在养育孩子方面责任心不足，或过度认同幼子/女。若父母被上述议题困住，他们很可能无意识地期望孩子扮演某种角色，以配合他们的病理性关系模式；当父母的这种需求干扰孩子正常能力发展或影响到孩子与兄弟姐妹或家庭之外其他人的关系时，就会引发各种问题。父母对孩子的认同感如果过于强烈，甚至会让孩子们向其后代继续延续旧有的家庭模式。另外，如果父母与孩子们的兄弟姐妹经验不同，他们可能会在某些方面误解孩子。例如，都是独生子女的父母在有了多个孩子之后，可能会对孩子间的争吵反应过度，把正常的兄弟姐妹冲突当作严重问题。

父母常常有意无意地延续其旧有的兄弟姐妹关系模式。他们可能会拿一个孩子与另一个孩子做比较，譬如责备一个孩子没有像另一个那样经常打来电话。父亲可能会反复强调他是多么为儿子感到骄傲，却没有意识到他忽视了女儿的存在。父母可能会让其中一个孩子竭其所能奉献自我，以此“造就”另一个孩子。临床工作中，治疗师可以从多方角度入手，代表所有兄弟姐妹来挑战父母的这些价值观。

兄弟姐妹关系可能是成人生活（特别是晚年）最重要的情感联结。然而，如果子女间既有的消极情绪持续存在，照料年迈父母这一任务很有可能会激发某些特定问题。照料临终老人的工作一方面可以增加子女对父母的亲密感和责任感，另一方面也会增加兄弟姐妹们之间的凝聚力，然而，也可能让子女之间爆发有关“谁付出的更多”“父母对谁更偏心”的冲突。此外，照料年迈父母、安排葬礼或执行遗嘱等任务，都可能让家庭中尚未解决的议题渐渐显现。照顾老人让已分开生活多年的兄弟姐妹不得不以一种前所未有的、不熟悉的方式相互协作。与父母关系最紧密的那个孩子（通常是女儿）往往负担大部分的看护责任，这可能会让隐藏已久的嫉妒和怨恨重新浮出水面。或者，姐妹们可能会围绕如何照顾老人发生冲突，同时兄弟们则袖手旁观，他们虽然会为照顾老人提供经济支持，但时间和情感支持投入较少。由于女性往往是维系家庭情感关系的关键纽带，所以姐妹们可能会对彼此或对嫂子 / 弟媳感到失望，而较少对兄弟失望，因为相比之下她们对兄弟们往往更为宽容，照顾老人时并不指望他们能提供多少情感或体力上的支持。

父母去世后的兄弟姐妹关系

父母全都过世后，兄弟姐妹关系才首次进入完全自主自愿的状态。父母在世时，兄弟姐妹之间保持联系、了解彼此近况主要依托于他们与父母的关系。只有父母全都过世后，兄弟姐妹关系才真正获得独立。将来是否与对方见面将完全取决于个人意愿。既有的隔阂可能从此变得更为彻底，如果存在手足竞争或三角关系会让隔阂变本加厉。冲突焦点可能在某些具体的分歧上：谁本应出力照顾生病的父母？谁该为此负责？谁更受偏爱？如果这些议题一直悬而未决，那么此时很可能会一石激起千层浪，引发激烈的情感碰撞。一般来说，兄弟姐妹之间的过往关系越好，日后他们因家庭创伤事件而分道扬镳的可能性就越小。临床工作中，只需帮助来访者将注意力聚焦于兄弟姐妹关系的重要性（询问父母是否与其兄弟姐妹存在情感断绝或冲突，以及他们与兄弟姐妹子女的关系），并以家谱图为大背景讨论这些问题，治疗师就能有效推进处理上述议题的进程。

兄弟姐妹在生命周期早期阶段会因忙于各自的婚姻和事业变得疏远；在生命周期晚期，他们的关系会重新紧密起来。丧偶的女性更可能向兄弟姐妹而非自己的孩子求助；兄弟姐妹可能会成为彼此晚年的主要陪伴者。随着年龄增长，人们不再投身于之前的日常活动或工作，因而兄弟姐妹关系变得日益紧密。丧偶可能会使人们更加需要兄弟姐妹的安慰和陪伴，这也会影响兄弟姐妹间的亲密度。兄弟姐妹关系会随着年龄增长变得愈加稳固，在事业等方面的相互竞争也不再像原来那么突出。然而，如果看护年老体弱或老年痴呆的父母让一些人不堪重负，或对父母的遗产分配存在分歧，则可能加剧兄弟姐妹在生命周期末段的冲突。

58岁的玛丽·肖（Mary Shaw）是一位艺术治疗师，她希望借助治疗来修复与弟弟和妹妹的关系（见图10.3）。玛丽是家中三个孩子中的长女，她的父亲詹姆斯（James）和母亲安（Ann）来自不同文化背景的家庭，且都才华横溢。詹姆斯是独生子、高才生。他出生于上海，到美国学习建筑学，但因家境贫寒不得不辍学，没能拿到学位。在校期间，他遇到了妻子安。安也是独生女，来自宾夕法尼亚州一个历史悠久的贵格会（Quaker）家庭，其祖先可以追溯到美国独立战争年代。玛丽的父母都有着不幸的童年，早年也都经历过丧亲之痛。安后来在宾夕法尼亚州的一个艺术社团做艺术品经销商；詹姆斯的事业则起起伏伏，曾经顺风顺水，但之后又投资失败，赔光了全部积蓄。他们的第一个孩子玛丽，比弟弟山姆（Sam）大7岁，比妹妹玛丽莎（Marissa）大10岁。三个孩子在心猿意马、貌合神离的父母身边长大；虽然父母似乎都有外遇，关系并不亲密，但却从未分居。妹妹玛丽莎后来逐渐和所有家人绝交，特别是对玛丽和她的丈夫乔（Joe），玛丽莎说在她十几岁短暂借宿在玛丽家时感觉非常痛苦，遭受了姐姐和姐夫的情感暴力，因此她再也不想和姐姐一家联系。第二个孩子山姆婚后搬到很远的其他州居住；近年来他曾数次陷入抑郁和失业。父母去世时，玛丽的两个孩子都已长大成人。詹姆斯60多岁突然去世。安活到85岁，在养老院度过了生命的最后几年。此后，养老院起诉了三姐弟，要求他们支付所欠费用。母亲去世前，子女三人几乎没什么

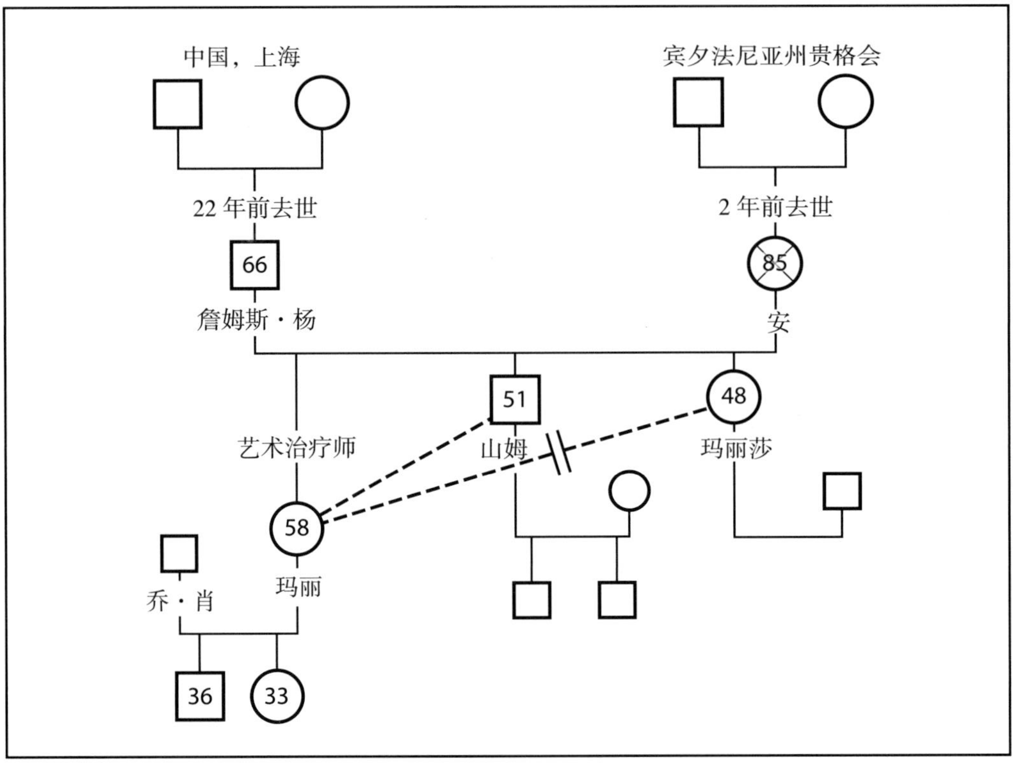

图 10.3　肖一家的家谱图

交流，之前他们与母亲有过多年冲突，现在又与养老院的律师陷入争端。虽然安留下了一大笔遗产，三个孩子都需要这些钱，但诉讼加剧了他们之间的矛盾。最终玛丽前来寻求帮助，希望能修复她与弟弟妹妹的关系，否则她担心最终他们的关系会彻底破裂。

通过分析玛丽的家谱图，显而易见的是当前出现的兄弟姐妹冲突实际已经酝酿多年。但她对父母的背景都知之甚少。玛丽不了解父亲的原生家庭或许并不意外，因为他们大多远在中国，而她也不会说汉语。然而，一直以来玛丽都在母亲家族繁衍生息数百年的地方生活，却对母亲的原生家庭也知之甚少。

指导来访者与疏离的兄弟姐妹相处的第一个工作要点，是让他们对兄弟姐妹直接做出反应性的行为之前，能首先明确其自身所秉持的价值观和原则，以及理解家庭的整体情况。无论来访者做出什么样的行动，都会引发某些反应，所以他们需要尽可能地明确自己与兄弟姐妹互动的真正目标是什么。对一位已经断绝关系的兄弟姐妹采取具体行动之前，有以下几个重要议题需要探讨：

1. 通过尽可能完善家谱图和家庭大事年表，对当前兄弟姐妹冲突的性质及其在更广泛的家庭背景下的发展历程提出个案概念化假设。

2. 帮助来访者明确他们是否真的希望修复兄弟姐妹关系，还是在金钱、道义或希望被认可等因素的驱动下才这么做。是否与兄弟姐妹修复关系必须出于每个人自身的意愿和选择，个人对此享有绝对自主权，决不应将此作为操纵算计对方的手段。正如哈丽特·勒纳所说，能够以德报怨是心灵真正发生改变的起点（Lerner，2016）。

3. 帮来访者厘清当前冲突的来龙去脉——这些冲突是否源于上一代人的兄弟姐妹冲突或关系断绝，以及这些议题对当前家庭状况造成了哪些影响。

4. 帮助来访者设定预案：若兄弟姐妹未能以来访者期望的方式回应，来访者该如何接受这个情况？来访者是否还愿意秉持开放的态度，继续努力改善关系？如果不愿意，或许最好还是先等一等再行动。

5. 对来访者、兄弟姐妹及其后代来说，断绝关系的潜在代价是什么？会对未来造成什么样的影响？

玛丽家中有一个特别的议题，就是父母指定唯一的儿子山姆做遗产执行人，尽管山姆和父亲一样对理财一窍不通。玛丽对此非常不满，因为她虽不富裕，但善于理财，而且她比山姆大 7 岁。对此，玛丽莎说她对家里发生了什么不感兴趣，但她想得到应属于她的那份遗产，并埋怨姐姐和哥哥为什么没早点解决这些问题。

玛丽过去很难把注意力集中到她对弟弟妹妹的期望上。身为艺术治疗师的她深受“把你的感受表达出来”这一专业理念浸染，之前经常迫切地想让弟弟妹妹听到她积压已久的怨气：多年来她始终无处不为他们着想，却总是热脸贴冷屁股。玛丽通过治疗认识到，处理大多数人际关系问题时，“把自己的怨气和不满一吐为快”是最应避免的做法，这往往会阻塞沟通的推进。

玛丽还应小心谨防的是她在家中“专横跋扈的大姐”这个名号。确实无论她说什么，弟弟妹妹首先联想到的可能都是童年时玛丽作为规训者全天候管理、看护他们的经历。因此，她为弟弟妹妹提供的所有建议，或她对他们行为的解读，都可能被认为是在试图施加控制，进而遭到拒绝。

那么她可以做些什么呢？尽管玛丽想尽快“彻底解决遗产问题”，但由于她很容易被弟弟妹妹激起强烈的反应，我们首先需要花时间厘清兄弟姐妹关系如何在更广泛家庭背景中一步步形成，及其暗含的意义。由于叔叔和姑姑都已去世，玛丽的第一项任务是通过堂兄弟姐妹了解更多有关大家庭的历史。此外，玛丽还可求助于其他资源，例如父母的一些仍然健在的朋友，这也能帮助她更深入地了解父母的生活。

然后，玛丽给弟弟妹妹每人写了一封“推心置腹”（但并不寄出）的信，在其中陈述、梳理了她对他们每个人的复杂感情。之后，她继续着手写另一封（依然不会寄出的）信，表达弟弟妹妹对她的重要意义，回顾她与他们每个人共度的美好时光，正因为此，她希望能与他们重归于好。

幸运的是，作为一个“典型的长女”，玛丽非常勤奋、坚定、执着，擅长与人沟通和收集信息，并向他人澄清自己的想法与感受。了解家人、回忆过去与写下感受的过程帮助玛丽放慢脚步，让她能更贴近自己的真实体验，知行合一，向着既定目标前进。

玛丽意识到对于她来说最困难的点是放下“应由我全权处理父母遗产”这个执念。她开始接受这样一种可能性：弟弟永远不会按她的设想分配遗产。但在玛丽与弟弟一起探讨这个议题时她开始意识到，越是向弟弟施压，就越有可能堵塞他们之间的亲情。因此，即便弟弟被迫真的按照她的期望去做，也会对她的施压心怀不满，而她也很可能因此失去弟弟。

玛丽必须认真考虑的是：她和弟弟的关系更重要，还是她的那份遗产更重要。玛丽发现，她丈夫的财务困境及其对遗产的态度，让这个问题变得更加复杂。她认识到必须先处理好自己与乔的关系，厘清他们自己的财务问题，将自己婚姻中的金钱议题与她在兄弟姐妹关系中的金钱议题区分开来。玛丽发现，在金钱方面她和丈夫陷入了许多典型的两性冲突，这让她在某种程度上联想起父母在金钱问题上的矛盾。她的母亲比父亲更善于理财，而父亲常常隐瞒他的财务收支，直到损失无法挽回，一切为时已晚。

现在，玛丽必须努力确定自己在婚姻中的立场和定位，既要考虑她在夫妻财务状况中的责任，也要厘清一个观念，即“遗产是不是父母亏欠子女的”。玛丽思考的结论是，她不会再为母亲那份遗产而争斗，并且下定决心勇敢地向丈夫表达，她要自己处理所有兄弟姐妹关系的议题。玛丽告诉乔，虽然她知道丈夫是出于好意，但他对她弟弟妹妹的看法让她感到苦恼，当她尝试思考如何与弟弟妹妹相处时，丈夫的说辞会让她心烦意乱。她请求乔暂时不要和她讨论她的弟弟妹妹，因为这会打乱她的思路。

在给弟弟妹妹写了大约十几封信之后，玛丽感到自己真正释然了，她已摆脱

“告诉弟弟妹妹应该怎么做”或“指责他们在重蹈父母的覆辙”等各种冲动。

以下是她的最终稿：

亲爱的山姆：

我想给你写这封信已经好几个月了！很抱歉，过去的一年里在妈妈的遗产问题上我十分冲动，总是感到害怕，忍不住多管闲事。我最害怕的是你会撇下我，拒绝和我交流。我一直不好意思主动联系你，其实我想告诉你，你和你的家人对我都非常重要。当你明确表示你需要按部就班地处理遗产问题时，我却如此愚钝和自以为是，一直执拗地想要依我的方式去做。上周我们的教父彼得（Peter）去世时，我突然意识到我多么想和你聊天，我们这个小家庭对我来说真的非常非常珍贵。我一直都很难承认我做得不对——我相信这对你来说并不意外。在我执意要求把妈妈的房子卖掉时，我没有意识到自己其实又一次成了霸道专横的姐姐。我知道你一直尽心尽力地争取把房子卖一个好价钱，这非常不易。我非常钦佩你在修缮老宅上的精心投入，对房子的设计也淋漓尽致地展现了你特有的创造力和独到审美。我想要尽我所能支持你。无论如何，我都会和你保持密切联系，也希望我们能取得进展。

到了明年，你将53岁，而我还差一年就要60岁了——可能是我真的老了？如果到那时我们能和彼此以及家人一起为顺利解决父母的遗产问题组织一个聚会，那该有多好啊。我想，也许是我自己更需要处理房子、商店的装修，以及与之相关的负面回忆，这些事对我来说更迫切、更紧急。我正尝试努力让自己放宽心——如果什么时候我又变得焦虑慌张、咄咄逼人，请提醒我。也许妈妈将遗产均分是希望我们三个孩子能和她一起再次成为幸福的一家人，这是她最后的尝试。我在一本有关中国文化的书上读到，他们会为至亲守孝三年。现在已经过去28个月了，也许我们能每天都离问题的解决更近一步。

她给妹妹写道：

我常常梦到你——梦见因为爸妈不在家，我们想让家里看起来更有节日气息，于是一起做饼干，一起为节日装扮屋子。我非常想念你。我现在意识到作为姐姐我曾是多么的专横——我以前没有意识到自己总是对你和山姆指手画脚、呼来喝去。我找到了这张你和山姆站在后院雪地里的照片。我想这张照片是我拍的。我希望能找到一张我们三个人的合影，但事与愿违，我并没有找到。我希望自己能穿越回你跟我和乔住在一起的那一年。我想当时的我实在太自我中心了，以至于没有注意到你的需求。我没有照顾到你的感受，非常对不起，玛丽莎。我希望你的生活顺利，妈妈的遗产问题很快就会得到解决。

终于，玛丽感到自己真正做好了与弟弟妹妹修复关系的准备。她说，尽管还不知道弟弟妹妹会如何回应，但这是长久以来她第一次感到如此的平静释然。玛丽发现，弟弟妹妹的反应并不是问题的关键；问题的核心在于，她现在可以清楚地认识到只要弟弟妹妹愿意，她已准备好并且愿意随时修复关系。如果他们还需要多一点时间，她也可以继续等待他们回复。

她还感觉自己与丈夫的关系变得越来越清晰了，从此会更加稳固，因为她对自己最深层的价值观有了更多了解，她现在可以给予丈夫完全的信任，这并非缘于她将从遗产中拿到一笔钱，而是因为她真心在乎他，希望两人齐心协力规划家庭财务、经营夫妻关系。

同父异母 / 同母异父的兄弟姐妹和继兄弟姐妹

通常情况下，亲兄弟姐妹间常见的冲突在同父异母 / 同母异父的兄弟姐妹（half siblings）和继兄弟姐妹（stepsiblings）之间可能表现得更为极端；他们不像亲兄弟姐妹那样一起长大、有着共同的成长史，而是容易陷入“忠于父亲还是母亲”的内心冲突，以及父母现实中的冲突。如果父母是晚年再婚，这种冲突会尤为强烈。父母双方的孩子并不真正了解他们的继兄弟姐妹，彼此可能会争夺家庭资源、亲子相处的时间，或尝试控制父母的立场。若兄弟姐妹没有共同的家庭历史，那么帮助他们建立关系难度很大；继兄弟姐妹关系的基础，是依照父母意愿“做该做的事”。儿媳或女婿其实也面临着相似的议题。在这种情况下，父母所选伴侣的家庭就成了一揽子买卖。之所以要善待继兄弟姐妹，是因为你爱你的父母，尊重父亲 / 母亲对配偶的选择，其必然结果是去接纳父亲 / 母亲新配偶既有的家庭成员。

如果没有共同家庭历史的同父异母/同母异父兄弟姐妹或继兄弟姐妹缺乏“做该做的事”的价值观，他们就极易不顾父母的感情，围绕“抢夺”父母控制权你争我斗。人们总是更忠于自己的父母，因此孩子很难协调自己与继父/母及其子女、大家庭之间的关系。来访者必须有非常广阔的视野，才能思考如何礼貌地协调自己与越来越多的亲戚之间的关系。这正是我们这个家庭系统频繁变化的时代所面临的挑战。我们需要秉持开放的态度，才能适应不断扩大的家庭成员规模。否则，不仅我们自己的世界会变得愈加受限，甚至会在不知不觉中阻碍他人（我们的孩子、兄弟姐妹、表/堂兄弟姐妹）与逐渐增多的家人和亲属建立情感联结。

关于兄弟姐妹家庭模式的临床提问

▲ 可以用这个提问作为起始：为什么不邀请你的兄弟姐妹来参加治疗呢？是什么让你不想这么做？

▲ 探究整个家谱图中三代人所有的兄弟姐妹关系，特别应注意前几代人是否存在兄弟姐妹间的竞争或关系断绝，这可能会影响当下家庭的状况。

▲ 是否有某位兄弟姐妹的某些才能或残疾让兄弟姐妹模式失衡？

▲ 几代人中，是否曾因典型的兄弟姐妹议题而发生冲突，如金钱？看护问题？性别问题？性取向？社会阶层？某人是家里“被宠溺偏爱”的孩子？某人是“替罪羊”？某人是“被遗忘的孩子”？

治疗师自己的家庭

本章主要探讨治疗师自身的家庭动力（family dynamic）对临床工作可能造成的影响，以及治疗师应如何分析与处理自己的不良家庭模式。本书提出的“家庭关系指导方针”对所有希望处理家庭关系问题的人——无论是治疗师还是来访者都同样适用。然而，治疗师还身负一项重要的基本任务，即厘清自身家庭关系问题的由来，若非如此，这些问题很可能会在咨访关系中重演——我们都不希望发生这种伦理问题。一些家庭治疗师，如杰·海利（Jay Haley）曾说，治疗师应将自己的生活与其临床工作截然分开、互不影响。

如果你真心认同系统论（system theory），就意味着你认同每个人都与他人联结，构成了关系系统，并且我们从事的工作（即便是物理学或工程学）都会受到个人家庭系统发展史和人际联结的影响。相对于那些不太依赖心理直觉（psychological intuition）的工作，临床心理从业者的个人信念（belief）、歪曲[①]（distortion）和创伤经历（traumatic experience）对心理咨询与治疗带来的不利影响要更大。与来访者工作需要付出巨大心力，我们不仅仅是治疗师，也是作为立体的人在和他们工作。特别是，与来访者讨论他们的生活与各种关系时，其中一定包含着许多非常个人化的内容；无论我们是真诚相待，还是缺乏情感联结，都会在这些交流的过程中体现出来。

如果你素来与母亲不睦，或感到自己在家庭中遭受过极大伤害、不被喜爱，那么当来访者告诉你他们的类似经历时，也很可能会激活你的这些感受。而从系

① 歪曲（distortion）：一种心理防御机制，将外在现实加以曲解、变化，以符合内在需求。——译者注

统化视角来看，我们知道，那些在人生早期曾激起我们强烈反应的情况，在后来的生活中很可能再次重演。并非每个个案都会如此，但一些带有相似动力的个案的确能触发我们自己的反应。例如，如果我们在成长中深陷由关键家庭成员构成的三角关系——与母亲结盟对抗父亲，久而久之，“与母亲共谋、排斥父亲”成为我们习惯且“舒适”的关系模式。无论在你的原生家庭中触发这个模式的因素有哪些，在临床工作中你迟早都会遇到带有这些触发因素的来访者。

最终，你必须处理这些烫手山芋般的议题。正如那句老话：泥菩萨过江——自身难保。也就是说，如果指出或探讨来访家庭的某个议题让你变得紧张焦虑，那么你应停止和他们工作，因为帮助来访者解决困境需要治疗师足够稳定并勇于探索。如果来访者曾遭受父母虐待，他/她在治疗中可能需要处理对施虐者的愤怒，以及对容忍虐待发生的另一位父母的愤怒，这项工作往往需要数年时间；而最佳的工作起点是来访者当前的境况，这是治疗师帮助来访者探索其生活经验的最直接入手点。因而，随着治疗的开展以及接触案例的增加，你自己的议题肯定会被某些来访者的现实事件触发。

我们在开展专业训练时，会让学生们将其自身作为来访者，绘制家谱图并在图中识别他们自己的各种家庭模式，从而教授系统化思维和家谱图的临床使用方法。我们的理念构想正如默里·鲍恩所说：从你自己的家庭入手是学习“系统化思维”的最佳途径之一，因为这会迫使你跳出个体心理的范畴，看到那些你生活中至关重要的人们是如何系统化地联结到一起的。

有关这个主题，我曾在多年前的一篇论文中举例探讨：我的一位受督导者彼得（Peter）在工作中陷入困局、不知所措（McGoldrick，1982）。他将那个来访家庭称为他的“焦虑触发器”（见图 11.1）。自那以后，我就一直沿用这个词描述那些能直击治疗师内心弱点的来访家庭。

正如我们所说，一些学生（和理论家）不愿审视自己的家庭，正是由于他们一直都试图回避自己的痛苦经历或家庭历史。彼得就是这样的学生。他聪明、热忱，总能从精巧新奇的角度帮助来访家庭解决问题，脱离困境。

当彼得的临床培训进行到一半时，他提出希望在督导中看一看他自己的家谱图，因为他决定要面对和处理他与父亲之间疏离与对抗的关系。彼得表示，临床训练让他意识到，他在与来访家庭工作时感受到的巨大压力实际上源于他自己“无家可归”的感觉。彼得说：“我终于想明白了，唯一能让我不再寻找其他家庭的方法，就是与我自己的家庭和谐共处。”

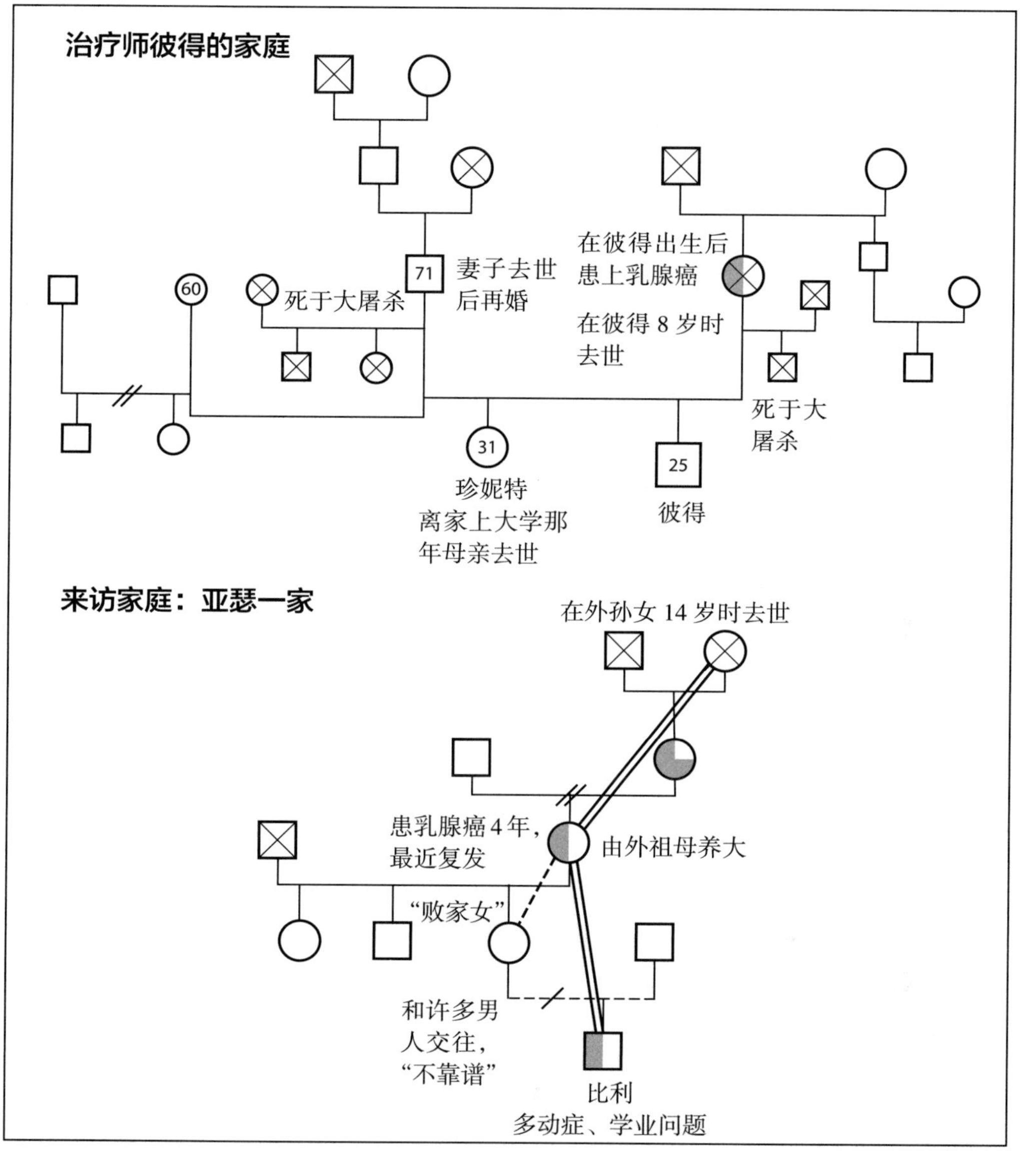

图 11.1　治疗师的“焦虑触发器”

彼得的父母是纳粹大屠杀的幸存者，他们之前都结过婚，也有家人死于集中营。姐姐珍妮特（Janet）年长彼得 6 岁。在彼得还是婴儿时，他的母亲被诊断出癌症。他 8 岁那年，久病的母亲最终被病魔夺去了生命。家人对母亲的癌症和死亡一直闭口不提。不久之后，姐姐珍妮特离家独立生活，父亲再婚并带来了两个继子。彼得感到自己变得无家可归。多年后的今天，他希望深入了解他的父亲。彼得的自我探索一开始还算顺利，直到我们建议他与继母改善关系，他犹豫了一下，说：“这个现在还不是时候。”

与此同时，他发现有一个来访家庭与众不同，彼得在与他们的工作中总是难以集中精力。通常，他的咨询记录写得清晰简洁，但这个家庭的冲突太过激烈，让他感到难以招架，并且他们会接二连三地抛出问题，让彼得应接不暇。这是个三代同堂的来访家庭，8 岁的男孩比利（Billy）因多动症和学业问题被转介至此。比利的母亲是一位单亲妈妈，她被原生家庭认定为“败家女”。她经常把比利丢给她的母亲照看，而后却争辩说比利只属于她一个人，即便她自己并没有尽到母亲应尽的责任。

彼得带了一段他的临床工作视频前来接受督导。视频中一家人正吵得不可开交，彼得却一反常态，坐在那里呆若木鸡。我提议我可以做观察式的现场督导。但彼得说这在当前恐怕办不到，因为来访家庭中的外祖母病了。当我问及外祖母的病情时，彼得说她是癌症复发。在之前的几次督导中彼得对外祖母的病情只字未提，他也从未意识到来访家庭的问题与他自己的童年经历非常相似。

后来，待到外祖母可以参加治疗后，我们就马上安排了一次有督导师参与观察的治疗。在规划治疗时，我问彼得，对于来访家庭中外祖母的病情，他作为治疗师与家人都做过哪些讨论。他说什么都没谈。现场督导治疗之前和治疗的过程中，我都鼓励彼得直接与家庭成员讨论外祖母的病情，但当大家进入这个话题后，彼得就变得沉默不语。

我用耳机系统（我说的话可以直接传到彼得的耳机）直截了当地催促他打断家庭成员当前的谈话，让他询问外祖母是否担心她的癌症。彼得换了个问法提问：“你会担心如果你有个三长两短，比利要怎么办吗？”但还没等外祖母回答，另一位家庭成员就转移了话题。我催促彼得再追问一次，他照做了：“亚瑟夫人，你会害怕死亡吗？会担心自己过世后比利要怎么办吗？”

外祖母立刻明确地回答：“不，我不怕死。我从来不怕死。我根本不在意这个。我关心的只有比利能不能被好好地照顾。”彼得继续向比利提问，是否担心外祖母去世，他回答道：“是的。”然后彼得又问比利，担心时他会怎么做？比利说他会去见外祖母以确认她一切都好。

随着治疗的继续，一家人第一次冷静下来。他们每个人都谈到了外祖母病情的严重性，以及如果她去世了会怎么样。自治疗开始以来，比利第一次停止躁动，认真地倾听母亲、外祖母、外祖父和姨妈对外祖母状况的讨论。

治疗师家庭与来访家庭之间的共性

这节治疗之后，彼得开始主动与父亲交流，探讨家中对死亡相关话题的恐惧。通过和父亲的多次谈话彼得了解到，在他的原生家庭中还发生过多次父母早逝的情况。这些丧失无疑会使家庭更倾向于回避谈论任何与死亡或丧亲相关的话题。我们鼓励他：真正能与父亲拉近情感的唯一方法就是增进与继母的关系，因为继母现在是他父亲的主要看护者。彼得表示自己愿意尝试改变。为此他做了诸多努力：夸赞继母进入这个家后对他和姐姐极富耐心、关爱有加，因为彼得当年想必是个难管的孩子；向父亲道贺：母亲去世后能找到如此贤惠的继母，他非常幸运。

然后我们谈到了彼得与母亲家人的感情纠葛，他从小就与他们断绝了联系。他过去曾表示对这方面并不在意，而现在他非常想去加利福尼亚探望姐姐珍妮特，彼得和姐姐已经 5 年没有见面了，此外他也从未与姐姐谈论过母亲的去世。我们和彼得一起制订了探亲计划。特别是在与珍妮特交谈中他该怎么称呼继母——是否改称其为“妈妈”？彼得表示现在还办不到。此外，我们讨论了我提出的假设，即珍妮特疏远彼得可能是因为他反感和排斥前者老大姐式的关照。彼得说他从未想到过这点，但他的确很讨厌姐姐“像妈妈一样管着他”。后来我们尝试站在姐姐的角度看问题，这引发了彼得对姐弟二人各自的家庭角色和家庭位置的兴趣，并开始反思他的疏离是否给姐姐造成了伤害。

探访姐姐期间，彼得非常欣喜地发现自己其实和姐姐一直有着血浓于水的亲情。他们连续两天畅谈各自的回忆与经历。这次旅行唯一的遗憾是临走时他想拥抱姐姐，但最终没能鼓起勇气去做。

与此同时，彼得在一节治疗中与亚瑟一家分享了他自己家庭历史中发生的一些片段，从而鼓励他们利用治疗的机会讨论可能将要面临的丧亲。起初，全家人的焦虑似乎有所缓解，特别是外祖母。但很快他们又被焦虑感淹没。母亲和外祖母为是否该带比利去看摇滚音乐会争吵不休。我们认为，应先对母亲和外祖母两人进行一节治疗，帮助她们重新聚焦于家庭当前的困境。虽然她们多次有意转移话题，但彼得最终将其拉回到母女关系这个焦点。母亲和外祖母围绕苦难、丧失和爱这几个主题进行了一次敞开心扉的对话。外祖母分享说，在她 14 岁时，抚养她长大的外祖母在她怀中离开了人世。当时她对承受如此强烈的丧亲之痛还完全没有准备。彼得帮助比利的母亲承认“是自己的所作所为导致了母亲罹患癌症”这个想法长久以来都让她惴惴不安。值得称道的是，彼得独立完成了这一切，并没有借助督导师的现场帮助。他比我更早意识到比利母亲内心的议题，彼得后来告诉我，这是因为他也曾在母亲去世前不久与母亲争吵，并出言不逊说想要母亲死掉。一直以来他都为这句话深感内疚。在亚瑟家，母亲和外祖母彼此敞开心扉之后都如释重负。彼得直率的态度和接连的提问都切中要点。

不久之后，经咨访双方同意，这家人终止了治疗。在6个月后的随访中，比利和母亲已经搬到了自己的公寓，一切都很顺利。外祖母虽然身体日渐虚弱，但她心态非常平和。比利的母亲和她的哥哥姐姐一起承担着照料外祖母的责任。

彼得也在继续处理着自己的家庭议题。他决定联系唯一健在的舅舅，而就在那一周，舅舅邀请他参加儿子的成人礼。同一周的周末，彼得的姐姐从加利福尼亚赶来探望他。彼得邀请她同去给母亲扫墓，然后一起参加舅舅儿子的成人礼。姐姐同意了。他们还邀请父亲同去。但在活动当天早上，姐姐打来电话说父亲改了主意——他不想去了，闻讯后彼得大发雷霆：“这就是他逃避问题的一贯手法！”他对姐姐吼道。但很快他就控制住了情绪，说：“算了，我们自己去吧。”当他去接姐姐时，父亲已改变主意，准备和他们同去。这一天过得非常顺利。但在回家路上，一家三人却为第二天的安排争执起来。突然，彼得忍不住大笑起来，说：“太棒了！我们已经能一起吵嘴但不再担心会散伙，我们的关系比以前牢靠多啦！”

这个例子呈现了治疗师处理自身家庭议题与其临床工作之间的关联，希望能借此提示治疗师们，应反复思考自身家庭与临床实践之间的相关性，这一点至关重要。

治疗师探索自身家庭的原则

正如本书一直所强调的，在探索你的家谱图模式时，应谨记首要目标在于理解（以及改变）你自己在家庭系统中的角色，而不是分析其他人。对自己形成系统化的理解，旨在让你在家人面前依然能忠于自己，同时与他人始终保持既彼此尊重又相互联结的关系。这个目标就像鲁德亚德·吉卜林（Rudyard Kipling，1909）[①]写给儿子的建议那样：

如果你能保持理性，当你
身边所有人都已失去它，并为此指责你；
如果你能信任自我，当所有人都质疑你——
但还要给他人留有质疑你的余地……
即使被谎言包围，也不亲口炮制谎言，
即使受人憎恨，也不让憎恨进入自己的胸怀……
世界是你的，其中的每事每物属于你，
而且——更重要的是——你将是个男子汉，我的儿子！[②]（Kipling，2007，p. 170）

这是一个极难达成的目标，即无论在什么情况下都能忠于自己、自主自决地按照自己的价值观行事。正如上文，吉卜林道出了想要达到这种高度分化所要面临的种种挑战：无论别人怎么看你，都能坚持自己的价值观、目标和自我意识。这就是对一个心理成熟者的定义。

治疗师其实和来访者一样，往往是在对家人非常恼火时才“发现”家庭出了问题。我们可能会突然发现自己陷入了三角关系、被家暴，或对某人怒不可遏。意识到这些是一个不错的起点，但更重要的是要认识到，探索自己的家谱图进而理解家庭模式，都是为了思考你想如何调整自己的行为，而不是别人的行为。

如果你决定深入探索自己的家庭模式，理解并调整你在其中扮演的角色，那么第一步就是制作家谱图，其中至少包含追溯到祖父母一代的家庭信息。第二步是关注图中缺失的部分，思考你可以如何补全这些信息。我曾陆续在不同时间点写过多篇文章，记述和分析我自己的经历和文化背景（McGoldrick，1987，1989a，1994，2004b，2005，2008，2011）。

现今，即使你已无法从（过世的）家人那里获取信息，通常也可通过使用网络在 Ancestry.com 上方便地查询到许多美国家庭 1940 年以前的资料。当你读到这

① 约瑟夫·鲁德亚德·吉卜林（Joseph Rudyard Kipling）：英国作家，1865—1936 年，1907 年获诺贝尔文学奖获得者。——译者注

② ［英］吉卜林著，黎幺译，《东西谣曲：吉卜林诗选》，人民文学出版社 2018 年版，第 6 页。——译者注

里的时候，美国1950年的人口普查信息可能已经上网可查。美国人口普查每10年进行一次（只有1890年暂停了一次）。此外，还有许多其他公共记录也是很好的信息源，如社保死亡记录、服役记录、移民记录、选民登记记录，等等。

根据我的个人经验，亲眼看到自己祖先的信息记录是一种非常有趣的体验，特别是在我们对他们知之甚少时，这种感觉更是奇妙无比。例如，我记得自己从未特别关注过我的祖母洛蕾塔·库萨克（Loretta Cusack，见图11.2）。她的脾气不怎么好，和我们这些孩子也不太亲近。

后来有一天，我发现记录里显示，她63岁的寡母和38岁的大哥威廉都在1900年去世。同年，她嫁给了我的祖父。洛蕾塔的父母有6个孩子，其中3个在她出生前就夭折了。她的父亲也在她6岁时离开了人世。

婚后，她让年长9岁的哥哥汤姆（Tom）和她新组建的家庭一起生活。我从未设想过她当时的生活环境。我忽然意识到，她在新婚时已经失去了除汤姆之外所有的原生家庭成员，这是多么悲惨的身世。那年她25岁，和我结婚的年纪相差无几。如果换作是我，在结婚时除了一位哥哥其他家人都已离世，那会是什么样子？想到这里我震撼不已。我盯着她的结婚照，照片上的她并没有笑容，现在看起来她是多么的悲伤。她当时一定经历了什么，我很想知道。我知道过去人们拍照时需要保持固定的姿势，所以不能笑，但我一直觉得她的表情很痛苦。一年之内经历了这么多丧失，何其哀伤。两位亲人的去世似乎都很突然，而她的哥哥当时只有38岁。太年轻了！

我的祖父丹·麦戈德里克（Dan McGoldrick）在20岁时失去了他的父亲尼尔（Neal），13年后他和洛蕾塔结婚。在他的原生家庭中，8个孩子中只有3个没有夭折。最近我才知道，在尼尔中风去世的前几个月，他被迫为家族生意失败担责，变得一无所有。之后所有亲戚都对他退避三舍，他和妻子、女儿无依无靠、艰难度日。我从小对这些信息都一无所知。

这一切改变了我对祖母的看法。过去我一直觉得她总是想完全“占有”我的父亲，怨恨我的母亲抢走了她的儿子。也许祖母也怨恨我们。但现在，了解了她苦难的人生经历后，这一切都说得通了。

我还想到了汤姆。他在洛蕾塔家生活了37年，直到去世。他一生未婚，但对我的父亲和他的弟弟妹妹来说，汤姆一直都像圣诞老人一样和蔼可亲。所有有关他的故事和那几张照片——他总是面带微笑，都表明他是一个非常热爱生活的人。

然后我想，汤姆15岁前他的父亲一直健在，他显然体验过家庭其乐融融的美

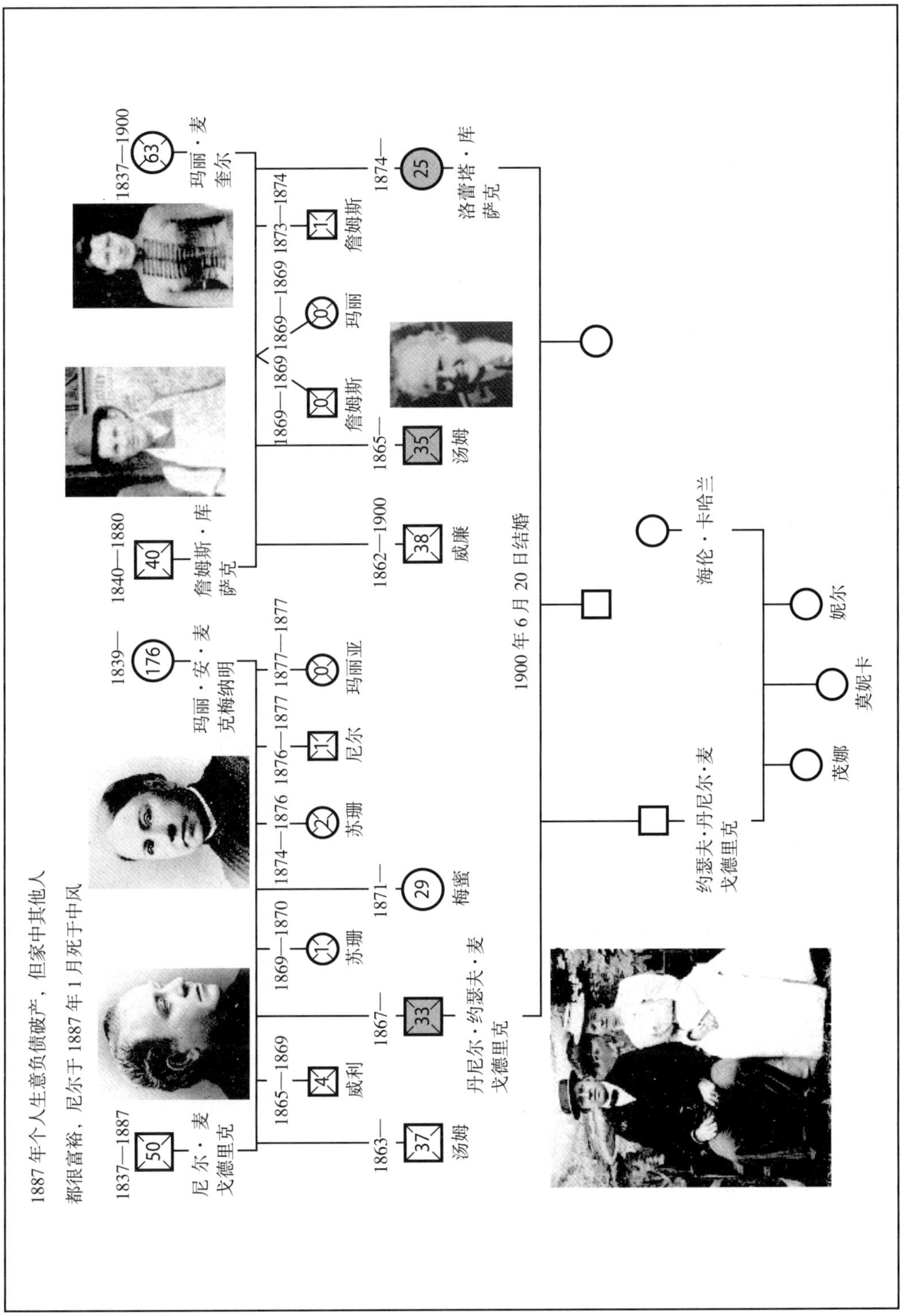

图 11.2 麦戈德里克·库萨克的家谱图

好时光，直到苦难来临摧毁了一切。与之不同的是，我的祖母则是家中接连夭折3个孩子后唯一幸存的女儿。他们的母亲可能将所有心力都倾注于抚养照料我的祖母。他们的父亲去世时，我的祖母只有6岁，从此他们的母亲失去了经济来源，生活必定非常艰难。汤姆成年以后，也一直是一位“好叔叔”，总是给侄子侄女买各种玩具和礼物。当我的祖父母还在为支付账单焦头烂额时，汤姆用他的钱来宠爱孩子们。

我的祖父性情乖戾，后来我的父亲对祖父也非常暴躁（虽然成年后父亲对此非常后悔）；对比起来，汤姆的性格却非常随和温暖。这些都是在家庭历史大背景下形成的模式，而不仅仅是只限于个人的“个体心理问题”。可见，深入探索你的家谱图，可以让你系统化地理解自己的家庭在时光变迁中的发展轨迹，并能跨越表象，认识到事情背后的缘由。

我从小到大都从来没想过这些问题。的确，我们常常依据家人如何对待我们，而非他们的过往经历来对其做出评判。我现在好奇的是，如果当年我能从系统化、原生家庭的视角去理解祖母，那么我们之间是否会有不一样的互动，她对我的态度是否会有所不同。

这个故事的寓意是，我们在制作自己家谱图的过程中必须对祖先的信息和当前家庭的经历多加思考，并试着设身处地从家人的视角审视各种问题，而后方能着手设计如何做出有意义的系统化改变。这样的探索一定能帮助你更高效地对来访者及其家庭成员间的龃龉做出个案概念化假设。

你应该多多思考在与家人的关系中自己都扮演了什么样的角色。对于那些与你鲜有接触的家人（就像我和我的祖母）亦是如此。

在众多需要考虑的议题中，很重要的一点是：家人中是谁给你提供了其他家庭成员的信息。譬如，你得知的信息是“蒂莉（Tillie）姨妈一问三不知，不值得找她谈”，那么，这种看法是怎样被流传开来的？一旦想到了这一点，你就可以进一步思考，如果你改变与这位家庭成员的交往方式，他 / 她会如何反应？其他人会不会对此感到不悦？你将如何处理这些不满？此外，无论你做了多么周全的计划，依然总是会发生意外。在我的家庭中，我那身材高挑的母亲有这样一则人生信条：“永远不要信任任何矮个子的女人。”我的父亲很矮，我的祖母洛蕾塔甚至比我父亲还要矮，身高不足1.5米。所以我猜想，如果我对祖母的故事表现出兴趣，可能会让母亲很难容忍。显然，祖母认为是我的母亲“把我的父亲从她身边偷走”，所以如果当年我有机会尝试与祖母处好关系，那么同时也需要努力维护我和母亲的关系，否则我很可能遭到严重干扰。

关于治疗师自己家庭的临床提问

▲ 作为临床治疗师，你认为自己家庭中的哪些模式或部分是你最好的资源？

▲ 在你的家庭中，哪些模式或部分最可能被你的来访案例触发？

▲ 你认为你的原生家庭经历对于你与具有攻击性的男性 / 爱发牢骚的女性 / 非常调皮的小孩 / 总是成为受害者或对于改变自己生活非常被动的人 / 那些咄咄逼人、迫切想让治疗师给出他们想要的帮助的人之间的关系带来了什么样的影响？（这个问题可以扩大到任何你觉得难以处理的特定性格类型。）

▲ 在你的家庭中，有关与不同文化族群的人如何相处，你知道哪些信息？是谁告诉了你这些信息？家庭中有关种族主义、性别歧视、宗教、社会地位、性别认同、残疾或其他议题的偏见，你是如何处理的？

▲ 你的家庭成员如何处理冲突、激烈的情绪、悲伤、愤怒或其他感受？你可能耳濡目染地“吸收”了哪些家庭模式？

▲ 你自己的各种身份认同——个人的、职业的、社会的、文化的——是否与你家庭中其他人的模式相吻合？你希望做出什么样的改变，可以使你在家庭中变得更加自主自决？

▲ 你的家庭中有哪些主要的三角关系？你能做出哪些改变来疏导现存的三角关系？

参考文献

Adams, B. N. (1968). *Kinship in an urban setting*. Chicago: Markham.

Anderson, R. (1968). *I never sang for my father*. New York: Dramatists Play Service.

Angelou, M. (1981). *The heart of a woman*. New York: Random House.

Borges, J. L. (1972). "Inscription on any tomb." In Norman Thomas di Giovanni (Ed.), *Jorge Luis Borges: Selected poetry: 1923–1967* (p. 21). London: Alan Lane The Penguin Press.

Bowen, M. (1978). *Family therapy in clinical practice*. New York: Jason Aronson.

Burton, L. M. (2010). Uncovering hidden facts that matter in interpreting individuals' behaviors: An ethnographic lens. In B. J. Risman (Ed.), *Families as they really are* (pp. 20–23). New York: W. W. Norton.

Burton, L. M., Hurt, T. R., Eline, C., & Matthews, S. (2001, October). *The yellow brick road: Neighborhoods, the homeplace, and life course development in economically disadvantaged families*. Keynote address presented at the second biennial meeting of the Society for the Study of Human Development, Ann Arbor, MI.

Burton, L. M., Purvin, D., & Garrett-Peters, R. (2009). Longitudinal ethnography: Uncovering domestic abuse in low-income women' s lives. In G. H. Elder Jr., & J. Z. Giele (Eds), *The craft of life course research*. New York: Guilford Press.

Burton, L. M., Winn, D. M., Stevenson, H., & Clark, S. L. (2004). Working with African American clients: Considering the "homeplace" in marriage and family therapy practices. *Journal of Marital and Family Therapy*, 30(4), 397–410.

Carter, B., & McGoldrick, M. (2001). Family therapy with one person and the family therapist' s own family. *Journal of Marital and Family Therapy*, 27(3), 281–300.

Carter, B., & Peters, J. K. (1996). *Love honor and negotiate: Making your marriage work.*

New York: Pocket Books.

Carter, B. C. (1991). Unpublished notes, edited by John Jacobs.

Carter, B. C., & McGoldrick, M. (1976). Family therapy with one person and the therapist' s own family. In P. J. Guerin (Ed.), *Family Therapy*. New York: Gardner Press.

Cicirelli, V. G. (1982). Sibling influence throughout the life span. In M. E. Lamb & B. Sutton- Smith (Eds.), *Sibling relationships: Their nature and significance across the lifespan* (pp. 267–284). Hillsdale, NJ: Lawrence Erlbaum Associates.

Cicirelli, V. G. (1985). Sibling relationships throughout the life cycle. In L. L'Abate (Ed.), *The handbook of family psychology and therapy* (pp. 177–214). Homewood, IL: Dorsey Press.

Cicirelli, V. G. (1995). *Sibling relationships across the life span*. New York: Plenum Press.

Connidis, I. A., & Kemp, C. (2008). Negotiating actual and anticipated parental support: Multiple sibling voices in three-generation families. *Journal of Aging Studies*, 22(3), 220–238.

Dunn, E. W., & Norton, M. (2014, April 25). Hello, stranger. *New York Times*. Retrieved from http://www.nytimes.com/2014/04/26/opinion/sunday/hello–stranger.html.

Freire, P. (1994). *Pedagogy of hope*. New York: Continuum.

Friedman, F. B. (2003). Siblings of a certain age: The impact of aging parents on adult sibling relationships. *Dissertation Abstracts: 2003-95007-127. International Section A: Humanities & Social Sciences, 63*(10–A), 3727.

Gil, E. (2014). *Play in family therapy* (2nd ed.). New York: Guilford Press.

Green, R. J., & Werner, P. D. (1996). Intrusiveness and closeness-caregiving: Rethinking the concept of family "enmeshment." *Family Process*, 35, 115–136.

Hooks, b. (1999). *Yearning: Race, gender, and cultural politics*. Boston: South End Press.

Imber Black, E. (2003). *Ritual themes in families and family therapy*. In E. Imber Black, J. Roberts, & R. A. Whiting (Eds.), *Rituals in families and family therapy* (rev. ed.). New York: W. W. Norton.

Imber Black, E. (2016). Creating meaningful life cycle rituals for new life cycle transitions. In M. McGoldrick, N. Garcia Preto, & B. Carter (Eds.), *The expanding family life cycle: Social, family, and individual perspectives* (5th ed.). Boston: Pearson.

Kipling, R. (2007). *Kipling poems, everyman's library pocket poets*. New York: Alfred A.

Knopf.

Klainer, P. (n.d.). *Good daughter; good mother*. Unpublished draft of manuscript.

Lerner, H. (1997). *The dance of intimacy: A woman's guide to courageous acts of change in key relationships*. New York: Harper Perennial.

Lerner, H. (2002). *The dance of connection*. New York: William Morrow.

Lerner, H. (2013). *Marriage rules: A manual for the married and the coupled up*. New York: Gotham.

Lerner, H. (2014). *The dance of anger: A woman's guide to changing the patterns of intimate relationships*. New York: William Morrow.

Lerner, S. (2016). The therapist and the family: The intersection of life cycles. In M. McGoldrick, N. Garcia-Preto, & B. Carter (Eds.), *The expanding family life cycle: Individual, family, and social perspectives* (5th ed.). Boston: Pearson.

McCarthy, I. C. (1995). Abusing norms: Welfare families and a Fifth Province stance. In I. C. McCarthy (Ed.), *Human Systems*, 5(4).

McCarthy, I. C., & Byrne, N. O. (1988). Mis-taken love: Conversations on the problem of incest in an Irish context. *Family Process*, 27(2), 181–199.

McDermott, A. (1998). *Charming Billy*. New York: Random House.

McGoldrick, M. (1982). Through the looking glass: Supervision of a trainee's "trigger" family. In R. Whiffen & J. Byng-Hall (Eds.), *Family Therapy Supervision*. New York: Grune & Stratton.

McGoldrick, M. (1987). On reaching mid-career without a wife. *The Family Therapy Networker, 11*(3), 32–39.

McGoldrick, M. (1989a) Irish women. In M. McGoldrick, C. Anderson, & F. Walsh (Eds.), *Women in families* (pp. 169–200). Norton: New York.

McGoldrick, M. (1989b). Sisters. In M. McGoldrick, C. Anderson, & F. Walsh (Eds.), *Women in families* (pp. 244–266). Norton: New York.

McGoldrick, M. (1994). "The ache for home." *The Family Therapy Networker*, July/August.

McGoldrick, M. (1996). *The legacy of unresolved loss: A family systems approach* [Video]. New York: Newbridge Communications, available through www.psychotherapy.net.

McGoldrick, M. (2004a). Gender and mourning. In F. Walsh & M. McGoldrick (Eds.), *Living beyond loss* (2nd ed.). New York: W. W. Norton.

McGoldrick, M. (2004b). Transformation through loss. In F. Walsh, & M. McGoldrick, (Eds.). *Living beyond loss*. New York: W. W. Norton.

McGoldrick, M. (2005). Irish Families. In M. McGoldrick, J. Giordano & N. Garcia Preto (Eds.), *Ethnicity and family therapy* (3rd ed.). New York: Guilford Press.

McGoldrick, M. (2008). Finding a place called home. In M. McGoldrick, & K. V. Hardy (Eds.), *Re-visioning family therapy: Race, culture, and gender in clinical practice* (2nd ed.). New York: Guilford Press.

McGoldrick, M. (2011). *The genogram journey: Reconnecting with your family*. New York: Norton.

McGoldrick, M. (2016). *Getting started in family therapy* [Video]. Available through www.psychotherapy.net.

McGoldrick, M., Garcia Preto, N., & Carter, B. (Eds). (2016). *The expanding family life cycle: individual, family and social perspectives* (5th ed.). Cranbury, NJ: Pearson.

McGoldrick, M., Gerson, R., & Petry, S. (2008). *Genograms: Assessment and intervention* (3rd ed.). New York: W. W. Norton.

McGoldrick, M., Giordano, J., & Garcia Preto, N. (2005). *Ethnicity and family therapy* (3rd ed.). New York: Guilford Press.

McGoldrick, M., & Watson, M. (2016). Siblings through the life cycle. In M. McGoldrick, N. Garcia Preto, & B. Carter (Eds), *The expanding family life cycle: Individual, family, and social perspectives* (5th ed.). Cranbury, NJ: Pearson.

McHale, S. M., & Crouter, C. A. (2005). Sibling relationships in childhood: Implications for life-course study. In V. L. Bengston, A. C. Acock, K. R. Allen, P. Dilworth-Anderson, & D. M. Klein (Eds.), *Sourcebook of family theory and research* (pp. 184–190). Thousand Oaks, CA: Sage Publications.

Myers, S. A. (2011). "I have to love her, even if sometimes I may not like her" : The reasons why adults maintain their sibling relationships. *North American Journal of Psychology*, 13, 51–62.

Native American Indian Code of Ethics (2012). Retrieved from http://2012.tribe.net/thread/351e15bc-a355-4b88-b54f-749b7d115aac.

Norris, J. E., & Tindale, J. A. (1994). *Among generations: The cycle of adult relationships.* New York: W. H. Freeman & Company.

O'Faolain, N. (1998). *Are you somebody? An accidental memoir of a Dublin woman.* New York: Henry Holt & Company.

Paul, N. (1976). Cross-confrontation. In P. J. Guerin (Ed.), *Family therapy*. New York: Gardner.

Paul, N. L. (1980). Now and the past: Transgenerational analysis. *International Journal of Family Psychiatry*, 1, 235–248.

Paul, N. L. (1986). The paradoxical nature of grief. In H. Stierlin (Ed.), *Familiar realities.* New York: Bruner Mazel.

Paul, N., & Grosser, G. (1965). Operational mourning and its role in conjoint family therapy. *Community Mental Health Journal, 1*, 339–345.

Paul, N., & Paul, B. B. (1982). Death and changes in sexual behavior. In F. Walsh (Ed.), *Normal family processes*. New York: Guilford.

Paul, N., & Paul, B. (1989). *A marital puzzle*. Boston: Allyn & Bacon.

Robbins, R. (2015). *Closing the circle in challenging conversations: Can we still talk tomorrow?* Video available from www.multiculturalfamily.org.

Ryan, C. (2015). Family Acceptance Project. Retrieved from http://familyproject.sfsu. edu.

Scharmer, O., & Kaufer, K. (2013). *Leading from the emerging future*. San Francisco: Berrett-Koehler Publishers.

Senge, P. (2006). *The fifth discipline: The art and practice of learning organizations*. New York: Doubleday.

Stevenson, H., Winn, D-M., Coard, S., & Walker-Barnes, C. (2003, May). Towards a culturally relevant framework for interventions with African-American families. Presentation made at the Emerging Issues in African-American Family Life: Context, Adaptation, and Policy Conference, Duke University, Durham, NC.

Vaillant, G. (2012). *Triumphs of experience: The men of the Harvard study*. Cambridge, MA: Belknap.

Vaillant, G. E. (1977). *Adaptation to life*. Boston: Little, Brown and Company.

Walsh, F., & McGoldrick, M. (2004). *Living beyond loss: Death in the family* (2nd ed.). New York: Norton.

Yalom, I. D. (2012). *Love's executioner and other tales of psychotherapy*. New York: Basic Books.